叢書・ウニベルシタス　753

ハイデッガーとデリダ

時間と脱構築についての考察

ハーマン・ラパポート

港道　隆／檜垣立哉
後藤博和／加藤恵介　訳

法政大学出版局

Herman Rapaport
HEIDEGGER AND DERRIDA
Reflections on Time and Language

This book is published in Japan by arrangement
with the University of Nebraska Press
through Japan UNI Agency Inc., Tokyo.

我が両親、
ジョセフ・マックス・ラパポート　と
ベッティ・マーガレット・ラパポート
の思い出に

目次

謝辞

一九八三年の春にバトラー・フェローシップを与えてくれたニューヨーク州立大学バッファロー校に、また一九八六年の夏にオールドゴールド夏期奨学金を与えてくれたアイオワ大学に感謝したい。この論考の一部はこれらの機会に手がけられ、著わされた。

さらに、ジェラルド・ブランズ、サビーヌ・ゴルツ、ネッド・ラカチャー、ドナルド・マーシャル、アンドリュー・マッケナ、スチーブン・アンガーズ、グレゴリー・アルマー諸氏の励ましと助言に感謝したい。とくにスタヴロス・デリジオルギスは、親切にも、いくつかの箇所の翻訳を手助けしてくれた。もちろん訳の適切さについては、私が完全に責を負っている。また、様々な援助と有益な示唆を与えてくれたアレクサンダー・ゲリーに、変わらぬ謝意を捧げる。そして校正の手助けをしてくれただけでなく、言葉では言い表わせないほど様々な労苦をかけた妻のスザンヌ・ラパポートに、いっそうの感謝を捧げる。

序章

この研究で私は、私にとって終始不明瞭であったあるトピックに焦点を合わせる。それは、マルティン・ハイデッガーの時間概念と、その脱構築への関係である。ハイデッガーについての批判的な著作に親しんでいる人なら誰でも、次のことを想起するだろう。すなわち、彼の哲学のあらゆる側面に関して多くのものが著わされてはいるが、『存在と時間』が現代思想にとって最も緊急だと主張しているもの、つまりテンポラリティーの問いに関しては、あまり多くは語られてこなかったということを。さらに私はこうも思ってきたが、脱構築がとる方向や経緯を規定する上で決定的な役割を果たした直接的な先駆者への直接的な思想上の繋がりを見出したければ、ジャック・デリダがハイデッガーのテンポラリティーの議論について、そしてまたどの程度それが存在論的な省察の歴史を解体し、あるいは解体しなかったのかについて書いた著作のなかで、彼が明示的かつ暗示的に行なった主張と折り合いをつけることを必ず余儀なくされるであろう。当初、私はこのようなアプローチが、デリダの哲学的経歴のすべての主要段階に及ぶような解釈を生み出し、また明示的にはハイデッガーの著作を考察の素材にしていない諸著作をも、さらによく把握させることになるとは期待していなかった。多少驚くべきことに、時間の問いが脱構築の哲学的理解にとって、はじめに想定していたよりもはるかに根本的なものだということを私は発見したのである。

私のテクストは、一次的には哲学的な方向性をもっている。とはいえ私は、哲学に対して、しばしば文学上の問題系と呼ばれうる視点からアプローチしている。文学研究の訓練を受けた者として私は当然、批評理論の分野で仕事をしている文学研究者にとって重要性をもってきた文体上の諸特徴や言語の問いに引きつけられ、時には、文学のテクストを議論にもち込んでいる。しかしながら私はまた、文学的な言葉遊びが私の分析を支配しないように、また私の文体が脱構築主義者たちの言説をあまりにそっくり模倣しないように努めてきた。過去に、積極的に言葉遊びやパフォーマティヴな文章をいくつか書いてきたため、この研究は別の仕方で書きたかったのである。もちろん、ハイデッガーもデリダも、彼ら自身と一定の哲学的伝統とのあいだに距離をとるために、いかに真摯な姿勢で言語と戯れているのかを完全に看過することはない。

この本を書く早い段階でさえ直面せざるをえなかった大きな問題は、伝統的な思想史の重力をどのように扱うかということであった。もちろん、この研究を書く一つの動機は、脱構築とハイデッガー哲学との繋がりを明確にすることであった。同時に、脱構築が、他にも数ある哲学的批判者たちのなかで典型的な先駆者への理論的な関係――例えばルートヴィッヒ・ヴィトゲンシュタインやリチャード・ローティの著作――を積極的に避けていることは明らかだ。だが、このパースペクティヴからすれば、デリダが『絵葉書』でなしとげた思想史の詳細な脱構築は最も厄介なものである。というのも、『絵葉書』においては、この種の歴史のもう一人の解体者であるハイデッガーと、デリダ当人との関係の分節が明確に外されてしまうので、この関係が、私が取り組んできている種類の企てには困ったアイロニーを引き起こす。それゆえ私は、私が行なっているような研究がそれを基礎にして構想される哲学的な基盤を無化する人物たちの思想史をどのように書くのか、という問題を考えなければならなかった。

私の研究が時間に焦点を合わせていることは、右の問題に関して一定の有利さをもっている。主な有利さは、歴史的に交渉することのできない普遍化されたアポリアやダブルバインドとして思想史の脱構築を扱うのではなく、いかなる批判的あるいは哲学的な時間モデルの規定可能性とも無縁な、一連の脱構築的な時間的近接性の書き込み直しとして思想史の脱構築を考察しうるということである。とりわけ、デリダの『絵葉書』にとってかくも重要な、後期の著作におけるハイデッガーの時間性の考察についていえば、デリダが論じる時間的ないし家族的ダブルバインドを、たとえ非目的論的なものであれ新たなる「標準時間」――思想史のあらゆる次元が従属し、限定されるような時間――の設定だと考えるなら、それはまったくの誤りである。もしも、伝統的な「思想史」を保証する年代記的時間のデリダによる解体から、一連の決定不可能な問題系――例えばプラトンでは誰が誰のために署名しているのか、フロイトにおいては誰によって、誰がいかなる精神分析の父親の役割を演じるのか――からでなければ、思想史的歴史はもはや思惟不可能だと結論するならば、それは普遍的で対象化された枠組みとしての時間の形而上学的な回復に手を貸すことでしかないだろう。このような時間的枠組みは、一連の時間的アポリアを（オイディプスのアポリアを）他の時間的アポリア――例えばアリストテレスの、聖トマス・アクィナスの、そしてたぶんハイデッガーさえも時間的アポリアと入れ替えたものでしかない。確かにデリダ本人も、思想的な家族小説が持つ年代論的アポリアを、まさにフロイトとデリダ自身に対してと同様に、ソクラテスとプラトンに対しても適用できると考えている。しかし、だからといって、系譜学的な時間の始めの普遍化が、伝統的な意味での思想史が疑われ放棄されるまさにその時に着手されているのだということが示唆されるわけではない。というのも、ハイデッガーとデリダのあいだの歴史的スタンスに関するわれわれの考察においては、『絵葉書』の系譜学的ないしオイディプス的な批判さえ、ダブルバインドをめぐるGeistesgeschichte［精神史］をも系譜学的な精神分析をも回避しながら、同時に双方へと参与してゆくような、はるかにもっと複雑な一連の歴史的ないし時間的相互関係の一部にすぎないことが明らかになるからだ。

この研究を通じて私は、テンポラリティーの問題系のコンテクストにおいて、ハイデッガーへと向かって転回しかつ離れ、転回するラインに沿ってデリダのテクストが定位され、再定位される経緯を明らかにする。後に想起するように、『存在と時間』でハイデッガーが放棄した問題系である。しかしながら、ハイデッガーが時間の問題を、後期の著作で詳細に、とりわけ言語と連関させて展開したことは、あまり知られていない。以下の節では、ハイデッガー、デリダ、そしてテンポラリティーへの問いを簡単に一瞥することによって、この研究の諸章が辿る別の道を概観することにしたい。

破壊と脱構築

『存在と時間』の議論のための構想においてマルティン・ハイデッガーは、存在への問いを、この論文を区分する二つの課題というコンテクストで考察している。第一部は「時間性との連関における現存在の解釈と、存在への問いの超越論的地平としての時間の解明」についての議論を目指す。第二部は「存在論の歴史の現象学的破壊（phänomenologische Destruktion der Geschichte der Ontologie）の基本的特徴を、われわれの導きの糸（Leitfaden）である時間性（テンポラリテート）の問題とともに[1]」提示することになっている。第二部のプログラムは、十分危険な響きを持っているにもかかわらず、ハイデッガーが「存在論の歴史の破壊」によって何を意味していたのかは明らかではない。そこで次のような主張がなされる。すなわち、とりわけ時間性の概念へと転回することによって、第一部での存在論的企ては止揚され、支えられ、同時にははるかに厳密な存在論への批判を経ながら純化されることになる、と。確かにアルバート・ホフスタッターはそう考えている。彼は、自分が翻訳したハイデッガーの『現象学の根本問題』の序文で、存在論と時間性について次のように述べている。

> 古代ギリシアの存在論において、存在は現前として理解されている。こうした現前そのものは、この常識的な時間、表面上は日常生活や活動的な生産性にとってきわめて重要に見える時間から理解されている。しかしながら実際には、より深い、より根源的な、より真実の時間が基盤にあるのだが、それは忘却されてしまっている。ハイデッガーはアリストテレスの時間論分析に、そしてそこでの時間の定義の現象学的検討に専心しながら、根源的な時間——脱自的‐地平的なものとしての、そして時には脱自的‐地平的時間性としてのテンポラリティー——へと迫ってゆく。このような根源的時間から、地平として、存在の意味のさらに本来的な実現が獲得されうるのである。かくしてここでもまた、われわれは、伝統的存在論の根本的な部分の破壊と、テンポラリティーの根源的な根拠に下りてゆく、その脱‐構築を見出すのである。(2)

この『現象学の根本問題』の英訳の末尾には、この巻のドイツ語版編集者であるフォン・ヘルマンによるあとがきが付され、かなり奇妙なことにヘルマンは、ホフスタッターの評価に全面的に矛盾することを述べている。「存在への問いや、それに付随する現存在の分析論の扱いは、西洋的伝統を、つまりはその形而上学的‐存在論的問いかけの方向性をさらに根源的に我有化することから生じるという事実、およびいかにして生じるのか、実際は実存哲学や意識の現象学に密接に結びつく動機から生じるのではないという事実、およびいかにしてそうなのかが明らかにされる(3)」。ヘルマンの見方からすれば、初期の段階のハイデッガーを脱構築主義者と想定する人はだれでも、明らかに根本的な誤解を犯すことになる。また確かに、こうしたホフスタッターとヘルマンとの意見の相違は、一種の典型的な解釈の葛藤を形成するものでもあり、こうした解釈の葛藤は、多くのハイデッガー学者を支え、デリダの読解においてもある程度、姿を現わすものである。

ロドルフ・ガシェは、例えば『鏡の錫箔――デリダと反省の哲学』で、暗にヘルマンを支持している。ガシェは、ハイデッガーの「破壊」というタームの意味を説明しながら、『現象学の根本問題』と『存在と時間』とが概念的に一貫しているため、一方のテクストは他方の正確な註釈であることを前提にしつつ、テクストを引用している。ガシェが引用を引き出してくる一節は次のようなものだ。

こうしたわけで、あらゆる哲学的議論は、すべてを初めからやり直そうという根源的な試みですら、伝統的な概念によって、かくして伝統的な地平や伝統的なアプローチの視角によって浸透されている。まったく確実なことだが、これらの議論や試みが、根源的かつ純粋に、存在の領域や存在の構成――こうした議論や試みが理解しようとするもの――から生じてきたと考えることはできない。こうしたわけで、ここでは必然的に存在の概念的解釈やその構造への帰属が見てとれる。すなわち、破壊である還元的な構築への帰属が。それは、まずは不可避的に使われるに違いない伝統的概念が、自身が引き出された源泉にまで脱‐構築（kritischer Abbau［批判的破壊］）されるような批判的プロセスなのである。ただ、この破壊によってこそ、現象学的な方法において、存在論は充分に、その諸概念の純正な性格を保証することができる。(4)

この長い一節――ガシェはその最後の二つの文を引用している――から直ちに明らかになるのは、『存在と時間』の、はるかにもっと攻撃的な調子と大胆な目的設定に比べて、『根本問題』はむしろ注意深い、あまり野心的ではないテクストであり、[5] それはおそらく、『根本問題』が現象学的方法に非常に密着しているのに対して、『存在と時間』は現象学的方法からもっと距離をとっているからだということである。第二章において若干詳しく証明するように、確かに『根本問題』は、『存在と時間』の保守的なバージョンであり、そこでは、後者で探究されるのとは違って、存在論の歴史から離反する機会は慎重に退けられている。それゆえ、ガシェが行なった『存在と時間』の「破壊」の定義、つまり意図において、伝統の基盤の批判的検討のための「伝統の破壊」、ないし、「存在論の歴史による存在の意味の隠蔽を徹底的に取り除き破壊すること」よりもさして暴力的ではないものという定義を議論の俎上に乗せることもできるだろう。そして確かに、『存在と時間』の構想における第二部のプログラムは、テンポラリティーという導きの糸は、慎重な吟味によって伝統の基盤を検討するばかりでなく、暴力的に、存在論の歴史に埋め込まれた形而上学の概念的装置を解体するように働く、と読むことができるだろう。ガシェが言及しているようにハイデッガーが一九二九年の講演で Destruktion よりもむしろ Zerstörung という言葉を使う時、Zerstörung のはるかにもっと暴力的な含意の方が、『存在と時間』の構想での第二部のプログラムの内実を明確にするためには、いっそう適切な言葉であったのかもしれない。

ガシェによる「破壊」の定義が、「脱構築」の特定の理解に重要だということは自明のことだ。だがその意味するところは自明ではない。いかにハイデッガー的な「破壊」を理解するかが、二つの言葉上の関係ばかりでなく、デリダとハイデッガーとの哲学一般の関係を確立するからだ。ガシェの研究においては、『根本問題』のコンテクストでハイデッガーの「破壊」というタームを定義することは、予測しうる結果をもたらす。それは、保守的に形而上学の伝統と結びつくように見えるハイデッガーの哲学と、はるかに巧妙に存在論の歴史に挑む脱構築の哲学との、強く定義された静的な差異に行き着くのだ。「デリダが『エクリチュールと差異』で、『デカルト的省察』を参照しながら書いているように、『現象学は、古典的形而上学を批判しつつ、形而上学の最も深い企てを成しとげる』(6)ならば、ハイデッガーによる存在論の西洋的伝統の破壊と彼の存在への着目についても同じことが言える」。ガシェの結論はこうだ。たとえ「破壊」と「脱構築」とが、思考の基盤を掘り崩すという意味で類比的だとしても、両者は非常に異なる概念である。「破壊」というハイデッガーの概念は、「脱構築」とは違って、「考察されているものの本質に関する、はるかにもっと根源的な概念」に至るのだからだ。脱構築は、破壊とは違って、「形而上学の外部の……至高の基盤」(7)を探究するのである。

　もちろんデリダ自身も、ハイデッガー哲学と自分の関係について、いくつかの明確な立場をとってきた。そして、ガシェが典拠としてデリダを引用する時に想起されるべきだが、デリダは、脱構築がハイデッガーと密接な連関をもっているかどうか、あるいは脱構築がハイデッガーの思惟とは混同されるべきではないものなのか否かについて、実は多くの様々な立場をとってきたのである。西洋哲学がそれをもとに確立されてきた諸前提を動揺させ、侵食する作品の思索家としての徹底性の問いに関して、ハイデッガーの資料体を包括的に評価する上での進行中の論争に、デリダも表明的かつ非表明的な主張をもって、いわば参加しているのだ。デリダの評価は、例えばホフスタッターとヘルマン（あるいはガシェ）が画定するような二つの選択肢の間で選ぶのではなく、むしろ彼らの意見の「差異」と戯れ、そうして、端的に両立不可能に見えかねない多くの方向やパースペクティヴを受け入れるという点ではっきりしている。

　例えば、デリダの作品には、脱構築とハイデッガーの思惟との結合に敵対する件りを見出すことができる。『絵葉書』でデリダは、ハイデッガーの破壊概念とデリダの「脱構築」の定式とを同一視したハイデッガーのフランス語訳者を批判している。

Abbauen──この語を、最近あるフランスのハイデッガー主義者たちは、「脱構築する」と翻訳した。あたかも何もかもがどこからでもとり出しうるかのように、あるいはいつもキャラバンに先だっているかのように。（かなり最近のことだが）いったん思い描かれたからには、この翻訳がまったく不当だといえないというのは正しい。うまく同化されるがままにならないものをまさに同化し再構築するために事後性（l'après-coup）を操るのでないかぎりは、である。(8)

同じように皮肉を込めた言い方で、デリダはこう述べている。「ある商標を見つけだし、それをどこにでもくっつけてしまう(9)」。こうした発言は、脱構築とは、ハイデッガー的な〈哲学すること〉とは異なるものであり、デリダのタームをその発想の源泉に──なるほど、そもそもそうした源泉が突きとめられるべきだとしたらだが──還元することはできないという主張に属す。デリダが、ハイデッガーに関して暗に言っている主な立場は、ハイデッガーは決して、『存在と時間』で素描された第二部の思惟に本当に乗り出すことはなかったのだから、決してハイデッガーが『グラマトロジーについて』『余白』『弔鐘』『絵葉書』などで展開されるような脱構築の口火を切ったのではない、というものである。言い換えればデリダは、ホフスタッターの次のような想定に反論するのだ。すなわち、われわれは『存在と時間』の完成ヴァージョンを、当の著作とその補完的著作、つまり『現象学の根本問題』と『カントと形而上学の問題』とを吟味することによって読むことができるのだし、またこうした補完的著作は、『存在と時間』の冒頭で描かれた道程──そこで存在論の歴史は、時間性を導きの糸とする現象学的破壊に服す──を実際に成しとげ一つの論考を完成させる、という想定である。デリダのパースペクティヴは必然的に、ホフスタッターによるハイデッガーの、典型的でなくはない「修正的」読解を否定することによって、『存在と時間』の補完的著作とは、実は『存在と時間』のさらにラディカルな衝撃力を継続するのではなく、こうした哲学的な狙いを実らせることにハイデッガーが失敗したことの兆候なのだと主張することになるだろう。

ところがデリダには、脱構築をハイデッガーの思惟と闇雲に同一視することを嫌悪しているにもかかわらず、両者の比較を引き出し、脱構築的思惟にとってのそうしたハイデッガー的系譜を打ち立ててみせる場合がいくつもある。クリティカル・エクスチェンジ学会が出版した、アメリカ人批評家たちとの最近のインタビューで、デリダはこう言っていた。「『脱構築』という言葉そのものは、まるまる一つの系譜を持っています。それは、今では使われなくなったフランス語の単語で、そう言ってよければ私が初めて、この特殊な意味で使ったのです。しかし私は、フロイトの語とハイデッガーの語を翻訳し変形するという意味で使ったのです」[10]。また、さらに最近になって、『精神について』でデリダは、ハイデッガーのターム Destruktion を直ちに déconstruction とフランス語に翻訳している[11]。これらの例は、『絵葉書』から今しがた引用したことを考えれば意外なまでに奇妙であるだろうし、それは、ホフスタッターのような読者たちが実は、右に引用したデリダのパースペクティヴからすれば、全面的に無価値だとはいえない見方を表明し続けているということを示唆している。ある意味で矛盾したデリダの発言を引用するのは、私の確信を導入するためである。デリダのハイデッガーに対する構えの独特なところは、ホフスタッターやヘルマンのような学者が画定する、ラディカルなハイデッガーと保守的なハイデッガーの間で選ぶのではなく、デリダはこうした選択の「差異」と戯れ、それによって、端的に両立不可能で維持しえないかに見える複数のパースペクティヴや方向を同時に追求するにまかせるということである。かくしてデリダは、脱構築とハイデッガーの思惟との歴史的差異を構成する、あらゆる知的「出来事」の決定可能性の分節を外すのである。

語「脱構築」の系譜に関するデリダの発言は、実際、ハイデッガーの資料体自身が異質な諸層からなる考古学的な遺跡に似ているということを示唆するさらに広いハイデッガー解釈の場に属している。ハイデッガー哲学の「土地」そのものが、まさに特定の哲学的諸契機の残存物である諸層からなる両立不可能な相互作用であるがゆえに、デリダのパースペクティヴからは、ハイデッガーについての矛盾する複数の立場が主張されてよい。その意味で、問題はホフスタッターとヘルマンのそれのような複数の立場の間で選択することではなく、ハイデッガーの著作のなかに、様々な立場の同時性ないし共時性を認めることだ。脱構築がハイデッガーに適用された「ブランドネーム」だと言いふらすことを、結局は巧妙な梱包技術をデリダが激しく非難する時、広く問題になっているのは、あたかもハイデッガーの方向性から正当な形で、そのような安易な規定を単純にできるかのように、ホフスタッターやヘルマンのような研究者の間で行なわれる思想史的論争のいずれかの立場とする還元行為である。クリティカル・エクスチェンジ学会とのインタビューで、デリダが、脱構築とはハイデッガーとフロイトのなかにある語と関連していると説明する時デリダは、対談相手がもっている、脱構築は他の思考の方法と明確に区分されるもので、脱構築の「場所」は限定され、容易に規定されうるという前提を動揺させるのだ。事実これが、右に引用した二つの「矛盾する」件りの共通分母であり、脱構築をそれ固有のもの（le propre）へと制限することに対するデリダの強烈な嫌悪である。

ハイデッガーの転回（ケーレ）

W・J・リチャードソンは、ハイデッガーⅠとハイデッガーⅡの区別を最初にしたことでよく知られている。それ以来、いずれのハイデッガーがラディカルで、いずれのハイデッガーが保守的かについて論争がなされてきた。[12] この論争はさらに、ハイデッガー自身が「転回（ケーレ）」と呼んだものの同定に関わってきた。ハイデッガーにおける「転回」が、いかなる所与のテクストや文や発想にも還元しえないにもかかわらず、ハイデッガー学者たちは、この転回が何であり、そしてハイデッガーのどこでそれが起こるのかについて、いくつかの理解を戦わせてきた。実際、脱構築とハイデッガーの思惟の関係の問いは、デリダがどの程度これらの転回を読解するかだけでなく、ハイデッガー的な存在論の歴史の「破壊」という観点から転回をどの程度評価するかに大きく左右される。後の指摘を先取りして私は、どの転回を吟味するかに応じてデリダが、この「破壊」について様々に評価していると私が考えている点を明らかにすべきであろう。従って直ちに、デリダの脱構築とハイデッガーの哲学との間のいかなる静的な区別も不適切だということが分かるであろう。これらの思考様式の関係が、時に応じて立場や近さを変えるからだ。この点は重要だ。デリダとハイデッガーの関係に対する批判的アプローチが、時間的な転調よりも、領土規定として空間的に動機づけられる傾向があったからだ。釈明のためのもう一つの注記として、つけ加えさせていただきたいのは、私にとってハイデッガーの転回はすべて、『存在と時間』の構想の第三部で示されたテンポラリティーという導きの糸との関連で読まれるべきものだということだ。これは粗っぽい還元としてではなく、むしろ、時間性の問い——それ自身が、私が見るように時間の中で時間として現われる——に焦点を当てるために他の諸々の問題系を一括することだと解釈されるべきである。

私の研究ではいかに諸転回が展開されるのかを概観する前に、われわれは簡単に、ハイデッガーの解釈者たちによる、転回についての引用をいくつか見直しておくべきであろう。脱構築とハイデッガーの思惟との関係性を理解する上で決定的な引用である。そうしながらわれわれは、ハイデッガーが *Die Technik und die Kehre*［『技術と転回』］（一九六二年）に所録された「転回」という論文で、ハイデッガーがはっきりと転回を告げたところから遡行的に移動する。よく知られているように、この論文は、どのように存在が「現前化の忘却」へと転回するかを論じ、存在の現前化において存在が「当の現前化の真理とは逆行して転回する」ことを示している。その上、こうした真理に逆行する転回は言語に関連して考えられるべきであって、言語の内で「人間の本質は、初めて完全に存在と応答し、また人間の要求も、こうした応答において、存在へと属しうる」のだ。ハイデッガーは、技術的な装置としての言語が「転回」を容易にし、そこで「存在の忘却への転回」という「危険」が現われて来ることを指摘している。[13]『ハイデッガーと伝統』でヴェルナー・マルクスは、この転回がハイデッガーの「初期」と「後期」とを区分することを認めながらも、そのマルクスは、実際にはその転回が、『存在と時間』のなかではもっと明確に提示されていたことを神秘化し不明にする以上のことを多く成しとげているのだろうかと疑っている。[14]

しかしながら、一九四〇年代中期の「ヒューマニズム書簡」では、すでにハイデッガーにおける転回は、言語を「存在の家」として省察することにあった。それは、*Holzwege*［『杣径』］や『言葉への途上』にも反映されている転回でもある。モーリス・ブランショは、*L'entretien infini*［『終わりなき対話』］のなかで、この転回を認めている。「エクリチュールは、言語が己を省み（retourné sur lui-même）、その示されて把握されて在ることのなかへと消滅する時にのみ始まる」。[15] ブランショにとって、ハイデッガーの転回とは、形而上学の言語が自らを省みることであり、それは形而上学の脱臼を帰結する。同じようにデリダも、『グラマトロジーについて』でそうした転回を認めて、ハイデッガーの存在への問いは、存在がそれを通して現われるという想定を特権化する「言語のシステム、あるいは歴史的に規定された『意味生成』」の内でコンテクスト化されていると書いている。ハイデッガーが、こうした言語を分析するのは、「現前の領野の内部に存在の意味を限定するものとしての西洋形而上学は、ある言語形式の支配として生み出される」[16]のではないかと考えるからだ。このような言語形式を検討することによって、ハイデッガーは意図的に形而上学に暴力を加える。確かに、フランスのポスト構造主義者たちによるハイデッガーの受容は大幅に、このようなハイデッガーの転回を言語的転回として解釈することに基づいている。しかしながらこのことも、このようなハイデッガー読解に共鳴する思想家にとってさえ論争の種である。例えばポール・リクールは、言語への転回はハイデッガー初期の定式から切り離すことができないと主張する。われわれが『存在と時間』の序論のなかで読む「存在と自己への問いは、後期ハイデッガーの哲学を支配し続けている」[17]。

こうした関心に加えて、言語的転回は本質的にハイデッガーの最も困難な問題、「存在論的差異」もしくは存在者と存在との差異の問題に属するものでもある。論文「アナクシマンドロスの断章」(*Holzwege*『杣径』所収)と「ロゴス」(*Vorträge und Aufsätze*『講演と論文』)(一九五四年)所収)は、言語のパースペクティヴから「差異」を考察するためにとりわけ重要であり、『言葉への途上』と『同一性と差異』のようなさらに後期のテクストは、より前の作品でのさらに様々な思惟を展開している。とはいうものの、ハイデッガーは、*Holzwege*『杣径』よりずいぶん前に、存在論的差異の問いを、『形而上学入門』(一九三五年)や *Vom Wesen des Grundes*『根拠の本質について』(一九二八年)で——『存在と時間』のスケッチやそれに付された註は言うにおよばず——提出していた。よく知られたデリダの論文「"La différance"「差延」」は、「アナクシマンドロスの箴言」でなされた言語的転回のコンテクストでの、存在論的差異の展開として見ることができるだろう。あたかも、ハイデッガーが言語の問いを考察する地点で、存在論的差異は転回において決定的な契機となるとでもいうかのように。しかしながら、とりわけドイツのハイデッガー学者たちは存在論差異の問題系の方に、言語の考察がそれに従属するものとして、はるかに多くの強調を置いている。存在論的差異は一つの手段、すなわちそれによって、『存在と時間』の端緒で計画された転回が、存在者から存在へとなされるべきであった手段になるからである。[18]

ジョゼフ・コッケルマンズは、『ハイデッガーと言語』の序文で、「存在論的転回」を次のように論じている。

> ハイデッガーは、人間の存在を注意深く分析すれば、われわれの前存在論的な存在了解を明確にする途が見つかるのでは、と期待していた。後期の著作において、ハイデッガーは同様の根本問題と格闘しつづけたのだが、しかし異なった諸形式、あるいは「諸表現」という視点からその問いに接近した。そこでは存在は、存在自身の歴史の様々な時代（epoch）において自らを顕現する……主要な問題へのハイデッガーのアプローチにおけるこの「転回」は、一九二九年から一九三五年のあいだに起こった。[19]

学者たちがしばしば、こうした初期の「存在論的転回」を位置づける主な場所は、『根拠の本質について』のなかで、ハイデッガーが超越をÜberstieg［乗り越え］として論じるところである。“Im Überstieg kommt das Dasein allererst auf solches seiendes zu, das es ist, auf es als es ‘selbst’. Die Transzendenz konstikuiert die Selbstheit”［「乗り越えにおいて、現存在は初めて、それが当のものであるところの存在者へと至る。それが到達するものは、その『自己性』なのである。超越は自己性を形成する」[20]。Über-stieg［乗り越え］とは「決定不可能」であり、だからモーリス・ブランショはこれを *le pas au-delà*［彼方への歩＝否］と名づけ直す。ハイデッガーが「超越が自己性を構成する」という時、神秘主義者たちやアメリカの超越論主義者たちや、それ同様の人々と両立可能であるようなことを言っているわけではない。というのはハイデッガーは超越を、存在論的差異が住まうことだと見なしていて、それによって形而上学の諸カテゴリーが暴力的に覆元されるからだ。存在と存在者との「差異」は、存在者から存在への転回がそれによって成しとげられる手段として優勢になるまさにその瞬間に、無力化されるのである。

しかし、ハイデッガー自身がこの「転回」を断念したように思われる。というのも、『形而上学入門』でハイデッガーは、超越に関する作品を、形而上学の言語についての言説――pōlemos［闘争、係争］――に移したからだ。その言説は、そこではロゴスたる取り集めが成しとげられる時でさえ差異が確認されるような脱‐根源的な闘争を含んでいるのであった。「この闘争が初めて、いまだかつて聞いたことも、言われたことも、考えられたこともないものを投げ企て、繰り広げるのである」[21]。こうした pōlemos の「企投」自体が、存在論的差異としての超越概念の、言語的コンテクストへの、古代ギリシア語の語源学の仔細な検討への置き換えである。だがここにこそ、『存在と時間』の始めで言及されているテンポラリテートという導きの糸が発見されるのだろうか？　時間の問題系がいわば、初期の多くの著作と同様に、まさに生まれたての、未発達のままになっている『入門』の末尾から判断しないとしてもである。それゆえ再び、ハイデッガー学者たちが述べるような転回の適切性は、転回が実際に果たされている――ただ告げられただけではなく――という考え方を失効させるに十分なだけ疑わしい。

トーマス・シーハンは、何がハイデッガーの転回をなすのかについて、多くの有力な見方を問いただした上で、そのような転回は、実際は初期の著作でなされていたのであり、『存在と時間』が出版されてからわずか一年後の一九二八年以降の講義ノートからなる『論理学の形而上学的根拠』で明確に練り上げられたと考えている。当時ハイデッガーは、次のように書いていた。「時間性の分析は、同時に、転回(Kehre)してゆくことである。そこでは存在論は、それ自身、明確に形而上学的な存在性——存在論は暗黙のうちに常にそこにとどまるのだが——へと戻ってゆく。根源化と普遍化の運動を通じて、存在論をその隠された転換(Umschlag)へともたらすことが目的である。ここで転回(Kehre)が遂行され、それはメタ存在論へと転回する」[22]。シーハンは、これが転回の生じる場所だと主張するにも拘わらず彼は、『存在と時間』にも、確信の度合が低いとはいえ、一九二〇年代初期のハイデッガーの思惟にも、起こりつつある転回を認めている。しかしもちろん、すでに引用した『存在と時間』の構想に転回を見出すことはさほど困難ではない。そこには、ハイデッガーの分析の二つの根本契機が告げられており、その一方は他方に対する転回なのである。

したがって転回は、本質的に分割され、分断され、あるいは、ハイデッガーの数多くの資料体と作品を通じ反復され、初期ハイデッガーと後期ハイデッガーの有限の区分に反して働いている。それゆえ転回は、われわれが思想史の展開に対して抱く年代記的感覚を「転覆」させ、また学者たちが、ハイデッガーの思惟の行程に還元しようとするものを解体する。転回はその上、『存在と時間』におけるハイデッガーの最初の行程がはたして遂行されたのかという問題を常に惹き起こす反復される問題系になるのだ。あたかも、存在と時間についての諸々の問いは、必然的にアポリアの見地から、すなわちその肯定と反復とが、それが復権される時にさえ、乗り越えられるチャンスを伴うようなアポリアの見地から立てられなければならないかのように、である。

なるほど私の計画は、第一にハイデッガーが（諸）転回の成就に成功したのか失敗したのかを評価するように構想されたものではない。にも拘わらず私は、ハイデッガーの作品のなかにあるこれらの契機が、*metaleptic*［多段転義的］で paronomasic［掛詞的］な運動（同一の場所にとどまる時でさえ乗り越えてゆく運動）を開示するという結論に達した。その運動は、いかにハイデッガーを理解すべきかだけではなく、彼の様々な哲学的諸契機の「呼応」をいかに評価すべきかを根底的に定位し直す時間や歴史の一様態を明らかにする。私の知るかぎり、ハイデッガーに関するデリダの著作は、哲学的省察の軌道のなかで、自己充足的な諸契機からなる目的論的な知性の歴史を以上のように解体させてゆく唯一の解釈である。そして、まさにデリダがハイデッガーの思惟に影響を及ぼしている時間性の問いを提示する時、われわれは、年代記的な発展や歴史化という馴染深い発想に抗して働く歴史的沈澱というパースペクティヴからすれば、ハイデッガーの思惟がどれほど根定的なものであるかを正確に理解しはじめるのである。

転回のデリダ的転回

もちろんデリダも、他のハイデッガーの読者たちと同様に、転回の反復においてさえ転回が現実にどの程度なされたのかに関心を払ってきた。ある種のハイデッガー学者たちがやるように、転回は一度に起こるのか否かのいずれかであると想定するのは還元的になるにもかかわらず、特定の転回が、つまり『存在と時間』の行程の第一部から第二部へとわれわれを連れて行くような転回がそもそもなされることになるのか否かという問題は、いぜんとして残る。『論理学の形而上学的根拠』から引用した一節は確かに、ハイデッガーの分析の「構想」を、メタファーとして、すなわち転回および転覆として再び定式化するものである。だが問題は、『論理学の形而上学的基盤』『現象学の根本問題』『時間概念の歴史』などの講義録で、この転回は本当になされているのかどうかである。言及したように、ハイデッガー学者たちは、あらゆる転回において、転回の問題を論じ合っている。デリダは、『存在と時間』の脚註に関してこの問いを立て、そのような転回はほとんど達成されず、適切に提示されたことすらほとんどないと示唆している。『存在と時間』の刊行をめぐってその背景をなす講義録や註を手短に検討する場面で確認するつもりだが、ハイデッガーの脚註の読解に由来するデリダの直観は、まったく正当なものである。しかし、そこで予告された転回は一九三〇年代にはなされなかったが、「言語的転回」は後に、例えば一九四〇年代中期の「ヒューマニズム書簡」に見られるように、明瞭になってくる。ハイデッガーは、この書簡の様々な箇所で、『存在と時間』の註釈をしている。ある箇所で、ハイデッガーはこう書いていた自分を引用する。「現存在の本質は、その実存にある」。『存在と時間』から取ってきたこの文の主題は、はっきりと現存在の本質であり、つまりは現存在そのものである。しかし「書簡」でハイデッガーは、この文を、実存（existence）を強調する転回を行なうために読み直している。「現の「存在」が、それだけが、脱-自（ek-sistence）という、すなわち存在の真理への脱自的内属という基本構造を持つ」[23]。ハイデッガー主義者にとって、現存在のパースペクティヴの強調が存在のパースペクティヴの強調へと道を譲る時点に有名な転回を位置づけることが常套手段になったのだ。ところが、「書簡」でハイデッガーは、「言語は存在の家である」と述べている。そして、気分のような実存的現象の分析を提供する代わりに──それは初期の『存在と時間』では、現存在の分析論に伴うものであった──、今やハイデッガーは言語の問いに向かうのである。これは、サルトル的な実存主義を転覆させて意味作用の実践の問いかけに向かうフランス構造主義に反映している。そしてデリダ自身も、『グラマトロジーについて』において、ハイデッガーをソシュールのコンテクストの内部で論じる時、こうした転回を行なうのだ。しかし、もっと目立たない形ではあるが、そこでは次のことも暗示されている。言語への転回のなかでは、『存在と時間』の構想で予見されていた初期の転回も完成に向かって進むのであり、もちろんそれは、根源的な導きの糸としてのテンポラリティーに、すなわち西洋存在論の歴史（年代性、時間性）を解体し、あるいはデリダ的にいえば脱構築するテンポラリティーに関わるということである。この「転回」は一般には認められてこなかったが、この転回を欠いては、一九七〇年代半ばまでに、ハイデッガーの「転回」を遂行し直し始めるデリダ自身の本と論文からなる資料体を適切に理解することはできない。一方では、一九六〇年代後半に書かれたハイデッガーに関する論文は、「存在論的差異」というハイデッガーの概念――それについてはハイデッガー主義者自身によってある程度のことはなされていた――を高く評価しているが、その一方では、モーリス・ブランショを読み始めるまでデリダは、ハイデッガーが言語を介して果たす時間的転回を十分に評価していないように思われる。思うにブランショは、ハイデッガーの「書簡」に記された言語的転回の含意を展開する上で多大な影響を与えてきた。事実、この「転回」の遂行は、ブランショの文学的業積を含むのである。ハイデッガーの「転回」（一九五〇年）では、しかしながら、ハイデッガーにおける時間の扱いに関するデリダによる考察の新たな段階が、「呼応」として提起されている。ここで一九四〇年代の言語的転回は、はるかに鋭い転回に――、存在の真理のパースペクティヴから哲学について考察がなされた後に果たされる転回に――道を譲る。この転回において、Ereignis［性起］つまり開示の我有化的出来事――そこでは一つの出来事は、様々な諸契機が呼応する多重性と見なされることになる――の概念を展開している。「時間と存在」という短い論文のなかで、ハイデッガーはEreignisの概念を詳細に展開するが、この概念は、われわれが日々の営みのなかで経験している時間性のまさに徹底的な脱分節化に収斂してゆく。「時間と存在」の中で主に重要なのは、存在が「出来事」を通して送り届けられるという考え方である。こうした出来事の諸契機は、「呼応」を我有化もすれば脱我有化もするので、それゆえ存在の到来の内に、存在の真理から「離れ転回する」とハイデッガーが呼ぶものがあるのだ。言い換えれば、存在が「解体」や「破壊」に服す時である。もちろん、『存在と時間』の冒頭で告げられた転回のとても多くが、「転回」と「時間と存在」の「呼応」のなかで成就されるのである。

デリダについていえば、こうした転回の実現は、一九七〇年代後期の『絵葉書』にも、デリダ自身の著作のなかで重要な転回になってゆく一九八〇年代初頭の『哲学における最近の黙示録的語調について』にも影響を及ぼしている。『絵葉書』においてデリダは、ハイデッガーの「呼応」の概念を、郵便システムの技術として文字通りに解釈し、「存在の送り届け」を、送付（envoi）や「発送」という意味で考えている。こうした送付や「発送」は、テンポラリティーについてのラディカルな概念を開示する「出来事」に属する。ここで、デリダの『グラマトロジーについて』における「言語的転回」は、パフォーマティヴなエクリチュール——letters［文字・文学・手紙］——に引き継がれる。そこにはハイデッガー後期の「転回」までもが、書簡＝呼応として、技術として、発送として、中継として、絵葉書として書き込まれるのだ。かくしてデリダの「書簡＝呼応」は言語を、Ereignisが分接され、転覆される媒体として考えることになる。しかし、これはデリダが、彼の実存的立場へと彼独自の転回をするところでもある。というのも、デリダが書く「手紙」とは、書く人その人の生の自伝的な、個人的な効果だからだ。

デリダにおけるこの「転回」は、おそらくさらに奇妙な転回を、存在論から神学への転回を伴う。すでに『絵葉書』でデリダは、後期ハイデッガーのパースペクティヴから形而上学ないし存在論の歴史について思惟し、それを宗教あるいは聖なる歴史へと——例えば旧約聖書の「エステル記」に関する省察へと——翻訳する。『黙示録的語調について』でデリダは、再び発送を——ただし神から聖ヨハネへ、そして聖ヨハネによるパトモスから七つの教会への発送のようなものを——思惟している。「転回」においてハイデッガーが、存在の現前のなかで生じる存在の忘却と同様に、真理からの離転について語っていることを想起しよう。デリダの「発送」は、「存在の送り届け」の「運命」としての「忘却」ないし「解体」に関わる。それはある「終焉」もしくは存在の忘却の顕示のなかで開示される運命であり、近代の歴史において存在の危険な転回がそこで開示される、技術と呼ばれるカタストロフである。デリダが指摘するように、この終焉は黙示録的なものである。そしてこの地点で、さらにもう一つの、デリダに特有の転回が果たされるのだ。エマニュエル・レヴィナス哲学の再検討を経由したキリスト教からユダヤ教への転回である。われわれは、レヴィナスにおいて「終焉」は、存在の「彼方」から、「終焉の終焉の終焉」から思惟されていること、すなわち、その到来において黙示録（アポカリプス）に先んじることから、その解体から思惟されていることを想起する。[24] 実際、レヴィナスを経由してデリダは、ハイデッガー後期の最もラディカルな転回でさえ、十分にラディカルではなく不適切なものであることが分かるということを証明するであろう。破局（カタストロフ）もしくは黙示録という「出来事」においては、何かが与えられるのではなく、en retrait［退穏した］ままになるからである。

本書の輪郭

私の研究の最初の四つの章は、ハイデッガーの「転回」という決定的な概念に対応し、第五章では「テーゼの時間」を考察する。第一章では、脱構築とハイデッガー哲学との関係のなかにある連続性の幾分かを理解するために決定的な論文であるハイデッガーの *Holzwege*［『杣径』］所収の「アナクシマンドロスの箴言」に現われる転回に焦点を合わせる。非常に短い前置きの後で私は、「ウーシアとグランメー」におけるデリダの「アナクシマンドロスの箴言」読解についての見解から始める。この読解のなかに、たぶんわれわれは、ハイデッガーの一節——その公然たる主題は時間性である——に対する脱構築の直接的な系譜関係の最も明らかな例の一つを見出すであろう。しかし、このような「密着」は、デリダのこの論文ではほんの束の間なされるにすぎず、それが、アナクシマンドロスの時間性の考察は言うまでもなく、ハイデッガーの論文が行なっている綿密な読解を大幅に無視した読解として起こることはとくに興味深い。私が明らかにするように、「アナクシマンドロスの箴言」は、時間性の問い——それは脱構築的な方法において革新的と考えられてきたものの多くを先取りするものだが——に関わる少数の特性以上のものを持っているのだからだ。この章を通じて私は、ハイデッガーの作品のデリダへの関係を強調する。デリダがハイデッガーを戦術的に軽視するちょうどその時に、デリダによるパフォーマティヴなハイデッガー模倣が生じていることが分かる。戦略的忘却としての想起である。

第二章で私は、ハイデッガーの経歴の初めの部分では取り逃されていた存在から時間への転回を詳細に検討することから始めて、ハイデッガー哲学と脱構築との相違点の数々に強調点を置く。私は、ハイデッガー初期の業績がきわめて問題含みであることを明らかにする。なぜならハイデッガーは、『存在と時間』のいくつかのヴァージョンを同時に著わしたのだが、これらのヴァージョンは正確には交換可能ではないからである。それゆえ、転回は、いくつかの足跡のなかで同時になされ、かつなされないのだ。デリダが、『存在と時間』の構想の第二部で概観された転回を、ハイデッガー自身が遂行しえないことを露呈させる形で『存在と時間』の脚註を批判する折に私は、「ウーシアとグランメー」以降に出版されたハイデッガーの資料を考慮してさえ、デリダの直観が実際正当であることを示そう。ただし、この時期にハイデッガーが着手した著述の量の莫大さを考えれば、ここでもハイデッガーの企ての地位を規定することはきわめて複雑な問題であり、きわめて当然ながら私の研究の範囲を超えることが分かるであろう。にも拘わらず、その企ての最も重要な帰結は、すでに垣間見ることができる。それは一九五〇年代における、さらにラディカルな時間性概念を予描するテクスト的パフォーマンスである。さらに、この章は、初期ハイデッガーの時間性に対する様々な立場——それらは、脱構築との呼応＝書簡のなかに置かれて説明される——の歴史的な概観をも提供する。

第三章では私は、言語と時間性の関係を、「ヒューマニズム書簡」で予告された、ただし、戦争中の「ヘラクレイトス」ゼミナールにも反映されている有名なハイデッガーの言語的転回のパースペクティヴから考察する。一九七〇年代中期以降の、ハイデッガーについてのデリダの論文を紹介しながら、私はモーリス・ブランショに焦点を合わせる。この時期のデリダにとって、とりわけハイデッガーの読解に関して、ブランショは非常に大きな影響力をもったと私は感じている。私は、*La part du feu*［『防火地帯』］の一章をある程度分析し、ブランショが、それを「ヒューマニズム書簡」の出版前に書きながら、ヘルダーリンに関するハイデッガーの作品を読解することから、「書簡」での有名な転回をそこで明確に予見していたことを明らかにする。本章での私の議論の一部は、言語を多段転義（メタレプシス）と考えることを通じて、ハイデッガーが存在論的な分析から時間論的な分析へと転回したことを、ブランショがすでに見てとったということにある。デリダはかなり後になってこの見解に影響されたように思われるが、それは“Pas”［「歩＝否」］に反映している。私が主張したいのは、一九六〇年代後半にはデリダは、脱構築をハイデッガーの思惟から遠ざけていたにもかかわらず、他方“Pas”［「歩＝否」］のようなテクストには、より以前のテクストが退けていた近接性のレトリックとの和解があるということである。第三章で私は、さらにデリダの「隠喩の退隠」と「返却」を論じる。それを私は *De l'esprit*［『精神について』］（一九八七年）の分析で結ぶ。その *De l'esprit* では、とりわけ l'esprit が時間化の問いとを離れてはえられない諸々の辞項の分割だと考えられている限りで、多段転義（メタレプシス）が再び重要な役割を演じているのである。しかしながら *De l'esprit* には、一九八〇年代後半における、ハイデッガーとの確固とした――敵対的ではないにせよ――離反的転回があることが分かる。それは次の章で、さらに詳細に探究されることになるだろう。

　第四章で私は、一九五〇年代の技術についての著作でハイデッガーが告げた転回を、デリダの『絵葉書』との関係で考察するが、そこでは郵便局という技術が、後期ハイデッガーときわめて強いアナロジーをもっている。この章でのキータームは、「書簡＝呼応」(correspondence) という、デリダが文字通り「送付」(dispatch) や「信書」(missive) を意味するものとして解釈するハイデッガーの概念である。ハイデッガー後期の著作では、「書簡＝呼応」は、その経歴の初めの頃にハイデッガーが考察してきたどのテンポラリティーよりもはるかにラディカルなテンポラリティーが、すなわち Ereignis〔性起〕の術語と結びついたテンポラリティーがそこで生起する諸々の語の集摂に適用されている。ここで私は、さらにデリダの『哲学における最近の黙示録的語調について』を考察する。私は、一九八〇年代にはいかにして、ハイデッガーへ向かう転回と、経歴の後期に彼が展開した非常にラディカルなテンポラリティー概念の承認ばかりでなく、キリスト教的黙示録の時間性とそのユダヤ教との連関に対する関心によって強調されるハイデッガーから離れる転回があるのかを論じる。このコンテクストで私は、とりわけデリダがハイデッガー哲学から離れ、存在の問いとの関連でテンポラリティーを詳細に考察したエマニュエル・レヴィナスの哲学に向かう転回に関心を抱いている。デリダは、自分のテクストをハイデッガーの関心と共鳴させることを可能にするまさにその間に、このユダヤ人哲学者を考察し宗教的歴史に関わってゆくことは、『ジョイスへの二つの言葉』、最近出版された“Geschlecht”二論文、そして『シボレート』という短い本ではるかにもっと強力に表面化するような興味深い数々の問題を提起する。これらの著作には、前面に出てくるユダヤ的思考とゲルマン的思考との反発が明確に見てとれる。それは、非常に不穏な形で、"Judas"「ユダ＝のぞき窓」としての間円柱（インターコラム）の概念との関係でデリダの『弔鐘（グラ）』のなかで、そしてジャン・パウルの反ユダヤ的な一節において——そこでデリダは、反逆者ないし離反転回するものとして哲学者の概念を織り込んでゆく——すでに現われていたものである。だがこのことは、デリダが遂にハイデッガーから絶対的な距離をとりつつあることを示唆しようとするものではなく、ハイデッガーとデリダとの固定的な距離を求める思想史の決定可能性を脅かす歴史的ないし時間的コンテクストの内部に、脱構築のハイデッガーへの、そしてハイデッガーからの転回を彼が書き込み直すのだということを示唆せんがためである。

　第五章は、知的な立場決定について脱構築哲学を強調するためになされるテーゼの時間に関する註記をもって、この本を締めくくる。私が主張するのは、立場決定がテンポラリティーの緊縮と解きがたく結ばれており、それは、ユルゲン・ハーバーマスの作品に最もよく範例化される比較分析の類を掘り崩すということだ。ハーバーマス自身、様々な哲学的背景を熟知しており、また、デリダとハイデッガーに属するテンポラリティーの問いに十分に注意を払っているのではあるが。そのテンポラリティーの問いは、時間に時間をとっておくこととしての、その問い自身の歴史的展開の観点から把握されるべきだということは、知の歴史化が安易に無視する点なのである。

第一章　時間の定めを翻訳する

デリダは、自らの哲学的企てを知の歴史の内に基礎づけることに極度に気を遣ってきた。つまり彼は、たとえそれらをどれほど変様させるにせよ、アリストテレス、ヘーゲル、ニーチェ、フッサール、ハイデッガーといった思索者たちの思想に連なろうと意図して思索するのだ。確かに、デリダの行なう忍耐強く注意深い哲学読解は、概念上の交渉を推し進めて、テクストの連続性やその全体化の要請を打ち砕く兆候を示している概念的諸関係をさらに推し進める方へと向かう。カントにおけるパレルゴン（Parergon）、ヘーゲルにおける止揚（Aufhebung）、ハイデッガーにおける痕跡（Spur）とは、テクストに割れ目が生じるところを暴き出す脱構築的術語である。こうした断層線が示しているのは、そこに哲学の伝統の論理そのものがかかっているある分割である。そうした伝統的な論理的要請は、プラトンとアリストテレスに源泉をもつ形而上学的哲学に負うものだからだ。とはいえ、この伝統との絶縁を望むにしても、デリダはなお、哲学の現代の相続人の内で最も重要な一人としての嫡出を主張しようとするのだ。

バーバラ・ジョンソンは、『散種』の序論で「脱構築は長らく批判（critique）と呼ばれてきたものの一形式である」と書いていた。彼女の定義によれば、批判とは「［一つの］システムの可能性の根拠に焦点を合わせる」言説である。彼女はさらに付け加える。「批判は、自然的だと、明白だと、自明だと、あるいは普遍的だと思われるものから遡及的に読み進め、これらのものが自らの歴史をもち、それらがそのようである理由をもっており、自らに続くものに対する効果をもっていることを示し、そして、出発点は「自然に」与えられてはおらず、「文化的に」構成されていながら、たいていは意識されていないということを示す」[1]。ジョンソンの脱構築読解は、諸々の思想が「自己の歴史」と「それらがそのようである理由」をもち、さらには「自らに続くもの」に対する効果をもっている、という伝統的な考え方を前提にしている。この観点からは、脱構築は連続的な知の歴史の一部だとする主張が支持される。デリダ自身も次のように述べる時、この点を強調している。「二重化する注釈というこの契機は、確かに、批判的読解の中にその位置を占めねばならない。その位置を認め、その古典的要請を尊重するのは容易でなく、伝統的批判のあらゆる手段を必要とする」[2]。デリダはここで、脱構築は哲学の伝統の内部における批判的方法の一つだ、というジョンソンの了解に裏書きを与えている。彼はまたこうコメントしている。「こうした承認と尊重をしなければ、批判的生産は自己自身をどんな意味にでもつくり上げ、ほとんど何を言っても許されるという危険を冒すことになるだろう」[3]。

この章は、まず一九六〇年代後半のデリダの著作を分析することから始まる。主に、ハイデッガーの哲学との連続性を顕在的にせよ潜在的にせよ前提とする特徴の観点からである。私の意向は、clôture［囲い］を抜け出せないような説明を展開しないことである。とはいえ、展開しつつ一貫した議論の進め方をすっかり見失うつもりもない。本書全体を貫いている私のアプローチは、テクストがもう一つの別のテクストに向かったり、そこから離れる線に沿って、自らの在所を定め、かつ定めなおすいくつかの *parages* を、海域を通して作業するというものだ。すなわち、私の関心は、開放構造の一部として、哲学的テクスト群の間で交わされる「呼応」であり、そして、その呼応のなかでは、諸テクスト相互の親和関係と抵抗関係が力動的に位置づけられ、かつ位置づけなおされる。この章で私の関心をひくデリダの主な読解は、

「ウーシアとグランメー」「差延」「白い神話」である。「ウーシアとグランメー」と「差延」では、ハイデッガーが前期の論考で存在から時間への転回をしそこなっており、この失敗は四〇年代の仕事にも再び突きとめうるということが、暗示以上の形で示されている。とはいえデリダは、ハイデッガーが反対に、彼が企てた時間への転回がそこで生起しうる存在論的地盤の解体に成功したということも、はるかに余白的な形であれ、示唆してもいるのだ。したがって私がまず展開したいと思うのは、ハイデッガーの思惟のよりラディカルな相との連続性の内に脱構築の哲学的特徴を位置づけているデリダ自身の見解である。

差異の差異

「ウーシアとグランメー」でデリダは、存在論の歴史を脱構築することに対するハイデッガーの抵抗を考察しているばかりではなく、ハイデッガーが、現前としての存在への問いを脱構築する潜在力をもった「テンポラリティーの手引」の輪郭を描いていることをも明らかにしている。デリダは独特の仕方でハイデッガー思想の中に分け入り、「アナクシマンドロスの箴言」に触れ、Lichtung des Unterschiedes（差異の明け開き）というハイデッガーの句に焦点を当てる。デリダの分析の決定的な瞬間は、ハイデッガーがもっている形而上学的な制約を初めて乗り越えようと試みるときである。それはハイデッガーが、形而上学がそのなかで宙吊りにされる諸差異の相互作用を分節しながら、形而上学を擁護すると同時に形而上学の無効を宣するときである。ハイデッガーは次のように書いている。

しかしながら、存在の存在者に対する差異は、この差異が現前者の現前とともに自己をすでに露呈し、したがって或る痕跡を刻印してしまっており、そして存在が言い表わされる言葉の内でその痕跡が守られつづけている場合にのみ、忘却された差異として経験されるようになる。こう考えれば、われわれは次のように推察してもよいだろう。つまり、この差異は、後世の存在の語の内でよりもむしろ早い時代の存在の語の内でこそ自らを明け開いていた、と。とはいえ、もちろん、この差異がそのものとして言挙げされたことはかつてなかった。したがって、差異の明け開きといっても差異が差異として現われ出ることを意味するのではない。おそらくそれとは対照的に、現前としての現前の内には現前者への関連が表明されており、しかも現前がこうした関連として発語されるに至っているほどであるのかもしれない。［Der Unterschied des Seins zum Seienden kann jedoch nur dann als ein vergessener in eine Erfahrung kommen, wenn er sich schon mit dem Anwesen des Anwesenden enthüllt und so eine Spur geprägt hat, die in der Sprache, zu der das Sein kommt, gewahrt bleibt. So denkend, durfen wir vermuten, daß eher im frühen Wort des Seins als in den späteren der Unterschied sich gelichtet hat, ohne doch jemals als ein solcher genannt zu sein. Lichtung des Unterschiedes kann deshalb auch nicht bedeuten, daß der Unterschied als der Unterschied erscheint. Wohl dagegen mag sich im Anwesen als solchem die Beziehung auf das Anwesende bekunden, so zwar, daß das Anwesen *als diese Beziehung* zu Wort kommt.[4]］

現前と現前者の区別の回復は、区別の痕跡に注目することによってのみ生起する回復である。この区別は、現前が何らかの現前者として現われ出るときには消去されてしまっているのだ。こうした区別の忘却の内で、存在は自らの命運を、単なる欠如としてではなく豊饒にして広範な出来事として全うする。「この出来事の内で、西洋の世界歴史は担い支えられるようになる。それが形而上学という出来事なのである[5]」。

Unterschied［差異］についての一節を論じる際に、デリダは「痕跡」または***Spur***という語を強調す

る。この語を誇張することでデリダは、差異にアクセントを置きながら、ハイデッガーの主要な関心事である現前性の問題を軽視することができるのだ。「ウーシアとグランメー」のいくつかの文は、この強調点の変化をただちに示している。「とすれば現前とは、一般に考えられているように、記号が意味するもの、痕跡が指し示すものではなく、とすれば痕跡の痕跡、痕跡の抹消の痕跡である」。あるいは、「差異（である）痕跡の痕跡はとりわけ、そのものとして、つまりその現前性の内に現われたり、そこで名づけられたりすることはありえないだろう」。諸々の痕跡の摩滅の覆いを取ることによってハイデッガーをパラフレーズした後に、デリダは「差異を名づける規定は常に形而上学的次元に属す」と付け加えている。[6]デリダはこう言いたいのだ。差異である（この「である」は抹消されたものとして理解されている）痕跡はまさに、そのものとしては現われることも存在することもありえず、自己を現前することの内で現出させることも現前的にすることもありえないがゆえに、このことは、差異という名前を境界画定する規定や傾向があっても、それは形而上学的である度合が低いことを意味するわけではない、と。ハイデッガーによる痕跡の跡づけはすべて、いくら形而上学的範疇区分から純化されていようと、あまりに形而上学的なのだと断言した後で、デリダはハイデッガーの「彼方への」歩を踏み出す。「存在と存在者を越えて、この差異はたえず（自己を）差異化し遅延しつつ、（自ら）（自己自身を）跡づける——この差延（*différance*）は、ここでもなお起源と終焉について語りうるとすれば、最初の、あるいは最後の痕跡であるだろう」[7]。デリダの洞察は、ハイデッガーのいう諸々の差異の相互作用の中に、ある過剰を見出したことであり、この過剰が、諸々の辞項の形而上学的エコノミーを分断する。差異の過剰は、現前と不在、浮上と没落、起源と終焉といった対立を越え出る。差異は、自己自身を自己自身の内部で、自己自身の外で自らを疎遠にし、かつ確立することによって、絶えず差異化し、遅延する。だからわれわれは、差異を、存在と存在者の「効果」として、そして、もっと根本的なものとしても、つまり起源と終焉について語りうるとすれば、最初にして最後の痕跡として認めなければならない。こうして、差異の差異は、再‐現前化されるものとしての模倣的な回復を支え、かつそれを掘り崩す。デリダはこの意味で、右のハイデッガーの一節が再現前＝表象の形而上学を越える道を指し示すのだ、と理解している。というのも、差異は絶えまなく差異化し、差異は、差異と同一性との近接性を決定不可能にする諸々の模像（シミュラクル）を介して自己自身の痕跡を残すからである。

以上が、一つの思想の身体ともう一つの身体との出自関係を跡づけるために「伝統的批判のあらゆる手段を必要とする」批判的読解の、デリダの「ウーシアとグランメー」における拡がりである。デリダの鋭利で簡潔なハイデッガー読解にわれわれが見ているのは、Holzwege『杣径』論文の本質的な特徴として“la différance”［差延］が位置づけられる地点である。このハイデッガー読解は、“la différance”［差延］と題された論文の末尾でも繰り返されることになるが、そこでは奇妙なことに、ハイデッガーのアナクシマンドロス論文は、決定不可能性に関するこみ入った理論に対する、脚註程度のものとして従属している。われわれの“la différance”［差延］の読解と、それが解決する問いははるか後に残しておくことにして、いまは何が、「ウーシアとグランメー」におけるそうした幸運な契機の簡潔さと、ハイデッガーのテクスト「アナクシマンドロスの箴言」の読解の性急さとを説明するのかを知りたいと思う。

「アナクシマンドロスの箴言」は、デリダの著作にきわめて関与性の高い多くの問題とじかに取り組んでいるにもかかわらず、かなり奇妙なことに、デリダは、ハイデッガーの思惟と脱構築との出自関係をはっきり輪郭づけているまさに当の論文では、それらの問題にほとんど焦点を当てていない。すでに指摘したように、デリダは「アナクシマンドロスの箴言」の中から、存在論的差異の問いが痕跡という言葉で提起される箇所だけを選びだしたのだ。彼はその際、現前性の問いにハイデッガーが住み込むことによって反形而上学パースペクティヴに抵抗している時でさえ、ハイデッガーの言説は、最もラディカルに反形而上学的パースペクティヴを開いたのだと暗に言っている。要するにデリダは、ハイデッガーのテクストを遂行し変えるのであり、そうするなかで、ハイデッガーには隠されたままであった "différance"［差延］というラディカルな手引きとしてのテンポラリティーを露わにするのだ。しかし、ハイデッガーをこのように遂行し直すことは、「アナクシマンドロスの箴言」の全般的解釈に目をつぶって行なわれた。この全般的解釈が試みられていたら、ハイデッガーは脱構築の門口に立ち止まっているにすぎないとか、自分こそが脱構築の創始者としての権利を求める資格を有するといったデリダの主張は、まずまちがいなく弱められることになろう。彼が『絵葉書』で、知の歴史は逆転可能であるかのように Abbauen［解体すること］を deconstruire［脱構築すること］と翻訳したハイデッガー主義者たちに対して、防衛的に攻撃を加えるときに彼が行なう主張は。

翻訳としての時間

「アナクシマンドロスの箴言」でハイデッガーは、ソクラテス以前のある断片の翻訳と、その翻訳可能性を議論している。断片のオリジナルは失われてしまっているのだが、当のテクストはプルタルコスとヒッポリュトスとシムプリキオスによって引用されパラフレーズされている。ところが、そうした引用と注釈そのものも、テオフラストスによるアナクシマンドロスの失われたパラフレーズと引用に負うものである。ここでアナクシマンドロスの一節が必然に従った事物の発生と破壊に関するものであることが、翻訳の問いをめぐるハイデッガーによるこの一節の使い方を魅力あるものにしている。当の必然性は、その問いの中に、起源やオリジナル性の問いをも、遅延性と二次性と破壊性の問いをも巻き込むからだ。その上、翻訳の問題は、いかに存在がある代補的な記(マーク)の、つまり、オリジナルが回復しえず、退隠し隠れてしまった記(マーク)のネットワークとして開示されるのかを証明しようとするハイデッガーの狙いにも適合しているのだ。ハイデッガーの関心は、「アナクシマンドロスの箴言」が収められている *Holzwege* の別のところで言い表わされている発想を、つまり作品の破壊を通してわれわれは、存在の隠れなさと隠れを直感するのだという発想を前提にしている。ハイデッガーの「芸術作品の起源」で議論されているギリシア神殿の遺跡と似ていないわけではないアナクシマンドロスの箴言とは、存在へのそのオリジナルな関係が復元しえないにもかかわらず、作品の断片が歴史を通じて、あるいは、それを媒介にして当の断片が翻訳される時間の定めを通じて何を意味してきたのかに対する省察によって存在への関係の痕跡を追跡しうる、そうした形成体なのである。(8)

ハイデッガーは、自分がアナクシマンドロスの断片についてのパラフレーズの歴史に遅れて参入するのだということに十分気づいていて、まずニーチェとヘルマン・ディールスとを引用している。彼らの翻訳もまた、もちろんそれ自体が解釈ないしパラフレーズである。だからハイデッガーはこう問うている。「アナクシマンドロスの箴言は、二千五百年に及ぶ年代記的歴史学的な隔たりから、われわれにまだ何ごとかを語ることができるのであろうか。いかなる権威に基づいて語りかけるというのか」。ハイデッガーの問いは、劇的なものを目指しているのではなく、アナクシマンドロスの破壊の警告をテンポラリティーの問いへと差し向けているのだ。「われわれは、大地全体の、そして大地がその中に浮かんでいる歴史空間の時代の、このうえなく不気味な変革の前日の夕暮に臨んでいるのか。われわれは、或る別の早朝に至る夜に向かう夕暮を前にしているのか。われわれは、大地のこの夕暮に臨む歴史の国に移住するために、まさに出発しようとしているのか」。「伝承されたものの中では最も古い」アナクシマンドロスの断片は、起源についてのものであると同時に、時間の定めに従って、終わりについての、哲学と西洋の終わりについてのものでもある。その断片と、その存在論的かつ時間論的な指示とは、「将来と、命運の到来への歴史的関与とを組織的に破壊する」手引きになる。[9][10] とはいえ、この組織化は啓蒙主義的な意味では合理的なものではない。それはむしろ、数々の翻訳の摩滅の、あるテクストの他のテクストへの転写作業の組織化、転移的記入のネットワークを通じて中継される存在の意味の抹消と延期との組織化である。とすれば、この意味ではハイデッガーは、一九六〇年代にデリダが提出したものによく似たécritureの概念を発議しているのだ。だが、「ウーシアとグランメー」でデリダは、このコンテクストにおけるハイデッガーの「アナクシマンドロスの箴言」を無視している。そうせずに彼は、ハイデッガーが差異の明け開きを、Lichtung des Unterschiedesを論じているあの一節にだけ焦点をあてている。

もちろん、ハイデッガーが読む件りは、われわれがシムプリキオスとヒッポリュトスとプルタルコスとを並べて読まなくてはならず、次に彼らの近代語への様々な翻訳の中から選ばなくてはならない限りで分割されており、あるいは散種的である。その上ハイデッガーは、自分が読むテクストが一義的ではなく、せいぜい残余的で多義的な、たぶん信頼できないものでさえあるという事実に極めて敏感である。直感的にハイデッガーは、シムプリキオスのテクストに惹かれ、ニーチェの翻訳の後で、ディールスの翻訳を引用している。

存在する事物の始まりと起源はapeiron（限界がなく規定しえないもの）である。しかし、存在する諸事物にとって生成がそこからである所、その中へのまたそれらの消滅も、負債の故に生じる。なぜならば、それらは自分たちの不正のために互いに当然の罰と償いを、時の秩序に従って、支払うからである。[Anfang und Ursprung der seienden Dinge ist das Apeiron (das grenzenlos-Unbestimmbare). Woraus aber das Werden ist den seienden Dingen, in das hinein geschieht auch ihr. Vergehen nach der Schuldigkeit; denn sie zahlen einander gerechte Strafe und Busse für ihre Ungerechtigkeit nach der Zeit Anordnung.](11)

ハイデッガー自身の翻訳が続く。

使用の仕方に沿って。というのもそれらは、無秩序の（乗り越えにおいて）秩序を、そうしてまた注意深さを、互いに帰属させるからである。[entlang dem Brauch; gehören nämlich lassen sie Fug somit auch Ruch eines dem anderen (im Verwinden) des Un-Fugs.](12)

「アナクシマンドロスの箴言」は大部分、ハイデッガーの翻訳の正当化でもあり、存在の思惟を展開する方法のごときものでもある。存在の思惟は前カテゴリー的であり、それゆえプラトンとアリストテレスによって展開されたような形而上学に属す概念に縛られることはない。ハイデッガーの翻訳が、先駆者たちの翻訳からかくも大きく逸脱している理由である。ところが、アナクシマンドロスについてのハイデッガーの論文は時間の問いにも関わっていて、アナクシマンドロスの断片の研究に対するハイデッガーの重要な貢献はまさに、転-記（trans-scription）と翻-訳［＝転-移］（trans-lation）が徹底した時間的（テンポラル）な手引きを露わにするための鍵だという考え方にある。その時間的（テンポラル）手引きによって、存在論の歴史は、何か全体的で啓示された理性的なものとして我有化しうる出来事の連続的で一貫した流れとしては解体されるのだ。もっとも重要なことは、「アナクシマンドロスの箴言」が転記を論じているというよりは、改訳と書き直しという解釈的なプロセスの内部で転記を遂行している（perform）という事実である。実際ハイデッガーにとって、哲学の命運とは、思惟の始まりにおいて与えられたものを現前化させることに内在している時間の定め（assessment）の開示と隠蔽に屈するべき翻 - 訳と転 - 記のプロセスなのである。アナクシマンドロスの言葉をハイデッガーが細心の注意を払って読むその読解は、文献学的な鍛錬ではなく、文の転記の遂行なのだ。それ自身が断片であるその文は、転 - 記を転 - 記すること、または翻 - 訳を翻 - 訳することによって、時間を通じてその断片に作用する言葉の摩滅を預言的に描くものだということは言うまでもなく、哲学の始まりを常に既に遅れたものとして開示している。ハイデッガーにとっては、よく知られているように、翻訳が歴史的に残す足跡や痕跡が哲学の始まりを呼び起こすのだ。事実、存在の意味は、時間を通じて迷誤として、すなわち、存在の磨耗と命運とをなす逸脱として運ばれてくるのである。これが転 - 記の、エクリチュールの効果であり、「彷徨がなければ、命運から命運への結びつきはないであろう。歴史はないであろう」とハイデッガーは書いている[13]。

アナクシマンドロスのギリシア人によるパラフレーズというコンテクストにおいては、彷徨と磨耗とは、phthora という語の中によく定着されている。この語をハイデッガーは、次のように書きながら、抽象的な形で定義している。「phthora とは、隠されていないものの中へ到来したものがそこから出て隠されているものの中へ退去ないし下降することを意味する。……の中に表立つこと、……へ退去することは、隠されているものと隠されていないものとの間にある隠れなさの内部で現成する。それらは、到来と、到来したものの退去とに関わる[14]」。アナクシマンドロスにおいては、phthora は密接に生成に関係している。

ハイデッガーが言っているように、創造と破壊との差異は境界を接していない（unbounded）からだ。これは、「〈線〉について」でもう一度ハイデッガーが強調する点である。その時、言語の役割を彼は、ニヒリズムに関してこう言っている。「ニヒリズムの地歩は、線を横断することによって、何らかの方式ですでに放棄されているように見えるが、しかし、その言語は残ってきた」。[15] 言語あるいはSpracheは、「存在論的差異」の境界を定める諸限界の抹消と横断に従属している。ニヒリズムは、現実存在と忘却との間の線を越えて動くが、しかし、その「言語」は、あるいはジャーゴンは、遅滞ないし残留という意味で、彼方への横断の全体に抵抗する形で、あるいはそれに先んじる形で背後に残る。まさにニヒリズムの喚起の中で、無秩序が整序され、秩序が与えられる。「アナクシマンドロスの箴言」においては、phthoraは、ハイデッガーの翻訳の言葉で「使用の仕方に沿って」読まれている。というのは、phthoraとは、創設、創成、創造、産出に伴う摩滅であり、あるいは破壊だからだ。「というのもそれらは、無秩序の（乗り越えにおいて）秩序を、そうしてまた注意深さを、互いに帰属させるからである」。ハイデッガーの翻訳したアナクシマンドロスのこの文は、もちろん、「必然に従って。つまりそれらは、時の定めに従って、不正に対して、公正と償いとをお互いに与え合う」という馴染みの翻訳に対する暗黙の注釈である。phthoraはここでは、無秩序がそれによって克服される注意深さ（ハイデッガーの言葉はruchである）に関わる。それは、ニヒリズムの非伏蔵と呼びうるようなものだ。ただし、秩序／無秩序の所属がそれによって露わになる存在へのアンチテーゼとしてではなく、その抹消の瞬間にさえ存在を含むものとしてである。ハイデッガーにとって、そこへと存在が定められているものとして、存在を構成するものは、言語として、そのphtroraあるいは注意深さを通して送付されてきているアナクシマンドロスの断片そのものである。この摩滅によって、思惟としての言語は存続し、断片が生き残り、無秩序は克服されるのだ。これこそが、より馴染み深いアナクシマンドロスの翻訳が「必然に従って」と呼ぶものであり、ハイデッガーが「使用の仕方に沿って」考えようとしているものなのである。

ハイデッガーの焦点は大幅に、秩序／無秩序の非弁証法的な関係に当てられている。馴染みの翻訳が「時の定めに従って」起こる「償い」の問いとして提示している関係である。phthoraは、フランス語のusureと同じように、単なる磨耗ばかりでなく、返済することをも含んでいる。あたかも、哲学の断片が、時間が歴史として作り上げる定めを介して生けるものとして保たれていることに対して、科料を支払わねばならないかのようだ。実際、そのような断片化とは、科料が支払われたことの、アナクシマンドロスのテクストの主要部分が税として支払われ没収されたことの証明であるのか？ ハイデッガーの読解は、時による没収がいかにしてテクストの存続と、その開示さえをも特徴づけるのかを熟慮している。あたかも、ただただ時を通じて書物が断片化したからこそわれわれは、時の斟酌がなければ隠されたままであっただろう、書物の存在への関係のそれらの局面を見ることになるかのように、である。

しかしながら、このような読解は、哲学の断片化ばかりでなく、その複数化にも依拠している。様々な翻訳の対照である。断片化には確かに、迷誤の散種が、翻訳あるいは転記の増殖が伴う。哲学とは何らかの始源（アルケー）の統一への回帰ではなく、ハイデッガーの初期の作品において「現存在」の語の下に包摂されていた存在への諸関係を露わにする歴史的な遂行行為（パフォーマンス）である。解釈は、何らかの起源によって真性を保証されるどころか、常に寄生的で定位置をもたず、各々がもともと代補的である様々の翻訳の葛藤の遂行なのだ。ハイデッガーがphthoraを強調するのは偶然ではないであろう。なぜなら、それは磨耗の意味ばかりでなく、寄生虫や寄生動植物を意味するphtheirとの類縁性においても寄生性を明らかにするからだ。[16] この地点で、「アナクシマンドロスの箴言」についての、ミシェル・セールの『パラジット』を経由した解釈を展開することができるかも知れない。情報理論を、寄生的な侵入のパースペクティヴから問い質す研究である。しかし、セールについて長々とした余談をする代わりに、次のように言わせていただきたい。近代の古典的な研究に関わる限りでは、ハイデッガーのアナクシマンドロス読解は、せいぜい疑似-場所的［=寄生的（para-sitical）］なもので、アナクシマンドロスの真摯な学問研究とはみなされておらず、彼の読解は、ギリシア人たちを問い質すに先立って仕上げられていた予断を推し進めるためにアナクシマンドロスを採用したのだと理解されているということである。その時ハイデッガーはしばしば、単にソクラテス以前の思想家たち自身でも認めていなかったような洗練された存在論批判のための宿り主（ホスト）として、アナクシマンドロスのような人物を用いている人だと考えられている。ところがハイデッガーは、このような寄生性が常に、どんな古代のテクストであっても転-記され、あるいは翻-訳されたものとして受容されるべき受容の条件であることに極めて意識的であるように思われる。それは、手紙=文字（レター）の命運の、エクリチュールの命運の、phthora を容易にする寄生者たちによって濾過される命運の問いなのである。

「哲学とは何か？」の問いに答えつつ、ハイデッガーはこう書いている。

> われわれの問いに対する答へと向かうこの道は、歴史と断絶し歴史を拒絶する道ではなく、伝承されたものをわがものとし、変転させる道である。歴史をそのようにわがものとすることは「解体［Destruktion］」というタイトルで考えられている。この語の意味は『存在と時間』で明瞭に説明された（第六節）。解体とは、破壊することを意味するのではなく（bedeutet nicht Zerstören）、解体し、取り去り、片づけることを意味する（sondern Abbauen, Abtragen und Auf-die-Seite-stellen）……くわしく言えば、哲学の歴史についての単に歴史学的な陳述を解体し、取り去り、片づけることを意味する。

解体が意味するのは、伝承の内で存在者の存在（Sein des Seienden）としてわれわれに自らを渡しつつ語りかけてくるものに対して、われわれの耳を開き、自由にすることである。この語り渡しに聴従することで、われわれは応答（Entsprechung）の内に達する。(17)

翻訳と転記とは、この破壊の様態であり、存在者への存在の関係を担うことへと向かう道を辿ることを可能にする破壊であり解体である。われわれに伝わってくるものの変様のなかで、その動揺においてわれわれは、遺産の中で隠されているものへと自らの耳を開きうるようになる。ある一定の調律と共属＝呼応が起こりうるのは、手渡されたものの破壊――デリダが後に脱構築と呼ぶことになるもの――のなかでである。哲学者とは寄生者、あるいは「手渡されたもの」の中断者であり、連続体の破壊者だ。だが、この哲学者は「歴史と断絶する」ことも、それを解雇することもない。

デリダ自身の歴史的態度は、ハイデッガーのそれから隔たっているわけではない。『ポジシオン』で認められている点である。

こう想い起こさなくてはならないでしょうか。私が公にした最初の諸テクストからして、私が脱構築的な批判を組織化しようとしてきた相手は、まさに超越論的シニフィエとしての、あるいはテロスとしての意味の権威であり、言い換えれば、最終審級において意味の歴史として規定される歴史、その論理中心主義的な、形而上学的な、観念論的な［……］表象の中での歴史、そして、それがハイデッガーの言説に残すことができた諸々の複雑なマークさえそなえた歴史の権威だということを。(18)

そして『グラマトロジーについて』では、彼はこう書いていた。

［……］ある歴史的 - 形而上学的な時代（エポック）は、自らの問題性の地平全体を、最終的に言語と規定しなければならない。そうしなければならないのは、欲望が言語の戯れからもぎ取ろうとしたもののすべてが、そこに再び捕らえられているからばかりでなく、同時に言語それ自体が、その生命を脅かされ、運行不能になり、限界をもたなくなって舫いを解かれたと感じるからであり、自らの諸限界が消失すると思われるまさにその瞬間に、言語が自らに安んじているのをやめ、自らを越え出ると思われていた無限のシニフィエによって包含され、かつ縁取られているのをやめたまさにその瞬間に、自ら自身の有限性へと送り返されると感じるからでもある。(19)

ハイデッガーに従ってデリダは、どんな哲学的あるいは文学的テクストも、歴史的・形而上学的な枠の外に端的に歩み出すことはありえないことを認めている。言語が、自らの諸々の境界や限界が摩滅してしまう時点で、自分自身の有限性へと引き戻されるだろうからだ。破壊や脱構築は元来、歴史的 - 形而上学的な時間構造の「終焉」を預言して形而上学の彼方へと趣く言葉ではなく、翻訳と再刻印を通して、われわれが脅威的な諸限界のそれらのテクスト的上演を考えることを可能にし、遂行することさえ可能にする思惟の命運に焦点を当てる言葉である。そのテクスト的上演の効果は、それを基にして意味の自己 - 所与性の権威が確立される前提に対抗することに他ならない。アナクシマンドロスの言葉では、意味の自己 - 所与性に対するこの脅威は、再刻印としての思惟の手渡しを通じて開示される時の定めとして考えられるべきである。そして、この再刻印を介して思惟の諸限界は、思惟の境界確定において形而上学的な回収が起こるまさにその時に脅かされるのだ。デリダによる、ハイデッガーの「アナクシマンドロスの箴言」の解釈は、まったく明確にそうした再刻印であり、翻訳への強調を明らかにしてみせる再刻印である。phthoraとしてのその解釈は、必然的にphtheiraとして、つまり他者の言葉の場所に起こるのである。

そして、これは脱構築が回避したがる批評の運命である。バーバラ・ジョンソンが「批判」(critique)と呼ぶものの形をとる脱構築は、依然として、それが他者の言葉に依拠する時でさえ、他者の言葉の場所に起こるということを回避しようとする。しかし、いかにして脱構築は、批評(critique)というジャンルに端的に包摂されることなく他者の言葉の場所に戻るというのか？『鏡の錫箔』でロドルフ・ガシェが言及しているが、ハイデッガーには既にSchritt zurück「退歩」がある。それは「原初への回帰」をなす。原初とは、「そのものとしては一度も起こらなかった、しかも「これまで飛び越されてきた」ため、遡行によってのみ視界に入ってくる形而上学の本質の領域である原初」である。そうした遡行は、「存在的－存在論的差異が、また存在の問いが、思惟と対面して現われること」を可能にする反省的運動である。[20]従って、「アナクシマンドロスの箴言」において遡行は、アナクシマンドロスの翻訳を前に進める中で、あたかも前進することが後退することであるかのように起こっている。しかし、そうした他者の言語の中での生起は翻訳の問い以外のなにものでもない。他者の言語に対する翻訳の抵抗はそれ自体、そこで存在的－存在論的差異がécriture(哲学)として露わになるところなのである。

ハイデッガーの論文は、他者の言語の中に生起することに抵抗する翻訳として前進することによってのみ、アナクシマンドロスへと遡行する。このことはその上、ハイデッガーにとっては想起が、バーバラ・ジョンソンがその言葉を使う意味で批判的に遡行することの断固とした拒絶であるということを示唆している。というより、想起は、いかにして古代の哲学的断片が磨耗してきたかについての、いかに想起や回顧がそれ自体、多段転義的な転移（すなわち翻訳）による、時間を通じた断片の送付の効果であるのかについての省察の中で生起する。そこでは他者の言語は歓待も抵抗も受けている。ハイデッガーが厳しく回避するのは、彼のテクストがアナクシマンドロスの場所に、あたかもあの断片が、その命運の phthora 以外のものとして回収され想い起こされうるかのように、生起することである。その限りでハイデッガーは、ハイデッガーが否認する回収を前提にしている批判から距離をとるのである。

デリダのハイデッガー「翻訳」において、遡行としての反省が起こるのだとしても、それは、ハイデッガーを想起［＝集摂］することへの抵抗があり、また先駆者の言葉が別の形で模倣されつつある時にさえ、それらの言葉で語ることとの拒否があるにも拘わらず、ではない。抵抗と拒否ゆえに起こるのだ。ガシェが「対面的な」対決としての反省的想起（Andenken）を強調するとしても、それは、哲学的に強化されてさえ、そこでは対面が批判的に無視されるような対決なのである。反省についてのガシェの説明はとくに重要である。ハイデッガーのなかに既にある遡行を、次のように定義するからだ。それは、

それ自体においてそれ自体によって自己を示すものと、そうではないもの——その全形式において存在するものとの差異化の運動（krinein）そのものである。そのような差異化として遡行は、存在するものの究極の根底のラディカルな空間を扱う。当の根底は、伝統の遡行的差異化と解体との、いわば「関数」である。より精確には、根底それ自体は、当の解体的遡行の、退隠を介した現出の次元にある。その上、解体の操作はそれ自体、その中に根底をもっている。この根底は、それへの回帰の行為そのものの中で解放される時に根底づける。そのような根底は、それは決して与えられないのだから、反省の終焉点にはなりえない。ひとがそれを反省的に求めて手を伸ばす時、それは退隠する。(21)

ガシェが思惟の方へ向かうのに対して、私の方はむしろ、差異化と退歩としての想起という彼の鋭い考察をエクリチュールの翻訳に適用してみたい。翻訳においてエクリチュールは、時の定めへの自らの負債を記憶することを、従って支払うことを断固として拒絶する限りで、反省的に前進することは、en retrait［退隠して］いる（それが前進する時でさえ退隠している）エクリチュールを通して物事が現われることを可能にすることによって、伝統の解体を伴うのである。

ハイデッガーを想起する［＝集摂する（re-collecting）］

デリダの作品に親しんでいる読者なら、phthora の議論の中に「白い神話」の主な論点の多くを認めることになるだろうし、確かに、アリストテレスにおける隠喩についてのデリダの研究と、アナクシマンドロスのテクストのハイデッガーによる翻訳との間にある諸々の平行関係は、ハイデッガー哲学と脱構築との間にある強い同一化を反映している。事実、そうした平行関係は暗に、精通した読者とデリダとの間に、ハイデッガーが単に脱構築的言説の主な特徴を先取りする以上のものであったという理解を打ち建てる。その意味で脱構築は、一九三〇年代後半に厳密に展開された諸々の思惟からなる哲学的コンテクストに収まる。「白い神話」は、「アナクシマンドロスの箴言」でハイデッガーが行なった翻訳の意味生成の分析の中で既に起こっていたテクストとテンポラリティーとの関係の再演として読むことができる。そしてこのことは、興味深い事実を提起する。すなわち、「白い神話」ばかりでなく、「ウーシアとグランメー」と“La différance”［「差延」］の中で、デリダがハイデッガーの Unterschied（差異）の観念を差異の署名の下に組み込み直すことにおいて、デリダは、翻‐訳ないし転‐記というハイデッガーの哲学的戦略を遂行し、脱構築をハイデッガー的歴史へと組み込んでいることだ。その上、Unterschied が差異の多段転義的（メタレプシス）なずれ—— différance ——に服するのは、ハイデッガーのドイツ語のフランス語への翻訳においてなのである。それ自体において、フランス語でのこのずれは隠喩的な転移であり、そこでは、言葉の摩滅—— e の除去と a による置き換え——が明らかになる。「白い神話」の主要な論点の一つになる言語の摩滅である。

この言語的「摩滅」の一つの帰結は、脱構築のハイデッガーの思惟からの差異化である。そしてもちろん、ハイデッガーの置き換えや翻訳の戯れを多段転義（メタレプシス）的に取り込みながら脱構築は、自らがそれと引き替えに摩滅させるものの場所を、つまり「アナクシマンドロスの箴言」の場所を代わって占めることになるだろう。言説間のこの摩滅ゆえにデリダに、右の平行関係を明白に指摘しないですますことができる。というのは、「白い神話」のような論文の主な務めの一つは、何か彼に先駆したものに取って代わることであり、そうしながら、白い神話と呼ばれるもの——この場合、脱構築がそのオリジナルへ、すなわちハイデッガー哲学へと還元しうるという前提——の、そして同時に、特殊な指示対象へと還元しえない隠喩の脱構築的概念の、隠喩的な再演ないし遂行になることだからだ。反省ないしは想起として「白い神話」は、既に言われているものに、この場合はハイデッガーの「アナクシマンドロスの箴言」に隠喩的に取って代わるのだ。ハイデッガーの論文に置き換わることによって「白い神話」は、その論文を忘れることを可能にするのである。ちょうどプルタルコスらによるアナクシマンドロスの翻訳が、オリジナルを忘却の中に、あるいは忘却として放置したのと同じようにである。

「白い神話」が「アナクシマンドロスの箴言」のようなハイデッガーのテクストを遂行的に上演しているということは、例えば、隠喩的な置換のエコノミーのなかでの言葉の摩滅を意味するためにデリダが示す、usure という言葉に対する関心に焦点を当てる時に明らかになる。しかしながら、usure は、言語の高利貸し、すなわち言葉を貸し借りすることによって、翻訳、転記、転移に関わる交渉によって剰余価値を生産することをも指示する。このことは、アナトール・フランスの『エピキュロスの園』の論点をコンテクストにしている。ただしデリダは明らかに、文化がそこで、負債、利子、相互性、置き換わり、そして形而上学的翻訳と関係づけられている『道徳の系譜』のなかで隠喩についてニーチェが書いていることをも考えているのだが。「白い神話」は、言葉のエコノミーの下には、摩滅的＝高利貸し的（usurous）なエコノミー（usure）が近似的なものにしかならない純粋な、混ぜ物のない言語が存在するという観念論的な前提に関わる。それは、時間の中には実在せず、形而上学的だと言いうる神話なのだ。デリダによれば白い神話は、白いインクで書き込まれた幻想の場面であり、羊皮紙によって覆われた見えないデザインである。このデザインは背後世界であり、「時の定め」を逃れる形而上学的思弁の場所、エクリチュールを時間的（歴史的）にも空間的（書記的）にも否定する幻想である。デリダにとって問いは、いかにしてこのエクリチュールの神学からエクリチュールの哲学へと移行するかである。ニーチェ的な意味において、日々の交換の摩滅＝高利貸しを、つまり価値を集めるまさにその時に常に既に頽落しているあの転移や翻訳を考慮しうる哲学である。

最も重要なのは、このusure（あるいはphthora）によって、われわれが意味の時間化と空間化を理解すべきだということである。それゆえデリダは問う。「もし「空間」と「時間」が何を意味するのかを解明していなければ、いかにしてある意味の、理念的対象の、知解可能な文言の時間化と空間化とが何を意味するのかを知ればいいのか？　しかし、自らが言表することとすべてを、自ら空間化‐時間化するロゴスが、あるいは言わんとすることが何であるかを知る前に、いかにしてそうすることができようか？　隠喩としてのロゴスが何であるかを？[22]」（二七一頁）。ハイデッガーが断片を語るのに対して、デリダは、ハイデッガーのあるロゴス読解を裏づけつつ隠喩としての転記を語る。ハイデッガーが言うように、ロゴスは

「語義の表現」(すなわち現示)ではなく、「名前をもつことによって、あるものがそこへと出で立つ光の中で、前に横たわらせること」である。[23] このことは、一つの辞項をではなく、その構成が転記や転移の、引き継ぎや多段転義のphthoraやusureを通じて起こる諸関係の多様性を示唆している。意味は、これらの関係に対応しているのではなく、重層決定から生じてくる効果ないし超過なのだ。もっと重要なことに、空間と時間の観念が関係づけられるのは言葉の移送を介してである。というのも、哲学の歴史の効果とは、空間の観念(諸々の限界、境界、裂け目、断片、全体、身体、集合)と時間の観念(歴史、テロス、創設、連続、継起、始源、そして未来性)とを定立することだからである。その上、空間と時間は言葉の磨耗や迷誤に依存している。言葉の磨耗や迷誤が時間と空間を通じて、すなわち、戒律、制度、法典、文化、国民性などを通じて伝えられるのだからだ。空間性と時間性のこれらの局面はそれ自体、話すことの「比喩形象」であり、エクリチュールが読みうるものになるためには、それらの「比喩形象」を通過しなくてはならない。意味は普通、無時間的で非空間的で、それゆえ、デリダによれば、時間的でも空間的でもある隠喩に対立するものだと考えられているが、しかし、歴史の「比喩形象」や比喩形象化を通過しない意味は存在しないのである。

隠喩の遂行

「白い神話」が「アナクシマンドロスの箴言」を遂行的に上演する隠喩的置換として読みうるとすれば、われわれは遂行表現あるいは遂行行為そのものの問いに注意深くなるべきではないか? この問いはわれわれの関心にとって決定的である。他者の言葉に取って代わる批評を展開せずにデリダは、他者の言葉を自分自身の言説へと遂行的に翻訳ないしは転移させるのだからだ。usureのような語が、「起源的な」ないし「根源的な」概念として回収できない何か別のもののために隠喩的に機能することを可能にすることによってである。言い換えれば、ハイデッガーの「アナクシマンドロスの箴言」のようなテクスト自体も、脱構築が問題になる限りにおいては、白い神話の一つになるのである。

隠喩の遂行行為的な読解に関して妥当な、「白い神話」からのいくつか問いがある。「哲学的な産物であり続けている隠喩の概念を使って、哲学的隠喩系そのものを外部から支配することは不可能である」、また「哲学者は決してそこに、自らがそこに置いたものしか、少なくとも哲学者として、自らがそこに置いたと思ったものしか見出さないことであろう」[24]（二七二頁）。この指摘の両方はどちらかといえば強力に、デリダにとっては、隠喩が遂行行為の観念から切り離すことはできないということを示している。隠喩は、「固有な」ものと「非固有な」ものとの差異がそこで、ある意志行為によって侵犯される特殊な行為を含んでいるからである。とはいえ、この行為の「主体」とは何か？　誰あるいは何が意志するのか？

ハイデッガーは、*Vorträge und Aufsätze*［『講演・論文集』］に「ニーチェのツァラトゥストラとは誰か」("Wer ist Nietzsches Zarathustra?") を収録し、哲学を遂行する教師の像に焦点を当てている。教師の遂行行為は、先立つものから今を介して彼方にあるものへの、つまり未来への時間的移行である。そして、ツァラトゥストラの教育のこの遂行的な面を議論しながら、ハイデッガーはこう書いている。「それでも、ニーチェの思惟を超えて問うことは、彼の思惟の継続でありうるのか、それともある種の退歩にならねばならないのかは、考えられるべきものであり続ける」[25]。ツァラトゥストラの哲学の遂行行為は、アカデミックな思想史のように、目的論的には起こらない。それはむしろ、自己同一性を破り、その思惟が両立可能で目的論的な諸々の瞬間の多様性の中で統一されている意識の定立を破るような、瞬間の近接性を自らの内に分節することによって、右のような時間の観念と手を切る。ガシェの見解をもう一度思い起こすなら、ハイデッガーは思惟の継続の遂行行為を、哲学がそこでは解体を蒙る遡行と見なしているのである。

ツァラトゥストラがそれら［時間の基本的特徴］を言い表わすその仕方は、ツァラトゥストラ自身がそれ以後、彼の存在の奥底で自らに言わなくてはならないことを指示している。そしてそれは何か？「いつかは」と「かつて」、将来と過去とが「今日」のようだということである。今日は、しかし、過去のようであり、将来するもののようである。時間の三つの位相のすべては、同じものとして、同じものへ、唯一の現在へ、永続する今へと接近する。形而上学は永遠と名づける。ニーチェもまた、時間のこの三つの位相を恒常的な今としての永遠から思惟している。しかし、この恒常的なものは彼にとって、何らかの停滞の中にあるのではなく、同じものの回帰の中にあるのだ。ツァラトゥストラが、自分の心にこうした言い方を教える時、彼は同じものの永劫回帰の教師である。(26)

この永劫回帰は、「アナクシマンドロスの箴言」でハイデッガーが示唆しているように、アナクシマンドロスの翻訳とそれほど違うものではない。知られているものの知られていないものとしての永遠の反復、馴染みのものの馴染みのないものとしての永遠の反復である。永劫回帰は同一性を揺るがせ、時間の運動についてのわれわれの日常的な発想を混乱させる差異を導入する。ツァラトゥストラの哲学の遂行行為――彼の教育――は、無矛盾の原理としての同一性と差異とを脱構築する。哲学の遂行行為の観点からの同一性と差異とのこの不安定化をハイデッガーは時間的な出来事として位置づけている。その出来事においては、教師は、単にひとが始める場所を超えた地点からは決して思惟しえない、もう一つ別の哲学へと横断しようと意志するのだ。この状況をハイデッガーは、遠くにあるものの近さと呼ぶのである。

しかし、遠くにあるものの近さは、遠くにある何かを、ひょっとすると全面的に回収しえないほど遠くにあるものを指示しながらも、それ自体は近くにある形象としてのアリストテレスの隠喩概念にもわれわれの注意を向けさせる。デリダはこう書いている。「隠喩があるのは、誰かが言表によって、それ自体において明らかではなく、隠されており、あるいは潜在的なままであるような思惟を表明していると想定されている限りにおいてである」。それでも、アリストテレスの著作が表明しているように、隠喩は、必然的に類比(アナロジー)の閉域を生産するわけではない。隠喩はむしろ、「それが所属しているはずの意味論的な充実を中断しかねない。[……]隠喩は意味論的なものの彷徨をも開くのだ」。それゆえ隠喩の危険とは、適切あるいは真であるものを逸するチャンスである。「隠喩が、mimesis[模倣]のチャンスと危険が常に、真なるものを逸しうるのだとすれば、隠喩が、ある一定の不在を考慮しなければならないからだ」。デリダはアリストテレスの例、そこでは本質的に名前をもっていないもの(太陽がその炎を投げ出すこと)が特定の名前(播くこと)をもつ行為と同等に置かれている「神の創りし炎を播きながら」に言及し、それを、アリストテレスが「相容れない辞項の結合」と呼ぶものを記述する「『謎』、いくつかの隠喩からなる秘密の物語、強力な連結辞省略、あるいは隠された連結」と呼ぶことによって、そこに指示の問題を認めている。[27]おそらくデリダなら、この隠喩を「散種的結合」と呼ぶべきだったのかも知れない。そこでは、近くにあるもの(播く行為)と遠くにあるもの(太陽の光の放射)とをひとまとめにすることはもはや、自己同一性には還元できず、従って行為者の自己充足的あるいは「人間固有の」思惟の表象に還元することはできない。散種的結合は、言い換えれば、主体による模倣的な回収を超え出るのだ。それは、隠喩遂行の源泉へと遡る隠喩解釈によって自己同一的な行為として回復しうる特定の類比化行為を超えるのである。

隠喩行為へのそうした還元は、もちろん、そこでは隠喩が永遠に自己現前する時間的現在への、今への還元である。だが、散種的結合なるものは、類比化の行為と、何か永遠にそこにあるものとして常に回復しうる瞬間への時間的還元の分断と、その間の差異化の兆候であるだろう。要するに、散種的結合は、隠喩や類比である時間的な遂行行為を、近いものと遠いものとを一括する行為を分割するのである。

ハイデッガーの「ニーチェのツァラトゥストラとは誰か?」においては、哲学は、自己同一的で、今の瞬間の内部で規定されるものとしての形而上学的な時間性の地平を破る遂行(パフォーマティヴ)的類比の観点から読まれている。フレデリック・A・オラフソンが『ハイデッガーと精神の哲学』で明らかにしているように、ハイデッガーの哲学は、出来事と過程としての時間が、そこですべての存在者が同じ時間性に携わっている全体化された世界に所属するという、古典的な見方に反して働いている。「それは、現存在が、木々や川がもっていない世界をもっている存在者だからだ(28)」。オラフソンの見解が指摘するところによれば、ハイデッガーは、主体の時間的主体性が、自己に同一な全般的な図式に従ってすべての瞬間が固定される世界時間の客観性に従属すべきだという、主体の古典的な客体化を退ける。オラフソンが書いているように、そのような図式は、自分自身の外部にある超越論的で永遠の地点からしか概念化しえないのである。

一度も説明されていないのは、しかしながら、いかにしてこの超越論的な立場と、その時制を欠いた現在との指示力が、超越論的地点を、世界時間の内部に位置する者たちのすべての表象の現在性に由来する懐疑主義的な疑いに対して、傷つかないものにするような形で確立されるのか、である。どう見てもこの「超越論的」立場は、世界時間の理論が、その時間の中に場所を占めている者たちの表象活動に課してくる諸々の限界を埋め合わせ、それゆえ、われわれがそれでも、自分が所有していることをかくも確信している指示能力を、懐疑主義的な疑いに対して確保するために利用しうると、単に想定されているに過ぎない。(29)

ハイデッガーの「ニーチェのツァラトゥストラとは誰か？」が、近いものと遠いものとのニーチェの類比を問い質すのは、表象的活動や遂行行為が、現在または今、しかもそれによって自己同一性（自己現前）が形而上学的に構想される超越論的現在または今という古典的な前提と袂を分かつような、それに代わるテンポラリティー概念を問い質すためである。ニーチェ自身が既に、彼の「力への意志」と同時に「永劫回帰」の探究によって、この古典的な時間概念を解体し始めていたのだ、とハイデッガーは論じる。ハイデッガーがそれらの言い回しを、「アナクシマンドロスの箴言」で明らかに強調した点である存在者の存在への関係を問うものだと見ているとしても、驚くべきことではない。(30) 事実、「永劫回帰」は、ハイデッガーによれば、存在者の存在（デリダの言葉では差異の差異）の名前であり、「力への意志」は永遠の回帰の永続である。「ニーチェのツァラトゥストラとは誰か？」の最後でハイデッガーは、一つの類比に注目している。ツァラトゥストラの頭上に謎めいて舞い上がる蛇と鷲とは、それぞれ永劫回帰と力への意志を表わしているのだ。この類比は、Übermensch［超人］がそれに対して水平な関係をもつ「存在と人間存在の共属」を表わしている。Übermensch［超人］は古典的な世界時間の多様性とは絶縁している。それは単に、形而上学的メシア概念のように、ある瞬間に到着すべき何者かの名前ではないし、ジークフリートのように既にここにいる何らかの解放者の名前でもないからだ。Übermensch［超人］とはむしろ、「存在の共属」たる関係として、そこでは形而上学的存在論が解体されている永遠の再起または回帰として構成された主体であり、Übermensch［超人］が到来する「出来事」は、古典的な世界時間の概念の拘束から逃れているのである。われわれは、Übermensch［超人］が主体だと考えられるべきだとしたら、その主体としての活動や遂行為が決して、自己同一性と世界時間の形而上学を逃れるような形で近いものと遠いものとをひとつにする隠喩ないし散種的結合以外のものとしては出現しない、そうした者だということを強調しなくてはならない。このことは、ニーチェにとって永劫回帰が「差異の反復」であるというジル・ドゥルーズの理解ともよく調和している。そして、ハイデッガーのことを考えれば、ツァラトゥストラは、反復の永続と差異の差異との関係を記しているのだと言ってもいいかも知れない。

このような立場に移るなかでハイデッガーは、ニーチェが「時間とその『在った』に対する意志の敵意、これが、否これのみが復讐そのものである」と書いていたことに注目している。アナクシマンドロスのような前ソクラテス期の哲学者たちが、テンポラリティーを支払われるべき物事の配分と見るのに対して、後にくる古典的伝統は、はるかにもっと対決の見地から時間へと立ち向かった。主体は、時間の法に従属するのではなく、時間の諸瞬間を裁くのだ。ハイデッガーによれば、これをニーチェは復讐と呼んでいる。「復讐とは時間の内で『在った』への敵意である」。復讐の狙いは、過去を現在にして、われわれが既になくなった出来事、あるいは何か単に留まるものとして時間にしがみついている出来事を裁定できるようにすることだ。形而上学は、それが「超‐時間的な理想を絶対者として定立し、それに比べて時間的なものはそれ自身を本来的に非‐存在者へと卑下しなければならない[31]」点において、時間への復讐である。今やわれわれは、デリダが考察するアリストテレスのテクストが、なぜ散種的結合である隠喩を拒否するのかを理解することができる。それらの隠喩は、ある過去の瞬間の永遠の現在へとしがみつかず、従ってそこでは時間が留まり続けることができないのだ。要するに、そうした隠喩を実行するなかで、束の間のはかなさと非存在に対する復讐は挫折するのである。ハイデッガーが注目するように、ニーチェのテクストには、時間が常に別の何かとして、すなわち永劫回帰として出現するなかで「過ぎ去ることを留まらせる」ことを欲する、時間への「然り」がある。この回帰は、ニーチェのコンテクストにおいては、「主体」がそこでÜbermensch［超人］へと移行し、近いものが遠いものへと橋渡しされる散種的結合の遂行としての隠喩の隠喩であり、翻訳の翻訳である。

「白い神話」において、隠喩のこうした見方は、次のような一節に反映されている。

> 自らの輝きのなかで消滅する現前、光と真理と意味の隠れた源泉、存在の顔の抹消、形而上学を隠喩に従属させるものの執拗な回帰とはこうしたものであろう。
>
> 諸々の隠喩への。この語は複数形でしか書かれえない。哲学の奥底にある夢であるが、もし可能な一つの隠喩しかないとしたら、もし諸々の隠喩の戯れを、隠喩の一つの家族やグループの円環へと、さらには一つの「中心的」、「根本的」、「原理的」隠喩へと還元しうるとしたら、真の隠喩はもはやなくなるであろう。あるのはただ、真の隠喩を通じた、固有なものの保証された読解可能性だけであろう。ところで、隠喩的なものが始めから複数であるからこそ、隠喩的なものがシンタックスを逃れることはない。隠喩的なものが、哲学においても、その意味（意味される概念や隠喩的な内容、すなわちテーゼ）の歴史のなかで、そのテーマ（存在の意味と真理）の、見えるあるいは見えない現前のなかで汲み尽されることのないテクストに場所［＝機縁］（lieu）を与えるのだ。[32]

比喩形象がシンタックスを逃れることはないという発想は、ジャン＝リュック・ナンシーとフィリップ・ラクー＝ラバルトが編集した修辞学についてのニーチェの見解に根本的なものであり、それは、哲学そのいる。

ものが隠喩だと考えることができることを示唆している。[33] それは、*L'enjeu des signes : Lecture de Nietzsche*［『記号の賭金――ニーチェ読解』］におけるジャン＝ミシェル・レーのテーゼに近い。そこでレーは、ニーチェにとって哲学とは明らかに隠喩的迂回であり、そのシンタックスのなかで主体は脱構築される」と論じている。[34] 同じような隠喩の読解は、既に「白い神話」でも示唆されている。そこでデリダはこう書いている。

隠喩は従って、自分自身の内に自らの死を宿している。そしてこの死はおそらく哲学の死でもある。だが、この属格は二重である。ある時は、それは哲学の死、哲学において自らを思惟し、そこで要約され、そこで自らを全うすることによってそこに自らを認める哲学に所属する一ジャンルの死である。ある時は、自ら死につつあることを見ていない、もはやそこで自らに再会しない一哲学の死である。［……］自らの場を貫くこのコードの代補は、絶えずその囲いを移動させ、その線を乱し、その円環を開く。いかなる存在論もそれを還元することはできなかったことになるだろう。[35]

自らの場を貫くこのコードの代補をハイデッガーは、ツァラトゥストラの教えと、自らの内に自らの死を宿している時間への然りと呼ぶ。「白い神話」はもちろん、この死をニーチェの内にではなく、アリストテレスの内に認めている。ただし、そうしながら「白い神話」は、他の諸々の哲学への類比あるいは隠喩として機能する。それ自体が、アカデミズム的に着想された思想史という形而上学的地平を破る散種的結合だからだ。アリストテレスを想起することによってデリダは、ニーチェとハイデッガーとを想い出すことを求める。両方を一緒に、かつ別々に――その両方（一緒に、かつ別々に）。一度に／別個に。

抹消の下での To Apeiron の読解

前節でわれわれは、ハイデッガーとデリダが、古典的な時間性概念と主体とを解体するために重要な隠喩の摩滅あるいは翻訳の phthora として、彼らが哲学の伝統を遂行する点で、それほど離れてはいないということに注目した。しかしわれわれは、そのような見解とアプローチの一致が突き止めうるのだとしても、根本的な距離を暴き出す密接な近似点を見出しうるということも認めなければならない。そのとてもよい例は、ハイデッガーとデリダが、アナクシマンドロスの断片の言葉でいえば、世界時間という古典的な概念を暗に拒否する時間性の考察の方向性を示す決定的な語をなすもの、すなわちアナクシマンドロスの to apeiron (限定されないもの) を戦術的に無視する、あるいは認め損なうような巧妙な形の読解を共有しているその仕方である。ハイデッガーの「アナクシマンドロスの箴言」は、はっきりとアナクシマンドロスの一句の注釈であり、そこでは apeiron が問い質されていながら、ハイデッガーはその言葉を途中で取り逃がす。ある程度、このことは、それ自体、語 apeiron を使っていないその断片に適合している。にもかかわらず、アナクシマンドロスの断片がはっきりとこの語についてのものであることは、古来一般に同意をみてきた。ハイデッガーの論文はもちろん、間接的にはこの事実を認めており、語 apeiron を、アナクシマンドロスの断片に対するこの語の妥当性への懐疑ゆえに無視するわけではない。ハイデッガーの論文はむしろ、あたかも apeiron が「抹消の下で」あるいは欠損の形でしか適切に語りえないかのように、この空隙を充当し直すのだ。これはデリダもまた、ハイデッガーの「アナクシマンドロスの箴言」についての見解の中で尊重する「抹消」である。にもかかわらず、抹消はひどく厄介なものになっている。なぜならデリダは、アナクシマンドロスに馴染みのない読者に、西洋形而上学の伝統の内では全面的に生起してはいない形でではあれ、そこに存在と存在者との différance が明らかに認められるその語に明確に焦点を当てているテクストに、ハイデッガーが焦点を当てているのだということを知らせる努力をしないからだ。ここでわれわれは、語を抹消下で読む読解が、ニーチェが「虚偽への意志」と呼んだものを確かに反映している可能性があることに注目し始める。そこでは、知識は a-letheia（忘却されていない）によってではなく、letheia、忘却することそのことによって生じるのだ。実際ハイデッガーは、「アナクシマンドロスの箴言」で「迷誤はそこで歴史が現成する空間である」[36]と書く時、この態度を強調している。ハイデッガーもデリダも、apeiron を無視し、あるいは忘却することで、それを追想ないし想起し「そこなっている（err）」。それゆえ両者ともに、「抹消下に」とどまるものについて書いているのだ。その痕跡が、いぜんとして「他の」語の中に認めうるのだとしても、である。

だが、ハイデッガーもデリダもともに抹消下にあるものを解釈する点を共有するのだとすれば、ハイデッガーが、彼なら容易に取り逃がすことのできなかったであろう、もっと脱構築的な諸可能性から距離をとるのは、まさにここである。デリダの方は機会をとらえて、われわれが脱構築と呼ぶ哲学的語彙を創始する。ハイデッガー哲学とデリダ哲学とのこの分岐あるいは差異が隠喩の「差異」の、あるいは翻訳の摩滅の問題でありうるということは、「散種的結合」としての隠喩と、多段転義（メタレプシス）としての翻訳に対するハイデッガーの感受性についての先の議論を念頭においた上で、脇に描くことにする。しかしながら、ハイデッガーの解釈のパースペクティヴから明らかなことは、apeiron の消去が偶然ではないということである。*Holzwege*［『杣径』］の「アナクシマンドロスの箴言」がわれわれがもっている、アナクシマンドロスの断片についてハイデッガーの書いた唯一のテクストではないからだ。それはむしろ、一九四一年の夏に書かれた以前のテクストの、すなわち Das anfängliche Sage des Seins im Spruch des Anaximander［「アナクシマンドロスの箴言における存在の原初的言い」］と題されたセミナーの極めて巧妙な遂行的再現なのである。[37] そしてかなり興味深いことには、このテクストでは、apeironは、シムプリキオスによるアナクシマンドロスの断片の翻訳をハイデッガーが翻訳するというコンテクストの中で詳細に論じられている。ところがそれは、*Holzwege*〔『杣径』〕の「アナクシマンドロスの箴言」でハイデッガーがもたらす解釈では完全に消去された翻訳である。この以前の翻訳がapeironを引き入れていながら、後の翻訳がそれを除外していること、このことが先に言及した「抹消」を反映している。

to apeironが、前ソクラテス期のテクストの専門家たちの間では実質的な歴史をもった複合的な言葉であるため、われわれはある程度の背景を見直しておくべきだろう。それは、ハイデッガーの徹底した形而上学批判を先取りするばかりでなく、デリダがla différance〔差延〕と呼ぶことになるものの到来をも予告する言葉についてのアナクシマンドロスの定式化を明るみに出すためである。最も重要なのは、もちろん、アナクシマンドロスが、これら現代の哲学者たちの背後にいる天才的な先駆者や「オリジナル」だと見なしうるということではない。そんなことをしても、単に「白い神話」を上演し直すだけだろうからだ。そうではなく、われわれが評価すべきは、いかにしてapeironは、アナクシマンドロスのハイデッガーによる遂行のデリダによる遂行し直しが、模倣行為のオリジナルと、オリジナルの真理を開示するための起源という価値評価とから離反する模倣の戯れとして、そこで確立される幽霊的な場所を形成するのか、である。

ハイデッガーが*Holzwege*で、デリダが「ウーシアとグランメー」で「抹消の下に」残してきたものを議論する上でわれわれは、G・S・カークとJ・E・レイヴンによって翻訳されたシムプリキオスの翻訳を考察する必要がある。「……何か別のapeiron〔無規定〕な自然から、いっさいの天と、そこにある諸々の世界が出現する。諸々の現存事物の生成の源泉は、その内への消滅もまた「必然に従って」起こるものである。彼（アナクシマンドロス）がこうした、どちらかといえば詩的な言葉で描いているように、『というのは、それらは時の定めに従って、自らの不正のため互いに償いをし、科料を支払うからである[38]』。a-peironへのシムプリキオスの言及は、テオフラストス、そしてもちろんアリストテレスによって仲介されており、それは、コスモスがそれに基づいている一次的ないし根源的な実体を指している。すなわち、「不定者」、あるいは諸要素の「間」である。カークとレイヴンはこう書いている。「アリストテレスは、physikē［自然学者］の様々な一元論的理論を数々の機会に列挙する時、諸要素の間の実体について語っている――普通は火と空気の間、あるいは空気と水の間のそれである。そのうちの三つ四つの章句では、仲介的実体の提案者としてアナクシマンドロスのことが意図されているように見える。それは、直接彼が名指されているからではなく、その実体が単にto apeironと呼ばれていたと暗示されているからだ[39]」。諸要素の傍らにであれ、それらと混じり合っているのであれ、仲介的実体としてのapeironのアリストテレス解釈は、カークとレイヴンが指摘しているように、アナクシマンドロスの立場に関しては誤っている。アナクシマンドロス自身は、はるかにもっと抽象的な考えをもっていたからだ。すなわち、アナクシマンドロスにとっては、to apeironは「本質において不定の」ないし「空間的に不定の」何ものかを意味するのである。

アリストテレスの立場を引き取りながらウェルナー・イェーガーは、『初期ギリシア哲学者たちの神学』において、to apeironを、身近な典拠から借り受けられたものだとの常識的な読解を守っている。それでも彼の定義は、そのような歴史的還元主義を超え出るものでもある。というのは、彼はto apeironを、「質的に不限定なものではなく、それからすべての生成がその滋養を引き出す[40]」無境界のものと定義していて、いるからだ。この見方は、『自然学』における本質的にアリストテレス的な定義への支持を表わしていて、それは不定者の観念を表わしている。ところが、一九四〇年代にゲオルゲ・ブルフは、to apeiron はカークとレイヴンが、はるかにもっと正確なものだとして受け入れる意味である「不定者」より以上のことを意味している確率が高いという考えを強調した。ブルフは、to apeiron が定義しうる属性をもたない神性の観念を意味すると論じた上で、不定者はまさに諸要素の対立の見地から跡づけうるのであり、ハイデッガーならそう呼んだかも知れないように、諸要素の存在論的差異において、この不定性と無境界性とが限界を表明するものとして開示されるのだと記している。ここに、無境界なもの／境界をもつものの決定不可能性が、明確にアナクシマンドロスの to apeiron の考察の前面に押し出されている。その上ブルフは、「われわれは自らの存在によって互いに侵害し合っている」[41]のだから、その断片においては、定まったものとしての存在者は不正だと考えられていると論じた。償う道はただ一つ、忘却へと移行することだ。このような見方は、極めて明らかに、「アナクシマンドロスの箴言」とほぼ同じ時期に書かれたニーチェについての諸々のテクストの中で、ハイデッガーがニヒリズムについて維持する見方を補完し、その断片のハイデッガーの翻訳に平行するものをもっている。

もう一人の古典文献学者ハロルド・チャーニスは、to apeiron のこの神学的読解に異議を唱え、意識も意志も apeiron には関係していないと論じている。アナクシマンドロスの「限界のない」あるいは「無境界の」ものは、「あまりに徹底して混合されているので混合の中では個々に見分けることができないが、それが混合体から分離された時には、分節した世界のすべての差異として認知しうるような成分」[42]からなっている。to apeiron は原初的なカオスを指すのではなく、そのような区画を超える。それは、物質の中にありながら、物質としても純粋精神としてでもなく、それでも万物の中に明確にある無限界かつ無境界の多様性だからだ。to apeiron とは、もう一度デリダの発想を用いれば、自然の中への現出に関して決定不可能なものであり、それゆえ、西洋の思惟に馴染みの形而上学的ないし哲学的カテゴリーの内部では定義しえないのだ。これが、もちろん、ハイデッガーにとってアナクシマンドロス断片が魅力があり、彼がそれを翻訳し直すことを選択する理由である。

ポール・セリグマンは、『アナクシマンドロスのアペイロン——形而上学的思想の起源と機能の研究』で、アナクシマンドロスの apeiron は一元論的でも二元論的でもあり、それゆえ無矛盾には縁がないと論じている。そして彼は、語 apeiron の隠喩的な体裁を真面目に受け取っている。というのは、その語は、境界づけを逃れ、あるいはそれを粉砕するまさにその時に、一元論的なものと二元論的なものとの間を往来することによって、決定不可能な形でその両者に参与し、かつどちらにも参与しないそうするまさにその時に隠喩として境界線を描くからだ。この見方が示唆するのは、to apeiron はそれ自体、翻訳やずれとしてしか、アリストテレスの『自然学』に典型的な種類のカテゴリー的我有化を逃れる語としてしか把握しえないということだ。to apeiron はせいぜい、そのシニフィエが規定されていない類比であり、「ニーチェのツァラトゥストラとは誰か？」でのハイデッガーの類比の説明と同じように、形而上学的な囲いの地平を破る隠喩なのである。セリグマンによれば、アナクシマンドロスは、起源の概念が何ものにも還元しえず、デリダの語彙を借りれば、起源はもともとそれ自身とは異なり、それ自身から延期されているのだということに深く気づいていたのである。

一九四一年のアナクシマンドロス断片についてのゼミナールにおいて、ハイデッガーは翻訳者として、文献学から距離を置いている。*Holzwege* に収められたアナクシマンドロス論文にも再登場するものである。われわれは「アナクシマンドロスの箴言」のなかで、「われわれはその翻訳を学的に証明することができない」(43)という句を読む。ゼミナールでも、「その翻訳はその断片をわれわれから引き離し、われわれを、驚くべき、かつ当惑されるところに放置する」[44]と。翻訳は遠ざける、ないしハイデッガー言うように、ent-fernt［「離れを防ぐ」］のだ。ゼミナールは、断片を翻訳する目的が、哲学の文献学的（すなわち形而上学的）装置を、われわれが今日その一九世紀の人間主義的土台と呼ぶものを解体することにあるということを明らかにしている。翻訳者たちが断片を翻訳するなかで前提してきた世界ないしコスモス概念は、倫理に焦点を合わせるのと同様、前ソクラテス期の思惟には不適当な観念だとゼミナールは主張する。事実、ハイデッガーが退けようとするのは、その断片は「偉大な宗教的、倫理的、合理的、物理学的な思惟様式の統一」[45]の見地から解釈されなくてはならないという固定観念である。当時は物理学も物理学的な思惟様式もなく、倫理学も、従って倫理学的な思惟様式もなかった。それらのカテゴリーはまだ分節されても構築されてもいなかったからだ。「アナクシマンドロスの箴言」でのように、ハイデッガーが最も関心をもつのは、存在の問いがそこで立てられるそうした前カテゴリー的な省察の局面を分析することである。あたかも、アナクシマンドロスの断片が、『存在と時間』の第三二節で「理解の先‐構造」と呼ばれるものを、この場合には、形而上学の歴史が先‐構造の主要な関心事を前提している時でさえ、その歴史を先取りする先‐構造を把握するための鍵であるかのようにである。ゼミナールは、このコンテクストの中で apeiron に触れ、それを、語 genesis と archē との関係において解釈している。それは、何であれわれわれが起源と呼ぶものがもともと分割されており、あるいは、デリダならそう言うかも知れないが、差異化され、「先行する」項に対しては遅れているということを立証するためである。遅れているとは、先に来るものと後に来るものとの関係が分節を欠いていることを意味する。そこには、文字「a」で始まる語、a-letheia, a-rchē, a-peiron の反復の見地から多段転義的（メタレプシス）に apeiron を構造化しようとする試みもある。これらの語を吟味する中で、ハイデッガーは根本的な一歩を踏み出す。彼は、デリダが『グラマトロジー』について』で痕跡構造と呼ぶことになるものとして、これらの語を分節させるのだ。それは、これらの「始源的な（アルカイック）」語の各々は、互いに前後して到来し、それらはすべて先行する痕跡の痕跡であることを意味し、さらには、それらの語はそうしたものとして、それらが出現するなかで、起源への年代記的な遡及がそこで、それが消去されるまさにその時に肯定されるような時間性のなかで言い表わされ布告される限りにおいて、互いに「共属し」合い、互いに「もたれ」合うことを意味する。とすれば、出現するなかでそれらの語は、それ自身のうちで現前するのではなく、他の語のコンテクストのなかで肯定され、ないし布告されることへの関係の中でのみ開示され、あるいは隠蔽を解かれるのだ。ハイデッガーが論じているように、こうしたことが起こりうるのは、接頭辞「a」が語の境界を超えて漂流し、「a」それ自体が「境界‐漂流」とでも呼びうるかも知れないものだからだ。ギリシア語では「a」は、われわれの接頭辞「un」と同じような欠如や剝奪のマークであり、ハイデッガーは、その接頭辞は何か否定的なことを表わすのではなく、単に境界に抵抗するのだと論じている。“Das a bezieht sich auf Grenze, Begrenzung und Entgrenzung.” [「a は限界、限界画定、脱限界に関わる」]。とすれば、アナクシマンドロスの断片は、存在者の存在を言語の諸々の境界として予告する布告であり、その境界は、そこで限界、限界画定、脱限界という概念が互いにもたれ合う近接した項である。それゆえ、a-letheia, a-rché, a-peiron のような語は、単独で定義しうるにもかかわらず、事実上は同じである。“Sie selbst ist das Selbe. Dieses Selbe, die Verfügung (*archē*), dieses Selbe, das *apeiron*, ist *to chreon*...” [「それ自身が同じものである。この同じもの、布告 (archē)、この同じもの、つまり apeiron は to chreon である」][46]。このゼミナールに対する彼の結論部分でハイデッガーは、アナクシマンドロスの断片では、存在の時間への関係が開示されていると示唆するほどに遠くまで進んで行く。その時間は、われわれの「時間とは……である」という言い方のなかにではなく、「時間だ」という言い方のなかに起こる。ハイデッガーにとって、「時間だ」という「言い」は、時間が、到着すること、去り行くこと、生起することとして認められることを意味する。時間は、存在が言語のうちへと出現することの限界画定としての言いの出来であり、そうしたものとして時間は、自分自身の特殊性の地帯を交錯させる諸々の語の関係性のなかに起こるのだ。とすれば、時間の真理とは、a-letheia の a-rchē と a-peiron への関係性の真理であり、すなわち、差異におけるそれらの同一性と、同一性におけるそれらの差異の非隠蔽である。要するに時間は、多段転義（メタレプシス）の間隔化のなかで、あるいは「a」の espacement［間隔化］のなかで見つけ出されるべきであり、そのなかで現前が、哲学の言いのなかに留まるものとして歩み出てくるのである。

ハイデッガーの一九四一年のアナクシマンドロス断片ゼミナールは、to apeiron について、その語がある「決定不可能な」語幹だという認識を得たという点までは古典研究と一致する。だがさらに、apeiron が単独の語や項として局所化しえず、吟味もできないと示唆することによってハイデッガーは、研究の多くを超えて行った。apeiron はむしろ、一定の語群を消去し、あるいは抹消の下に置くまさにその時にそれらの語を浮上させる接頭辞「a」の漂流と付着のなかに現われ、かつ消滅する。おそらく、もっと決定的なことは、この分析において既に、言語論的転回が果たされていたことである。存在と時間の関係は、突然、言語的漂流のコンテクストにおいて、すなわち、いかに時間が存在として留まり、存在が時間として留まるのかを開示する語群の多段転義（メタレプシス）や翻訳において検討される。しかしながら、*Holzwege*［『杣径』］の「アナクシマンドロスの箴言」では、言語の多段転義（メタレプシス）の集中的な吟味は控えめになる。翻訳と歴史というコンテクストでは能動的なままである時にさえ、そうである。実際、なぜハイデッガーの「アナクシマンドロスの箴言」が一九四一年のゼミナールでの to apeiron の分析を、それと同様に、はるか後になって論文「時間と存在」(一九六一年)で目立って浮上することになる時間理論へのその含意をも隠すのかと問わなくてはならない。

ハイデッガーの形而上学的抵抗

apeironについての専門的研究はいうまでもなく、「アナクシマンドロスの箴言」で「抹消の下に」横たわるものの検討を前提にすれば、ギリシア語の接頭辞「a」の決定不可能な漂流についてのハイデッガーの省察が(そして後には、la différance［差延］に関するデリダの洞察が)既に、西洋の思惟によって幸運にもわれわれに手渡された最古の哲学的テクストのarché［始源］のなかに書き込まれていたことは不思議なことである。あたかも、出発点に決定不可能性が、「a」をもった差異があるかのようだ。apeiron, aletheia, arché(いうまでもなく、デリダではdifférAnce［差延］)に署名する「A」である。アナクシマンドロスへのこの回帰は疑いなく、ハイデッガーとデリダなら必然的な永劫回帰だと見なすであろうし、to apeironの隠蔽ないし「忘却」のなかに思惟の根拠が自らを位置づけることを肯定する回帰である。私が概観してきた翻訳や移転の働きが、そこでto apeironが斜向的に痕跡として前面に現われてくる忘却の哲学に寄与しうるということは、心に留めておくべきである。

それでも、このような方向性は、ハイデッガーの多くの部分とどれほど一貫しているにせよ、彼の思惟の全般にわたって十分に調和するとは言えない。このことは、デイヴィッド・ハリバートンの『詩的思惟』のような研究に、その「アナクシマンドロスの箴言」の解釈で彼が、歴史についてのもう一つ別のハイデッガーの見方を展開する時に反映されている。

何世紀にもわたって——ハイデッガーの歴史説明では——現在現前するものという意味が、非隠蔽性とのもっと近い関係を求めるために徐々に支配的になる。その結果、eonta［存在者］は、今ここに現前するものを、（『存在と時間』で描かれたように）手許存在が存在者一般を表わすのと同じ仕方で表わすようになる。皮肉なことは、その過程でわれわれが、支配の着想を最初に吹き込んだ関係を忘れてしまったということだ。そして、われわれが現前と非隠蔽性との関係を忘れ去ったと言うことは、われわれが現前の本性を思惟することを忘れたと言うことに他ならない。それはさらに、われわれが存在を忘却したと言うに等しい[47]。

「現在現前するものという意味が徐々に支配的になる」のような一句は、われわれはハイデッガーを終末論のパースペクティヴから考察するように求められていることを示している。存在が隠蔽を解かれつつあるとすれば、われわれは同時に、現前の本性を思惟することを忘れてしまっている。キリスト教にある明らかな対応物を想起すれば、この点もまた終末論的である。キリストの再臨（パルーシア）は、たとえ、時が経つにつれて、その二度目の到来をわれわれがますます忘れがちになるにせよ、歴史を通じて成就されつつあるのだ。これは、キリスト教の説教すべてがそれに基づいているアイロニーである。われわれの贖罪のために到来した、そして近くにいる、「存在者一般を表わすようになる」キリストを、われわれは忘れてしまった。このようなハイデッガーの解釈コンテクストは、神の現前の非忘却（aletheia）と啓示という形而上学的コンテクストのなかでの、存在の敬虔主義的で神学的な見方を表わしている。そしてそれは、apeiron の見地からは著しく隔たった古典的な「世界時間」概念に依拠した解釈である。apeiron はテンポラリティーを、諸々の瞬間の、元来分割された、あるいは脱構築された多様性として、「起源」という形而上学的な観念がそこでは取り消されている多様性として開示するのである。

デリダの脱構築が、ハリバートンのような解釈者たちの見方に異議を唱えるハイデッガーのテクストの読解に傾倒するとしても、それは驚くべきことではない。ハリバートンの著作は形而上学を回復し、ハイデッガーの作品にある形而上学の伝統を解体する機会を見落とすのだ。それでも、「アナクシマンドロスの箴言」でハイデッガーが to apeiron を退けていることは単に、思想史の形而上学からの徹底した離脱を記すものとしてだけではなく、一九四一年の形而上学にさらなる挑戦をするゼミナールに対する敬虔主義的な抵抗としても解釈しうるということを、われわれは認めるべきである。そしてこれが、確かに、ハリバートンのような読者の解釈を正当化するかも知れないのだ。疑いなく、ハイデッガーが apeiron を退け無視することは、まさにそれを「忘れること」のなかで「決定不可能な」ものを開示しながら、存在の本性についてのハイデッガーの省察に脅威だと理解された「決定不可能性」に対するあからさまな拒絶と抵抗をも開示する二重の身振りとして働らいている。

もちろんデリダは、形而上学の伝統を破るよりは、それを維持する「保守的」ハイデッガーの立場に非常によく気がついていて、デリダのレトリック上の構えははっきりと、ハイデッガーの思惟のこの保守的次元に対して向けられている。その一方では、いかにしてハイデッガーの戦略との諸々の遂行的同一化が、それと同時に、形而上学の伝統の保守的な維持がその内に、その維持が根拠を置く土台を崩す諸々の要素を含んでいるのかを開示するように働いている。ハイデッガーにおける遂行表現(パフォーマティヴ)もまた、その非規定性が、存在によって贈与されるものに働くニヒリスティックな摩滅を含む to apeiron として時間を評定している。apeiron は単に、そこに存在が集められる genesis [生成] や忘れられた起源であるばかりではなく、存在がそこで同時に暴露かつ隠蔽される、贈与かつ破壊される時間的な retrait [退隠] である。to apeiron は始まりでも、何か後に到来するものでもない。むしろそれは、その諸契機が「境界漂流」のなかで構成されるテンポラリティーの多様性において生起する。そうした時間において存在は、「時間と存在」で時間について指摘されることになるように、同時に、我有化され、かつ脱我有化されるのだ。それゆえ to apeiron とは、線的な何ものかとしての時間（gramme としての時間）と存在論的に規定された何ものかとしての時間（ousia）が侵犯され、あるいは否定される瞬間なのである。しかし、このような時間の観念をハイデッガーが、とくに一九四一年のゼミナールでは援用しているのだとしても、彼の存在論読解は、このような徹底した時間概念を、その適切な理解が形而上学を要求する存在概念に対する脅威と見なしてもいるのである。

デリダがわれわれに心に留めておくよう期待する、鍵になるハイデッガーの一節が「〈線〉について」に見出される。そこに再びわれわれは、デリダの脱構築が、いかにハイデッガーから強く抵抗を受けるのかを認めるのだ。以下は、新造語である脱構築の鋳造（それは隠喩である）にとって決定的なコンテクストであると同様に、ハイデッガーがその語に与える始めの方向づけを開示するコンテクストでもあるがゆえに、とりわけ重要な一節である。

形而上学を耐え抜くこととは、存在忘却を耐え抜くことである。この耐え抜きは形而上学の本質に向かう。形而上学の本質自身の要求するものを経巡り、形而上学の本質に巻きついてゆく。ただしそれは、形而上学の本質の呼び求めるものが、形而上学の本質をその本質の真理という開かれた自由なものへ高める境域であるかぎりでのことだ。……〔略〕……私の思索の試みを形而上学の粉砕（Zertrümmerung der Metaphysik）と声高に呼び、同時に、その試みを助けとして思惟の道の上に滞在し、かつ粉砕（Zertrümmerung）と称する例のものから取ってきた——粉砕のおかげを蒙っている（zu verdanken）、とは私は言わない——諸表象の内に滞在すること、これに優る奇々怪々事（das Groteske）はおそらくもうありえないだろう。ここで必要なのは感謝ではなく省察である。しかしながら、そうした省察が欠如しているという事態（Besinnungslosigkeit）は、『存在と時間』（一九二七年）で究明された「解体」（Destruktion）についての浅薄な誤解（oberflächliche Mißdeutung）とともにすでに始まっていた。「解体」にとっての唯一の関心事は、流布され空虚なものとなった諸表象を解体すること（Abbau）の内で形而上学の根源的な存在経験を取り返すことなのである。(48)

to apeiron へのハイデッガーの抵抗や、「アナクシマンドロスの箴言」でのその語の「忘却」は、「形而上学の粉砕」の観念に対する強い嫌悪に動機づけられているのかも知れない。というのは、語 to apeiron の「消去」や「忘却」においてハイデッガーは、当の不在のシニフィアンや固有名詞が形而上学として回帰することを可能にするが、そこで「形而上学の根源的な経験」が「獲り返される」からだ。アナクシマンドロスの語について、その語自体においては語らずにハイデッガーは、その語がもっている形而上学を脅かす概念的な力に抵抗している。そしてこの抵抗こそまさに、デリダが克服しようとするものである。なるほど右の一節は、ひとは端的に形而上学の外部に、あるいはそれを超えて歩み出すことはできないという、また形而上学の克服に対する抵抗はそれ自体が西洋の思惟の一部であって、簡単に退けられはしないという、デリダが繰り返す主張の源の一つである。ハイデッガーが自身が既に言っていることだが、これは『存在と時間』のテーゼの主要な弱点の一つであり、それは、形而上学内部からの、それ自身の克服に対する抵抗を尊重しなかったのだ。かなり奇妙なことに、「〈線〉を超えて」からとってきた一節は、

『存在と時間』自体が、自らの企てが、形而上学の伝統である思想史を乗り越え、それを超えて進むという その意図においてあまりにも大胆だとハイデッガーが感じていた時点だということを示唆している。早い時期の論文でデリダは、ハイデッガーの抵抗を、哲学へのノスタルジーははるかに低い自らのアプローチとの対照のなかで際立たせているのである。

to apeiron についての学的研究が示しているように、その語のアナクシマンドロスによる定式化は、ソクラテス以前の思想家たちの研究者の間では、決して既定の事柄ではない。しかし、ゼミナールでのハイデッガーの apeiron の考察は、その語が、存在論と時間性の諸々の問いを考える伝統的なやり方のパースペクティヴからすれば、極めて破壊的だと認めている。ところが「アナクシマンドロスの箴言」ではハイデッガーは、この破壊を認めながらも、apeiron に、はるかに面倒の少ない語 genesis［生成］を置き換えている。それでも、ゼミナールにおける一層不安定な意味での apeiron を遂行的には承認する「アナクシマンドロスの箴言」のこの面でさえ、『存在と時間』で徹底したテンポラリティーの手引きと呼ばれていたものを定式化し直すハイデッガーのさらに重要な試みの一つを含んでもいるのだ。そして、デリダの「ウーシアとグランメー」は、それが（再び言うが、ハイデッガーのアナクシマンドロス・ゼミナールが一九八一年に刊行される以前に）この可能性を認めている点で、また、『存在と時間』において放棄された時間についての計画が決して断念されておらず、いかにして初期の作品におけるコンテクストからはかなりかけ離れているように見えるコンテクストにおいて後にやり直されるのかを、われわれが理解し始めるようになる道を指摘している点で、ハイデッガー研究には極めて重要である。

デリダの初期の諸論文は、ハイデッガーの哲学を把握するためには、存在に対する時間性の問いに決着をつけようとするハイデッガーの試みの評定に取り組まなくてはならないと示唆している。その上デリダは、初期の作品においてはハイデッガーは、形而上学を破壊する手段となる根底的なテンポラリティーの手引きを探し求めていながら、そうした根底的な時間的定式化を提案できなかったか、あるいは、敬虔主義的な理由から、そうすることに抵抗したのだと示唆している。to apeiron を遂行上演し直すことにおいてハイデッガーは、デリダの分析によれば、『存在と時間』において議論された根底的なテンポラリティーの手引きを実際には定式化していながら、それを定式化する中でハイデッガーは、哲学に対するその最も根底的で破壊的な諸々の帰結を注意深く隠蔽する、あるいは「抹消する」のだ。この抵抗を乗り越えるには、しかしながら、デリダ自身がハイデッガーの企投を遂行上演し直して、その結果その根底的なテンポラリティーの手引きが際立つようにしなくてはならないのである。

Apeiron から Différance へ

われわれが、「白い神話」におけるハイデッガーの「アナクシマンドロスの箴言」の遂行的上演のし直しに注目したとすれば、いかにデリダが、自分でもそれをよりよく開示するために「忘れて」しまっている to apeiron を改めて遂行的に上演するのかを認めることも重要である。この再定式化は実際、脱構築の鍵になる論文"La différance"[「差延」]にとっての raison d'être [存在理由]と見なすことができる。まったく明白なことに、『余白』に収められた論文"La différance"[「差延」]、「ウーシアとグランメー」、そして「人間の諸々の目的＝終焉」は、本質的に同じ問いが、非常に異なるパースペクティヴから問い質される一連の論文群に属している。"La différance"[「差延」]は、「アナクシマンドロスの箴言」の読解が、脱構築のアナクシマンドロスに対する負債ばかりでなく、アナクシマンドロスの断片のハイデッガー読解に対する負債をも開示するために to apeiron に焦点を当てている「ウーシアとグランメー」の一断片、あるいは欠落部分だと考えるのが最もよいかも知れない。というのは、"La différance"［「差延」］は différance という語を、それが存在と存在者との差異に関わるものとして提起することによって「ウーシアとグランメー」のいくつかの件りを発展させているからだ。事実、これら二つの論文をデリダが一つに融合させていたなら、われわれの la différance 理解も、そのコンテクスト形成によって、ずいぶんと違ったものになっていたのではないかと思われる。

"La différance"［「差延」］でデリダはこう書いている。「このテクスト」［「アナクシマンドロスの箴言」］において、「ハイデッガーは、存在忘却は存在と存在者との差異を忘却すると想起させている[49]」。そして、ハイデッガーを引用しながらデリダは、「存在忘却は、存在と存在者との差異の忘却である[50]」と記している。このことは痕跡の考察へと通じて行く。「従ってハイデッガーが記そうとしていることはこうだ。形而上学が忘却したものである存在と存在者との差異は、痕跡を残さずに消滅した。われわれが、différance は（それ自身）不在とも現前とも異なるもの（である）と認めるとすれば、差延は痕跡を記すのならば（si elle *trace*）、（存在と存在者の）差異の忘却が問題になっているここでは、痕跡の痕跡の消滅のことを語らなくてはなるまい[51]」。これらの言葉は、to apeiron へのハイデッガーの暗黙の見解に焦点を当て、「ウーシアとグランメー」でデリダが書いたことを多少とも極めて忠実に反復している。ただし、"La différance"［「差延」］では、註釈はさらに少し先にまで延長されてはいるのだが。注目すべきは、ハイデッガーが断片の再刻印——その翻訳——について語っている一方で、デリダが抹消［＝消去］と痕跡の効果とについて語っているという事実である。

痕跡は現前ではなく、自ら位置を転じ、移動し、回付される現前の模造（シミュラークル）であるので、厳密には生起しない＝固有には場所をもたない（n'a proprement pas lieu）。その構造には消去が属している。常に痕跡を襲うことがありうるのでなくてはならない消去、それなくしては痕跡が痕跡ではなくなり、破壊しえない記念碑的な実体になる消去ばかりではなく、痕跡を始めから痕跡として構成し、場所の変動の中で痕跡を据え、痕跡をその出現の内で消滅させ、自らの定立において自らから外出させる消去でもある。差異の早初の痕跡（die frühe Spur）の消去とは従って、形而上学のテクストの中にそれが痕跡を残すことと「同じもの」である。形而上学のテクストは、自らが失ったもの、あるいは留保した、脇にどけたものの印を保持したのでなければならない。こうした構造のパラドクスとは、形而上学の言語においては、次のような効果を生産する形而上学的概念のあの逆転である[52]。

デリダの結論はこうだ。現前するものは「記号の記号、痕跡の痕跡」になり、それは「痕跡であり、痕跡の消去の痕跡である[53]」。

こうしたハイデッガー読解は、存在の成就を期待する終末論的解釈とはこの上なくかけ離れたものである。デリダの解釈は実際、痕跡と抹消との mise en abyme［深淵化］がわれわれを、「存在の歴史の彼方へ、われわれの言語の彼方へも、われわれの言語で名づけうるものすべての彼方へ[54]」連れて行くと主張する。われわれは今や、なぜデリダが、歴史的再刻印としての翻‐訳についてのハイデッガーの言説に表立って関わりあうことを拒否してきたのか、そのもう一つ別の理由を見ることになる。すなわち、ハイデッガーとは違ってデリダは、存在史を抹消と消去の痕跡構造だと見なしているのである。存在論の歴史は、マークの翻訳や、テクスト残滓の手渡しではなく、非‐書き記しであり、白く消すことである。このパースペクティヴから、「白い神話」との繋がりが多少ともさらに明らかなものになる。というのは、“La différance"において人は、白い神話こそが、西洋の思惟の中核に、抹消の下でのみわれわれに多面的に自らを現前させつつある現前を認めるのだということに気づくからだ。"La différance"ではデリダはまた、古代ギリシア語の to khreon（使用の仕方）のハイデッガーによる翻訳に注目している[55]。それが「白い神話」でその語が帯びる意味での usure［摩滅］を示唆しているというのは、かなりありうることだ[56]。そして最後に、"La différance"においてデリダは、to khreon がハイデッガーでは Über-setzen［翻 - 訳］と結びついており、to khreon の痕跡が西洋形而上学の歴史の命運の一部だということを認めているのである。

われわれが、形而上学の再刻印に対する関係に関してハイデッガーが「アナクシマンドロスの箴言」で展開した議論の緻密さをデリダが見ていなかったという疑いをもったとしても、われわれが、「白い神話」のような論文とハイデッガーの思惟との親密な関係に関して何らかの疑いを抱いていたかも知れないとしても、「アナクシマンドロスの箴言」について書いた"La différance"のなかのページは、そうした疑いをすべて鎮めてくれる。デリダは、この章で前に私が進めてきた諸問題に敏感であるばかりでなく、"La différance"では、テクスト的抹消の忘却である存在忘却を分析することによって、言説の Destruktion［破壊］あるいは脱構築によって、それらの問題を超えて行こうとする。存在と存在者との差異の破壊のなかでは、単に痕跡構造だけではなく、デリダが la différance［差延］と呼んでいるものも露わになるのだ。それは本質をもたず、それゆえ現われることはありえない、と彼は言う。「différance の本質はない。差延は、それ自体において我有化されるがままにはなりえないものばかりでなく、それ自体一般の、まさにその本質における物の現前の権威を脅かすもの（である）。この点で、différance の固有の本質がないということは、エクリチュールの戯れが différance を巻き込む限りで、その戯れの存在も真理もないということを含意する」[57]。だが、こう言った後でデリダはこうも言っている。「われわれにとって、différance

は形而上学的な名前にとどまっており、それがわれわれの言語のなかで受け取るすべての名前は依然として、名前である限りで、形而上学的である。とりわけ、それらの名前が différance の規定を、現成［＝現前］と現成者［＝現前者］（Anwesen/Anwesend）の差異で言い表わす時には、そしてとくに、既に、最も一般的な形で、それらが différance の規定を存在と存在者の差異で言い表わす時には[58]」。デリダの望みはここで、différance を、名づけえぬ何ものかとして、「名詞的効果を可能にする戯れ」として設定するために、名前 différance を、彼がそう呼ぶようにそれ自体あの「純粋な名詞的単位」を超えて進むことにある。それ自体において、これは使用と翻訳、遂行と転移を含んでいる。「名詞的効果《différance》はそれ自身、巻き込まれ、運び去られ、再刻印される。贋の入力や贋の出力も、依然としてゲームの一部であり、システムの機能であるのと同じように[59]」。名前という名前を問いに附すことは、デリダにとって、痕跡の痕跡を、刻印と抹消との二重の身振りとして理解することである。このことは、自らの脱神秘化であり、より適切には、自らの脱神話化である白い神話を巻き込むことであるだろう。

“La différance”［「差延」］の結論部分でデリダは言っている。ハイデッガーは、この名前を超えて行くことから引き返してしまった。ハイデッガーが唯一の語、「最終的に固有の名前」Sein を探し求めるからだ。アナクシマンドロスのハイデッガー論文のハリバートンによる読解がかくも正確なのはここであり、終末論が自らを位置づけるのもここである。しかし、デリダが示唆しているように、différance の役割とは、決して最終的な語の固有性を肯定することではない。より正確にいえば、プラトンとアリストテレスの思惟において規定されているような西洋的カテゴリーとは縁を切る la différance とは、その命名不可能性がシンプリキオスによるアナクシマンドロス註釈に引用されている概念、to apeiron へのニーチェ的な永劫回帰の一部なのである。

to apeiron はもちろん時間の標識であり、このことは"La différance"［「差延」］に深い関係がある。事実、différance は、ハイデッガーが風穴を開けたとはいえ、その使命をまっとうすることを可能にしなかったラディカルなテンポラリティーの手引きの開示として自らを定立する。手引きの使命、すなわち形而上学の脱構築である。différance とは従って、ハイデッガーの哲学的装置の全体がそちらへ傾いていたラディカルなテンポラリティーの手引きの定式化なのである。このことをデリダが見抜いたことが、"La différance"［「差延」］の議論によれば、ハイデッガーが明確に失敗したところで成功を要求する権利をデリダに与えるのだ。たとえそれが、ハイデッガーがデリダに先駆けたことなくしては決して起こらなかったであろう成功であるとしても。

以下の引用では、différance のラディカルなテンポラリティーが表面化してくる。

差延とは、現前の舞台に現われる「現在の」と言われる各々の要素が、自らの内に過去のマークを保持し、未来の要素に対する自らの関係のマークによって既に穿たれるがままになりつつ、それ自身とは別のものへと関係する場合にのみ、意味作用の運動を可能にするものである。未来と呼ばれるものと同じように、過去と呼ばれるものへと関わり、現在と呼ばれるものを、現在ではないものとの関係そのものにおいて構成する痕跡である。現在では絶対にない、すなわち変様された現在としての過去や未来でさえないものである。(60)

この点で一時的に中断するが、この一節の始めから既に、ハイデッガーの「アナクシマンドロスの箴言」の暗黙の影響が見える。というのは、「記(マーク)」について語ることによってデリダは、翻 - 訳や転 - 写についてのハイデッガーの議論を反復しているのだからだ。その上デリダは、記を差異の助けによって転-写されるものとして考察することによって、転-写の行為の内部からして、テンポラリティーの問いが直に組み込まれていることに注目し始めているからだ。転-写は、単に現前のばかりでなく、現在の諸関係をも示唆している。デリダはこう続ける。

> 現在が現在自身であるためには、ある間隙が現在を、現在ではないものから隔てているのでなくてはならない。しかし、現在を現在へと構成するこの間隙はまた、同時に、現在をそれ自身において分割もする。そうして現在と、現在から出発して思惟しうるものを、すなわちわれわれの形而上学の言語ではあらゆる存在者を、とりわけ実体あるいは主体を分割する。動的に自己構成し、自己分割するこの間隙は、時間が空間になる、あるいは空間が時間になる（待機）ことである、間隔化と呼ぶことのできるようなものである。(61)

間隙とは単に切れ目や裂け目ではなく、パンクチュエーションでもあり、それがわれわれに時間と存在者を、分割によって押し分けられるのと同じ分だけ纏められている多様な諸関係として見ることを可能にする。構成することは動的に分割することである。空間は、存在者と時間と言語との諸関係が分節され、開示されうるために本質的である。結局、間隙とは、時間が空間化することと空間が時間化することの両方として考えられなくてはならない。「そして、この現在の構成、（ここで類比的に、かつ暫定的に、間もなく不適切だと判明する現象学的かつ超越論的な言葉遣いを再現すれば）過去把持と未来把持の記からなる、その痕跡からなる「根源的」な、還元不可能なまでに非-単純な、従って stricto sensu ［厳密な意味で］

非‐根源的な総合としてのこの構成こそ、私が原エクリチュール、原‐痕跡、あるいはdifféranceと呼ぶよう提案するものである。これ（は）間隔化（でも）待機（でも）（ある）」[62]。その一節の終わりの方で、デリダのハイデッガー読解はデリダをして、エクリチュールを、西洋の思惟の形而上学的基盤を脱構築しようとする哲学を実行すべきコンテクストだと見なすことへと導くことになった。時間はそれだけで存在するものではなく、常に既に、存在（現成）と間隔化（間隙、分割、差異）と意味作用（翻訳、意味、真理）からなる諸関係を開示する記（マーク）の総合に関わっているのである。

“La différance”［「差延」］の大半は、différanceを様々な思惟システムのコンテクストに置くことによって、ハイデッガーに対する賛辞と彼の批判とを一般化している。極めて重要なのは、ソシュール的な言語観への挑戦であり、それは、音素対立はもっと洗練された差異化の哲学に道を譲らねばならないというものである。ここで、多くの構造主義的思惟を特徴づける馴染みの二分法が、ポスト‐ハイデッガー的なパースペクティヴから攻撃されているが、その攻撃は、ソシュールとクロード・レヴィ＝ストロースの両方が激しい集中砲火を浴びている『グラマトロジーについて』で最も際立っている。二項対立からなる弁別特徴に対するこうした批判を実施することの戦力的な利点は、デリダが、存在論的な問いの言語的コンテクストへの移転を説得的なものにしうることにある。痕跡が、そこで決定不可能性が現われる差異的な通過の中にある記（マーク）の足跡になる言語的コンテクストへの移転を、である。

ハイデッガーは、そう非難されているが、自らの存在論的議論を、徹底した言語的コンテクストに移行させようと実際に試みたことは一度もない。たとえ「アナクシマンドロスの箴言」でハイデッガーが、その方向に動いているように見えるとしてもそうである。デリダは、極めて熱心に言語的移行を行なっているが、それは、一度言語論的ないし文芸批評的な言説が取り上げられると、存在のレトリックを介した形而上学的な汚染が少なくなるからだ。実際、言語的コンテクストでの痕跡の考察によって、デリダのハイデッガー読解によれば、他のすべてがそこに従属するものとしての存在へのハイデッガーの関心が妥当性を欠くものになる。ハイデッガー哲学をポスト・ソシュール的コンテクストに転位させることによってデリダは、彼の作戦基地を「声」から「エクリチュール」へ、「現前」から「痕跡」へと移動させる。だが、そうしながらも彼は、新たな二分法を、すなわち包摂／排除の軸に沿って分割されうる新たな用語目録を敢えて提出しているのである。

『グラマトロジーについて』においては、現象学的痕跡構造とソシュール言語学との並置もまた重要である。言語と間隔化との関係における時間の問いが、ハイデッガーの方法の観点から焦点を当てられるのはここでだからだ。問題はしかも、痕跡の哲学に合致するような形でのハイデッガーの Sprache［言葉］の見直しである。その内部では、間隔化が、決定不可能な時間的／空間的関係の一部と見なされうるような哲学である。Sprache そのものは、デリダの企てを形而上学の枠内に奪回する潜在力をもっており、そのような奪回の可能性から遠ざかるなかで、デリダはこう書いている。

> このようにして、「存在の声」に言及した後にハイデッガーは、それが沈黙した、無言の、無音の、語をもたぬ、根源的に a-phone［非 - 音］であることを想い起こさせる（die Gewähr der lautlosen Stimme verborgner Quellen... ［隠された源泉から発せられる声なき声という保証……］）。源泉からの声は聴こえない。存在の根源的な意味と語との間の、意味と声の間の、「存在の声」と「phonè［音声］」との間の、「存在の呼びかけ」と分節音との間の断絶。そのような断絶は、根本的な隠喩を堅固にすると同時に、隠喩の逸脱を際立たせることによってその隠喩を疑わしいものにするのだが、それ

は、現前の形而上学とロゴス中心主義に対するハイデッガーの状況の両義性をよく表わしている。断絶は、そこに含み込まれると同時に、それを侵犯している。だが、その状況を分けることは不可能だ。侵犯の運動そのものは、時に限界の手前に侵犯を繋ぎ止めるのだ。[63]

存在の声に関してこの欠陥ないしは分割を生産するのは、問いの反復である。「というのは……ハイデッガーが形而上学に問うているのは存在の問いだからだ。そして、それとともに、真理の、意味の、ロゴスの問いである。この問いの絶えざる省察は、信頼を回復はしない。それは逆に信頼を追い払う[64]」。ハイデッガーが存在を問い質す必要があると思うということ、この探究がそれ自身、反復(iteration)の構造をしており、その脅迫性が、探究の対象にある欠落や欠如や痕跡を証示しているということが、その対象の完全無欠さを保持し尊重する試みとしての敬虔さの観念への信頼を追い払う。むしろ、敬虔さは懐疑主義に似ている。存在の問いの、存在の言語の反復を通じた反復を介して、存在論の歴史は常に既に、諸々の問いの折目や襞のなかに、それらの反復や数多くの誤った出発のなかに隠れているテンポラリティーの手引きを介して脱構築されている。存在者がわれわれに、生きられた時間の経歴を通じて、自分自身を開示してきたように、反復される問いとは存在の歴史の構造であり、存在のテクスト性、存在の書かれたもの、存在の痕跡構造である。存在の問いを問うことによってハイデッガーが開示するのは、「西洋の言語領域と哲学の内部で、そのシンタックスと語彙の形式一般のもとに固定されている限りでの「存在」が、第一のかつ絶対に還元不可能なシニフィエではないということ、「存在」がいぜんとして、諸言語のシステムと、奇妙にも開示と隠蔽の力として特権化されているとしても、一定の歴史的「意味生成」とのなかに根をもっているということ[65]」である。デリダの論法によれば、ハイデッガーの哲学的な企て全体が存在の読解であり、その読解の命運は、存在が、それ自身書かれていることの足跡のなかにのみ現われることと、“La différance”［「差延」］でわれわれが注目したように、時間的／空間的運動である「シニフィアンの運動を、何も逃れることはない」ということを発見するところにある。

すべては、時間的なものの地平、われわれに存在の意味の歴史の内部で、別な形で言えば、ある一定の言説実践の歴史の内部で開示される地平の内部で読み取られなくてはならない。とはいえ、このコンテクストで時間とは何を意味するのか？　デリダがこの種の問題に触れる時にはいつも、周到な吟味の下にやってくるのが「意味する痕跡」である。

ハイデッガーの道々の手前でではなく、その地平において、さらにはその道々において、存在の意味とは超越論的あるいは（たとえ常に時代のなかに隠蔽されているのだとしても）超‐画時代的なシニフィエではなく、ある厳密に未聞の意味で、一定の意味する痕跡であると認めるようになることは、存在的‐存在論的差異という決定的な概念においては、すべては一挙に［＝一線で（d'un seul trait）］思惟されることはないということを肯定することである。存在者と存在、存在的と存在論的、「存在的‐存在論的」は、ある独自のスタイルにおいて、差異に対して派生的であるだろう。そして、この語の二重の意味で différer［異なる、遅らせる］の生産を指す経済的な概念である、われわれが以下に差延と呼ぶものに対して、である。存在的‐存在論的‐差異と、その「現存在の超越」における根拠（Grund）［……］とは、絶対に根源的ではないであろう。差延は端的に、より「根源的」であるだろう。だが、もはやそれを「起源」とも「根拠」とも呼ぶことはできない。これらの観念は本質的に存在‐神学の歴史に、すなわち、差異の消去として機能するシステムに属しているからである。(66)

『グラマトロジーについて』のこの一節は、存在的‐存在論的差異の時間的な意義をとりたてて議論してはいないが、しかし、「すべてが一挙に思惟されることはない」という一句は極めて重要である。存在的‐存在論的差異によって引き出されるテンポラリティーの手引きは、それ自体が多重な諸関係であり、しかも、それらは今において一挙に提示されないばかりでなく、arché［始源］や eschaton［終末］のなかにすっかり隠れているわけでもない、とデリダは論じているのだからだ。差異、あるいは différance［差延］は、時間を線的で、漸進的で連続的だと見なすカントの目的論から徹底的に縁を切る。ポスト・ハイデッガー的なパースペクティヴからすれば、時間とは、存在あるいは意味の歴史のそうした一線的な運動以外の何ものかである。時間とはむしろ、多重の諸関係であり、そこでは諸瞬間の間の差異はそれ自身、決定不可能な形で痕跡構造のなかで与えられ、この構造の非規定性のなかで、様々な時間様態（arché、瞬間、推移、eschaton、持続、現在、過去、未来、一時停止）は、同時的にでも、非同時的にでもない形で与えられているのである。

「シニフィアンの運動」としてのテクストの解釈の枠内でこの時間解釈を発見するなかで、デリダは、存在論のレトリックから利益を得ながら、臨在（parousia）内の充満——存在の啓示——のノスタルジーに駆られた追求としての存在の問いによって紛らわされることがない。différance は、複雑な標識になり、それを介して存在の問いの時間論的な考察は、われわれが存在論の歴史を、様々な宗教のなかでしばしば行なわれてきたように単純に目的論を罷免するのではない形で読むことを可能にする。différance はむしろ、テンポラリティーの連続性を認めることのなかで、起源から終末へと動く思惟の道である連続的で目的論的な構造を、内部から脱構成するという効果をもつのである。

この章を通じてわれわれは、どの点で脱構築は、マルティン・ハイデッガーの業績の近くに位置づけられるのか、そうした地点について考察してきた。ハイデッガーに対するデリダの（諸々の）構えは、高度に両価的である以外のものではなかったにもかかわらず、われわれはまさに、デリダの初期の論文のなかに、どの程度までデリダの哲学がハイデッガーと同一化しているのかに、そしてどこで明確に距離をとるのかに注目する。実際、六〇年代には、ハイデッガーの一九四一年のアナクシマンドロス・ゼミナールへの接近路をおそらくもっていなかったデリダは、間接的だがはっきりと、一九四〇年代の後半を通じてハイデッガーが、ラディカルなテンポラリティーの手引きへの道を見ていたにもかかわらず、形而上学の伝統を破壊することへの（たぶん敬虔主義的な）抵抗ゆえに、その手引きを哲学的な成果にまでもたらすことに抵抗したのだと示唆している。対照的に脱構築は、そのラディカルなテンポラリティーの手引きを定式化し、それを言語批判のなかへと置き直した。その言語批判はその手引きを、ハイデッガーが未然に防ごうとした反省的な破壊へと開くことを可能にするのである。

だが、デリダが同様に提案しているように見えるもう一つ別の、間接的だがはっきりしたテーゼがある。それは、ハイデッガーはラディカルなテンポラリティーの手引きへの道をまったく見ることができず、脱構築は、『存在と時間』以後にくるハイデッガーの雑多な論文の完結度の低い下部構造の内部で、彼の代わりに一つの手引きを発明しなくてはならないという示唆をするのだ。これは、次の章で私が向かうテーゼであり、そこでわれわれは、「ウーシアとグランメー」で光りを当てられている、アリストテレスとヘーゲルとハイデッガーによる時間の哲学的な扱いについての、あの主要な議論に取り組む。

それに向かう前に、私は単に放置してきたので、デリダとハイデッガーとの間の相互関係について最後に二つの点を強調したい。第一にわれわれは、ハイデッガーとデリダが to apeiron に言及し「忘れる」理由は、既に与えられている数ある理由のなかでも、ハイデッガーにとってはこの概念が多くの点で強すぎるものであり、デリダにとってはあまりに弱すぎて、それゆえ再定式化を要するところにある、と想定することだけはできる。しかし、奇妙なことに、またたぶん皮肉なことに、彼らが to apeiron に言及し損なうなかで、デリダはハイデッガーに対して、翻‐訳についてのハイデッガーのテーゼを確証する隠喩的ないし類比的な関係のなかにいる。あたかも、この隠喩的関係が、断片として、あるいは抹消された痕跡として忘却にもたらされてきたアナクシマンドロスの apeiron をニーチェ的な永劫回帰を介して遂行し直す、はるかに大きな多段転義（メタレプシス）的な代替テクストの連鎖の一部でしかないかのようだ。第二に、われわれが研究してきた資料は、ハイデッガーの思惟がどこで脱構築への強い近接性に入るのか、その地点を示している。しかしながら、デリダが自分とハイデッガーとの暗黙の近親関係を論じる時に、間接的にも巻き込まれているのはアナクシマンドロスの to apeiron であり、この to apeiron は、破壊的で、たがの外れた、脱‐我有化する時間概念である。ところが、デリダが明確に、自分のハイデッガーとの距離を論じる時には、持ち出されるのはアリストテレスの hama［同時に］という時間概念であり、すなわち、時間の諸瞬間がそこへと我有化される構成的な概念の観点からである。そのキアスムは奇妙である。デリダがハイデッガーへの親近性や同一性を見せる時、それは同一化を排除するテンポラリティーの観点からである。そして、彼がハイデッガーとの差異を見せる時、それは同一化が起こるのを強いるテンポラリティーの観点からなのである。

différance［差延］の哲学を考慮すれば、われわれは、これらの「異なる」立場は、単に矛盾するのではなく、脱構築的に、あるいは決定不可能な形で位置づけられているのだということを知る。これらの時間的な諸関係—— la différance ——はそれ自体、オラフソンが「世界時間」と呼ぶもののなかに生起する概念的出自の物語としての思想史を脱構築するものである。しかし、思想史がそれ自体、脱構築されているなら、いかにしてデリダのハイデッガーへの関係についての思想史が書かれうるというのか？ 私の見解では、それがなされうるのはただ、思想史の脱構築の遂行としてであり、一つの文や節や章のなかにではなく、それらの間の諸関係のなかに、つまり遠いものを近くにもたらすことが、そこで永劫回帰の耐久として生起する諸々の呼応を形成するような諸関係のなかに起こる遂行としてである。永劫回帰、差異の反復である。

第二章　初期ハイデッガー

前章で「ウーシアとグランメー」を論じた際、私は、その中心をなす重要な主張については言及しなかった。すなわち、ハイデッガーが時間性に関して『存在と時間』（第二篇第六章第八二節）に付した詳細な註についてである。私はこうして、デリダによる論評に取りかかる主要な機会を見過ごしたわけだが、それでも私が知らないわけではない。ハイデッガーに対するデリダの驚嘆すべき再評価は、主にその註『存在と時間』（二、六、八二）における解釈のいくつかの資料に即して行なわれるのであり、また、これらの代補的な論評の内でこそデリダは、ハイデッガーの定式化と自分が六〇年代後半に展開する脱構築的定式化との間にある種の連続性を認めるのだ。しかしながら、本章では、デリダによるハイデッガーの註の読解は、デリダとハイデッガーとの哲学的な共感に抵抗する解釈に属すのだという議論をしてみたい。というのも、本章でわれわれが出会うデリダの作業上の姿勢は、ハイデッガーは極めてラディカルなテンポラリティーの手引きを一度も展開していないし、ハイデッガーは事実『存在と時間』の序論で自ら言明した目標に、つまり存在論の歴史の破壊に抵抗したのだ、と想定しているからである。当然われわれ初期ハイデッガーに話を限定する。しかし、註についてのデリダの読解が示唆するように、初期ハイデッガーと後期ハイデッガーとを差異化することはそう簡単ではないし、同一性と差異という見地から二つのハイデッガーを論じたりすると、途方もない問題を引き起こすことになる。

この章で私は、ハイデッガーの註についてのデリダの読解と、ハイデッガーが論じているいくつかの教育的テクストとのアウトラインを再構成した後に、一九二〇年代末に書かれた講義録とならんで『存在と時間』の書かれなかった部分の議論に進まなくてはならない。次には『現象学の根本問題』に向かうが、それは、デリダがそのハイデッガー論を書いた一九六〇年代後半には入手しえなかったこのテクストの枠内で、『存在と時間』の註についてのデリダの直観が、それ以降に編集され公刊されてきた文書によって確認されるということを証明するためである。それに加えて私は、『論理学の形而上学的根拠』を議論したい。それは、ハイデッガーには、『存在と時間』と『現象学の根本問題』で提出されたものと平行関係にありながら実は、主に実存論的アプローチで貫かれた仕事のなかで起こっているとしても、事実上は、脱構築的契機を先取りする以上のことを行なうような議論を組み立てる能力があったことを証明する文書もまた現われてきていることを示すためである。最後に私は、デリダの論文「人間の諸々の目的＝終焉」を議論の対象にする。この論文はもう一度、ハイデッガーが、自ら着手した計画に対して、前期ばかりでなく後期になってさえ抵抗しているという主張をしている。まさにここで、もう一度デリダは、ハイデッガーの哲学の仕方から脱構築を区別するわけだが、私の研究が後の方の章で証明するように、例えば"Pas"［「歩＝否」］と「隠喩の退隠」でのように、一九七〇年代半ばには、デリダはこれらの厳格さからいくぶん後退することになるのである。

よく知られているように、『存在と時間』（二、六、八二）の註でハイデッガーは、時間の本質が形而上学的な今の内で捉えられているかぎり『エンチクロペディー』や『イェーナ論理学』におけるヘーゲルの時間概念は通俗的だと見なしている。ハイデッガーが、計画しながら書かなかった時間をめぐる諸節は一部、存在論の歴史と縁を切るテンポラリティーの手引きを形而上学的な思弁の内部から露呈するため、へーゲルの定式に対する長い批判を提供することになっていた。デリダは、次のように指摘する点でハイデッガーは正しかったと論じている。すなわち、ヘーゲルが考えたように、時間をヘーゲル的な意味で何か「他のもの」と考えたり「他の仕方」のものと見なしたりすることはできない。なぜなら、時間のこうした疎外のなかでは、時間の「他者」を、現前化された「今」の単なる複製物と考えることに帰着する弁証法を発明することになるからだ。

デリダがヘーゲルについての註の指摘と、同じくそのアリストテレス註釈とを読解するのは、差異と同一性の、存在と非存在の問いを提起するものとして時間の分析を方向づけるためである。そして、脱構築の企て全般に精通した読者には察しがつくだろうが、デリダが示そうとしているのは、いつもと同じようにハイデッガーの分析は巧みに問題を提起しながら、脱構築へ転回しそこなうため、差異をdifférance［差延］に類比的なものだと見ることもなかったということだ。しかし、そう主張することでデリダは、ハイデッガーの想定するほどヘーゲルとアリストテレスは粗雑でも通俗的でもない、とも示唆しようとすることになる。というのも、われわれは彼らの内に、ハイデッガーの言説の中に改めて表面化してくる問題の反復を見ることができるからである。すなわち、時間の議論に携わると、哲学者にはわかっているように、時間の問題系そのものをそれによって定立した形而上学的思惟の範疇そのものをひょっとして破壊することになるかもしれないのだ。さらに言えば、時間という問題系を呼び起こすことは、必然的にあまりに破壊的な幾多のアポリアやダブルバインドを引き起こすので、時間のラディカルな局面に焦点を合わせる中で、その要求が、自ら招く危険のある暴力に抵抗しうるような身振りや戦術が必要になる。要するに哲学者は、瓶の中に潜む魔神を解放したいと思っているが、その魔神が引き起こしかねない損害が分かってしまうと、もう一度その魔神を瓶に封じ込めようとするのだ。時間という問題系は哲学的に安易に過小評価されており、デリダが示唆するように、アリストテレス、ヘーゲル、ハイデッガーのような精神のもち主でさえ、時間の問いを提起することの哲学的な効果を支配しうるような仕方で、適切に方向を定めていたわけではなかったのである。最も広いパースペクティヴから、デリダはこうも示唆している。すなわち、たぶんテンポラリティーは、まさに思惟しえないものとして哲学に内属しており、歴史的には哲学は、形而上学的な言説の「根幹」としての時間の魅力にもかかわらず、時間を思惟し尽すことへの抵抗として自己を定立してきたのだと。このように見れば、デリダがハイデッガーの註を問い質すことの適切さが明らかになる。時間についての思惟の西洋的問題系の内に、脱構築そのものが書き込まれているからである。

ヘーゲルを考察するとき、デリダは、何よりもヘーゲルの体系が抱え込んでいる危険を察知している。ヘーゲルが時間の問題を体系的に思惟し抜こうとすると、弁証法の一貫性が脅かされるのである。「別様に(autrement)の不可能性の思惟の内で、この別様にではなく(non-autrement)の内で、ある一定の差異が、ある一定の震えが、別の中心の定立ではないある一定の脱中心化が生じる。別の中心とは、別の今であるだろう(1)」。ヘーゲルは、今を「否定する」ことに、すなわち、安定した諸々の今からなる囲いとそれらの今の現前とを弱体化する「差異」を彼の弁証法の内へ導入することを、とくに怖れているわけではない。ヘーゲルは差異そのものをまさに問題系だと認めるので、あえてそうした弱体化と、おそらくはカオス的な効果に賭けるのだ。「いかにして空間は、いかにして自然は、その差異のない直接性において、差異を、限定を、性質を受け取るのか？　差異化、規定、性格づけは、この始めの純粋性の、空間の空間性が本来それからなる抽象的な無差別という始めの状態の否定としてのみ、純粋空間を不意打ちしうる(2)」。存在論の歴史が主として差異の問題系の歴史であることをハイデッガーはヘーゲルから学んだに違いない、そうデリダはほのめかしている。ハイデッガーには明白だったに違いないのだ。テンポラリティーを手引きとして存在論の歴史を脱‐構成しようとするのであれば、あの時間への手引きないし鍵が何でなければならないかを正確に教えてくれるのはヘーゲルであり、差異化／同一化こそがそれである、と。けれども、『存在と時間』でのハイデッガーは、この鍵のいくつかの要素を吟味しているものの、鍵そのものを決してしっかり手中に収めているわけではない。ヘーゲルのテクストの内ではっきりしているテンポラリティーの手引きをハイデッガーが使用していることが明らかになるのは、奇妙なことに、われわれが「アナクシマンドロスの箴言」を読んでからなのである。それは、時間の定めに関するテクストの中で存在／存在者の差異が議論される非常にずれたコンテクストにおいてである。そのとき、ハイデッガーの註のデリダの読解は、ヘーゲルにおける手引きを、すなわちハイデッガーが論じたものの、哲学に対するその意義全体に関しては把握しなかった手引きを看取し展開するために、議論の全体を遂行しなおすという機能をもつことになる。こうした再遂行は、デリダがハイデッガーに沿ってアリストテレスを読みなおし、テンポラリティーという手引きが『自然学』のどこで提出されているのかを示すときに、もう一度繰り返される。しかしデリダはさらに、これらの分析をした後でその分析を、第一章でわれわれが考察したハイデッガーのアナクシマンドロス読解の見地へと改めて書き込みなおす。そして、こうした分析の一切を通してデリダは、論争的な見地からは、差異の意義をハイデッガーは十分に把握したのか、もしそうなら、彼はなぜこの問いをその最も破壊的な帰結へもたらすことに抵抗したのか、と問うていることになる。とすれば、デリダのハイデッガー解釈は「多層的」である。テクストとコンテクストについてのデリダの分析は、ポール・ド・マンがその概念を展開したような意味での「読解のアレゴリー」の形で幾重にも上塗りされる定めにあるからである。

『存在と時間』でアリストテレスよりもヘーゲルが強調され、その結果デリダもまずヘーゲルに焦点を当てているのは、『自然学』のアリストテレスのテクストに比べてヘーゲルのテクストの方が隠れたものがはるかに少なく、また断片的でもないからだ。このことはいくぶん、ひとは大幅にヘーゲルからアリストテレスを読み込むことを意味し、とくにデリダの註釈では、アリストテレスがヘーゲルの思惟に媒介されているのは明らかである。『エンチクロペディー』でヘーゲルは、空間と時間と記(マーク)とを、点という形象によって関係づける（後に見るように、点と線の形象と空間は『自然学』でのアリストテレスの見解において中心的である）。ヘーゲルの議論では、点は、空間の未分化状態を設定しなおし、保存する。点は、差異化されていないものとしての空間を境界づける（否定する）が、しかしまたその空間を分節（措定）もする。「空間の最初の限定、最初の否定として、点は空間化する。すなわち、自ら（を）間隔化する」[3]。点は否定し、かつ保持する。しかしまた、点は線へと伸張してゆく。点のこの Aufhebung［止揚］は、点の線的な真理であり、点の運命である。だが線そのものは空間的である。したがって、点による空間の否定の内で点が線へ伸張することは、もう一度、線の空間性によって空間を肯定しなおす。点による空間の否定は、線としての空間の肯定へと aufgehoben［止揚される］のだ。ヘーゲルではこれに続いて時間とは、それを介して差異化されていない空間が差異化された空間になる否定的な契機であるとされる。「時間とは間隔化である」、あるいは「［時間とは］空間の自己自身への関係、空間の対自である」。ハイデッガーはこう書いている。「点性としてのこの否定の否定が、ヘーゲルによれば時間である」[4]。存在論の見地からは、このことは、存在と自然との関係はまさに空間と点との関係であるという点で重要である。言い換えれば、自然は、時間的であるがゆえに存在への否定的な関係のなかにある。デリダは、『エンチクロペディー』の第二五八節を読み直すことを提案する。このテクストこそが『存在と時間』の観点から極めて問題的なものになるからだ。デリダが言うように、それは本当に並外れた一節である。

時間は、自己外存在の否定的統一として、やはり端的に抽象的なもの、観念的なものである。時間は、存在しながら存在せず、存在しないながらに存在する存在、つまり直観された生成（das *angeschaute* Werden）である。すなわち時間とは、端的に瞬間的な諸々の差異が、つまりただちに自己を止揚する差異（unmittelbar sich aufhebende Unterschiede）が、外面的な差異として、すなわち自己自身にとって外面的な差異として規定されている、ということである。(5)

この一節からデリダは三つの重要な帰結を引き出す。一、カントの時間概念――直観の純粋形式としての時間――が、そこに再現されている。二、ハイデッガーも同様に「時間と『我思う』とはもはや対立しない……両者は同じものである」こと、また「時間（die Zeit）の内で万物が生起し消滅するのではなく、時間そのものがこの生成変化、すなわち生起と消滅である」ことを受け入れている。三、ヘーゲルの時間規定は、われわれが現在――「時間の形式そのもの」――を永遠と見なすのを可能にする。この永遠は絶対者のようなものであり、時間の内部にも外部にも存在しない。「現前性としての永遠は時間的でも非時間的でもない」。デリダにとって、これは次のことを意味する。「現前は、時間における非時間性あるいは非時間性における時間である。これがおそらく、根源的な時間性のようなものを不可能にするだろう」。(6)しかしながら、「永遠とは現前的なものの現前性の別名である」こともまた真である。けれども、この現前性は素朴に形而上学的なのではなく、有限者と無限者との差異によって記されている。「ウーシアとグランメー」でデリダが問うている問いは、ヘーゲルの「利用」がまさに、そこでハイデッガーが西洋存在論の脱構築を実行できたコンテクストをなすのであれば、その上でわれわれが『存在と時間』をいかに評価すべきかに関わる。しかしながら、まったく明白に、脱構築は抵抗にあっている。それは、ヘーゲルが提供している時間への手引きを用いて存在論の脱構築へと至るはっきりした見通しがハイデッガーにはついていないか、あるいは、その見通しはついていながら、すでに『存在と時間』でそれまでに確立していた哲学的なコンテクストからは、それはあまりに破壊的すぎるのではと疑ったからである。確かに、かなり後でわれわれが、『存在と時間』に含まれていなかったり補助的な資料テクストとして扱われたりするものではありながら、かなりの程度『存在と時間』の一部をなすいくつかの註や講義録のなかで注目するように、ハイデッガーは確かに革新的な手引きとしてのテンポラリティーをめざすことに、この上ない関心を抱いていたかもしれない。しかし彼は、その手引きによって哲学のテクストをさえぎったり中断させたりすること――これは実際デリダの最も重要な傾向である――によってではなく、（例えば『存在と時間』の初期草案である『時間概念の歴史への序説』で）現象学の諸々のカテゴリーと、また（『存在と時間』『現象学の根本問題』『論理学の形而上学的根拠』で）実存主義のカテゴリーを通して、思惟の運動が、現存在の強調から、現存在の「超え出てあること」の内にあるものを、すなわち時間と存在の強調へと道を譲る地点に行こうと努めるのである。これはしかし、デリダが暗に、不利な傾向だと見なすアプローチである。このアプローチは、脱構築と呼ばれるあの哲学的地平の機先を制し、それに対して抵抗することを示唆するからである。

ハイデッガーの註のデリダによる再遂行は、嫌疑のかかったヘーゲルを介して脱構築へ至る機会をハイデッガーがつかみそこねたことに関わる問いをはなれて、アリストテレスに向かう。というのも、時間の問題系全体は、ヘーゲルがそれを継承するように、その形而上学的な探究方法に関して、まさに『自然学』によって方向づけられているからである。ヘーゲルが『自然学』と並行するものから例を引き出してくるばかりでなく、自らの否定性の概念をもアリストテレスに強く負っていることには疑いがない。『自然学』でアリストテレスはこう書いている。「時間はまったく存在しないのではないか、あるいは、かろうじておぼろげに存在するだけではなかろうかといった疑問が、次の点から起こってくるかもしれない。すなわち、時間の或る部分はかつてあったが、いまはもうない。他の部分はまさにあろうとしているが、いまはまだない。しかも時間は、無限な時間にしても任意に切り取られたそのときどきの時間にしても、これら二つの部分から合成されている。だが、非存在から合成されたものが実在性を分有するのは不可能だと考えられている、という点である[7]」。

『自然学』が並み外れて曖昧で極めてパラフレーズしづらいことを認めるのは重要である。『自然学』の述べる見解は断片的だし、同書が言及する文献も大部分は失われており、また、見解の意味の多くはわれわれにとっては、アリストテレスの他の著作の部分に依存しているからだ。デリダの『自然学』の読解は、テクストのこうした側面を問題視せずに、われわれが解釈の罠に気づいていると想定している。そしてデリダは、強調点がハイデッガーにあるために、はっきりとハイデッガー的なパースペクティヴから『自然学』を解釈することを選ぶ。すなわち、時間（非存在）が現前（存在）を表わすと言いうる矛盾にアリストテレスは最も根本的に関わっているという考えである。最も単純な形では、問いは、いかにして何ものでもないものが何かで（あり）うるのか、である。こうした観点からは、アリストテレスの企てはその逆説を正当化することにあり、それは、存在者の規定の内に時間の規定があるかぎりで時間を現前と考えることによって行なわれる。アリストテレスは、時間の完全現実態（エンテレキー）に注目することによって、いかにして非存在としての時間が存在でもあるのかという矛盾を解くのである。

『存在と時間』の最後の文は、アリストテレスのパラドクスを呼び出す同じような問いを立てている。「時間それ自体は、自らを存在の地平として露わにするのか？」と指摘する時である。そこでデリダの分析は、ハイデッガーとアリストテレスのそうした両立可能性を認める中で、ハイデッガーについて二つの点を展開することになるだろう。第一に、ハイデッガーの哲学は、時間が存在とは同一だと考えるべきではないことを認めていること、第二に、ハイデッガーの『存在と時間』はそれ自体『自然学』で輪郭が描かれたアリストテレスの時間性の考察を決して超え出ていないということである。『存在と時間』の末尾におけるハイデッガーの時間分析はむしろ、現存在はいかにして日常的時間の中に位置づけられるか、いかにして自分自身の有限性（死）に背を向けた現存在は時間を非有限性（infinitude）として、その現前の中で現存在が自らに安らいでいると感じる非有限性として摑みとるのかを議論しているに過ぎない。より一般的には、ハイデッガーは、「現存在の存在の全体性の一次的構造」が時間性だと主張していて、その意味ではハイデッガーも、時間のような存在に対して二次的なものが、存在の全体性の構造ないし規定以外のものではないことが、どのようにして示されうるのかを論証しようとしているのだ。この点でハイデッガーは、大幅に『自然学』を反復しているのである。

このようにハイデッガーがアリストテレスの思惟に依拠していることの意義は、高度にラディカルな脱構築的な時間理論へと進む好機をヘーゲルが提供しているにもかかわらず、媒介者としてのヘーゲルを介してであっても、ハイデッガーのアリストテレスへの取り組み方は、形而上学の安全圏へと撤退するための手段をもたらすというところにある。この局面でデリダは、点と線の理論を読み直している。『自然学』におけるアリストテレスの、点と線のアナロジーを経由した時間への言及は有名な一節であり、デリダは、それが形而上学の立脚点からする時間の状況を表わしていると指摘する。というのは、点が空間の非空間的な記であるのとちょうど同じように、今は時間における非時間的な瞬間だからだ。今は実際、自らは過去でも未来でもないと主張することで、瞬間の連続から相別れる。しかし、今がこれら他の瞬間ではなく、それらの「他者」であるにせよ、またそれらの瞬間がいまだ存在していないのは明らかであるにもかかわらず、この今はそれらの瞬間を離れて理解することはできない。アリストテレスは言う。何ものかが存在すると言われる時には、そのすべての部分が存在する、と。ところが、時間にそれは当てはまらない。今は、まさに存在しないものによって定義され（今は超-自然的である）、今が部分でありかつ部分ではないものによって定義されるのだ。過去と未来と区別されるがゆえに今は、連続体としての時間の部分ではない。だからといって今を、もう一つ別の今と同時に存在するものだと考えるというのも考えがたい。それゆえ、存在しない瞬間（過去、未来）の関係のなかにある今がそれ自体、存在をもたないものに従って定義されるように見える一方で、今は、他のいかなる瞬間とも同時ではありえない限りでは、意識に現われるときに一定の現前を獲得する。そしてこれは、アリストテレスも知っているように矛盾である。だが、これらの問題の輪郭を描いたところで、アリストテレスのテクストは急に止まってしまう。「さて以上をもって、時間の諸属性に関してわれわれが直面している諸々の難点についての議論がなされたことにしよう」(8)と。そうした難点を認めながら議論は次に、時間の本質ないし本性に向かう。アリストテレスの点と線のアナロジーの考察は、存在と非存在への時間の関係の形而上学的問題系を強調する。だがアナロジーは、そのような問題の例は単に「時間の諸属性に関してわれわれが直面している諸々の難点についての議論」の一部に過ぎないという軽率な声明によって、極めて唐突に打ち切られる。アリストテレスは、なぜこうも無頓着なのだろうか？　デリダの読解はこのような問いをさらに緊急なものにする。なぜならデリダは、アリストテレスのこのような局面において存在論と形而上学の歴史は規定され続けており、アリストテレスがかくも唐突に議論を締め括らなかったら、西洋哲学は違った方向をとっていたかも知れないと指摘しているからだ。それは、一つの件りや声明があるから形而上学の歴史が動揺しているという意味ではなく、議論を唐突に打ち切ることでアリストテレスが存在と時間の問いに関して、それ自体が彼のなかに深い根をもったある態度ないし方向づけを披瀝していて、それは哲学の歴史の内部での習慣になるという意味である。もちろん、われわれが無意識に身につけるのはそうした思惟の習慣であり、デリダは、強く心理学に関心をもつ人と同じように、この形而上学的無意識に、思惟のこうした習慣の伝承や転移に深く関心を寄せるのである。

アリストテレスが、点と線のアナロジーをなぜかくも唐突に打ち切るのかを確実に知ることは、たぶん不可能である。彼はおそらく、時間とは知りえぬ概念であり、疑似概念でさえあると、そして、アナクシマンドロスあるいはヘラクレイトスのような思想家に任せた方がよいと考えたのだ。だがアリストテレスの『形而上学』を読むと、もう一つ別の答えが示唆されている。われわれは、『形而上学』で点と線のアナロジーがもう一度提起されていることを思い出すが、このケースでは、そのアナロジーは、arche あるいは始まりとは何かという問いに答えるべきものになっている。「始まりとは、事物の運動がそこから始まる最初の点を意味する。例えば、向こう側の端をもつ線とか道路とかの始まりがそうである。アリストテレスは、「いっさいの始まりに共通しているのは、それが存在か生成か認識の出発点であることだ」[9]とも言っている。言い換えれば、点と線のアナロジーは、存在/非存在の問題への時間の関係ではなく、存在の方向づけの中での時間の規定と傾向を提案しているのだ。このことはアリストテレスが、いかにして時間は何ものでもなく、かつ何ものかでもあるのかについての逆説的な定式を、彼の弟子たちの間での、時間は存在の支配下にある生成だという暗黙の理解によって、放置することができるということを意味している。そしてこれはまさに、『自然学』の註釈の中でトマス・アクイナスが点と線のアナロジーをいかに読むことになるか、でもある。「アリストテレスは、時間と「今」について言われたことは、ある形で、線と点の中に見出されることと一致すると言う。というのは、点が線の一部分の始まりであり、他の部分の終わりである限りで、点は線を連続させるとともに、線を分割するからである」[10]。おそらくアクイナスは、線と点のアナロジーが、時間が何ものでもないと同時に何ものかであるという矛盾についての形而上学的な問いに関わっていることに気づいていない。むしろ彼にとっては、完全現実態の形而上学が卓越したものなのである。

デリダのアリストテレス読解は、存在の問いが時間的吟味に服する時、そして事実アリストテレスが、『自然学』には実際上の価値がない時間のパラドクスについての、彼にとって終わることなく論じ続けうる思弁であるものを単に斥ける時、形而上学の中に自己批判的な契機を発明するはずだといった議論は可能であったであろう。デリダはもちろん、アリストテレスが時間の問いをまともに扱っておらず、単に避けているだけだと論じている。そして皮肉なことに、問題を避けることによってアリストテレスは、恐らく問題を提起してもいるのだ。だが『自然学』の読者たちは、デリダが暴き出そうとする種類の問題はアリストテレスにとっては問題ではなく、アナクシマンドロスに、恐らくはそれ以前にまで遡るそれらの時代おくれの形而上学的な思弁を、アリストテレスは意識的に嘲笑しているのだとアリストテレスが主張していると言い張るであろう。

しかし『自然学』が哲学的な方法で諸問題を解消することを目的とする分析の意識的な省略の結果なのか、それとも法外な自信をもっていて、後の読者が非常に当惑させられる結果になった巨大な問題を単に見逃した哲学者の産物なのかということより、もっと重要なことは、アリストテレスが何を考えたにしろ、考えたことのテクスト効果が、形而上学の歴史の危機的局面において引き起こされているという事実である。そしてデリダは『自然学』の中に、テクストがあたかも、哲学者アリストテレスが、矛盾の散種を解決しえない形而上学の用語体系を大混乱させるがままにする気がないならば、時間は支配下にとどめられるべきであるかのように作用するということを直観している。この時間の脅威は、アリストテレスが『形而上学』では時間は存在の方向あるいは方位であり、『自然学』で重要なのは時間の、数と運動への関係なのであるから、彼はその脅威をまったく考えていなかったのかも知れないが、いずれにせよ、綿密な読解によって突き止められうるのである。確かにデリダの『自然学』の分析は、あたかもそこでは、ハイデッガーにおいても同じように、形而上学を脱構築する地平、あるいはそれを方法論的な一貫性のために維持する地平が常に書き手の関心であるかのようにこのテクストを解釈する。意識していようがいまいが、どの哲学者も、存在と時間のような問いが定式化される仕方の特徴としてその関心に、必然的に取り組まざるをえないのである。

こうしてわれわれは、アリストテレスの分析のなかでデリダにとって極めて重要な局面になるものに、すなわちギリシア語の hama の解釈に到達する。聖トマス・アクイナスは、それ自体がアリストテレスから派生している彼の完全現実態は、『自然学』によって諸々の瞬間ないし今の統合が証明されていると想定しているが、そのトマスとは違って、そのような完全現実態を前提していないデリダは、アリストテレスの今の概念が複数で散種的であることを証明する。「ギリシア語で hama は、「一緒に」、「一遍に」、両方一緒にを、同時にを意味する。この言い回しは、まずは空間的でも時間的でもない。この語が指示する simul［一緒に、同時に］の二重性は、いまだ自分自身の内に点も今も、場所も面も集めてはいない。それが言い表わしているのは、時間と空間との共犯関係、時間と空間との共通の起源であり、存在のあらゆる現出の条件としての共‐現出（com-paraître）である」[11]。もちろんアリストテレス自身が、暗黙のうちにこのことを認めているが、デリダが成しとげたことは、われわれにとって説得的であれば、『形而上学』で輪郭が描かれているような形而上学的な生成の説に、不連続で非線的な、または複数のものの論理を見出したことにある。今は、完全現実態への生成の連続の内では和解不可能な数々の時間的特徴の布置に属すのである。

デリダの見解によれば、『自然学』は「アナクシマンドロスの箴言」の中にある決定不可能性の、différance［差延］の構造と異ならない構造を明らかにしている。アリストテレスの形而上学的な言い訳でできた鎧の内側から突き止められうるのは、この非形而上学的な関係のネットワークである。デリダの分析はもちろん、ヘーゲルが彼に与えた鍵の結果である。ヘーゲル自身はわれわれに正しい方向を示しながらも、聖トマス・アクイナスの『自然学』註釈の中にその完全さにおいて反映されているような形而上学的骨組のたがを外したり脱構築する諸関係のネットワークを突き止めてはいない。ヘーゲルの重要な手がかり――差異――に気づいていたハイデッガーも、やはり突き止め損なっている。彼がアリストテレスの有名な点と線のアナロジーを、hama が差異の差異に対する語になるように、つまり哲学の運命を規定するまさにその時に自らは定まることのありえない閾の記（マーク）になるように読解できないからだ。それでもデリダは、アナクシマンドロスの断片の読解における、ハイデッガー自身の差異分析の徹底性と重要性を自ら直観して、この発見をしたのである。第一章で引用した「ウーシアとグランメー」からの引用を思い出そう。「差異を名づける諸々の規定は、つねに形而上学的次元に由来する」、そして「存在と存在者を超えて、この差異は絶えず（自己を）差延しつつ、（自ら自身を）（自ら）痕跡化するであろう――こうした差延は、ここでもまだ起源と終末を語りうるとすれば、最初の、あるいは最後の痕跡であるだろう[12]」。デリダのこれらの結論が、前ソクラテス期のアナクシマンドロスの読解と、ソクラテス以後に来る哲学者アリストテレスの読解との両方によって支えられていることに注意されたい。アナクシマンドロスとアリストテレスは互いに多段転義（メタレプシス）的な異形であるとデリダは示唆している。それにこのことは、アナクシマンドロスとアリストテレスが徹底して異なる哲学的な枠組に住まっている思想家だというハイデッガーの考えに矛盾する。その意味でデリダは、ハイデッガーの思惟を再遂行し、かつ転移させる中で、ハイデッガーの分析の中にある盲点を暴いているのだ。それでも、hama の議論において、アリストテレスがアナクシマンドロスから受け継いだアポリアを発展させながらデリダが示唆するのは、そのようなアポリアは適切な定義を避ける時間と存在の形而上学的概念の端緒になるのだから、そのアポリアは『自然学』が時間と存在について満足ゆく仮説を確立することを阻むのだということである。ということは、ひとが仮に、ハイデッガーが行なった以上に遠くまで思想史の多段転義（メタレプシス）を進めうるのだとしてもなお、そうした審級においてさえ、形而上学的な復旧が明白になるということが分かるであろう。

Grundprobleme［根本的諸問題］

『存在と時間』の時間に関する註の含意を綿密に吟味したにもかかわらずデリダは、『存在と時間』が書かれた状況については何も言及していないし、この書物の撤回や分断に関する歴史を復元する試みもしていない。なるほどこれをテーマにした適切な歴史はいまだに輪郭を辿るべきものであるが、今ではハイデッガーが、特定の註の読解に基づくデリダの直観を裏づけるということを、あるいはそれを是認しないことを可能にする数多くの証拠を提供するような、『存在と時間』に含まれているものと並行関係にある広大な資料を記していたことを示唆するに十分な資料が公刊されている。それと並んで興味深いのは、幾分か保守的なハイデッガー読者であるトーマス・シーハンによる最近の論文である。彼は、『存在と時間』の構成史を記録しているが、それと同様にハイデッガーが『存在と時間』を仕上げていた一九二六年あたりの時期に、彼が展開しつつあった時間性についての背景的な覚書の輪郭をも描いている。この論文は、われわれの関心からして非常に教えるところが多く、『「時間と存在」1925—1927』というタイトルをもっている。

『存在と時間』があの形をとるための決定的な条件の一つは、ハイデッガーがマールブルク大学の教授昇進を得ようと試みていたことであった、とシーハンは説明している。既に非常に有望でありながら出版物という点ではほんのわずかのことしか果たしていなかった人に典型的なストーリーである。それで、ニコライ・ハルトマンの講座へのハイデッガーの昇進の問題が起きた時、教授ルドルフ・ヴェデキントは、哲学者としての能力を証明する作品をいつハイデッガーが刊行しようとしているのかを知りたがったのだ。この問題についてのマールブルク大学で起こった論争が、『存在と時間』を無理にも印刷に回させることになった。ところが、とても奇妙なことに、ベルリンの科学・芸術・文化省は、一九二六年に昇進のために提出された校正刷りを審査した後に、それを「不適格」と宣言していたのである。シーハンが言うように、ハイデッガーは『公刊し、かつ消えた』のだ。しかしながら、もっと重要なのは、次のような指摘である。「彼は、たぶん主に職を得ようとするなかで、自分が「長く温めていた作品」を急いで印刷し、そうすることで、『あまりにも遠くまで、あまりにも安易に冒険を進めた』のだ。この冒険が、来るべき何年かをかけて自分の哲学的プログラムを全うすることを妨げることになった」[13]。大学の政治のために、ハイデッガーの存在と時間の省察は、その決定的な形成の段階にいたるまで段階的、かつ不可避な形で展開してゆくことを妨げられたのだ。これがシーハンの仮説である。とすれば、テンポラリティーのラディカルな手引が定式化されるべきちょうどその時点で、ハイデッガーが省察していた作品全体は、堅実に成長し変形しつつあった複合的な諸関係のネットワークを中断して、無理にも印刷に回されたのだ。そして、もちろん、制度が引き起こしたプレッシャーと不安のために、ハイデッガーは自らの思惟の繋がりになったであろうものを回復することができなかったのである。

シーハンの説はきわめて魅力的である。けれどもその説は、哲学的思惟は組織的あるいは発展的なものであって、それゆえ成長の時期の半ばで途切れた場合には回復できないという前提に依拠している。その上、シーハンが展開する説は多少とも、ハイデッガーが自分のペースで展開することが許されていたら、『存在と時間』のプロジェクトは一種の閉塞に終わらなかったであろうという信念を想定している。なるほど本の形で自分の仕事を公けにすることは、完結したという感覚や、テクストの死という感覚までも生み出し、それは著者にとって、仕事の着想が妙に接近しえない疎遠なものになることを意味する。心理的には、出版は実際、世に出た『存在と時間』の部分で展開されたような自らの思惟の繋がりをハイデッガーが回収することを阻んだかも知れない。しかし『現象学の根本問題』と『論理学の形而上学的根拠』のようなテクストの刊行は、書くことによる声の疎外であるよりは――それがとりわけシーハンの立場である――、むしろデリダが研究した脚註でハイデッガーがとった見解と並行した、『存在と時間』の中にある発想の長大な継続を示している。さらに重大なことには、ハイデッガーの一九二〇年代後半のテクストは、時間についての諸々の言説の一定の「呼応」を開示しており、そこでは一九五〇年代のハイデッガーのもっとラディカルな定式化の中で「呼応する」テンポラリティーが既に生じていると言うことによって、実際、本研究の後の章を先取りすることができる。これが、初期ハイデッガーを理解する上での非常に伝統的な歴史学的アプローチがかくも素朴なものに留まる理由である。そのアプローチは、ハイデッガーの様々なテクストがテンポラリティーそのものと結んでいる言語的ないし言説的な諸関係を、発展や年代記、テロスや歴史といった（馴染みの人文主義的意味での）概念が、ハイデッガー自身のプログラムの妥当性を問い直す問いが提起されるちょうどその時に、そこで妥当性を奪われ乗り越えられる多様なテンポラリティーの関係を見逃す。困難は、もとよりハイデッガーの年代記的または歴史学的評価と、歴史と年代記と発展、あるいはテロスのような概念の手前から、単に歴史的なるものを拒絶することになるような脱構築的分析との間の「差異」の絶対視を宙吊りにすることにある。そしてこれは、分析においてわれわれが、二つの方向性の間をしばしば往来しなければならない理由であり、その「差異」はそれ自体、ハイデッガーによって、そしてかなり後になってからはデリダによって危険に陥れられるのである。

『存在と時間』がそれぞれ三篇を含む二部門からなるはずだったことを思い出そう。われわれが手にしているのはもちろん、第一部の第一篇と第二篇だけである。第一部第三篇は「時間と存在」と題されることになっており、『存在と時間』の初版には、第一部第三篇の第二章に言及した謎めいた脚註がある。このことは、その脚註を書いた時には、少なくとも輪郭がハイデッガーの念頭にあったはずだということを示唆している、とシーハンは考えている。ただし、それを支持する資料は、恐らくハイデッガーが不完全な作品のための下書きを破棄したために見つかってはいない。だが、ハイデッガーとマックス・ミュラーは、その失われた部分のスケッチについて意見交換をしており、ミュラーは後年、その意見交換を再構成した。彼は次のように言っていた。その新たな部分は、存在から時間への「転回」を含み、三種類の「差異」に焦点を当てて「時間と存在」と称されることになっていた。(1)超越論的差異、つまり存在者とその存在者性との差異、(2)超越に関わる差異、つまり存在者とその存在者性の存在に対する差異、(3)超越的差異、つまり存在と存在者との差異である。その計画は、超越の問いによって提起される差異の「地平」を考察するという観点から重要性をもつはずであった。要するに、第一部の第三篇のためのスケッチは、存在がそれを通じて生成として位置づけられる媒体としての時間の問いによって提起されるものとしての超越の地平の観点から、存在的‐存在論的諸関係を脱構築しているはずだったのだ。シーハンの結論は、ハイデッガーがこの計画を破棄したのは、それが語の古典的な意味であまりに形而上学的だという事態の理解に達したためだろうというものである。要するに、ミュラーが再構成したスケッチは、ハイデッガー自身が気づいていたように、『存在と時間』の途を歩み尽くすことの不適切さを証明している。これは実際、ハイデッガーがこの書で概念的に失敗したのであり、当時の彼の方法では、古典的な形而上学的な諸限界を超えて思惟することを支えられなかったのではないかというデリダの疑念を裏づけている[14]。

だが、デリダのパースペクティヴからすれば、ハイデッガーがスケッチを発展させることに抵抗したのは、時間的超越の地平で設定されているような形而上学的差異の厳密な脱構築を通じて、存在の問いを脱構築することが不可避になるためだということも、同じく（そして多分、同時に）ありそうなことである。『現象学の根本問題（*Grundprobleme*）』は確かに、『存在と時間』の一部ではないにしろ、それに属す時間性の問題系の一説明として読むことができる。この講義をハイデッガーが展開する中で、*Grundprobleme*［根本問題］は、『存在と時間』の第二篇第六章「時間性と、通俗的な時間概念の起源としての内時間性」に見出されることになる現存在と時間の分析に寄与している。そして『根本問題』そのものは、ミュラーが再構成したスケッチに示唆されているような、はるかにもっとラディカルな時間理論をどうすべきかという問いを開いたままにしている。しかしながら、『論理学の形而上学的根拠』も考慮されるべきだ。それは『存在と時間』（第二篇第六章第八一節）よりもはるかに遠くまで進んで行って、ハイデッガーが輪郭をスケッチに描いた、そしてミュラーの再構成の中に反映されている転回を事実上は果たす地点まで、もっとラディカルな「脱自的‐地平的な時間性」の相を展開している。言い換えれば、『根本問題』がスケッチに抵抗する一方で、『論理学の形而上学的根拠』は、スケッチの衝撃を多少とも抱きとめているのだ。とすれば、ハイデッガーにおける現存在から存在への転回は、同時に二つの方向に向かっていることになる。脱構築へ向かう転回と、脱構築に背を向ける転回と。

ハイデッガーがどのように脱構築へ向かって動いて行くのかを考える前に、ハイデッガーが、西洋の存在論の歴史を脅かすことになる種類のテンポラリティーの手引きに取り組むことを渋っているというデリダの見解を支持するテクストである『現象学の根本問題』を短く議論したいと思う。『現象学の根本問題』には、奇妙なことに黙殺されるのだが、破壊的なテンポラリティーの手引きを開示する明確な機会がいくつかある。そして『根本問題』にある種の読み方をすれば、事実ハイデッガーは、最も純粋に脱構築を先取りした哲学者であるだけでなく、それに最も強力に抵抗した哲学者でもあるという、デリダの「ウーシアとグランメー」における仮説の正しさが大幅に証明されるのだ。

われわれは、『根本問題』でハイデッガーが、アリストテレスの今の概念を練り上げ徹底化して、今を「移行」「連続性」「続き」のような、そしてまた「限界／非限界」「差異／同一性」のような語のさなかに位置づけていることを思い起こす。ハイデッガーの試みは、今を前と後という通常の概念の間にではなく、より早くとより遅くの間に生起する近接性として確立するところにある。ハイデッガーが、より前とより後からなる、アリストテレスの実存論的解釈だと見なしているものである。近接と距離とは、明け開けとしての存在という馴染み深いハイデッガーの発想を支えているものだ。それとともに「近接」のこの読解は、後の現存在の地平としての時間分析のために、現存在がそれを通して自らを世界内存在だと理解する次元ないし多様性を割り当てている。興味深いのは、今が数として解釈されうるように、ハイデッガーが今を限界／非限界として展開して行くそのやり方である。そしてこの地点でこそ、脱構築の機会が決定的に取り逃がされ、数は、数えるという日常的経験の実存論的次元の用語で回収されるのだ。

アリストテレスが言うには、今――つまり時間――は、移行および拡がりとしてまだないともうないの両側に向かって開かれているから、その本性にしたがえば決して限界ではない。或る今の内で、つまり或る特定の時点で止む或るものとの関係において、今は単に付随的に末端・おしまい・それ以上はないといった意味での限界であるにすぎない。今としての今は止みはしない。語られる今を通じて規定される運動がこの今の内で止む可能性を十分もっているのに対して、今としての今は、その本性上すでにまだないであり、すでに拡がりとして、来たるべきものに関係づけられている。今を手助けとして私が或る限界を徴づけることができるにせよ、今そのものは、時間それ自身という連続体の内部で受け取られるかぎり限界性格をもたない。今は限界でなく数、peras でなく arithmos である。アリストテレスは、時間を arithmos として peras に対してはっきりと際立たせる。彼が言うには、或るものの限界は、自らが限界づける存在者と一体となっている場合にのみ、自らのあり方をまっとうする。或るものの限界は限界づけられるもののあり方に属する。こうしたことは数には当てはまらない。数は、自らが数えるものに拘束されない。数は、数えられるものの事象性格やあり方に依存しなくても或るものを規定できる。[15]

ハイデッガーが脱構築主義者であったなら、今は記（マーク）ないし数で置き換えられたのだから、今は開いた／閉じたという限界の分節を外しうると指摘したことだろう。右のように「今の助けを借りて私が限界を記すことはできるが、今そのものは、それが時間そのものの連続体の内に受け取られる限りでは、限界とという性格をもつことはない」と言う時ハイデッガーは、デリダの分析に著しく近いところにやってくる。実際、移行としての今は、数である記に道を譲るのだ。デリダのパースペクティヴからならば、この数は(右にハイデッガーが十分に論じている)限界をもった／限界をもたない、以前／以後、現前／不在の間の決定不可能性を記すということもできるであろう。その上、数は散種的であり、前進、後退、停滞への近接性を区切る記ないし痕跡の意味作用の連鎖の内へと拡散して行く。記としての数は、“La différance”を経由してソシュール的な形で解釈されて、差異的なものと同様に恣意的なものに注意を促すこともできる。数としての記はそれゆえ、ポジシオン［立場、設定、位置 etc］の「還元不可能で生成的な多様性」ないしはその一式を告げている。[16] 記あるいは数はもちろん différance［差延］であるが、しかし主要語という意味での différance ではなく、一連の諸契機を、散種する痕跡、数や形を象を「潜り抜けた」ものとしてのそれである。数は、数々の限界や対立を物化するために自らを現前として設定することはないのだから、数の効果とは、閉鎖／開放、限界をもった／限界のない、有限性／無限性の差異を脱構築する、あるいは散種することにある。アリストテレスは『自然学』で既に、存在なき、十分な現前を享受することなき記としての数について何がしかは気づいている。しかしハイデッガーは、そのラディカルな閃きに背を向け、現存在が世界の内へと行なう企投の側で、単に数えるという言葉で数を回収するのだ。ハイデッガーは、いかにして現存在が自分自身を、数えること、期間、公共的時間等々としての時間地平を通して理解するようになるかという認識論的な関心だけを抱いているのである。

　散種的な記として、痕跡構造として数を読むデリダの読解は、「ウーシアとグランメー」での、同時に複数でも単数でもある hama の分析を想起させるであろう。数のように hama は、時計時間としてのシニフィアンをも、すなわち出来事や歴史の観点から、算術的なもの（数えること）とトポス（場所）としての時間のどこたるシニフィエをも演じうる。デリダが言うように、hama は時間でも空間でもあり、しかしそのいずれでもない。同じことは、数と呼ばれるハイデッガーの今の記（マーク）についても妥当する。hama と同じように数は、いかなる意味作用連鎖の中でも現実に現前として自らを設定することはないし、自らを代理することもない。それはある効果を、痕跡の効果をもつのだ。「散種」からの以下の引用文においてデリダは、適切にも『数』と題されたソレルスの数にまつわる小説に関して、数について語っている。そこで私は、斜めからの注釈として次の引用文を引用する。

だが『数』はこうした表象を分解する。ひとがあるメカニズムを脱構築するように、ある押し出しの保証を挫折させるように表象を分解するのだ。それと同じように、この身振りそのものによって、『数』は、表象に装置の一般的運動の内で一定の位置を、相対的な場所を割り当てる。

エトセトラ——というのは、このテクストの中にあるすべては、総和へと一般化されるからだ。起動（それは言説の歯を、機械の歯車を緩め、顔に言葉を与え、顔を正面から、対面状況で見えるようにすると見せかけるが、その一方では同時に顔を、数えることの中に引きずり込む……）。あなたは時折、ある生起の、計算され規則正しくリズムをもった諸効果を、「引用」の総計的集積の内で要約し、測定しなければならなくなるだろう。ここで、もう一度問題になるであろう黙した見えない角度の窪みにおいてそれを記しておこう。この角度の拘束と同じように、この集積は、他の何にもまして自らを書き自らを読むテクストを、自分自身の読解を自ら現前させ、自分自身の現前化を現前させ、かくしてこの絶えまない操作を割り引くテクストを現前させるのではなく、現前させると見せか

ける唯一の手段になるだろう。(17)

ここでもまた、数は間隔化であり、シニフィアン／シニフィエの一部ではないが、両者の関係の内に設定されていて、それは歯をこじ開けるある他者性へ、諸々の対立を動けなくしている留め金を引き抜き、あるいは引き放つ、従って脱構築し散種するある他者性へと極まる。数は正面からの露出を見せかけ、集積でありながら現前ではない。数はテクストを現前させるという、テクストであるという、端的に存在するという押し出しをする。数はそれ自身の自己‐現前化を現前させるという押し出しをしながら、しかし、この終わりのない操作を絶えず割り引くのである。

ソレルスの『数』のこの読解を使って、今についてのハイデッガーのあの一節を注釈することは馬鹿げたことかも知れないが、ハイデッガーが『存在と時間』におけるいわゆる脱構築的な企てをもって追求し抜いていたら行なったはずの種類の読解が、デリダが『散種』に書いているような散種的言説の引き金を引き、あるいはそれを開いたであろうということは認められてしかるべきであろう。実際、ソレルスについての試論から私が今しがた抜粋したような種類の一節を注意深く読めば、デリダが行なう種類の言明が過度なほどハイデッガー的であることが、さらに「教養入門」でエドワード・サイードが奇妙な「インフレーション」あるいは「誇張」として同定するもの(18)が直ちに承認されることになる。実際「散種」の一節は「超現実的」で「グロテスク」に見えるが、しかし、その誇張の範囲は、自らのモデルを、このケースではハイデッガーのスタイルを圧倒し、模倣して嘲る「的確過ぎる関係」を表わしている。ただし、このインフレーションないし散種は、哲学的な脱分節化の帰結であり、われわれはそれを、後期のハイデッガーにおいて掛詞（パラノマジア）という観点から見ることになるであろう。

『根本問題』のハイデッガーはまだ、こうした恐るべきスタイル上の、かつ哲学的な帰結からは引きこもっている。『根本問題』でハイデッガーは、諸々の瞬間が間や幅をもち、そこへの通路を、そこでわれわれの存在が存在へと到来し際立つことになる超越論的な地平としての現存在はもっていると言う。時間は脱自的（ecstatic）であり、実存［＝脱‐存立（ek-sistance）］はその外‐立（ek-stasis）の内で生起する。その上、現存在が時間の脱自の内に投げられているとしたら、現存在は自らを時間の内でのみ理解することができるのだ。時間はそれゆえ、それを通して理解がもたらされる地平である。現存在は時間性の脱自的地平のなかで自らを企投し、把捉しなければならないのだから、そして、その形でのみ理解がもたらされうるのだとすれば、存在論の理解は必然的に、時間の地平を通じて把捉されることになる。いかに時間が、存在の把捉を条件づけ媒介するのかの把捉である。時間は従って、存在が露呈される地平である。現存在と時間のこの解釈がもたらす効果は、解釈学的な終結（closure）である。明らかに、以上の構成は『存在と時間』の前半に属し、西洋の存在論がそこで破壊される後半にではない。

『根本問題』のもっと後のある地点で、もう一つ別の脱構築的な機会が現われる。あるいは少なくとも、一つの機会が、ハイデッガーが措定したものよりもラディカルに非形而上学的な時間理論のために役立つのだ。というのは、ハイデッガーが数による散種としての数の可能性を実存論的な数えることとして、存在者を理解するための一契機の実存論的把捉として回収するのだとしても、ハイデッガーは、現存在に関して、自己理解が今一度、自己完結しない時間理論への可能性を開く、と指摘しているからである。

決意性の内で、すなわち最も自己的な存在可能から自己を理解することの内で——最も自己的な可能性から自己自身にこのように将来することの内で、現存在は自己が本来それであるものへ帰来し、自己がそれである存在者として自己を引き受ける。現存在は、自己自身へ帰来することの内で、自己が本来それであるものの一切とともに、摑み取られた最も自己的な存在可能の中に入り込んで自己を反復する。現存在がその内で自己があったようにあり、自己が本来それであったものであるところの時間様態を、われわれは反復と名づける。[In der Entschlossenheit, d.h. im Sichverstehen aus dem eigensten Seinkönnen, ── in diesem Zukommen auf sich selbst aus der eigensten Möglichkeit kommt das Dasein auf das, was es ist, zurück und übernimmt sich als das Seiende, das es ist. Im Zurückkommen auf sich selbst *holt* es sich mit all dem, was es ist, *wieder* in sein eigenstes ergriffenes Seinkönnen hinein. Der zeitliche Modus, in dem es, wie und was es *gewesen*, ist, nennen wir die *Wiederholung*.][19]

この反復は、同じものと異なるものとの、自己と他者との決定可能性を挫折させる間隔化だと、différance［差延］だと見なすことができるであろう。この種の反復は、永劫回帰のダイナミクスのなかで全面に姿を現わすニーチェ的な移動を始めることになるだろう。ハイデッガーが『根本問題』の前の箇所で数を脱構築的に取り上げていたとしたら、反復を論じる今のこの地点で、現存在の純粋に目的論的な理解を脱分節化させうるものとして数と反復とを考えることを介して、ある脱構築的な時間批判が推し進められうるようになっていたかも知れない。事実、同じようなことは、ジル・ドゥルーズが *Différence et répétition*［『差異と反復』］で着手している。そこでは数と時間の両方が、反復的構造と差異的＝微分的構造との間にある相互関係の理解を通して定義される知覚的ないし認知的経験の観点から、ある程度の詳細さにおいて考察されているのだ。[20] ドゥルーズは、「主体」とは内時間的な多様な諸関係、つまり、そこでは総合が事実上、差異によって脅かされる反復された同定に依拠しているような諸関係に応じて構成されるという仮説を立てている。ある有機体の習性は大幅に、当の有機体が反復された同定を通じて安定性を成就するために反復をコード化しようとする努力である。だが、それらの習性は、それ自体が時間的に結合していて、唯一の無矛盾の同定を脅かす差異を開示している。ドゥルーズは、議論を認識論的な探究を経て展開しているにもかかわらず、実は、『根本問題』でのハイデッガーの考察と、つまり存在者の自己理解への関係と平行するある一定の存在論的な問いを切り出しているのだ。ドゥルーズを読んだ後では、ハイデッガーがあえて反復の問いをさらに注意深く思惟していたなら、『存在と時間』の構想の後半をはるかに遠くまで展開できたであろうと、十分に結論することができるであろう。しかしながら、反復に関する右の一節では、ハイデッガーが移動にではなく帰郷に、「である」と「何であった」との調和に関心をもっていることは明らかだ。もう一度言うが、*Grundprobleme*［根本問題］のドイツの編者であるフリードリッヒ・ヴィルヘルム・フォン・ヘルマンが指摘しているように、ハイデッガーは、『存在と時間』で予め仕上げられたような現象学的かつ実存論的な企てが開いた、さらにもっとラディカルなパースペクティヴに抵抗しているのだ。彼は、脱構築への機会であっただろうものを、西洋の伝統の腕力の内に位置づけ直し、無害化するのである。

とはいえ『論理学の形而上学的根拠』を勘案すれば、そこでの時間性の実存論的な回収は、『根本問題』でよりは確固としていないように見える。あたかも『論理学の形而上学的根拠』ではハイデッガーは、現存在の外部から時間の問題系を吟味しつつあり、事実、テンポラリティーの吟味によって存在の脱構築へと転回しつつあるかのようだ。なるほど『論理学の形而上学的根拠』は、『存在と時間』の第二篇第六章第八一節を単に精錬したものだと言うことはできる。しかし、この根拠講義は、ハイデッガーがマックス・ミュラーに語った、そしてシーハンが註釈している観点から見た場合、はるかにもっと遠くまで進んで行く。ハイデッガーによるそれらの補助的な指摘がかなり明確に、現存在の実存論的パースペクティヴから見た現存在の問題系から、現存在の存在の「超えて在ること」における存在のパースペクティヴから構成されたものとしての問題系への転回だからだ。確かなことは、『論理学の形而上学的根拠』にある時間についての資料は、それが、『存在と時間』から一九二〇年代に書かれたさらに別のテクスト『根拠の本質について』で展開され、数多く議論されている「存在論的差異」への道を可能にするという理由からだけでも決定的である。『根拠の本質について』と『論理学の形而上学的根拠』とは一緒になって、ハイデッガーがそこから脱構築的な契機へと転回したのだと言いうる一層ラディカルな地平を作り上げている。『論理学の形而上学的根拠』では、「超越と時間性」と題された節が主に、現存在の脱自のパースペクティヴからする時間解釈に関わっている。

われわれは……いかにして現存在がその形而上学的体制に基づき、世界内存在に基づいて、その可能性において常に既に一切の存在者を超えており、この超えていることにおいて現存在が絶対的な無に突き当たるのではなく、反対にこの超えていることにおいてこそ、世界としての拘束性を自らの前に保つのか……を見ることを学ばなくてはならない。今やわれわれは、超越というこの根本的現象を顧慮しつつ、時間性を理解するという課題をもつのである。(21)

『論理学の形而上学的根拠』では時間は、現存在が存在者を超えていることとの、時間がそこで開示される脱自の観点から問い質されている。ハイデッガーは、日常的な先取りや予期を、われわれの存在が有限な諸瞬間からなる時間性のなかでではなく、われわれの言語的な時制の意味を凌駕する時熟として構成されることの始まりの自覚として考察している。「このことは、時間が「在る」のではなく時熟するのだということを意味する」。だから「それゆえ、時間をいかなる種類のものであれ存在概念に繋ぎとめようとする試みは必然的に挫折せざるをえない[22]」。現存在の時間意識についてハイデッガーはこう書いている。「われわれが予期（Gewärtigen）と名づけたものは、かの諸々の態度の根底にある脱出（Entrückung）に他ならない。この脱出はそのときという性格をもつものへの脱出であり、われわれがそれについて、「そのとき」それはあるだろうと言うことができ、またそう言わねばならぬような可能的存在者の一切をあらかじめすでに跳び越えてしまっている[23]」。

このような結論は、ハイデッガーが現存在の超越ないし「超えていること」を、「そのとき」のような瞬間のテンポラリティーとの近接性へともたらすことを反映している。『根本問題』と同じように、確かに時間は、自らを超えて行きうること、「自己を踏み出す」こととしての現存在の経験というパースペクティヴからアプローチされている。現存在が予期・予想するようになるのは、時間の諸契機を順々に通覧しなければならないからではなく、現存在が「時間性自身の剝離によって打ち拓かれた開けた小径を徐々に通って行く」からである。こうした意味で、時間性は「脱自的な時熟の内で自己を合一する脱自的な統一」と定義される[24]。すなわち時間性とは、自己に先んじうるという自らの能力によって現存在がそこへと入って行く瞬間のある多重性であり、現存在がそこを通って存在者を実存していると自ら宣言する諸瞬間の多重性である。実存論的パースペクティヴを保ちながらもハイデッガーはこう書いている。「予期とは、自己自身を自己固有の存在可能から理解することを意味する。そして、ここで言う自己固有の存在可能は、～共に存在することと、～の許に存在することとが属す本質的に形而上学的な広がりの内で理解されている」。現存在は共存在と～の許での存在という諸関係の多重性の内でいかに構成されるのかという観点から定義されている限りで、ハイデッガーにおいては初発の「構造主義」が既に歩みだしている。「自己固有の存在可能を私のものとして予期しつつ、私はまた、予期の内で、そして予期を通して、すでに私へと将来しており、またこうしてこそ私へと将来する。自己固有の存在可能からこのように自己へ向かうことは将来の第一次的な脱自的概念である(25)」。言い換えれば、私が私自身として存在しうることは、私の有限性を超えた瞬間から、私の存在を超えた時間地平の内で与えられる瞬間から到来するのだ。しかし、このような人間存在の理解が可能になるのはまさしく、私が予期ないし待機しうることによってである。この例ではハイデッガーは、たった一つの時間地平の輪郭を描いたに過ぎず、彼はさらに、それ自体が脱自的ないし超越的なあのすべての脱自的地平の統一化の議論へと向かうなら、他の時間地平の輪郭を描くことになるだろう。ハイデッガーによれば、「時間の本質は、脱自的で統一的な振幅運動に」、つまり特有な「時間の統一」に「属す」諸々の時間地平の振幅運動に「ある」。このことがハイデッガーを次のように考えるようにと導く。「したがって、時間性の統一の最初の把捉にとって不可欠なのは、既在性と将来とのいわば間に何らかの物的なもの、手前的なものがある、という考えを断ち切ることである。また同様に、何らかの人格中心や自我核といったものをこっそり持ち込んでもいけない。時間の本質は、脱自的で統一的な振幅運動にある(26)」。

「脱中心化」としてよく知られるようになったものに関する早い時期のテクストを探しているのなら、『論理学の形而上学的根拠』の右の一節を引用するのがいいだろう。私の論点はもちろん、『根本問題』と多少とも同時期のこの時間性解釈において、ハイデッガーが既に形而上学的ないし人間主義的な「人間」概念を棄てつつあるように見えるということだ。事実、はるか後に“Zeit und Sein”〔「時間と存在」〕のようなテクストで主張される数多くの論点を、『論理学の形而上学的根拠』の極めて示唆に富んだ右の一節に既に垣間見ることができる。とりわけ、現前の、あるいは「ある」の諸概念に還元しえない諸瞬間の多重性の内での時間を「与える」がそうである。ハイデッガーが発見するものは、世界と同時に現存在は、「脱自的契機」の、つまりその根拠が意識でも、アリストテレス的意味での存在でも、自我核としての現存在でもない「脱自的契機」のパースペクティヴから見られた時間地平のあの解釈的統一のなかで構成されるということだ。むしろ、そこから超越がかくも根本的な役割を果たすようになる地点をなす時間性の時熟の可能性こそが、存在と時間の探究において、単なる有限な自己性や主体性を一つの根本構造として考えることさえ不条理なものにするのだ。この意味でハイデッガーは、たぶん『存在と時間』よりももっと満足行く形で、この書の行程の第一契機、「現存在を時間性の観点から解釈し、時間を、存在の問いのための超越論的地平として説明する」ことを全うすることに成功している。すなわち『論理学の形而上学的根拠』は、自らを超え出るなかで現存在がわれわれに、それによって有限性を超えたところにあるもののパースペクティヴからその意義を、いやその存在性を再解釈することを可能にする転回に関わっており、現存在から時間への転回を、つまり現存在それ自体がそこから改めて定義されるべき超越論的地平としての時間への転回を理解するために必要とされた、まさにあの諸概念から現存在を撤退させることになる。『存在と時間』が、英語で *History of the Concept of Time*［『時間概念の歴史』］と題して刊行されたその草稿に反映している現象学的な語彙を超えて進むのに対して、『論理学の形而上学的根拠』は、『根本問題』の語彙と同様『存在と時間』の実存論的語彙をも超えて進むと言いうるであろう。事実、実存論的語彙自体が、その他のこれらのテクストとほぼ同じ時に書かれ『根拠の本質について』と題されたテクストによって不要なものにされるのだ。そこでは超越は、よく知られているように『存在と時間』を書いているさなかにハイデッガーが考えていた「存在論的差異」の、存在と存在者との差異の観点から再コンテクスト化されているのである。

当然、デリダと同じようにハイデッガーは、数多くの書かれたテクストを多少とも同じ時期に産出する思想家であったし、いわば、同じ時期に自らを超え、かつ自らの航跡を辿って書いていた。なるほどハイデッガーの初期の仕事の特徴は、私がここでなしうる扱いより、はるかに長い扱いをするに値するが、しかし私がそれに言及するのはただ、『論理学の形而上学的根拠』にわれわれが、ひとが期待するであろうものとは反対の運動をハイデッガー自身の内に暴き出すテクストを、すなわち、われわれの期待に反して進む存在と時間との読解を進めるテクストを垣間見ているということを示唆せんがためである。それは、ハイデッガーが『存在と時間』に統合する方には傾かなかったかも知れないが、それでもハイデッガーを、自らの初期の仕事をヴァリエーションによって議論し、しかも二つの側面——存在の面と時間の面——を、その中間へ向かって議論する地点にいたるまで展開した思想家として読む必然性を示す断片として十分な読解のことである。とはいえ、決して『論理学の形而上学的根拠』も、『存在と時間』の第三部を、つまり、それによって存在論の歴史が破壊されるテンポラリティーの手引きが見出される瞬間を実りにまでもたらしているわけではない。というより『論理学の形而上学的根拠』は、われわれの時間理解を、それなしには世界内存在を適切に思惟しえない地平のあの振動や運動として方向づけ直す超越のパースペクティヴからなされる再評価に現存在がそれである実存論的問題系が従属しなければならないということの承認で終わっているのだ。そうすることで『論理学の形而上学的根拠』は、時間がそこで脱自的な振動や時熟として、「自我核」や「現前」や「存在」の庇護化には回収しえないものとして開示される超越の地平を問い質すことを通じて、形而上学の内部から措定される存在的‐存在論的諸関係を脱構築することを呼び求めるような、マックス・ミュラーが再構成したスケッチのあの部分を全うするのである。このことは、時間が何ものかでなければ何ものでもないことになるというアリストテレスの論理から強力に外れて行く。というのもハイデッガーは、時間とは、それなくしては存在するものと存在しないものについて語ることができなくなる条件であるとしても、時間が何ものかでも無でもないと言っているからである。『根拠の本質について』(*Vom Wesen des Grundes*, 1929) でハイデッガーは、この論理学講義での超越の分析を詳細に展開し、後にモーリス・ブランショが le pas au-delà と、彼方への歩＝否と翻訳する越える歩ないし Überstieg［乗り越え］として超越概念を展開している。übersteigen［乗り越える］は、彼方への歩が、現存在の条件として生起しつつ制定されかつ破棄される限りで、無矛盾と別れる契機である。

それならばしかし、超越的現存在（これはすでに同語反復的表現である）は、主観の前に据えられて主観をあらかじめ内住（内在）へと強制する「境界」を乗り越えるのでもなければ、主観を客観から隔てている「割れ目」を乗り越えるのでもない。諸々の客観——対象化された存在者——が、そこへ向かって乗り越えが起こるものである、というのでもない。何が乗り越えられるのかといえば、それはもっぱら存在者それ自身であり、しかも現存在に対して隠れなくあることができ、そうなることができるいかなる存在者も乗り越えられ、したがってまた、そしてまさしく「現存在それ自身」がそれとして実存している存在者も乗り越えられるのである。［Dann übersteigt aber das transzendente Dasein (ein bereits tautologischer Ausdruck) weder eine dem Subjekt vorgelagerte und es zuvor zum Inbleiben (Immanenz) zwingende Schranke, noch eine Kluft, die es vom Objekt trennt. Die Objekte — das vergegenständlichte Seiende — sind aber auch nicht das, *woraufzu* der Überstieg geschieht. *Was* übersteigt wird, ist gerade einzig *das Seiende* selbst und zwar jegliches Seiende, das dem Dasein unverborgen sein und werden kann, mithin *auch und gerade* das Seiende, als welches es selbst existiert.]

さらにもう少し、ハイデッガーは続ける。

乗り越えのなかで、そしてそれによって、存在者の内部で、「自己」とは誰であり、いかにあるのか、そして何ではないのかが初めて区別され、決定されうる。[27] [Im Überstieg und durch ihn kann sich erst innerhalb des Seienden unterscheiden und entscheiden, wer und wie ein "Selbst" ist und was nicht.]

この言明は、しかじかのものとして自らに現前する者としての存在者の概念に関わっている。これらの言明には含意以上のものがある。すなわちハイデッガーは、存在者一般だけではなく、現存在としての存在者のことをも考えている。すなわち、超越ないし Überstieg の諸々の瞬間に本質的に構成される現存在のことをであり、あるいは論理学講義以上に、デカルト的意味での自己をも、同じようにフッサールの「超越論的エゴ」の概念をも脱中心化するように働く閾の論理のことである。超越の Überstieg ないし pas au-delà としてのこの徹底は、その還元性が超越の概念を単なる差異の一つにしてしまうであろうデカルト的な自己性の意味を転倒するばかりでなく、その内部では差異それ自体が本質的な一概念である論理学の諸要素の間にあって相変わらず確信を抱いているフッサール的な「超越論的エゴ」をもはるかに徹底化するのだ。『根拠の本質について』でのハイデッガーの議論は、差異と同一性との差異がそこで全面的に脅かされる境界を画定しており、そのような「決定不可能な」閾としての超越の理解は、デリダの脱構築プログラムを確かに先取りしているように思われる。この章の終わりで再検討するが、そのプログラムは、決定不可能な限界——内部／外部——のパースペクティヴから思惟を考察している。『根拠の本質について』でのハイデッガーが、いまだに現存在を考察し続けているにもかかわらずそれは、自らに遅れるちょうどその時に、常に自己を越え出る現存在であり、自らの前に拡がる境界を常に既に越え、古典的な主体概念の明確さを崩す諸価値の観点から限界／非限界に呼応して行く現存在なのである。

当然ハイデッガーにおいては、形而上学的主体のこの脱分節化が関わるのはテンポラリティー以外の何ものでもない。「注目されねばならないのは、同一律や矛盾律ですら、単に『超越論的でもある』だけではないということだ。これらの諸命題は、いっそう根源的なものを、すなわち命題性格をもたず、それどころか超越としての超越（時間性）の生起に属するいっそう根源的なものを遡行的に示してもいるのである[28]」。言い換えれば、時間の問いを通じてこそ übersteigen は、その最もラディカルな意味で、つまり現存在がそこで自らを脱底として知るようになるあの超越論的契機として思惟されなければならないのだ。ハイデッガーが Abgrund des Daseins［現存在の脱底］と呼ぶものである。「しかし現存在は、世界を企投しつつ存在者を乗り越えることの内で自己を乗り越えねばならない。このような高みから初めて、現存在は自己を脱底として理解しうるようになる［Aber das *Dasein* mu im weltentwerfenden Überstieg des Seienden sich selbst übersteigen, um *sich* aus dieser Erhohung allererst als Abgrund verstehen zu konnen.］[29]」。ハイデッガーは、根拠の本質は Überstieg の常に既にのなかに顕現するのであり、それによって現存在は理由ないし根拠がそこを介して措定される自由として自らを開示するのだと結論することになる。Das Wesen der Endlichkeit des Daseins enthüllt sich aber in der *Transzendenz als der Freiheit zum Grunde*［しかし、現存在の有限の本質は、根拠への自由としての超越の内で自己自身を露呈する］。人間（der Mensch）の概念は、距離の［本質］存在の、ein Wesen（essence）der Ferne 以外の何ものでもない。そして人間の存在に対する関係は問題的（problematic）である。まさにこの距離が、われわれ自身の実存の、われわれの実存的な存在経験のなかで己れを措定するわれわれの能力に先立って除去され規定されることができないからだ。しかしながら、もしハイデッガーがわれわれから、それによってわれわれがしかじかの存在者としての自らの経験を思惟しうる。まさにあの形而上学的な諸範疇を取り上げるのだとしたら、いかにしてわれわれは、実存的に進んで行くことになるのか？　これこそ、後の美学と文学についての論文が、われわれは言語の問題系との連関でどのように構成されているのかの綿密な探究によって答えようと試みる問いである。そして、次の章で見るように、*Vom Wesen des Grundes*〔『根拠の本質について』〕では微かに垣間見ることができるだけの極めてラディカルで脱構築的な意味においてテンポラリティーが提起されるのは、まさにそこにおいてである。

人間の諸々の目的＝終焉

「ヒューマニズム書簡」でハイデッガーは、『存在と時間』の「時間と存在」の部を差し控えたのは、「思惟がこの転回（Kehre）を適切に言い表わすことができず、しかも形而上学の言語の助けによっては通り抜けられなかった」からだと述べている。(30)　デイヴィッド・クレルは『死すべきことの暗示――ハイデッガーの存在の思惟における時間と真理と有限性』で、ハイデッガーが、時間の問いを思惟し抜くことのできる言語を発展させ損なったことを認めるものとして、この一節を引用している。事実、「書簡」でハイデッガーが焦点を当てているのは、世界内存在の「実存論的分析論」としての、「存在の明け開けへの脱自的な関係」としての「存在理解」に関わる。ハイデッガーの言うところによれば、「『存在と時間』の公刊において、第一部第三篇「時間と存在」が差し控えられたことが、一層困難にした」のは、この関係の理解である。[31] 言い換えれば、ハイデッガーの関心は、現存在から存在への運動の中に起こるであろう転回としての時間から存在への転回である。またもや、そのものとしてのテンポラリティーは、存在的 - 存在論的なものの観点からのみ議論されうるかのように見える。

クレルの『死すべきことの暗示』は、時間に対する計画の点で、初期ハイデッガーについての、スケッチ的ではあるが、かなり重要な読解を提出している。クレルは本質的に、『存在と時間』を執筆中にハイデッガーは、存在のアプリオリとしての時間の問いと、すなわち存在することの、現前の、現の始まりについてのいかなる思惟にも先立って到来する時間の問いと闘っていたのだと指摘している。ひとがどのような存在論的な範疇をも考え始めうる以前に、それなくしては存在論が考えられない時間の意味がアプリオリにあるのではないか？ そして、存在の「追想」は、それなくしては存在を回想 = 集摂（re-member）しえないアプリオリな時間概念を要求するのではないか？ クレルは、ハイデッガーのマールブルク講義から妥当な一節を引用している。「時間性はどの程度まで、存在理解一般を可能にするのか？ 時間性としての時間は、それが存在論という学問の、すなわち学問的哲学の主題になるべきである限りにおいて、どの程度、存在それ自体の表明的な理解の地平であるのか？[32]」 ところが、直ちにハイデッガーの目に、自分の計画にとって破壊的だと映ったことは、このパースペクティヴからでは、時間についてのどんな思考も、時間とはわれわれの存在理解の「源泉」であり、そうしたものとして、存在論がそこに基づかなければならない永遠の基盤、それどころか永遠そのものであるというアウグスチヌスの想定に似たものになってしまうという理解であった。それに続くハイデッガーの、現象学と存在論、超越と言語についての手直しは、時間を永遠でアプリオリな概念とし、それが存在論の諸カテゴリーを規定するという手順を転倒する手段になるのだ。この点で、ハイデッガーの『根拠の本質について』はとくに重要である。それが示唆するのは、存在者と存在との「差異」を考え抜くことによってハイデッガーは、時間の神学的あるいは形而上学的な考え方を転倒することができた、ということだからだ。すなわち、存在論的差異の問いについてのハイデッガーの考察は、必然的に、それ自体がプラトンから継承されたアウグスチヌスの時間概念の優先順位を変状させる。カントでもいぜん維持されているものである時間のアプリオリの代わりに、ハイデッガーは時間を ***immer schon*** ないし「常に既に」の言葉で論じるのだ。それは元々の根源から (ab-originally) 存在する所与としての優先性ではなく、デリダが『グラマトロジーについて』で「痕跡構造」と呼んだものとしての、つまり根底なしの根底としての優先性を、規定可能な優先性をもたない優先性を反映している。従って、ハイデッガーが時間の優先性を離れ、テンポラリティーを存在者と存在に相応しい諸々の問いに従属させるようになるのは、存在論的差異を介してなのである。この従属は、『存在と時間』がそれである計画の必然的な失敗を、神学的な諸前提、つまり永遠、アプリオリ、根拠としての時間によって条件づけられている形而上学の超克には決定的な失敗を記していると言いうるであろう。暗にわれわれが指摘したように、『論理学の形而上学的根拠』では極めて明らかなこの可能性を、デリダがまったく考慮していないことは興味深い。

「人間の諸々の終焉＝目的」においてデリダは、「ヒューマニズム書簡」で輪郭が描かれているような、ハイデッガーの人間学的実存主義への敵対を議論しながら、ハイデッガーは実際、そうした人間学が現存在を奪回する、あるいは取り戻すことを許しているのだと論じている。「すべては、『存在と時間』で認められた存在論的距離を縮めて、存在の人間の本質への近さを言い表わさなくてはならないかのように進む[33]」。ハイデッガーの言語や存在論的差異や「転回」についての省察によっては、実存論的人間学の誘惑は回避できないのではないか、デリダはそう疑っているのだ。なるほど、このような読解は、「ヒューマニズム書簡」における人間主義(ヒューマニズム)とフランス実存主義に対するハイデッガーの指摘の価値を貶めようとするものではない。そうした読解はむしろ、ハイデッガーの企図を、実存論的かつ人間学的な関心へと向かわせる抵抗の限界画定をしているのだ。しかしながら、一九二〇年代のハイデッガーの著作において、とりわけ『根本問題』のような著作においては、存在者と存在との差異の考察へと除々に向かう方向性においてさえ、ハイデッガーの哲学的計画は、ラディカルなテンポラリティーの手引きが露呈するのを妨げる実存論的人間学の用語で自らを回収してしまうことは明らかである。デリダは、ハイデッガーのこの状況がハイデッガーの生涯に渡って続くと示唆していて、*De l'esprit*〔『精神について』〕では、それが不運な政治的帰結をもたらしていると示唆している。

論文「人間の諸々の終焉＝目的」につけた長い脚註でデリダは、とくにテンポラリティーに言及している。その脚註での引用に先立つ遠くないところで、デリダがこう書いていることを心に留めておくのが重要である。

ハイデッガーの言説において、存在の近さと、隣接、避難所、家、世話、保護、声と聴従などの価値を結びつける近さの、単純かつ直接的な現前の隠喩系全体は、ここに由来する。当然、意味を欠いた隠喩系が問題ではないばかりでなく〔……〕。かくも確実に、それをある種の風景のなかに刻み込む含みをもったこうした言葉遣いの例をいくつか。「しかし、人間がもう一度、存在の近さの内へ (in die Nähe des Seins) 入って行くべきであるならば、人間は名前なしに実存することを学ばなければならない」。「〈人間の「実体」は脱存である〉という命題が言い表わしているのは、存在の真理の内に脱自的に踏み留まるという仕方で、人間がその固有の本質において (in seinem eigenen Wesen)

存在へと現成する（zum Sein anwest）ことに他ならない[34]」。

その脚註でデリダが指摘しているのは、近さの隠喩系が「人間」概念を、現存在がそこで究極的に考えられるべき地平として限界画定するのであるから──「従って現存在は、それが人間ではないとしても、それでも人間以外のものではないということが分かる[35]」──、後期ハイデッガーにおけるテンポラリティーの隠喩系でさえ、論文「時間と存在」からデリダが長く引用する近さのレトリックのおかげで、同じような人間学的回収を表わすだろうということだ。「四次元」「近さ」「送付」「性起」といった術語のすべては、デリダにとっては、現存在への長い問い質しを介して存在から時間への転回を果たそうとするハイデッガーの試みが成功しないことの指標である。この現存在の概念が「人間の諸々の終焉＝目的」への、つまりデリダの後のフロイトの読解を想起すれば、「人間」がそこで fort!［いない］でも da!［いた］でもある近さの形而上学をその帰結とする「人間の諸々の終焉＝目的」への執着を保ったままだからだ。「ウーシアとグランメー」および "La différance"［「差延」］でと同じように、ここでも再びデリダは、脱構築への機会の逸失を見ている。論文「人間の諸々の終焉＝目的」によれば、それによって、あのような実存主義が乗り越えられ、あるいは脱構築される当の批判を超えて生き延び、人間主義（ヒューマニズム）を超える人間主義（ヒューマニズム）、人間を超える人間を帰結するのは、人間学的実存主義へのハイデッガーの執着だからである。ハイデッガーはそのことを、彼が次のように書く時に喚起している。「このように存在の開けの中に立つことを、私は人間の脱-存と名づける」。デリダは、脱構築が、帰属や共-性起、人間の名前と存在の名前[36]といった概念を批判する中で脅かしうるのは「近さの安泰」なのだと論じている。ついでに言えば、名前についてのこの指摘は、そのままでは、ハイデッガーの近さのこの批判についての注釈として読みうる『弔鐘（グラ）』や *Signé-*

ponge のようなテクストの長い分析へとわれわれを誘いうるだろう。というのも、こうしたハイデッガーのテーマ系の後援を受けてこそ、「人間の諸々の目的＝終焉」は常に形而上学のレトリックにとって一つの鍵であったと見なしうるのである。

存在の思惟と言語の内には、人間の目的＝終焉（fin）が久しい以前から書き込まれて［＝命じられて（prêscrit）］いたのであり、この書き込み［＝命（prêscription）］は、telos と死との戯れのなかで、決して *fin* の多義性を転調する以外のことはしてこなかったのだ。この戯れの読解のなかでは、次のような連鎖を、そのあらゆる意味で聴き取ることができる。人間の目的＝終焉は存在の思惟である、人間の目的＝終焉は存在の思惟の目的＝終焉である。人間とは久しい以前から、自らに固有の目的＝終焉であり、すなわち自らに固有のものの目的＝終焉である。存在は久しい以前から、自らに固有の目的＝終焉であり、すなわち自らに固有のものの目的＝終焉である[37]。

この結論は、デリダが描く、哲学の方法としての脱構築の最もよく知られた輪郭の一つに行き着く。ハイデッガーの「存在の真理」の解釈学的な探究は、人間主義的な形而上学を支持する古典的な概念構造の乗り越えの中にあってさえ人間主義（ヒューマニズム）として回収されてしまうが、そのハイデッガーと違ってデリダは、「外」からの、つまり「西洋全体の、その他者に対する暴力的な関係」からの「ラディカルな揺さぶり」と、それと同様に、内からの、「定礎的な諸概念と原初的な問題系とに潜伏するものを反復し、家の中で、つまり同様に言語の中で手に入る諸々の道具や意思を、建造物に抗して用いることによって、土俵を変えずになされる脱構築」とを行なうようにと提案している[38]。内が、外（異なるもの）に容易に適応し、従って、脱構築を「誤った出口」の織目の中へと向かわせるとすれば、同じ土俵（同一なるもの）に留まることによってなされ、かつ潜伏するものを反復する脱構築は、脱構築するものを回収し、回復する危険をもっている。しかし、内部（同質性）からと外部（異質性）の両方から脱構築を行なうことは、システムの内部から生み出されるあれらの同一化——回収、反復、Aufhebung［止揚］——を不安定にすることに役立つと同様に、システムの外部に踏み出すことによって生み出されながら、容易に確固たるものになってしまうあれらの差異を転倒することにも役立つことになる。すなわち、内（諸同一性を解明する土俵）と外（差異を解明する土俵）とは、ハイデッガーが、自分で放棄したと思われたまさにその人間主義を回収するために生み出した哲学的近さの風景を、徹底的に決定不可能な論理を提示することによって脱構築する隠喩になるのである。

最後の一撃でデリダは、「人間」を克服する中で「人間」としては破壊される「人間」としてのツァラトゥストラを引合いに出す。ツァラトゥストラとは、人間を超えたところから人間の目的＝終焉を思惟しうる者である。ツァラトゥストラ自身は同時に、人間についての「人間主義的」問いの内にも外にもいる。そしてデリダは、この二つの人間の間に立っているのは一九六八年五月におけるわれわれ（「だが、われわれとは誰か？」）だと主張する。われわれが立っているところで、常に既に損なわれていながら、とにかくそこでは人間の概念が思惟されることのできるあのシステムの内と外とに決定不可能な形である隠喩や擬人法によって、目的＝終焉のテンポラリティーが、「人間」と「目的＝終焉」を語ることが何を意味するのかの決定不可能性の中で脱構築されるのである。[39] だがこの命題はまさに、ハイデッガーが『根拠の本質について』で既に立てていたもの、すなわち、「人間」のÜberstieg［乗り越え］の命題では、また「人間」の「諸限界」がそこでは、まさに彼方への（否）歩の中で、モーリス・ブランショがle dernier homme［最後の人間］のle pas au-delà［彼方への歩＝否］と呼んだものの中で確立され、同時に廃棄される「超越」の命題ではないのか？

「人間の目的＝終焉」ではデリダは、『根拠の本質について』を完全に無視している。だがそれは、たぶんきちんとした理由からである。デリダは主に、一九六〇年代後半における一つの主要な理論的立場であったものを、つまりグラマトロジーのそれを進めることによって、ハイデッガーにおける人間主義（ヒューマニズム）の回収を脱神話化することに関心を抱いていたからだ。デリダの想定は、グラマトロジー（声に対して différance［差延］として措定されるものとしてのエクリチュールの脱構築的研究）は、ヘルダーリンの "Andenken"［「回想」］のようなテクストにおけるハイデッガー自身の言語考察よりさらにもっとラディカルな言語論的転回として働くであろうし、それは、ハイデッガーの近さの語彙が限界画定する声の形而上学は、デカルトのコギトを全面的に放棄しえない現象学の言説の内部から規定されている思惟の残滓によって媒介される存在への「執着」を組み込むからだ、というものであった。しかしながら、一九七〇年代半ばまでにデリダが、グラマトロジー出発時の厳格さから離れ、脱構築の手前側から実存論的なものへ至る道筋を容易にするブランショによって主に媒介されて、もっと柔軟な構えに向かい始めることは極めて興味深い。実際、ブランショの *Le dernier homme*［『最後の人間』］、*La folie du jour*［『白日の狂気』］、*L'arrêt de mort*［『死の宣告』］のようなテクストに対するデリダの関心は、存在論的差異の内部におけるハイデッガーの「転回」にわれわれを連れ戻す。その転回は、人間の命運や「目的＝終焉」に関わる決意した実存論的な響きを含んだ超越や Überstieg［乗り越え］のパースペクティヴから提示されるからである。

「ウーシアとグランメー」、"La différance"［「差延」］、「人間の諸々の目的＝終焉」は、『存在と時間』の始めに予告されていたテンポラリティーのラディカルな手引きを発展させることにハイデッガーが失敗したことに対する、非常に異なっているが密接に関係する三つの批判を共に構成している。「ウーシアとグランメー」でデリダは、ハイデッガーがアリストテレスの中に、hama のもっとラディカルな側面を掘り起こせなかったと主張し、余白において、ハイデッガーの「アナクシマンドロスの箴言」が、存在論的差異と言語との関係をさらに遠くまで運んで行かなかったといって批判している。“La différance”〔「差延」〕はさらに鋭く、ハイデッガー自身が抵抗したラディカルなテンポラリティーの手引きを（『グラマトロジーについて』で「代補」がもっているすべての意味とともに）「代補し」、その手引きがいかに存在論的/時間論的な差異化の問いの中に与えられているかを証明している。「人間の諸々の目的＝終焉」においてデリダは、ハイデッガーが人間の「目的＝終焉」や現存在の「超え出てある」ことについて省察するまさにその時点での人間主義（ヒューマニズム）の回収を限界画定している。現存在の気遣いに関わる初期のテクストと同じように、テンポラリティーについての後期のテクストでさえ、超越の概念に結びついたままであり、この概念の限界がデリダの分析が開示するようなこの「目的＝終焉」なのだ。それゆえ、一九六〇年代後半のハイデッガー論においてデリダは、数多く議論されてきたハイデッガーにおける「転回」は、それが告げられているちょうどその時に完全に起こっているわけではなく、「転回」がハイデッガーの近さのタームからなる風景へとまさに起こる中で、形而上学が「転回」に取って代わったのだと考えているのである。

とはいえ、次に続く章でわれわれが指摘するようにデリダ自身が、「後期」ハイデッガーにおける諸々の近さの語彙を採用することになり——例えば、「隠喩の退隠」での隠喩の retrait〔退隠〕は言うまでもなく、“Pas”〔「歩＝否」〕での“Viens”〔来れ〕や“E-loignement”〔遠‐退け〕において——、そして一九八〇年代までにはデリダは、「人間の諸々の目的＝終焉」があれほど強く異を唱えているように見えるハイデッガーのまさに実存論的な地平に、はっきりと再接近することになる。一九六〇年代に引用されたハイデッガーの実存論的な回収に対する反感を考える時、この再接近が、自伝やラヴレターやテレパシー・メッセージの形でやってくることは、実に驚くべきことである。だが指摘したように、デリダ自身の思惟の変化や転回は、おそらく一九七〇年代までよく知られることのなかったであろう人物モーリス・ブランショゆえに起こる。そしてわれわれがすぐさま向かうのは、ブランショと彼のハイデッガーについての省察である。

第三章　掛詞（パロノマジア）

「ブランショの著作が私にとってまさしく決定的であり続けたことは本当です。最初はとりわけブランショのいわゆる批評的あるいは理論的テクストに魅かれていたので、私はブランショのもたらしたものを摂取し、体内化し、同化し、——明らかに別の言語においてではあれ——私の仕事のなかに移し入れたつもりだったのです。ある意味で、私はブランショを読んでしまったと思っていました。それから、かなり最近、数年前になって、私は、結局のところ——どう言えばよいでしょう？——経験という形では決してうまく読むことのできなかったものを読んだのです」。

J・デリダ『他者の耳』〔訳書一三六頁〕

『全集』の中で『論理学　ロゴスについてのヘラクレイトスの教説』という表題の下に集められた講義において、マルティン・ハイデッガーは“animal rationale”すなわち vernünftige Lebewesen〔理性的動物〕としての人間概念を取り上げ、それが人間の運命の形而上学的本質であると論じる。「その定義の内で、形而上学の支配下に立つ人間が、彼の本質を語り出している(1)」。人間が、理性あるいは論理を所有することによって定義され卓越したものであるという考えは、これらの講義が一九四三年から一九四四年の間に解体に着手した主要な論点の一つである。『存在と時間』を構成していた、形而上学的主体あるいは自我の徹底した解体があれば、なぜハイデッガーが、すでに何年も前に現存在のハイデッガー的定式化に関して鮮やかに達成されていたことを論証するために、ヘラクレイトスの断片を解釈しようとしたのか、いぶかしく思われるだろう。『ヘラクレイトス』においては、実存論的存在者としての現存在――彼にとっては必然的に、世界があり、その内で彼は自らを存在との関係においてそこにいるものとして理解するに至りうる――を強調する代わりに統合された公式としてわれわれに伝えられたもの、すなわちロゴス＝論理＝理性＝力への意志＝人類の本質、という観念の内に楔を打ち込むためにハイデッガーはヘラクレイトスのギリシア語の詳細な言語的分析に転じたということに気がつく。一九四一年のアナクシマンドロスについてのゼミナールでのように、ハイデッガーがとりわけ関心を抱くのは、いかにソクラテス以前の言葉が、われわれが通常、論理的関係と考えているもの――それらは文化的形成物の一部であり、矛盾律がかくも重要な役割を果たしているプラトンの対話篇やアリストテレスの著作において、その作用を極めて明瞭に見ることができる――を免れているか、ということである。ヘラクレイトス講義におけるハイデッガーの企図は、次のことを論証することにある。すなわち、実際にはヘラクレイトスのロゴスは、ハイデッガーがロゴス中心主義的であると見なしているテクネーや倫理学や自然学という古代の形而上学的なコンテクストにおいてはまったく論理的ではない、ということである。そうではなく、あたかもロゴスとは、名辞ではなく、それに対して他の言葉が、ハイデッガーが覆蔵と呼ぶものから現われ出てくる音の構造であるかのように、ロゴスとはそれ自体、その中に他の言葉を聴き取りうる、一つの言い（saying）である。

それゆえ、ロゴスは、声に出して言うという意味での legein という語のもとになる。「legein、つまりラテン語では legere は、ドイツ語 lesen［集める、読む］と同一の語であるが、われわれによってすぐさま文字と、したがって書かれた語に、ということはやはり話と言葉とに関係づけられる lesen［読む］ではない」[2]。むしろ、lesen は、die Ahren auf dem Acker lesen あるいは das Holz lesen im Wald、すなわち、畠で落ち穂を拾う、とか森で薪を集める、というより広く根源的な意味で理解されるべきである。言い換えるとロゴスは、摘む、集める、ということに即して理解されなくてはならない。そしてハイデッガーにとってロゴスという語はそれ自体、他の名辞がそこで一緒にされ、集められる——たとえある名辞が他を代理するときそれらが散らばるとしても——敷地である。論理学の形而上学的観念——そこではただ絶対的に必然的な存在者のみがすべて保存され、体系化される——とは違って、ヘラクレイトスのロゴスは、そこで Ver-Sammlung［集 - 摂］（我有化と脱我有化（appropriation and disappropriation））が生起する、よりずっと開かれた領野である。人類という概念にとってこの見解のもつ意味は、次のことである。つまりハイデッガーは「人間」すなわち anthropos を、その本質が理性または論理であるような支配する自我としてではなく、Ver-Sammlung として、お互いへの近接性において近さと距離の双方を達成した、密接に関係する属性の集合と見なしているということだ。しかしながら、もしこれらの属性が、密接な近接性の内にあるなら、それは、これがそうなるよう命令するいかなる本質的な理由［= 理性］あるいは論理によってそうなっているわけでもない。むしろ、これらの関係は、摘むことあるいは集めることとしてのロゴスが、時間を通じて上演されてきたその仕方に従って生起してきたのだ。それゆえ、古代ギリシア人たちはすでに Zoon（生）、psyche（魂）、physis（物体）といった属性に気がついていた。「主体」とは、ロゴスという名辞それ自体と同様に、そこでこのような属性が集められ、我有化され、「一緒にすること」の内にもたらされる一つの空間、あるいは開けである。たとえこの関係が、主体がそれ自体を「深く」するための脱我有化または破壊（das Aus-holen）に従属するとしても。

『講演・論文集』所収のその後の論文「ロゴス（ヘラクレイトス、断片B五〇）」とは違って、一九四〇年代初期からのヘラクレイトスについてのゼミナールは、主体の脱我有化――その本質がロゴスであるような統合された統一体となることに抵抗するものとしての――をずっと強調する。むしろ、この主体はこのゼミナールではいっそう、ロゴスのそれ自体言語論的な領野で我有化され脱我有化されるあの言葉のパースペクティヴから見られている。このことは、「人間」のような観念が、logos legein［言う］、logike［論理学］、lexos［寝台］、loxos［隠れ場所］、alego［気掛かりである］という言葉の横滑りの内で構成されることを示唆する。この横滑りのロジックは、その言葉のエコノミーが概念的な保存の原理に従うような、形而上学的思弁の ratio には還元しえない。

これらの講義においてとりわけ興味深いのは、いかにしてハイデッガーが、彼の前期の著作における現存在の分析論から、後期の著作における存在の分析論への転回を成したか、さらに、いかにしてこの転回が言語の分析――その中にはある名辞から他の名辞への多段転義的な運動がある――の中で生起するか、このことがわれわれに見え始めるということだ。とりわけヘラクレイトス講義においては、ハイデッガーは人間の形而上学的観念を考慮しているにもかかわらず、すばやくソクラテス以前の根本的な名の内部での語の集約に強調点を移し、こうして、ロゴスのような語の保護のもとで存在への特定の方向づけをあらわにする、近接した諸関係の集合としての人間の観念を再概念化する。『存在と時間』のような考察においては、現存在は、他の存在者の現存（thereness）と自分自身の世界内存在を通じて存在への関係における自分自身を理解するに至るのに対して、『ヘラクレイトス』においては、ロゴスという「言い」――その内部で人間存在が分節される――は、ソクラテス以前の多段転義的な言語において与えられているように、存在の側からやって来る。

「ヒューマニズム書簡」（一九四七年）でハイデッガーは、この転回を、次のよく知られた一節で定式化する。

思惟は人間の本質への存在の関連を完遂する。思惟はこの関連を作ったり引き起こしたりするのではない。思惟はこの関連をただ、存在から思惟それ自身に手渡されたものとして、存在に提供するのみである。この提供は、思惟の内で存在が言語へと至り出るということの内に存している。言葉は存在の家である。言葉という住居の内に人間は住む。思惟する者たち、詩作する者たちはこの住居の番人である。彼らが存在の開示性を、彼らの言うことによって言葉にもたらし、言葉の内に保つ限りで、彼らの見張りは存在の開示性を完遂することである。(3)

確かに、現存在のパースペクティヴから存在のパースペクティヴへのこの転回は、ポール・リクールが言ったように、「もはや現存在の分析論のレベルではなく、言語哲学のレベルで」(4)起こる。英語への翻訳では、ドイツ語でSpracheは、ヘラクレイトスのギリシア語におけるlogosと同じような役割を果たすということを容易に示すことはできない。というのは、Spracheは、そのなかでわれわれが、いかなる本質論的論理によっても束縛されていない近接した諸存在者を、摘むあるいは拾い集めるべき多重性あるいは領野だからである。Spracheそれ自体が、次の名辞を住まわせているのだ。すなわちスピーチ、言語、スタイル、表現、イディオム、声、そして、より稀だが、書かれたものである。「ヒューマニズム書簡」においてSpracheは、ロゴスと同じく、思惟の番人たちが、眼前に-共に-存するものを集める場所である。眼前に-共に-存するものを集める者として、番人は賢人として現われるだろう。それは、賢人たちが既成の概念を集めるからではなく、彼らが、言葉同士の関係を見抜くからである。構造主義者たちを先取りしながら、ハイデッガーは、「人間」は言語によって先立たれており、「人間」や「コギト」のような概念は哲学的反省を妨げると主張する。なぜなら、それらの概念は思惟の内面化を強調し、そこでは微妙な言語的な差異が一般的な概念や外示的意味――それらは、行為が反省に対して、とりわけ存在の問いへの反省に対して優位にあるような世界にとっては都合がよい――へと圧縮されてしまうからである。「ヒューマニズム書簡」において、哲学とは、いかにしてこれらの名辞が、聞き手――彼にとってSpracheは、それによって名辞が眼前に-共に-在らしめられる「応答」のネットワークである――によって集められるかについての集中的な研究である。『アナクシマンドロスの箴言』においてと同様に、ハイデッガーは諸テクスト間の転移あるいは多段転義（メタレプシス）を強調しており、この審級においてはそれらの名辞はSpracheという名辞のもとに集められている。Spracheは、それ自体媒体であり、そのなかでわれわれの存在への関係を、単にスピーチや声としてでも、単に書字や文法としてでもなく、調律の合った応答として聴くことができる。言葉が一緒に在らしめることにおいて存するものを集めるとは、言語の見張りを演じること、言語を存在の住居として認めることである。

「ヒューマニズム書簡」、『ヘラクレイトス』、そして論文「ロゴス」の重要な特徴は、掛詞（パロノマジア）という修辞的文彩（つまりlogos、legein、logike、lexis）への断固とした転回である。ハイデッガー哲学の専門家たちは、ハイデッガーの著作におけるこの特徴を見逃さなかった。エラスムス・シェーファーは、「ハイデッガーの言語、思惟のメタロジカルな諸形式と文法的諸特性」においてその意義を論じているが、それは次のような定義のコンテクストにおいてである。彼によれば掛詞（パロノマジア）とは、「語型は異なっていても同じ語幹に属している単語を数珠つなぎにすること」である。シェーファーは、ハイデッガーが「知的対象」にヴァリエーションを与え、そうしてそれらの様相あるいは現われを移しかえるために掛詞（パロノマジア）を用いていると論じる。掛詞（パロノマジア）のおかげで、言語は一つの対象に次々と向きを変えさせることができる。「これゆえに、ハイデッガーはとくに、問われている現象の中に見出される諸構造を解明することができる――例えば、問い (die Frage)、問うこと (das Fragen)、問いにおいて問われていること (das Gefragte)、問いを差し向けること (das Anfragen)、問いにおいて問われていることについて問いかけられるもの (das Befragte)、問う者 (der Frager)[5]」。しかしながらシェーファーは、ハイデッガーが言語それ自体の内部から、すなわち、シニフィエよりもむしろシニフィアンのパースペクティヴから、ラディカルなテンポラリティーという手引きを実現しているやり方に関して、掛詞（パロノマジア）がとくに重要なのだということを認めそこなっている。シェーファーがそうなるのは、単なる修辞的な文彩を越える言語論的転回の可能性を見落としてしまったからだ。それゆえシェーファーは、ハイデッガーが主体を Sprache または logos の到来の内へと解消してしまうこと――そのなかで思惟が、掛詞的（パロノマジック）な横滑りの「間隔化（エスパスマン）」として生起する――を無視する。この「間隔化（エスパスマン）」が与えられれば、空間と時間の双方に関係する同一性と差異の問いは徹底的に立てなおされ、『存在と時間』の道程――そこで西洋存在論の解体が思考可能となる――の内に転回を引き起こす[6]。

『存在と時間』でハイデッガーが次のように書いたことを想い起こさなくてはならない。

> 存在論的に構造全体そのものを支えている現存在の存在が、われわれに近づきうるものになるのは、一つの根源的に統一的な現象をめがけて、この全体を貫きとおす完全な見通しがつくときであるのだが、この根源的に統一的な現象は、その全体のうちにすでにひそんでおり、その結果、あらゆる構造契機を、それぞれの構造上の可能性において、存在論的に基礎づけているのである。だから、「包括的」な学的解釈は、これまで獲得されたものを拾い集めてとりまとめることではありえない[7]。

このような言明は、極めて明らかに、『ヘラクレイトス』における後期の立場とは衝突する。そこでは、現存在の存在を包括する「根源的に統一的な現象」が、取り集めあるいはlesen (die einholend-ausholende Sammlung) と考えられており、これをハイデッガーは、集める者の前に開かれているものへの関係と見なしている。この開け、Offenheit des Offenen とは、そこで諸関係が内在的に集められる閉じた、あるいは統一化された領野ではなく、そこで諸関係があらわにされると共に覆蔵され、集められると共に失われる広がりである。einholend と ausholend という語は、「獲る」を意味する同義語である。しかしハイデッガーは、しばしば前綴りを分離し、ein を aus に並置し、たとえこれらの名辞が掛詞的（パロノマジック）にお互いを反復していても、それらの前綴りの内部に、集めること、統一すること、一緒にすることに抵抗するものを含んでもいる、ということを示唆する。それゆえ、人間を特徴づける logos は、その根源的な統一性／非統一性に関しては内在的には決定不可能（形而上学的には非論理的）である。この決定不可能性は、世界内存在としてあらわにされたものとしての現存在の自分自身の理解あるいは解釈においてあらわにされるのではなく、我有化／脱我有化としての lesen の掛詞（パロノマジア）を通して存在が語る仕方によってあらわにされる。決定不可能な諸々の近接性のこの多重性においては、それゆえ、「存在それ自体の問いは、直ちに、非-存在と無の問いであり」これは例えばハムレットの「生きるべきか死ぬべきか」という科白の、人間主義的（ヒューマニズム）なコンテクストの中に弁証法的に回収されることはできない。[8] それゆえ、根源的な構造的全体と合致する現存在の存在というハイデッガーの前期の考えは、明示的に解体され、対極へと転回することになる。

一九七〇年代中期になってはじめて、デリダの論文は、このようなパースペクティヴから存在と時間について考え抜くことに、さらにラディカルな重要性を認めはじめる。さらにまた、それらの論文は、一九六〇年代後期以降、デリダが、ハイデッガーの思惟からの彼の概念的な隔たりではなく、その思惟とのスタイル的、直観的な親近性を強調する方向でハイデッガーを読み始めたことを示唆する。おそらく、既に一九六〇年代に、デリダはハイデッガーの「ヒューマニズム書簡」の内に言語論的転回を認めていた。たとえそのような転回が、フランス構造主義者にとって、サルトル的実存主義を克服するために決定的であった、という理由からでしかなかったとしてもである。歴史的にみると、ハイデッガー的「転回」は明らかに、単にハイデッガー一人においてだけではなく、ジャン・ヴァール、エマニュエル・レヴィナス、モーリス・ブランショ、ジャック・ラカン、ジャン・ボーフレ、ミシェル・フーコー、そしてルネ・シャールといった修正的な読み手たちによる、ハイデッガーのフランス的我有化あるいは解釈において生じた。それゆえ、いかなるデリダ読解も、それよりずっと広範で先立つものである文化的再評価に必然的に負債を負っているというこの次元を見落とすべきではない。そればかりか、「フランスの」ハイデッガーは、ある解釈の帰結ですらあるのであり、この解釈においてマルティン・ハイデッガーは個人的に、スリジー・ラ・サールで開かれた会議や、ボーフレ、ラカン、シャールといった思想家のもとでの幾多の滞在において、活発で自発的な役割を果たしたのである。

エリザベート・ルーディネスコは、その生き生きとした『フランスにおける精神分析の歴史』において、例えば、ジャック・ラカンが彼の被分析者ジャン・ボーフレを通してハイデッガーに紹介されたと記している。ボーフレは分析者の沈黙に苛立って、セッション中にラカンに、ボーフレがハイデッガーと深い知合いであったこと、そしてハイデッガーがラカンの著作に言及したと口に出したのだった。「彼はあなたに何と言いましたか?」とラカンはすぐに問い返した。ボーフレの発言は単なる策略だったことがわかった。しかしラカンはハイデッガーに会うためにわざわざフライブルクへ行き、一九五五年にハイデッガーがフランスに来たときには再び彼に会った。ルーディネスコは、ラカンとハイデッガーにはおそらくお互いにあまり言うことはなかったと信じているが（ハイデッガーは精神分析に興味をもっていなかった）、明らかにハイデッガーの著作は、ラカンの脱中心化された心理学的理論に影響を与えた。[9] ラカンは、ドイツ語の専門家の助けを借りて、『講演・論文集』所収のハイデッガーの論文「ロゴス」を翻訳し、おそらくハイデッガーが主体を分析するパースペクティヴ――語の母型から引き出された辞句を区分することによる――を利用した。さらに、ラカンが一連の心的形成物（すなわち、他者、小文字の対象a、自我など）を「集める」やり方は、ヘラクレイトス的ロゴスとしての、ハイデッガーの主体の観念――そこでは、本質主義は、言説を通じて引き出された諸々の近接性への問いによって取って代わられる――とよく一致する。

デリダがラカンの著作を通してハイデッガーに至りついたというのは、ありそうにないことだが、ラカンがフランスにおいて広く行き渡ったハイデッガーの知的な読み直し――デリダの思惟はまさにそこに位置づけられる――の一部であったことに注意すべきである。ハイデッガーに影響を受けた一人のフランス知識人であり、デリダによるハイデッガー読解、とりわけ一九七〇年代のものを理解するために極めて重要なのは、評論家にして小説家のモーリス・ブランショである。彼は、既に一九四〇年代半ばに、ハイデッガー自身によって言語論的転回が明示的に告知される前にさえ、ハイデッガーにおけるこの転回に対する敏感さを示した。その上、一九五〇年代後期までにブランショは、ハイデッガーに由来する一群の用語（すなわち、散種、脱中心化、書物の終焉、en retrait［退隠］、エクリチュール）を提示していたが、これらを多くの批評家は通常、多かれ少なかれデリダの独創によるものと見なしがちである。[10] それゆえ、『グラマトロジーについて』のようなテクスト――そこでは、ハイデッガーの言語論的転回の小心さと、言語的差異についてのソシュールの理解の限界との双方を問うために、ハイデッガー的思惟がソシュール的理論の言語学的文脈の内に置かれている――が読まれるとき、それはすでにハイデッガーの言語論的転回を読む際の確立されたフランス的コンテクスト――すなわちブランショのそれ――の内部にあるのであり、そのなかでデリダの著作が生まれるのである。このことは決して、デリダによるハイデッガー解釈が単に派生的であると言おうとするものではなく、脱構築を媒介する重要な人物たちがいることを示唆しようとするものである。

それゆえこの章では、とりわけ重要でありながら見過ごされてきた、早くからのフランスにおけるハイデッガー読者であるブランショの読解に向かう。それは単に彼が言語論的転回を行なうハイデッガーに精神的に随伴するからだけではなく、一九七〇年代中期のデリダのハイデッガーへの更新された関心を研究するためにはブランショの理解が不可欠だからである。デリダがこの時期に発表したものから判断すると、デリダは明らかにブランショを通して、一九六〇年代に書かれたハイデッガーについての初期の論文における立場から大きく外れた仕方でハイデッガーの著作を理解するに至った。例えば「人間の目的／終焉」でデリダは、ハイデッガーの近接性という用語を、観念論的主体の優位についての人間主義的前提への逆戻りとして、厳しく批判する。さらに『グラマトロジーについて』のような著作では、呼びかけのハイデッガー的な強調に対して、あまり共感があるようには見えない。しかし一九七〇年代中期までに、"Pas"［「歩＝否」］のような論文においてデリダがà venir［来たるべき］を想起させるとき、他ならぬ呼びかけが彼によって文体論的に呼び起こされているのであり、pasという言葉が、ハイデッガーのÜberstieg［乗り越え］のブランショによるle pas au-dela（彼方への歩＝否）という訳を展開するために用いられるとき、近接性という用語の再活性化が引き起こされた。この句はそれ自体において"Überstieg ... pas au-delà"という翻訳として多段転義的（メタレプシス）であるだけではなく、掛詞的（パロノマジック）でもある。というのは、pasを展開する、あるいは分割することによって、われわれはわれわれの前にあるものを集めるよう要求されるからである。すなわち、pas ... pas は、「歩み……なし」、「歩み……歩み」、「……ないわけではない」、「……もなく……もなく」を意味している。

ハイデッガーの媒介者としてのブランショの重要な役割を考察するには、ハイデッガーの「ヒューマニズム書簡」発表より少し前、一九四六年に『クリティック』に掲載された、ハイデッガーについての最も生産的な論文の一つを認知することが本質的であろう。そして、最も驚くべきことは、ブランショが「書簡」におけるハイデッガーの主要な思惟を予期していたに留まらず、さらに、一九四〇年代後期と一九五〇年代を通じて書かれる、来たるべき著作における思惟をも予期していたという事実である。ブランショの論文は「ヘルダーリンの「聖なる」言葉」と題されており、後に論文集『焔の文学』(一九四九年)に収められた。ブランショのこの論文について議論しながら私が主張したいのは、脱構築が既に、その最も分裂的な意味において一九四〇年代のブランショの著作においてまさに進行中である、ということだけではない。さらにブランショの著作が、ハイデッガー自身の有名な転回以前の時点で、ハイデッガーにおける言語論的転回——それはテンポラリティーの手引きを反映し、これを通して存在論の歴史が脅かされ、そのなかで『存在と時間』冒頭で確言された道程が実施される——を暗黙のうちに引用している、ということである。

「ヘルダーリンの「聖なる」言葉」について議論した後、私は、ロゴス中心主義的テクストあるいは「書物」の終焉と見なされているものについて——ここでは、声からエクリチュールへの転回がハイデッガー的な言語論的転回において告知されている——ばかりでなく、ブランショが espace [空間] の espacement [間隔化] と呼ぶものとして生じるエクリチュールの時間性について、ブランショによるハイ解釈に直接結びついているかが明白になるはずである。くのか、ばかりではなく、どの程度、この道がハイデッガーの一九三〇年代の言語についての著作の深いむかう。一九五〇年代の著作に移ることによって、いかにしてブランショがデリダ的な脱構築への道を開デッガーの再解釈について議論するために、ブランショの『来たるべき書物』(一九五九年)のある箇所に

さらにその上、ブランショの *Le pas au-delà*［『彼方への歩＝否』］(一九七三年)について論じなくてはならない。デリダに対して極めて影響が大きかったからだ。このテクストはとくに、ハイデッガーの全面的な再解釈あるいは我有化への関係における、時間と言語という論点について鋭利である。ブランショの以前の批評的テクストは分析的、論文的であるのに対して、*Le pas au-delà*［『彼方への歩＝否』］はずっと共鳴的であり、分析的であると共に虚構的な諸断片の応答から成っている。これらの断片の応答の内で、ブランショは、諸契機の我有化と脱我有化としての Ereignis［性起］の、ハイデッガーによる記述が遂行されている哲学的な書き方の一様態を、内在的に遂行してみせる。そして、それらの内で、時間の所与性は、ブランショが “hors temps dans le temps”［時間のなかで時間を越えて］と呼ぶものとしてあらわにされる。最近『海域』(一九八六年)に再録されたデリダの “Pas”［「歩＝否」］は、ブランショの à venir［来たるべき］によって媒介された Ereignis について熟考しており、ここでは時間は〈時間の‐なかで‐時間を‐越えて〉、〈(未だ)‐彼方で‐ない時間〉としてあらわにされる。デリダ自身、彼の初期のハイデッガーに対する批判的立場から離れることによって、その後、ハイデッガーが実際に、『存在と時間』で告知されたラディカルなテンポラルな手引きを達成したか否かという一般的問題設定に関して、自らの方向を改めている。私の論旨は、“Pas”［「歩＝否」］「隠喩の退隠」、「復元」という論文が、デリダの初期のハイデッガーについての著作についての顕著な再検討を反映していること、そして、ブランショがデリダの以

前気づかなかったかもしれない仕方で、脱構築についてのハイデッガー的思惟のよりラディカルな意義を、そしてとくにハイデッガー的言語の掛詞（パロノマジア）においてあらわにされているものを明らかにしたがゆえに、ハイデッガーの著作との再接近が生じる、ということである。

しかし、Einholen すなわち自らの読みへと持ち込むということに重点を置く集摂、Lesen があるとしたら、ハイデッガーが Ausholen と呼び、われわれが脱‐我有化と呼ぼうと思う局面もある。この章で私は、いかにしてデリダが一九八〇年代中期に、掛詞（パロノマジア）をテンポラリティーとして考察しているか――その考察によってデリダはハイデッガー的な理論から距離をとるのである――、このことも考察したい。私の挙げる例は、『精神について』と題された、デリダによるハイデッガーについての最近の書物である。この研究は、「哲学における最近の黙示録的語調について」、「ゲシュレヒト［種‐族、性、世代など］I」「ゲシュレヒトII」「今は亡き灰」や、「いかにして語らずに、否認」という題でエルサレムで行なわれた否定神学についての講演のような、一九八〇年代に公刊された諸論文において既にハイデッガーからの離反であったものを、さらに発展させている。時間性への問いがユダヤの歴史を引き込むであろうことは、デリダがハイデッガーの著作の中のより暗い共鳴音――「人間」と人間性という観念の脱固有化（expropriation）を強調するハイデッガー的な言語論的転回における暗黙の共鳴音――を考察する仕方にも関連するだろう。『精神について』でデリダは、『ヘラクレイトス』のような研究における logos についての発言への、ハイデッガー的な相似物を展開する。その相似物は、ハイデッガーが Geist という語や、その様々な変様を無効にしたり、拠り所にしたりする諸審級を包囲する。ちょうど logos という名辞が Ver-Sammlung［集‐摂］の開かれた領野を際だたせるように、Geist という名辞も同様に諸名辞の領野をそのような近接性へともたらす。しかしながら、Geist を経由して近接性へともたらされるものは、哲学的な諸方向の多重性であり、その政治がとくに動揺をもたらすのである。それだけではなく、ハイデッガーによるGeistという語の使用の内に、灰と炎の物語を語ることができる亡霊のような精神がいるのを見抜くことができるのではないかとデリダは推測する。四方域の配置のなかでデリダが語るのはこの物語であり、四方域のそれぞれの角は以下の論点を画定する。つまり、動物、問い、テクノロジー、そして精神である。Geistによって関係づけられたこの図形が、死者の暗号として解読されうるというのが、『精神について』の大胆な示唆の一つだ。

『精神について』が行なう考察は、この研究におけるこの転換点でとくに妥当性をもっている。なぜなら、それは、ハイデッガーのlogosについての発言と対照される、ド・マン的な読みのアレゴリーを、多段転義的(メタレプシス)に形成すると言えるだろうからである。言い換えれば、Geistとlogosは、多段転義的(メタレプシス)な近接性の内にあり、それゆえわれわれに次のことを理解させる。つまり、古代ギリシア哲学のドイツ的コンテクストへの翻訳は共に、どの程度まで、ハイデッガーがさらに形而上学を破壊あるいは（デリダが言うように）脱構築することを可能にするのか——たとえそれが、おそらく踏み越えられてしまったものを復元するとしても——ということだ。デリダが展開していないにもかかわらず、次の点はとくに奇異である。つまり、もしハイデッガーにおけるlogosが、見たところ人間主義哲学と縁を切ると言えるとしても、それは、ハイデッガーの経歴のある時点で、人間主義あるいは精神性に再び訴える意図をもった、Geistについての考察よりも、政治的にずっと痛ましくないように見えることだ。部分的には、デリダの研究の意義は次のことにある。つまり、もしGeistがlogos、logike、legeinとして多段転義的(メタレプシス)に共に集められているものへと解きがたく関係づけられているとしたら、ギリシア語とドイツ語の用語間の関係は、次の点をあらわにする。つまり、これらのハイデッガー的な主導語のVer-Sammlung［集‐摂］において、人間の諸終焉は、とくにカタストロフィックな視点から考え抜かれていることだ。例えば、Geist と logos の「差異」は、ナチの瓦解の灰と炎の中で焼き尽くされた人々の運命に関して、それ自体をあらわにするのである。

ヘルダーリンを読む

「ヘルダーリンの「聖なる」言葉」でブランショは、ヘルダーリンの賛歌「あたかも祭りの日のように」についてのハイデッガーの著作を詳細に考察している。ブランショの直接の問いは、ハイデッガーによるヘルダーリンの詩の分析が「正当」なものかどうかである。というのは、批評家フリードリヒ・グンドルフとは違って、ハイデッガーは「全体」としての詩を問い質しているようには見えないからである。むしろ、ハイデッガーはそれぞれの語を順番に問い、完結してはいるがばらばらに分離した解釈を提出している。このことは、ブランショの言うように、とても奇妙だが、次のことを考慮すれば正当化しうるようなある印象を強める。それは、分析が「結局は分析が明示するあらゆる特殊な意味から出発して一般的な意味を再構成するようにはならないで、詩句が一瞬分析に委ねられ停止した姿の中に、常に詩句の全体性の推移を求めるようになるからである」[11]と考えた場合である。ブランショは、ハイデッガーが一九五〇年代に『思惟とは何の謂いか?』のようなテクストで述べることになる発言を先取りしているだけではない。というのはブランショはヘルダーリンの賛歌について、それは「詩句であり……詩句には日付はない、日付があってもそれは常に à venir［来たるべき］もので、歴史的目印に応じない「今日」の中で自己を語るのだと」[12]と言っている。その詩は送られ、急送され、そして、過去からわれわれのもとに到来するプロセスの内において、つねに à venir［来たるべき］ものであり、しかしまた、われわれに先立つ所から、将来（avenir）からそれ自身を告知しつつある。「それは、読者を non encore advenue〔いまだ到来していない〕ある実存の一部とするような同じ予感を読者に要求する、予感あるいは pressentiment〔前兆〕である」[13]。ブランショのハイデッガー理解は、現前を越え出て、読者に en avant de soi〔自らに先立つ〕予期的な意識を要求する時間性に焦点を定める。ブランショが一九四〇年代に認めたように、ハイデッガーはヘルダーリンから詩的な語彙を我有化しており、これが哲学に、空き間、開けを導きいれた。これによって解釈は、歴史的指示、形式的分析、批評的評価——それらはすべて、人がある作品を読むということは、一つの今、そこではすべてのことが強い読者によって現実化されうる今において生起するということを前提している——の時間的制約を越えて進むことができるだろう。ブランショはとくに、ハイデッガーがヘルダーリンを読む際に、offenen のような術語を我有化しようとするという事実に強い印象を受ける。この術語は、その詩的コンテクストにおいては、詩的作品を現前化し、意識にとって利用可能なものとする可能性に先んじている。たとえそれが、作品の到来、到着、あるいは運命を、存在の地平——そのなかで読者自身は、「開かれた」者に対して「開いている」ものへと「到達すべき」である——として告知するとしても。Und dem offenen Blick offen der Leuchtende sei（Et qu'à la vue qui s'ouvre s'ouvre ce qui est rayonnement de lumière〔ブランショの翻訳〕）〔そして、開かれた眼差しに対して、きらめく者が開かれてあるように〕という行に註釈を加えながら、ブランショはとりわけ offen という語の反復に関心を抱く。なぜなら彼は、それがきらめく者のきらめきと同じように、開くものへの開けの「二重の運動」に対応していると信じるからである。（"S'ouvrir à ce qui s'ouvre, et *der Leuchtende*, le pouvoir d'éclairement de ce qui éclaire..."）[14]

そのうえ、既に一九四〇年代にブランショは、ハイデッガーの哲学が詩的言語の我有化によって、どの程度、ある解釈の戦略――哲学的分析にとって入手可能な、あるいは現前する対象として文学について語ろうと企てる――から離れていくのかを探査している。むしろハイデッガーは、詩的術語を我有化することによって、哲学と文学の間の転移を準備する。その効果は、自己意識的にそれ自身に対して現前するものと仮定され、それゆえ解釈学的理解にとっての基礎あるいは根拠を形成するものとしての読者の実存の優位を脱中心化することにある。ハイデッガーのヘルダーリン読解は、開けの反復または繰り返し (repetition or iteration) を考察することによって、読者と作品の間の関係を、アプリオリに読解あるいは分析の行為の時間的現在において構成されてはいないものとして理解することを準備する。時間的現在における構成は、いかなる形式主義的あるいは新批評的アプローチにとっても基礎になる考えであるが、それ自体、詩的、解釈学的地平からの到来あるいは到着のプロセスの内にあり、この地平に対して読者または作品の自己‐現前は、思惟の方向づけ、開けとしての言語の à venir［来たるべき］によって位置をずらされる。そこでは、われわれの思惟への近さと距離の近接性が媒介されているのである。

「ヘルダーリンの「聖なる」言葉」においてブランショは、dem offenen［開かれたもの］の反復の内で告げられる開けを考察するだけではなく、ヘルダーリンとヘーゲルが「全体という観念」にとりつかれているという論点をも提起している。ブランショは、ヘルダーリンにとって「自然は全く現前しており、全体性としての現在である」と書いている。ただしそれは totalité sans bornes［限界をもたない全体性］である。(15) ハイデッガーの註釈はこの全体性の限界画定 (delimitations) を尊重している。なぜならそれは、詩的語彙の内部から、解釈学的限界への絶え間ない問いかけを直観しているからである。このことは実際、時間性に関して決定的に重要なことである。なぜなら、時間は一般に伝統的批評家によって、当然のこととしてある均質な現在――その内部で批評的読みが行なわれる――に基づいて考えられているからだ。これが、文学作品が分析にとって全面的に自由に処理しうるものにしうる、という仮定を支える発想である。逆にハイデッガーは、詩作の言語の内部から、諸々の時間的契機――その中に意味の詩的な現前化（あるいは呈示）の地平がしまいこまれ、隠され、あるいはブランショが一〇年後に『来たるべき書物』の中で言うように、en retrait［退隠内に］保たれる――をあらわにする。

「ヘルダーリンの「聖なる」言葉」の全体にわたって、ブランショは、おそらくハイデッガーの「言語論的転回」の最も決定的な特徴の一つでありながら容易に人の注意を逃れそうな、ハイデッガーの著作の言語的特徴の一つに特別の注意を払っている。この特徴とは掛詞（パロノマジア）であり、ブランショにおいては、“et qu'à la vue qui s'ouvre s'ouvre”［開かれる視野に対して開かれる］、“la poésie est chargée de l'accomplir, et, en l'accomplissant, s'accomplit”［詩はそれを実現するよう課されており、それを実現することによって実現される］、“cette rencontre est le fond et la verité de ce qui se rencontre”［この出会いは出会われるものの根拠であり真理である］といった例や、à venir［到来すべき］、avenir［将来］、advenir［生起する］といった語の間の横滑りのなかで起こる。[16] ブランショの論文はハイデッガーの一九五〇年代の刊行物に先立っているにもかかわらず、この論文は、ハイデッガー自身の書き方と彼が考察している詩の書き方の双方における掛詞（パロノマジック）的意義に焦点を定めている点と、ハイデッガーがヘルダーリンのような書き手から詩的な語彙を我有化したのと同様に、彼はまたそのような詩人たちの作品の中であらわにされる文彩的な特徴をも我有化したと仮定している点で、著しく機敏である。しかしより重要なことは、ハイデッガーにとって掛詞（パロノマジア）はテンポラリティーの理解の鍵であろうという意識を、ブランショの論文が反映していることである。要するに、実にハイデッガーの前期の著作さえよく知られるようになるずっと以前に、ブランショが次のことを理解していたと信じることができる。すなわち、ハイデッガーは彼の哲学において詩的言説

——その文彩は、時間と存在の問いに関して詩的作品を理解することにとって重要な解釈学的帰結をあらわにした——の尋常ならざる我有化を経由して重要な言語論的転回を行なっていたということである。それゆえ、たとえブランショにある種の歴史的距離——ラディカルなテンポラリティーの手引きがそのなかであらわにされる媒体としての言語に関わる、ハイデッガー的転回の読解がそこから提示される——が欠けていたとしても、ブランショは一九四〇年代中期に、そのような転回も、詩の読者にとってのその意義も、正確に分節する間際まできていたのである。

ブランショはそう言っているが、詩人の実存は、詩による時間の予示、詩が時間を予言することの内に与えられる。「なぜ詩人は予言するのか、この予言の様態が与えられたら、いかにして詩人は実存しうるか？」[17] ブランショによれば、それは詩人が前未来において実存するからである。言い換えれば、詩は、その到着あるいは到来において詩人の実存に先立ち、この詩人を予期する。それは、実は彼または彼女を創造したものである詩を創造したと認められるであろう者としてである。この、著者に先立って到来するテクストという考えは、幾分か一九六〇年代の構造主義者たちの書くものの決まり文句となった——バルトの「作者の死」が想いうかぶ——しかし、ブランショはその観念を既にハイデッガーのヘルダーリン読解から導き出していた。「ヘルダーリンのあらゆる作品は、人間と同じように神々をも凌駕する先在の力、つまり宇宙をして「すべて」であらしめる力を意識していることを証明する」[18]。この力は「聖なる」ものと呼ばれるが、ブランショはそれを馴染み深い術語で定義しようとはしない。なぜなら彼にとって聖なるものは、ハイデッガーによって、伝達されない直接性、語りえない近接性としてあらわにされるからであり、伝達の可能性はそれらに依存している。たとえそれが伝達不可能性に陥らされるとしても。ブランショの語りの読者たちは、対話だけではなく主体の脱構築——これは、対話が l'immédiat qui n'est jamais communiqué〔決して伝達されぬ直接的なもの〕[19]を思考しようと企てる瞬間に生じる――のための条件でもあるこの近接性を主題とすることに馴染んでいるだろう。例えば、『望みの瞬間に』（一九五一年）において、われわれは、典型的に脱構築された語りにおいて、次のように語りかけられる。

事物がそれら自身から出て、ある類似――そのなかではそれらは自らを腐敗させる時間も、自らを見出すべき根源をもたない――の内へと入りこむとき、そして、それら自身の類似が自らを肯定するのではなく、むしろ反復の暗い流れと逆流の彼方で、この類似――誰のものでもなく、名前も顔ももたない――の絶対的な力を肯定するとき、事物はどれほど恐ろしいことか。それゆえ愛することは恐ろしく、われわれは最も恐ろしいものしか愛することはできない。[20]

ヘルダーリン論においてブランショは、開けあるいは入手可能性――そのなかで詩作は、*Au moment voulu*〔『望みの瞬間に』〕という語りが、「反復の暗い流れと逆流」と、開くことが、開けにおいて開かれたものが開いていることと呼ぶはずのものの内で明らかにされる類似、それゆえ出現として現われる――の観念を理解する前提条件としての、このような伝達不可能な直接性についての彼の読解を延長してゆく。言語のこの反復あるいは掛詞（パロノマジック）的な相互作用の内でヘルダーリンは、たとえそれが反復あるいは言語の流れと逆流の内でぼやかされているとしても、à venir〔来たるべき〕ものへのより近い近接性を達成している。ブランショのフィクションにおいてさらに馴染み深い隠喩に訴えれば、à venir〔来たるべき〕ものについてのこのような言語論的直観は、日の到来（洞察）と、これに付随する夜への落下（盲目）の内で現実化される。『白日の狂気』において、全き日光を見る望みは、「そして、もし見ることが火ならば、私は火の充溢を求め、そして、もし見ることが私に狂気を感染させるとしたら、私は狂おしくその狂気を欲した」という叫びにまで達する。[21]ブランショのフィクションにおけるこのような瞬間は、それ自体、来たるべき定めにある。つまり、フィクション的な語りは、それ自体、à venir［来たるべき］時間的地平であり、ハイデッガーによるヘルダーリン読解を経由するある影響の avenir［将来］である。

例えば「ヘルダーリンの「聖なる」言葉」において、火と白日の狂気は、既に狂気に陥った詩人——その明晰さはそれ自体非理性であり、闇の言葉の光輝である——の作品の中の啓示に結びつけられている。このことは、ブランショによれば、聖なるものの観念が呼び出されるとき、既に偉大な賛歌の内で予示され、予言されている。

ほとばしり出て法則となる輝かしい力、現われるものの出現の原動力、伝達するあらゆる力の根源、もし「聖なる力」がこれらのものであるならば、詩人がそれらを《予感する》ことによって既に全的な現存の中にあることや、「聖なる力」の接近が詩人にとって存在の接近であることを人々は理解するだろう。だが今や、謎は別な形態をとる。始めは詩人はまだ存在しなかった。というのは詩人自身、存在するために「全体」を必要としなかったし、全体も全体であるために詩人の仲介を必要としなかったからである。今や、詩人は《いまだ存在しないもの》として存在するから、「聖なる力」の到来を把握し、それを予感するのだ。この到来こそ到来自体の原動力であり、あらゆる《何物かの到来》に先立つ到来であり、そこから《あらゆるもの》が到来し、「全体」も到来するのである。[22]

聖なるものの、この「到来」または「接近」——こう言ってよければ、この moment voulu［望まれた瞬間」——は、ある限界の接近以外の何ものでもない。この限界の内で文学は、その最大の強度と明晰さにおいて、——詩人と、彼とのコミュニケーションの内にある人たちに対してどれだけ近く、直接接していようとも——結局はそれ自体伝達不可能な「白日の狂気」であるものにおいて圧倒される。確かに、ヘルダーリンの詩作は、聖式の朦朧とした予期の内で最も明晰にわれわれに語りかける。ここでは詩作は、聖なるものの出現のために「時間をつくら」なければならないのだ。この「時間をつくる」ことは、人が予言するものの到来を遅らせることによって、その接近を遅くすること、思惟の曙を引き止めることによって生じる。ハイデッガーにおいても、詩的語法は、存在についての問いと時間についての問いの双方の接近のテンポを遅くする手段として用いられる。そしてヘルダーリンにおいてと同様、掛詞(パロノマジア)を経由してそのような減速が引き起こされるのだ。確かに、言語のこの減速あるいはシフトダウンが起こらなくてはならない。というのは、ハイデッガーは、存在と時間についての問いが、本質主義的回答や神秘的返答——そのどちらも、ハイデッガーの「主導語」を、必然的に定立の今または現前においてなされねばならない暴露や定義へと還元し、この定立は単に非反省的理性や完全な錯乱に至るだけだろう——に訴えるところでは決して提示されないような分析的言説を達成せんとしているからである。それゆえハイデッガーは、ある pas encore すなわち「いまだない」の内に言説を永続させる。この「いまだない」の内では聖なるものの接近あるいは到来は、聖なるものの媒介者としての著者の出現のための前提条件となる。ブランショの上述の箇所でとりわけ重要なのは、著者が言語をそれ自体に対して現前させ、存在と時間の定義を言明する——われわれは想い起こすのだが、これはまさしくアリストテレスが『形而上学』で行なっていることだ——ことによって全体性を構成するのではなく、著者は彼自身、全体性の一つの分節であり、これは、ある全体性——これはつねに既にそれを包摂するものであり、無限性としての全体性が有限性としての全体性として媒介されたものとなるために、著者が告知あるいは警告するよう求められるものである――の接近において存在するに至る、あるいは自らに先立って到着するという考えである。ここでもちろん、われわれは既に、エマニュエル・レヴィナスの『全体性と無限』のような論文の主要なアウトラインを窺い見ることができる。これはいくらかの恩義をブランショによるハイデッガーの再読解に負っているのかもしれない。

ブランショにとって、「人間の言語は永続、持続する時間の肯定、分裂した時の統一である」[23]。ヘルダーリンは詩人を次のように理解しているものとして信用を置かれている。すなわち、彼のそこに‐いること（すなわちDasein）に引き続く彼の到着を告知することにおいて、再帰的に時間をà venir［到来すべき］、avenir［将来］、あるいはadvenir［生起］の内に取りまとめること――それが文学である――によって、ある聖なる散種する時間性を近接性にもたらす者としてである。ここにあるパラドクスは、もちろん、有限な存在者によって取りまとめられた現出へと移行することによってのみ、不死の時間の無限性が、存在者と見なされるようにされうる、ということだ。この、見なされるようにするとは、言語が可能にし、詩的形式の閉域が促進する諸契機を取りまとめることに他ならない。「事実、詩句は、みんな一緒にとらえるもの、根底のない統一の中に原理の開きっぱなしの統一を集めるもの、照明の僅かの間に何物かが現われて、しかも現われるものが変わりやすいが長つづきのするun accord［調和］の中で維持されるほど堅固な基礎を見出すものである」[24]。言語によって詩人は、諸契機――それらの揺らぎながら安定している調律において、詩は、彼方から語るものの、いわば、正確に言えばわれわれの生きられた、あるいは世界的な意味での時間ではない時間から語るものの分節へと到着する――の取り集めの地平となる。幾分かポール・ド・マンによる批評的読解を先取りしながら、ブランショが論証するのは、詩的言語が、ヘルダーリンが聖なるものと呼ぶものの到着を分析し明晰化することによって、聖なるものは、単に曖昧で狂った詩的言語を置き去りにして立ち去り、引き退きはじめるということである。それゆえ、詩的洞察の瞬間に、それに付随する盲目がある。ハイデッガー自身、ヘルダーリンだけではなくヘラクレイトスにおいてもこのことに気づいていた。ヘラクレイトスについてハイデッガーは、ヘルダーリンの作品を考察していた時期に講義を行なっていたのである。

ブランショは、一九四〇年代までにはハイデッガーを詳しく読む機会をもたなかったかもしれないが、ハイデッガーのヘルダーリン分析に関してとくに興味深いのは次のことだと、直観的に認識していた。それは、詩人が彼自身の詩作の呼び声の内部から到着する瞬間に、詩人自身は退き、消失しはじめるという理解である。つまり、詩人は彼の到着の瞬間に消滅する（発狂する）。確かに、詩人とは、まさに時間が彼の存在の内で肯定されるとき、その存在が言語の内で時間を集めることによって肯定される何者かである。そしてこのことは、ヘラクレイトスの断片と同様に、ヘルダーリンの詩作がしばしば反映していることである。しかしながら詩人とは、その時間と存在が、聖なるものが時満ちて詩人に到来する待ち望まれた瞬間のまさにその実現によって脅かされ、おそらく拒否される者である。この意味において、詩人の存在と時間の確立は、それ自体、まさにその実現において廃棄され、これと相関して、詩人がその最も高められ啓示された瞬間に伝達する能力は、詩人が狂気と伝達不可能性に陥るときあらわになる。実際、この伝達不可能性が著しくブランショの関心を惹く。彼はそのヘルダーリン論の後半で、存在の抹消、あるいは retrait［退隠］としての「沈黙」を強調する。ブランショによれば、これは「接近不可能なものに接近するための手段」であり、そのようなものとして、「言われていないもの」に属する。それは、それ自体、la communication de l'incommunicable［伝達不可能なものの伝達］を可能にし、et aboutit au langage［そして言語にうまく達する」(この言い方は英語に移せないが、次の慣用語法に訴えてもよいかもしれない。"the communication of the incommunicable 'makes it' to language"[25])。句の掛詞的転回《パロノマジック》によって、ブランショは詩人について、「彼は語るが、語らない」と言う。そして、同じ場でのこの語り/語らないことを摩滅させ、引き裂くことにおいて、この語りへの、そして語りから離れる転回において、詩人は彼自身を、自身がそれである廃墟の内へと高め、そのなかでは語りが、語りを拒否する沈黙の内部から語る。この摩滅において、存在の概念は、存在の到来へと移された実存と非実存の間の決定不可能な相互作用の内へと脱分節される。そして最後に、これは、詩人の存在のこちら側から彼自身の到着を予言し、彼自身の到来を告知する詩人の能力のなかで生じる摩滅であり、諸々の名の掛詞的《パロノマジック》相互作用による遅延を通してある瞬間の到着を可能にする詩的語法の能力によって生じる告知、予言、前兆である。

確かに、ブランショの「ヘルダーリンの「聖なる」言葉」に接した者は誰でも、今では脱構築のより馴染み深い「運動」——そしてとりわけポール・ド・マンによって成しとげられたような——になりつつあるものを見誤ることはできない。ド・マンは奇妙なことに、一九五〇年代、まさにブランショの論じた、ハイデッガーの「あたかも祭りの日のように」についての論文で、ブランショをまったく見落としている。その結果、ド・マンはハイデッガーの内に、「一個の存在論的裏返し」にすぎず、存在の内部で和解してしまう限定された転回しか見ようとしなかった。彼が、ヘルダーリンにおいては「Kehre［転回］の運動は」いかなる和解も知らない「ある絶対的な現象に変形される[26]」ことに気づいているにもかかわらずである。しかし、ド・マンが「ハイデッガーによるヘルダーリンの註釈」を書く一〇年前に、ブランショは既に、ハイデッガー自身がそのような存在論的回収を越えて踏みだしたこと、そして、ハイデッガーのヘルダーリン読解はそれ自体、ある和解不可能性を反映しており、その中にはド・マンが彼に帰しているよりずっとラディカルな哲学が表現されていることを示唆していた。確かに、ブランショのこの主張は、私がフランス的ハイデッガーの我有化（たぶん「発明」と言うべきだろう）のための端緒の一つと呼ぼうと思うものを構成する。ド・マン自身が、『盲目と洞察』を書くときには、このフランス的ハイデッガーの軌道を辿ろうとしているのであり、そこでの多くの主題は、ブランショのずっと早い著作において十分先取りされているのである。

到着しつつある文学

一九五九年までに、『来たるべき書物』の中でブランショは、『焰の文学』所収のヘルダーリン論で熟考された思惟の多くを進展させ、そうしながら、一九五〇年代のハイデッガーの著作を考察するのみならず、多かれ少なかれ明示的に、今日のアメリカの批評家なら通常、デリダの独創として彼に結びつけるであろうような語彙を展開しはじめている。この書物でとりわけ興味深いのは「文学はどこへ行く？」という部分であり、ここには、ロゴス中心主義的テクストとしての書物の終焉についての思惟、デリダ自身がほぼ一〇年後に『グラマトロジーについて』で、脱構築の出発点として取り上げることになる思惟が含まれている。書物の終焉へのブランショの関心は、最も強くマラルメの著作に関係しており、そこではこの終焉は既に告知されているが、形而上学や魔術やシンボリズムへのマラルメのオカルト的堕落も欠けてはいない。ちょうどデリダが後にハイデッガーを、形而上学を越え出ることをめざす特別な企図に関して彼自身に先立つと同時に遅れを取っている哲学者として読むことになるように、ブランショは『来たるべき書物』でマラルメの内に似た形姿を見出している。マラルメの著作は、たとえいくつかの結節点でその可能性から後退しているとしても、文学の新たな時代（エポック）を告知する。しかし、マラルメを、書物の終焉を予見する作者として重要なものとしているのは、ブランショにとってそのような予見が、ブランショによって回顧的にマラルメとハイデッガーの間に立てられうる平行関係の内で理解されなくてはならないという事実である。

彼らの間の平行関係は、偶然についてのマラルメの考察について成立する。ブランショの扱い方においてこれは、『焰の文学』所収のヘルダーリン論で展開されたいくつかの特徴を強く思い起こさせる。というのは偶然は今一度、作品の接近の生起における、あるいは la littérature à venir〔来たるべき文学〕における作者の到着と消失の双方を際だたせるからである。偶然がなければ、著作は継目のない、単調な、匿名のものになるだろう。それゆえ、作者による制作の入念な過程を引き裂くことにおいて、偶然は作品に特定のスタイルを与え、あるいは贈与する。この意味では、偶然はそれ自身を断絶――それによって来たるべき文学作品が予期あるいは予言される――として告知する。その上、偶然は、作者の名前が後に記憶されることを確実にする。なぜなら、偶然によって作用されたテクストは他のいかなるテクスト、他のいかなるスタイルにも似ないだろうからだ。それゆえ、制作を偶然に引き渡しつつ、テクストを完全に支配しようという欲望を断念することによって著者は、その声が常にそれ自身に対して現前し、特定のテクストの署名として自分のものになることに同意しながら作品を支配する形姿としては解消される。先に論じたヘルダーリン論におけるように、ブランショは、著者の到着における解消と解消における到着というキアスム的な逆説に焦点を定める。しかしながら、「文学はどこへ行く?」においてはこのキアスムは、声からエクリチュールへの、そしてエクリチュールから声への交差あるいは転換に関連する。すなわち、ちょうど作者の声がテクストのエクリチュールに道を譲らねばならないように、テクストのエクリチュールは作者の声に道を譲るだろう。しかし、この最終的な声は、エクリチュールそれ自体の効果あるいはトリックにすぎず、言い換えれば、偶然の生起にすぎない。

「文学はどこへ行く?」でブランショは、偶然が、声からエクリチュールへの等価の転写を引き裂き、そうすることによって偶然は、常にそれ自身に対して現前するものとしての、時間的な術語を使えば、永遠の今の内に措定されたものとしての著者の存在の自己‐呈示を妨げるのだと記す。もし、われわれはいかにして、あるいはいつ、何かが偶然によって起こるのかを知らないというまさにその理由によって偶然が予言しえないのだとしたら、偶然は著者による統一化の時間的地平を破る。ブランショにとって、あるテクストが到来の過程にある作品を告知あるいは予言することを偶然が可能にするという考えはすでに、このような自己‐現前的な時間的地平が破られ、あるいは引き裂かれてしまっていることの証拠なのである。それゆえ、著者の「現前」と「現在」は、エクリチュールによるある破壊に従属している。これは趣旨において、ハイデッガーによるソクラテス以前の思想家たちについての思惟にきわめて近く、そこでも、ロゴスを特徴づける集約と離散はそれら自体、偶然と、あるいはハイデッガーの言う「雷光」と無縁ではない。なぜなら、「雷光は突如として、一瞬のうちに、現前するものすべてを、その現前化の光の内に呈示する」[27]からだ。しかし、偶然による突然の中絶による時間的地平の破壊——にもかかわらず、これは永遠の現前という幻影を保つかもしれない——に対して自らを開くことにおいて、人は、その署名が、エクリチュールによって引き出された呼びかけの諸効果の応答を記(マーク)づける一人の作者として回復される。そしてブランショは、声が自己‐現前の統一的な時間的地平の内で回復されるのではなく、諸々の呼びかけの応答(vocative correspondences)は偶然によって生じる同調の内で確立されるのだと論じている。

マラルメ読解を伴奏する、応答、解除、破壊といった観念は、一九五〇年代のハイデッガーの後期の著作に同調させられている。その上、ブランショにおける声からエクリチュールへの「転回」は明確に、現存在から存在へのハイデッガーの「転回」を模倣している。『グラマトロジーについて』でデリダがグラマトロジーに着手するのは、声からエクリチュールへの転回を強力に強調する分析によってであることはよく知られている。それほど知られていないのは、より最近の著作でデリダが、そこでは、意味作用的な諸効果の応答としてのエクリチュールが、著者の署名に声を与えるという転回の面を発展させていることだ。それは声、より正確には音調であり、それはエクリチュールの内に偶然によってもたらされる呼びかけの応答のリズムや調律からなる。「応答」についてのより詳しい議論は、次の章に待たなければならないが、次のことは心に留めておくべきである。つまり、『絵葉書』のようなテクストでデリダは、きわめて「偶然（チャンス）」（すなわち、占い書（fortune-telling book）、郵便システムのテクノロジー、電話の偶然の受信など）に頼っており、それは、書く者の時間性――そのなかでは、テクストの着想の瞬間における著者の自己‐現前化においてテクストがそれ自体に対して現前させられる――という古典的な著者にまつわる観念と絶縁する応答をうちたてるための前提条件としてであるということだ。

ブランショは、とくに時間性を扱う中で、ある程度詳しくこう書いている。

> 彼の作品は、あるときは、素白で不動の潜在性のなかに凝固しており、またあるときは、――そしてこれがもっとも意味深い点なのだが――、極度の時間的な不連続性によって生気づけられ、加速や、減速や、「断片的な停止」などの時間上の様々な変化に委ねられている。これらは動性のまったく新しい本質をあらわすしるしであって、そこでは、日常的な持続とも永遠の恒久不変性とも無縁な、ある別の時間のごときものが告知されている。「未来や過去でありながら、現在という偽りの見かけの

下にあって、ここでは先立ち、かしこでは想い起こさせる」[28]。

ブランショはそのとき、声からエクリチュールへの言語論的転回において——それが現存在から存在へのハイデッガー的転回と相関していることを想い出そう——そのなかでエクリチュールとしての意味作用が生起するような時間的諸様態に向かって開く、時間性の破壊を実現する。時間のこれらの様々な地平の内に、現在という偽りの見かけの下で暗示される、同時に前に進む（予期する）と共に後に戻る（回顧する）ある「別の」時間が告知される。そのような時間性は、その再‐現前性において脱‐現前化される作品によって「保持」されている。ブランショにとってこのことは、「空間」あるいはespacementの理解にまで及び、この「間隔化」は、言語を横切る運動あるいはトラッキング——にもかかわらずその場に留まったままの——としてテクストの意味を構成する。マラルメの詩作を深遠なものにしているのは、ブランショの見解では、それが何か深いもの——そのなかに圧縮されたあるいは互いに積み重なった複数の意味論的レベルを見出すことができる——としての言語を反映するということではなく、むしろそれが、伸展性のある表層的な空間——それ自身、言語の無限の「開け」であり「展開」である——を反映しているということなのだ。とりわけ重要なのは、espacement［間隔化］とは、意味論的密度の連続的展開としての意味作用の線的な運動を意味しているのではなく、en retraitすなわち退隠しつつある意味作用の痕跡を反映している、というブランショの考えである[29]。この考えは、掛詞（パロノマジア）の再定式化であり、それはen retrait［退隠］のフィギュア、それが在る場所に留まっているものを越えて行く運動である。「文学はどこへ行く？」で最も著しいことは、この掛詞（パロノマジック）的な運動、あるいはespacement［間隔化］は、言語の時間性を規定する——その時間性それ自体の言語論的前提条件として——という事実だ。それゆえ掛詞（パロノマジア）は、経験される時間についてのわれわれの日常的感覚と根底から関係を断つものとして言語を理解するための決定的な時間論的手引きである。

デリダの一九八〇年代の最近の作品の中で、ブランショのマラルメ論への興味深い註解として役立ちそうな、いくらか錯綜した一節が、「私の幸運／不運」（一九八四年）中に見出される。それは、「偶然」あるいは「幸運」という概念によって、系譜学としての時間の掛詞的（パロノマジック）な理解を展開している。この論文への言及は多少限られたものにせざるを得ないが、これは、「文学はどこへ行く？」のようなテクストへの応答がそこに極めて強く現われているので、われわれが読んでいるものが確かに註釈と見なされざるをえないという、デリダにおいては特別な箇所の一つである。ある箇所でデリダは書いている。「偶然＝幸運（チャンス）によって、私は最初一つの例に出会う。定義により、この領域には例しかない。フロイトは固有名詞の忘却を理解しようとする。それゆえ彼は、理解することによって、ある固有名詞とそれが忘却されていることとの間の関係における偶然＝幸運の出現を消去したいのだ」(30)。デリダはフロイトがある男に話しかけられたことに言及している。この男はエピキュロスの弟子の一人の名前が思い出せず、彼にとってはこの記憶の欠落が彼を、彼自身が弟子であった日々へと連れ戻す。この引用は、ブランショがマラルメ経由で拠り所にした偶然＝幸運の観念に近づいている。ブランショ論におけるように、デリダは、固有名詞の地位は偶然の廃絶に依存することを認めているからである。偶然の廃絶とは、忘却するという「偶然＝幸運」によって、つまり、それ自身に－対して－現前して保持されているものが突然に忘却の内に滑りこむ瞬間によって中断されることなく、自己のひとつの現前を保つことである。マラルメは、偶然がエクリチュールの連続性と等質性を中断し、ある人のテクストを他のテクストから異なるものとして区別するという効果をもっていることを主張した者として、ブランショによって引用されている。それゆえ、偶然とは、テクストを匿名性の領域から救いだし、それによって特定の作者の個性あるいはスタイルに転換させるほどまでの幸運なのだ。しかしブランショが主張するように、偶然はまたテクストをそれ自体の法に従わせ、著者の支配と個性から離反させる。このことは、テクストの制作者（たち）の署名に向かい、そしてそこから離れることを意味する。それゆえ、「［著者が］書くものは、たとえ彼の名前を付されてはいても、常に、本質的に名前を欠いたものにとどまる[31]」。

おそらく、「偶然（チャンス）」によって作家たちは、忘れられるよりもむしろ覚えられるという幸運を得ている。この場合「偶然」とは、著者の名前をポピュラーに、重要に、本質的等々にするすべての偶然的要因をさしている。しばしば「偶然＝幸運」によって、ある名前が生き延び、著者が彼自身、あるいは彼女自身、ほとんど支配できなかったかもしれない法に帰せられる時間の試練に耐える。要するに、名前の正典（カノン）への記入は、様々に複合した「偶然」によって、起こったり起こらなかったりする。「私の幸運／不運」でデリダは、偶然によって他の人の名前を忘れるのではないかというフロイトの憂慮は、実際には、フロイトにとってずっと身近な何かを反復する転移であることを指摘する。つまりそれは、「偶然」によって忘れられるのが彼の名前かもしれないという事実である。「フロイトは、ある弟子の名前を忘れているこの弟子についての解釈を、ただ引用し、再生産しさえすればよい。解釈においていささかの自発性も発揮することなく、なぜ自分が偶然によってエピクロスの名前を忘れたのではないか説明するこの弟子と、彼自身を端的に同一視して[32]」。決定的なのは、これらの偶然による中断がうちたてるリズムや応答であり、すでに推察されているかもしれないが、掛詞的（パロノマジック）なリズムである。誰かがエピキュロスの弟子の名前を忘れた。実際、彼自身が弟子であったある時期に言及している誰かが。このことが、今度はフロイトに、彼が弟子であった時期を想い出させる。伝統の中に書き込まれた名前を忘却するとき、忘却する者は実際には、彼自身の名前の忘却を予期している。このことは今度は、他の人々に次のことを示唆する。彼らもまた彼に劣らず弱点をもっていること、名前の忘却はただ「偶然」――この場合、mêchance と malchance［不運］――によって生じるのではなく、まさに自分自身の名前が忘れられるのを望まない者によって演じられる――たとえじっと考えているときでも、記憶の欠落、彼自身の閉塞によって――ということをである。デリダはこの例を、掛詞的な用語の横滑りの内に置いている。malchance［不運］、mêscheance、pas de chance［運がない］、mes chances［私の運］、la chance［運］、échéance［期日］、mê-chance［悪-運］などである。これらの「幸運の一撃」は、デリダの言うように、エクリチュールと抹消の、記憶と忘却の mise-en-scène［上演］あるいは空間を開く。それゆえ、この空間は、フロイトと彼の対話者の側での思惟に関わる。それは、教師と弟子の歴史における彼らの到着の時についての、時間の中で現前し続けようと願い、弟子が誰だか思い出せない彼ら自身の無能力さえ超えて生き延びたいと願う存在者としての彼ら自身に関わる時間についての思惟である。偶然（hasard）または幸運（chance）とは、名前を保持する決定的一撃かもしれない。しかし、ただ幸運による偶然的な決定に身を委ねることによってのみ、署名の想起が生じるのかもしれない。ただ忘却と抹消の地平を受け入れることによってのみ、人は自らの記憶され任じられた存在を賭することになるだろう。デリダにとって、偶然の掛詞的な横滑りの内で内在的に構成される他律的［自ら支配しえない］な時間性の内に人が場を占めることの「分割可能性」は、エクリチュールの空間（espacement あるいは掛詞）、あるいはこの場合は、正典と呼べもしよう他の署名との関係における署名の空間の内に位置づけられうる。それゆえ、偶然によって同時に決定され／決定されない、この書き手の正典の働きの内に、ある「別の」時間が反映される。これはブランショによって媒介された、後期ハイデッガー的な時間の観念なのである。

彼方への歩み（パ）＝否

一九七〇年代までにブランショとデリダはお互いの書くものについて転移的な関係に入っており、例えば「書物の不在」（『終わりなき対話』一九六九年）のような論文において、ブランショは一九五〇年代からの考えを展開しながら、デリダの書くものから得た思考を再我有化しており、それゆえデリダがある程度ブランショから借りていた考えを借り返している。*Le pas au-delà*［『彼方への歩＝否』］（一九七三年）では、デリダによって媒介された初期の考えのブランショによる再我有化は極めて著しいので、revenir すなわち「回帰する」という語の強調は、こうして他者を経由して自らに戻ってくることへの遠回しの言及ではないかと思われる。*Le pas au-delà*［『彼方への歩＝否』］には、痕跡、エクリチュール、現前、差異をくわしく論じている節があり、それらはブランショが、彼自身のものと同じであると同時に異なっている他の著作を経由して彼の初期の著作に回帰するための手段である。確かに、デリダが後に『絵葉書』で我有化することになる知的類縁関係の問題系全体は、既にブランショによって、むしろ明示的に *Le pas au-delà*［『彼方への歩＝否』］で描き出されている。彼がこう書くときだ。

（ソクラテスのように）一行も書かないことは、おそらく、発話（パロール）を特権化することではなく、欠如によって予め書くことである。というのも、この待機の内に、プラトンがそこで既に力を及ぼしている、エクリチュールの空間が準備され決定されているからである(33)

ハイデッガーの『ヘラクレイトス』と同じように、エクリチュールはブランショにおいて、同時に遅延するとともに先取りする、我有化の多段転義（メタレプシス）的な運動を行なう。それゆえ、*Le pas au-delà*［『彼方への歩

＝否』」は、そこでエクリチュールが「限界と限定の解離(34)」を印づける断片化に達する。断片はその場所を踏み越え、それ自身と他のテクストとの差異を脱構築する。

Le pas au-delà［『彼方への歩＝否』］はこの「差異」を、二つの字体——一方はイタリック化され、他方は違う——の出会いの内に記入する。テクストのイタリック化された部分で私たちは、文学的な企ての断片を暗示する一人称の声を聞く。そこには、あなたに宛てた言葉、自己‐再帰的な問い、そして平板な陳述があり、それらはすべて、イタリックではない部分に現われる三人称の批評的言説に遠回しに関わっているように見える。この批評的言説はそれ自体、臨界的な飽和の多様体から成っており、そこにはデリダの声も聞かれうる。*Le pas au-delà*［『彼方への歩＝否』］をこのようなきわめて興味深い作品としているのは、ブランショが、ジャン・リュック・ナンシーがハイデッガー読解において le partage des voix、声の分割＝分有と呼んだものの散種あるいは分散を準備しているという事実である(35)。しかし、ブランショにとってこの分割＝分有は、エクリチュールの文脈における主体の不在と意味の欠如に関して論じられるべきものである。

『焰の文学』所収のヘルダーリン論におけるように、*Le pas au-delà*［『彼方への歩＝否』］も、全体性と無限、内部性と外部性、出現と分解についての問いを巻き込んでいる。しかも、ブランショはいまだに、テクストは、たとえそれ自身に‐対して‐完全に現前する歴史的瞬間の内には現前させられえないとしても、その現在において語るという考えに大きな関心を寄せている。つまり、テクストの現前はその à venir［来たるべき］の内に生じ、これは *Le pas au-delà*［『彼方への歩＝否』］において revenir、すなわち回帰として主題化されている。ヘルダーリン論でブランショは「開け」を論じたのに対して、*Le pas au-delà*［『彼方への歩＝否』］で彼は、諸々の断片の間の余白と、どの程度までそれらが Überstieg［乗り越え」のための開けなのかということに関わっている。このÜberstiegにおいては、ハイデッガーを思い起こせば、超越的存在者が「主体の前に拡げられて、主体を予め内住（内在）へと強制している「柵」を乗り越えるのでもなければ、主体を客体から切り離している「割れ目」を乗り越えるのでもない」[36]。しかしながら、ヘルダーリン論が、詩についての分析的議論――そのなかでは批評家の声は統一されている――であるに留まっているのに対して、*Le pas au-delà*［『彼方への歩＝否』］ではブランショの声は彼方に去りながら引き留められている。これはわれわれの前にあるものを集めるà venir［来たるべき］声であるとともに、revenir［回帰］の内で自らを肯定するであろう声である。

書くことへの強制は、不在のために現前に対抗して戦うのでもなければ、現前を保存したり伝達するよう要求することによって、現前のために戦うのでもない。エクリチュールはある現在において全うされるわけでも、何かを呈示するわけでも、自分自身を呈示するわけでもない。いわんや、次のことのためでなければ、それは表象［再現前化］するわけではない。つまり、新たな開始の、時間的に把握しえず先行する働きをゲームに加わらせる反復と戯れるためでなければ。それは、いまだ到来すべき現前について熟考したり、いわんやそれを、語が指示する過度の多様性において過去に帰することなしに、エクリチュールが開始を表象しているかのように、複数性と戯れることが常に回帰において仮定されているかのように、開始するすべての能力への指示を伴っている。この意味でエクリチュールとは、まず第一に書きなおすことであるが、決して、何らかの先行するエクリチュールに向けてそれ自体を書きなおすことではなく、それはパロールや現前や意味作用がそうでないのと同様である。書きなおすこと、常に統一に先立ち、あるいはその限界を定める［除去する］ことによって統一を宙吊りにするものを二重化すること、書きなおすことは一切の生産的イニシアティヴから身を退け、何も――エクリチュールの過去や未来や現在すら――生産すると称することはない。生起したことがなく、生起するはずのないものを反復しながら書きなおすこと、これは生起したことはなく、それ自体を諸関係の統一化不可能なシステムの内に記入する。これらの関係は、いかなる交差も一致を肯定しないような仕方で互いに交差し、それゆえ、書きなおすことは、ある回帰の急迫の下にそれ自体を記入し、この回帰を通って、われわれは、常に現前の統一性によって測定される時間的諸様態によって捉えられる」(37)。

ハイデッガーが『根拠の本質について』で、現存在を考察することによって超越を論じたのに対して、ブランショは書きなおすことの考察を通してこの議論を書きなおした、あるいはそれに回帰した。そこでは、エクリチュール――そのなかで一致は決定不可能な仕方で生じる――の一致において、時間性が掛詞的（パロノマジック）にあらわになる。時間は一般に、次のような仮定によって測定される。すなわち、エクリチュールは統一されており、つねに既にそれ自体に対して現前しており、テクストの時間は作者――テクストとは彼の表現である――の現前の内であらわになるという仮定である。しかしながら、『根拠の本質について』でハイデッガーが概観したような存在の超越論的条件の内では、テクストは決してそのような一致によって調停されえないだろう。むしろ、テクスト性は、ブランショが「書き‐なおし」と呼ぶものの条件であるその踏み‐超え‐(ない)ことにおいて考察されねばならない。結局それは、そこに回帰しないことにおいてそれ自体に回帰する、シニフィアンの掛詞的（パロノマジック）な、あるいは多段転義的（メタレプシス）な運動である。それゆえ、*Le pas au-delà*［『彼方への歩＝否』］の中では、ある声が「常に私は戻ってくる」と言うだろう、そのような回帰あるいは帰還は脱‐位置（dis-placement）としてでなければ決して生起しないことは理解されているにもかかわらず。[38] テクスト内に書き込まれている主体のこの「無故郷性」は、ブランショのフィクションにおいてだけではなく、エドモン・ジャベスの著作においても、またデリダでは『絵葉書』においても大きな関心事になってくる。つまり、それは距離――その分割はテクストのユートピア的空間においてさえ、回復も統一もされえない――としての超越の問いに関わっているのである。

実際、ブランショは、書くことは防衛機制であり、その意図は、この宥和しえない距離と、現在の瞬間の不可避的な我有化不可能性を「忘れる」ことであることに気づいている。それゆえ彼は再び、極めて調子を落とした一節において、時間的分割可能性という掛詞的（パロノマジック）観念を念頭において、こう記している。「時間、時間。時間の中では達成されない彼方への一歩は、時間の彼方に導くだろうが、この彼方が無時間的になるわけではない。しかし、時満ちるところ――こわれやすい落下だ――エクリチュールがそこにわれわれを引き寄せる、「時間の中で時間の外に」[39] に従って、われわれには見えないとしても、古代の恐怖の秘密の下で書くことが許されていたとしたら」。言い換えれば、書字は「時間……時間」の掛詞的（パロノマジック）横滑りを統一しながら、「古代の恐怖」に対して防衛することを目的とする主体という形姿を示唆する。*Le pas au-delà*［『彼方への歩＝否』］でこの恐怖は、テクストのイタリック化された部分の多くにおいて反復される。"Entre eux, la peur, la peur partagée en commun et, par la peur, l'abîme de la peur par-dessus lequel ils se rejoignent sans le pouvoir, mourant, chacun, seul, de peur."（「彼らの間に恐怖が、共に分有された恐怖が、そして、恐怖によって、恐怖の深淵がある――これを越えて彼らが互いに、結びつきえないまま結びつき、各々が一人で、恐怖で死にかけている[40]」）。恐怖の recit［物語］の掛詞（パロノマジア）に対抗して、テクストの閉域は、主体が常に既に不在であるという知識を抹消し、古代の時間――そこでは閉域は肯定されず時間が「時間の中で時間の外に」として時熟する——の秘密を抹消しようと努める。

Es gibt Zeit［それが時間を与える］

第二次世界大戦中のハイデッガーの、ソクラテス以前の思想家たちについてのゼミナールを読み、それらを『講演・論文集』の中の同じ人物たちについて書かれた短い論文と比較するとき、誰でも、長さ以外にも著しい相違があると気づくだろう。例えば『ヘラクレイトス』は、「人間」という形而上学的観念を解体しようとするその熱心さにおいてずっと攻撃的であり、これは、「人間」の概念が依拠する倫理学的骨組みとしてわれわれが依拠するようになったものを襲う解体である。私が註記したように、これらのゼミナールで極めて鋭いのは、ソクラテス以前の言葉が、別々の項としてではなく、痕跡の構造として見られる、その仕方である。これらの構造によって、語の差異と同一性の規定可能性が、形而上学的論理——そこでは矛盾律が妥当する——としての定義を失う。とりわけアナクシマンドロスについてのゼミナールでハイデッガーは、a-letheia、a-rché、そしてapeironにおける接頭辞「a」の横滑りにおいてあらわにされるテンポラリティーの問いを再考しはじめる。そして彼は、われわれはわれわれが「時間をもっている」ことを、時間が「与えられている」こととしてしか考えるべきではないと記している。ヘラクレイトス・ゼミナールで確かめられるのは、もし「人間」もまた、諸々の語——その差異と同一性は形而上学的に決定しえない——の分岐路であり、それゆえ、形而上学的伝統にとって極めて大事なその本質的特質を失うとしたら、「人間」のこの読みなおしは、その掛詞的横滑り(パロノマジック)によって、そのような観念が、我有化されるものと脱我有化されるものの隣接関係の内で「与えられた」テンポラリティーである、ということをも示唆するに違いない。

これらのゼミナールは、もちろんかなり最近の『全集』において世に出たばかりである。それゆえ、そこでのテンポラリティーについての思考は、比較的隠されたままになっていた。それに対して、『講演』中のアナクシマンドロスとロゴスについての短い断片は、より以前から知られており、少なくとも私にとっては、時間についてずっと徹底性に欠ける一連のパースペクティヴであるものを反映している。しかし一九六二年の論文「時間と存在」においてハイデッガーは、ソクラテス以前の思想家たちについてのより早い時期のゼミナールにおける思考に、とりわけ与えられたものとしての時間の観念に立ち戻った。この、いわゆる後期ハイデッガーについてのより十分な解説は次の章まで延期することにするが、私は「時間と存在」におけるハイデッガーの思考のいくつかを説明しておかなくてはならない。なぜなら、一九七〇年代のブランショは、より以前になされたハイデッガーの言語論的転回について徹底した研究を続けているとしても、後期ハイデッガーのテクストから重要なものを引き出しているからである。

この点については、ブランショはハイデッガー的な掛詞（パロノマジア）を言語論的に激化させたと、また、彼は実際に、ハイデッガーよりもはるかに、多段転義（メタレプシス）においてテンポラリティーをあらわにする語りの可能性を強調した——哲学的著作においてだけではなく、フィクションにおいても——と言うべきだろう。それが、デリダが“Pas”［「歩＝否」］や、後に「生き延びる／境界線」で明確に徹底させた論点である。もちろんフィクションにおいてブランショは、ハイデッガーによる「人間」という形而上学的観念の解体が与えられたとき、人が何をするのかを考察しなくてはならなかった。遠慮なしに言えばブランショは、文学を言語としての言語の問題に還元することなしに、特性あるいは主体性の脱構築を解決することに着手する。つまり、ブランショのフィクションは具体詩に転じるのではなく、いまだに、形而上学的な先入観や方向づけを奪われた意識の諸相を表象し、あるいは語っている。語りがテンポラリティーの理解に依存する以上、当然ブランショはハイデッガーの哲学に傾倒し、彼の物語と哲学論文を、テンポラリティーについてのハイデッガーの思惟を顧慮して方向づけたのである。

後期のハイデッガーにおいてテンポラリティーは、掛詞（パロノマジア）、あるいは同一性と差異の決定不可能性の反復を通して再び意識にのぼる。これは、今度は、ハイデッガーが「時間と存在」でテンポラリティー——それ自体「相互作用」と称される——の「第四次元」と呼ぶ、テンポラルな諸地平の相互作用を包含する。この相互作用——これは、一九四〇年代のゼミナールでロゴスのような語を通じてあらわにされた用語の多重性の直接的な概念的反映である——について、ハイデッガーは形式的論理を明らかにしようとはしない。というのは、彼は「論理的分類はここでは何も意味しない」と書いているからだ。「第四次元」に言及してハイデッガーはこう書いている。「しかしわれわれが枚挙するにあたって第四の次元と呼ぶものは、事象に従えば、最初のもの、すなわち、すべてを規定する手渡しである。この手渡しは、将来、既在、現在において、そのつどそれらに固有の現前をもたらし、間隔を開きながらそれらを互いに離れたままに保ち、かくしてそれらを互いに対する近さの内に保つ。この近さによって、三つの次元はお互いの近くに留まっている」[41]。「手渡し」は「我有化」を指示し、その「我有化」は、いかなる語によっても思惟、あるいは主張されえない。というのは、「我有化」は、極めて明らかに、そのなかで関係がつくられ、取り消される、多段転義（メタレプシス）的な運動だからである。われわれはこの多段転義（メタレプシス）的、あるいは掛詞（パロノマジック）的な運動を、この言語論的な間隔化を、次の引用の内に見る。われわれが気づくであろうように、これは掛詞（パロノマジア）の範例であり、「時間と存在」からの先の抜粋への註解でもある。

というのは、われわれが存在それ自体を追思し、それに固有のものを辿るとき、存在は、時間の手渡しによって保証された、現前性という命運の贈与として証示される。現前性の贈与は我有化＝性起（エルアイクニス）することに属する所有物である。存在は我有化＝性起（エルアイクニス）の内で消え失せる。「我有化＝性起（エルアイクニス）としての存在」という言い回しにおいて、今や「として」は、Sein, Anwesenlassen geschickt im Ereignen, Zeit gereicht im Ereignen［存在、我有化＝性起（エルアイクニス）することの内で遣わされた現前させること、我有化＝性起（エルアイクニス）することの内で手渡された時間］を意味する。Zeit und Sein ereignet im Ereignis［時間と存在は我有化＝性起（エルアイクニス）において我有化＝性起（エルアイクニス）する］。それでは、我有化＝性起（エルアイクニス）それ自体とは？　我有化＝性起（エルアイクニス）についてこれ以上何か言えるだろうか？(42)

パロノマジアは、Ereignen, Ereignis, ereignet, Ereignens という用語の内に強く反映されている。このような審級において時間は、テンポラリティーが存在するものの固執としての言語においてあらわにされるということを示唆する転移的な出来事性として遂行される。過去、現在、将来はこの我有化＝性起（エルアイクニス）または固執に属し、これらの時間的契機の近さは、言うことの多段転義（メタレプシス）として生起し、そこでは反復と移動が、同一性と差異が、冗長性と回復不可能性が生起する。

「時間と存在」でハイデッガーは、反復された、あるいは多段転義（メタレプシス）的な「それ」の冗言法的な観念を展開する。“es gibt Sein”［それが存在を与える］や“es gibt Zeit”［それが時間を与える］という句において、ハイデッガーは es すなわち「それ」の意味を引き出す。それは、そのなかで我有化不可能な apeiron が与えられる「限界」としてである。第一章での、接頭辞「a」の横滑りの内で構成されたものとしての apeiron に関する、先のわれわれの議論を思い出すならば、「それ」は単に、語の内に裂目を可能にすることによって——それを介して、差異と同一性の相互関係を経て時間性が生じる——起源を言うことの創設を際だたせる標識にすぎないと言えるだろう。ハイデッガーは存在や時間を与える「それ」を、unbestimmt すなわち未規定的なものとして考えることを好み、存在と時間の創設を、手渡し、遣わし、命運とすること——それらの応答の内で、地平的な存在論的諸関係の相互作用が言語として活性化される——として記述する。「それが存在を与える」や「それが時間を与える」の内には、「各々を異なった仕方でその固有のものの内にもたらす」「我有化＝性起（エルアイクニス）」がある。

このもたらすことは、ブランショが à venir［来たるべき］と呼ぶものである。「それ」とは、固有のものの内へと到来することの生起であり、そのなかで固有性が「固有のもの」から奪われる。ハイデッガーは、ジョーン・スタンボーによる『ニーチェ』抜粋の英訳に応答して、それ自身の到着における固有のもののこの破壊に明確に言及している。ハイデッガーによれば、「［我有化＝性起（エルアイクニス）は］「時間の内に」あるのでも、人間存在の「時間性」でもなく、むしろ各々を異なった仕方でその固有のものの内にもたらす。しかしながら「時間と存在」では、我有化＝性起（エルアイクニス）と、死すべき者たちの人間存在との関係は、意識的に除外されている[43]」。要するに、我有化＝性起（エルアイクニス）と、時間の第四の次元たる相互作用とは、実存論的経験として位置づけられることはできず、現存在の視点から思考されることはできない。しかもなお、書かれた空間の外部性において、「それが与える」の運命の到着——そのなかで人間存在が、たとえ除外されているとしても、構成されている——をあらわにすること、これがブランショの企てである。

Le pas au-delà［『彼方への歩＝否』］で、ブランショはハイデッガー的な es［それ］を認め、これを彼は、発信者が——何かそれ自身に対して固有なものとしてのその存在の撤回において——存在するに至ることの境界／非境界として記述する。

「「それ」――それは、「それ」を、この句が許した二重の使用においてよりよく示しているのではないか。すなわち単一ならざる反復。(二番めの「それ」は、もし最初の「それ」を復元するなら、不安定な位置で――すなわち疑問形の位置で――その言葉を立てなおすために、それを返し与える――それは一方の側に、それとも他方に陥るのか?)いわば「冗言的」と呼べるであろう言表行為であるが、それは単なる重複になるという理由からではなく、用途を欠いたものとして、句の非分節と混同されるに至るまで、自らを消去することを繰り返しながら、そこにあるからである」[44]。

代名詞 il[それ]は、冗言的に反復され、間隔化され、分割され、しかし同一のまま保たれる。このテンポラリティー、代名詞のこの反復において、一つの瞬間は他の瞬間と交代するために到来し、そうすることによって、il[それ]の抹消と復元が生じる。それゆえ、痕跡の構造は、ilが、実存論的経験の「外部」とその「内部」にあるものとの間の「差異」を解体するときに確立される。言い換えれば、この冗言的なilは、ハイデッガーの思惟――つまり、人間的経験のまったく外部にある我有化(エルアイクニス)=性起が、「時間と存在」において語られうる、そして、「それ」はまったく外部にある外部性を際だたせている、というハイデッガーの思惟――を越え出る。ブランショのパースペクティヴから、さらにずっと隔たっているのは、意識や、内部にあるものと親しいような「それ」である。詳細な分析に手をつけずとも、手短に『望まれた瞬間に』の一節に触れておくべきだろう。そこでは、そのような「それ」がブランショによって先取りされている。ある男が恐ろしい出来事を生き延びたが、「それ」は明らかにされえない。しかしこの「それ」は言明されることなく反復される。「それは一度起こっていたのか? 最初であったが最初ではない。それは時間とのきわめて奇妙な関係をもっており、これは高揚させるものでもあった。それは過去に、顔や顔の約束に属するものではなかった」。恐ろしい出来事を意味する「それ」はもはや、過ぎ去った試練ではなく、むしろ語り手にとって時間に「間隔を空ける」何か、彼にとってまったく外部的で同化不可能な何かであり、しかも小説の諸契機が関係している何かなのである。言い換えれば、この小説の中で恐怖の「それ」は、語り手——主体としてではなく、彼によれば「時間の中に落ちる」諸契機の相互作用へと関係づけられていることとしての——に「時間を与える」。しかし「この落下はまた時間を横切り、une immensité vide［巨大な空虚］を切り取っていた。そしてこの fosse［穴］は、未来の歓喜する祝典のように見えた」。(45)『望まれた瞬間に』における「それ」は、時間の einholen と aus-holen を共に切り開くものであり、これは、ハイデッガーが『ヘラクレイトス』で言うように、人を深化させるものである。

Pas［歩=否］

デリダの "Pas"［「歩=否」］は最初、一九七五年に雑誌『グランマ』に発表された。この雑誌は二つの号でモーリス・ブランショの作品を特集した。"Pas"［「歩=否」］は、ハイデッガーの『同一性と差異』——そこでは、歩みや道の観念が、dem Weg des Schrittes zurück すなわち退歩の道として主題化されている——のようなテクストを、より目立たない仕方でほのめかしてもいるが、もちろん、意図的に *Le pas au-delà*［『彼方への歩=否』］に言及しているのだ。ハイデッガーにとって哲学は、先へ進むために歩み戻るのであり、この退歩は、アナクシマンドロスへの関係において見たように、一人の人の哲学を他の人の言語の内で生起させる——その言語が解体あるいは超克されているとしても——ための手段であることをわれわれは思い起こす。しかしながら、『同一性と差異』においてハイデッガーは、そのような後退が形而上学を完成するのではないか——その伝統を超克するときにおいてさえ——と考えている。「退歩の途上に生ずるすべてのことが、なおも存続する形而上学によって、それ自らの仕方で、eines vorstellenden Denkens［表象的思考の］結果としてただ利用され、細工を加えられることもありうるだろう(46)」。ハイデッガーが提起する問題は、戻ることや後退の内にあるのではなく、言語――それによって人は、先に進むために歩み戻る――の内にあるのであり、なぜならこの言語はそれ自体形而上学的だからである。「西洋の諸言語の本質が、それ自体において、単に形而上学的であり、それゆえ、最終的に存在‐神‐学によって特徴づけられているかどうか、あるいはまた、これらの言語が、言表の他の可能性を、すなわち同時に、des sagenden Nichtsagens［言表する無言表の］可能性を許容するかどうか、これらは未定のままにおかなければならない(47)」。

“Pas”［「歩＝否」］においては、一九七〇年代中期のデリダの多くの著作（例えば『弔鐘(グラ)』）においてと同様に、哲学の「歩み」がもはや、形而上学的、模倣的な回収や vorstellendem Denken［表象的思考］に抵抗する言語の歩みや否定から分離しえないような、過去におけるよりさらに攻撃的に言語を遂行する企てがある。そして、言語のこの脱構築的遂行は、哲学を別の仕方で書こうとする、ハイデッガー自身の企てに由来する。確かに、ハイデッガーをこの方向でデリダに仲介する人物はブランショであり、彼の著作では、われわれが見たように、ハイデッガーが言語の形而上学的本質と呼ぶものに対する抵抗は、それ自体、ハイデッガーの著作への、もちろん先に進むための退歩によってなされている。

デリダの“Pas”［「歩＝否」］は、そのような退歩は媒介物を含むかもしれず、いかなる退歩も内在的に多段転義的(メタレプシス)だということを前提する。それゆえ、ハイデッガーへの退歩は、デリダにとって、ブランショへの退歩を通じてのみ生起する。しかし、ブランショへの退歩において、ハイデッガーの著作には到達しないかもしれない。というのは、ハイデッガーの著作は、そのブランショによる我有化において、何らかの抹消あるいは削除を被るからである。それゆえ、「退歩」において、われわれはすぐに、同一性と差異という問題系に気づくことになる。そこでは、後退は、遡及――そこにおいては、先立つものは決してそれ自体として到達されたり回復されたりしない――として果たされる。ジャンニ・ヴァッティモは、『差異の冒険』において、そのような遡及がハイデッガーにおいてはAn-denken〔回‐想〕と呼ばれ、Verabschieden〔別れを告げる〕という観念と密接に結びついていることを註記している。「その時間性を構成したもの、その尺度に従って生じたもの、果たされたものと別れることである」[48]。"Pas"〔「歩＝否」〕においてこの別れは、ブランショの著作におけるviens〔来たれ〕という語の解明によってアイロニカルに提示される。"Pas"〔「歩＝否」〕の全体を通して、問いは一つであり、いかにしてデリダが、ブランショの著作に到来することにおいて、ハイデッガーに到達、あるいは到来するべきかである。言い換えれば、"Pas"〔「歩＝否」〕におけるデリダの企ては、いかにして彼が、これらの先駆者たちを越えて歩みでるために彼らへと歩み戻るべきかを問うことである。これは、"Pas"〔「歩＝否」〕においては、ブランショのle pas au-delàという句が、いかにして、ハイデッガー的なSchritt zurück〔退歩〕として関与するかである。

ブランショの読解、いやもっとうまく言えば、ブランショへのオマージュに至るために進んだ歩みについて省察しながらデリダは、Oseriez-vous tutoyer Blanchot?〔あなたはあえてブランショに〈君〉と話しかけるか？[49]〕と警告する。すなわち、彼は、そのようなオマージュに到達することに含まれる距離について、既にブランショにアプローチしてしまった立場からアプローチするとき、取らなくてはならないアプローチについて問う。An-denken〔回‐想〕の適切な距離とは何か？　いかにして人は、あえてブランショについて、この名が彼にある近接性への――そこからオマージュが払われうるような、そこへとデリダが、ブランショの言語に精通した書き手として到達しうるような近接性への——アクセスを与えるかのように、語ることすらできるだろうか？　これらの関係のいくつかは、“Pas”［「歩＝否」］の以下の部分で反映されている。

来たれ——
来たれ。私が［……］したばかりのものをどう呼べばいいのか——私がしたばかりの何を？　私が言ったばかりのことを？[50]」
［Viens ——
Viens : comment appeler ce que je viens de —— ce que je viens de quoi? ce que je viens de dire?］

デリダは、～から来る、～に到着する、あるいは～にオマージュを捧げることが、常に、同じ場所、同じ人格、あるいは同じ著作への回帰であるかどうか訝しんでいる。「永遠に私は言う、「来たれ」」と、ブランショの物語『死の宣告』においてある声が言う。あたかも、その語を反復することにおいて、ある他者の到来あるいは到着が常に、その到来あるいは生起にあってさえ、差異化され遅延されると主張するためであるかのようにである。デリダは、到着あるいは到来におけるこの分割または分割可能性を認め、——一九八〇年代にデリダは、この到来をキリストの再臨との関係において考察することになる——その我有化（不）可能性を次のように強調する。“Il dit *maintenant* qu'il le dit, mais qu'il le dit, donc l'a dit et le dira, éternellement”［彼は今、彼がそれを言うと言う。しかし、彼がそれを言い、それゆえ言ったのであり、言うであろうと永遠に言うのである[51]］。言うことの、この分割可能性は、告知されるものの到着の分割可能性であり、"Viens" という語の接近――決して実際には到来しない何かの、たとえ接近し、近づくときでさえ永遠に未決に保たれるものの接近――における、掛詞（パロノマジア）あるいは差延において言われる分割可能性である。そしてこれが pas すなわち歩みであり、ブランショにおいては〈否〉としての pas である。

デリダの "Pas"［「歩＝否」］においては、pas という語だけではなく viens も、ハイデッガーによるギリシア語の logos の使用と同様に、母型語として機能している。もちろん、venir は、活用可能であるという利点をもっており、デリダは、いくつかの多段転義的（メタレプシス）な活用を徹底的に利用することにおいてきわめて攻撃的である。それらが、ハイデッガーと、彼よりずっと大胆にブランショが展開した言語と時間性に対する脱構築的な志向を促進するからである。動詞 venir は、ソクラテス以前の思想家たちから取られたハイデッガーの語と同様に、何かの、存在の内への到着、到来、あるいは送付を示唆する語である。すなわち、aletheia あるいは logos のように、venir という語は、隣接する諸々の語の根源的な分岐路であり、それらの語の関係性において、存在の接近と時間の贈与 "Es gibt Zeit" の問いがあらわになる。これは、viens が実際に形而上学的な根拠であるということを意味しているのではなく、むしろそれは a-letheia のような諸関係のある構造と類似していることを意味している。それらの関係は、存在の到来のための根拠がアプリオリに脱構築されていること、さらに、存在のまたは存在へのこの「接近」は、単に古代ギリシア人の内にだけではなく、ブランショが証示するように、ハイデッガーなら前期の著作で日常的意識と呼んだであろうものの内にも反映されているということを示唆している。ハイデッガーのこの飼い慣らし――もしこう呼んでよいなら――は、『絵葉書』では、それを経験する以外の者にとってはたいてい些細なものである日常的出来事に焦点を定めて、はるかにより顕著になる。ブランショにとって日常は期待と倦怠によって穿たれており、そこでは、到着の瞬間――その内において経験は、目的論的歴史として統合可能になるだろう——は、たとえ永遠に遅延されてはいても常に約束されている。形而上学的な出来事のこの到来や到着や約束において、時間はわれわれに対して、そのなかですべての瞬間が理性的に同期化されうる現在として約束されている。しかしながら、約束が果たされないとき、歴史的時間——そのなかで主体は、過去と将来の瞬間における自分自身として自分自身に現前しうる——のそのような回復可能性は、意識に対して否定される。デリダは、venir の活用においてさえ、それらの語はもはやそれらの語源、すなわち不定法に「帰属」せず、歩み戻ることはできないと主張することによって、時間へのこのアプローチを強調する。「'Viens' は venir の変化形ではない。その逆である。もちろん確かに、この逆転はもはや単なる逆転ではなく、むしろまったく別の関係である。したがって私の「仮説」は、もはや、語の通常の意味での論理的または科学的な、検証したり否定したりすべきであろうような操作を指してはいない。それはむしろ venir に対する viens の先行を記述しているのである」(52)。

"Pas"［「歩 = 否」］においてとりわけ興味深いのは、デリダが、ハイデッガーの思惟を、私が英語では dis-stance とハイフンをつける distance［距離、遠 - 退け］の観念に即して詳しく考察していることだ。われわれは先に、ハイデッガーの一九四一年のアナクシマンドロスについてのゼミナールにおいて、彼自身この語に ent-fernen とハイフンをつけたことに気づいており、デリダはこの距離の観念を、ブランショの viens という語の使用を理解するためだけではなく、デリダがこれを彼の先駆者たちにアプローチする手段としてとり上げたことを理解するためにも、決定的なものとして展開している。

別の一歩によって、一切の「ハイデッガー的」思惟は、その決定的「転回」において、近いものと遠いものとの、「同じ」ê-loignant［遠 - 退ける］近づけによってなされる。Ent-fernung［遠 - 退け］は、それが構成する遠いものを遠‐退け、それゆえ、これを遠くに保ちながら近づける。そのありうべき固有化（Ereignis〔性起〕に対する、やむをえない、あるいは不確かな語源学）は、それ自体から遠‐退けられている。近いものの近接性は近くなく、それゆえ固有でもない。そして君は、阻害をするすべての断絶がだんだん近くで告知されるのがわかるだろう。今後、私がéloignement〔遠退け〕と言うとき、私がそれを彼のテクストの一つの内に読むときには、この語をそれ自身に対して開かれ、それ自身から遠‐退けられたままに保つ、遠いものをそれ自身から遠ざけるpas〔歩＝否〕の不可視の特徴線を常に聴きとってほしい。pas〔歩み＝否〕は〈物〉である。「遠退けはここでは、物の核心にある」。（「想像上のものの二つの解釈」『文学空間』[53]）

éloignement〔遠退け〕とは近接性の条件であり、そのなかで出来事の時間性があらわになる。しかし、この近接性は、場所であるよりむしろ到着そのものであり、決して本来的には生じ〔＝場所を占め（take place）〕ないことにおいて生じる、「彼」あるいは「彼女」への到来である。それゆえ、é-loigné〔遠‐退けられたもの〕は、時間のre-trait〔退‐隠〕であり、その出来あるいは到着において引き下がる差異の必然的な条件である。さらに、Viens はé-loigné〔遠‐退けられた〕ものであり、到着の遠‐退けとしての遠‐退けの到着である。その上、この特徴線は、多段転義（メタレプシス）あるいは掛詞（パロノマジア）としての言語の細分において、われわれに現われる。"D'un pas qui éloigne le lointain de lui-meme"〔「遠いものをそれ自体から遠ざける一歩／否によって」〕とは、結局、éloigne-lointain-lui-memeという音の掛詞的（パロノマジック）なステップあるいは横滑りであり、そのなかで、諸存在者の間の応答が——たとえこれらの存在者が完全に互いに応答したり到着したりしないとしても——生起する。それゆえ、その到着あるいは到来の語（viens）をそれ自体に対して開いたままに保ちながら、遠退けは遠退けるEntfernung é-loigne。それは、一点について固執するのとまさに同時に近接しており、閉じていない。遠退けのこの音声化は、後にデリダが、人間の目的／終焉あるいはアポカリプスを考慮する先取り的意識の「語調」あるいは「調性」として論じることになるものである。『同一性と差異』でハイデッガーはこれをZusammengehören［相属］と呼んでおり、これは、互いに聞き合うこととしての互いに属することをいう語呂合わせである(54)。

人がどれだけ終焉の到着について——例えば、哲学の終焉——先取りし、あるいは語ったりすることができようと、この終焉は引き止められ、その到来において到来しない終焉なのである。これに関して、ブランショ、ハイデッガーあるいはデリダに到着することは、それゆえ形而上学の終焉に到着することではない。これらの人物を三人とも、遠-退けの観念——そのなかで、形而上学的概念のエコノミーが甚だしく脅かされ、解体あるいは脱構築されることが可能な——を検討するために、一緒に取り上げるのでなければ、である。形而上学の終焉への、この到着／非到着は、ハイデッガー的な「出来事」、あるいは伝統の瞬間化——これは、ハイデッガー、ブランショそしてデリダにおいては、言語によってあらわにされる掛詞（パロノマジック）的な遠-退けとして分節される——に関わっている。このような距離は、pasのアポリアのようなアポリアへと単に崩されるのではなく、意味論的アプローチの遅さのおかげで時間のなかでそれ自体のために「時間をつくる」思考の哲学的様態としてそれ自体「時間を与える」。

デリダは、『メモワール』で次のように言うとき、このような遅さを記している。つまり、余りに多くの人々が「ページをめくって」、脱構築の終わった後に、その到着の後に来るものが何であれ、それを進めて行けるように、彼に言うべきことを言ってもらいたがっている、と。しかし彼の言うように、このようにページをめくることは彼の関心の内にはなく、もちろん、ウォルター・ジャクソン・ベイトやルネ・

ウォラックのような脱構築の非難者が望むように、"Pas"［「歩＝否」］のような論文におけるデリダの思考が所与となったら、いつか到着したりそれ自体を現前化したりしうるような出来事でもない(55)。むしろ、反省のこのような様態は、語によって「時間をつくる」。

（遅さは）、現前を欠いた不可視の軸の回りに捻られた、時間の、諸時間［＝回］の、連続的なpas［歩＝否］と運動の、奇妙な移動――断絶なく一方から他方へ移行し、諸契機［＝瞬間］の間の無限の距離を保存しながらの、ある時間の別の時間内での移動――を同時に無限に加速すると共に遅延させながら成就する。この移動は、そのネットワークの複合性そのものにおいて、l'attente l'oubli［期待・忘却］を横切って、それ自体を移動させる。最初に物語は常に、これらの移動の移動を語る。それは、それら自身からそれらを遠‐退ける(56)。

ハイデッガー、ブランショ、デリダを結びつけるとともに分離するpasは、哲学的伝統のpas au-delà［彼方への歩＝否］であり、「時間を与える」pasである。このpasにおいて、彼らは、一般の歴史的な意味において同属であったり結びついたりすることなく、同属であり結びついている。そしてこのpasを通じて彼らは、ハイデッガーによれば「持続する」到着の遅さの内に、思惟の連続性を保っている。Viens［来たれ］。これは、転位、分裂、断片、応答、そして遠‐退けとして持続する、到着の持続、到来の持続を意味しうるだろう。Le pas qui rapproche é-loigne［近づける歩みは遠‐退ける］と、デリダは、ブランショを念頭に置きながら書いている。

確かに、ハイデッガー、ブランショ、デリダを読む者ならば誰でも、これらの著者たちと、彼らと密接な関係にある他の著者たち（サミュエル・ベケットやマルグリット・デュラスが考えられる）が、彼らの書くものの翻訳や転移において生起する言語論的転回に対してもつコミットメントの程度を、他者の言葉への到着のpasを通じての意味のリレーを認めるコミットメントの程度を認めるはずである。これらの著作は、意味論的な転移と置換によって、たとえ諸時制の相互作用――そのなかでテクストの自己‐現前化は、その生起の内には決して到着しない諸契機の我有化として規定される――の内に押しとどめられる時でさえ彼方へ向かう掛詞（パロノマジック）的な歩みによって、分裂的な時間性をあらわにする。それゆえ、その生起しないことにおいて生起するものとは、デリダによれば、ブランショが彼のフィクションにおいて喚起している哲学的な「法」であり、ブランショについての別の論文で「ジャンルの法」と呼ばれているものである。

遠‐退けの法を欠いたこの法は本質ではなく、本質性の不可能なトポスである。それを理解してもらうために最も経済的な道を取ってみよう。それはハイデッガーの言説図式の一つと交差し、近接性をも、――こちらはずっと後まで出てこないが――次の二つの思惟を力強くお互いから遠退けるキアスムをも、われわれに考える準備をさせる。その二つとは、私がé-loignement［遠‐退け］と訳することを提案したEntfernungと、Ereignis（性起＝出来事。そのなかに人が、おそらく誤用的にだが、固有の（eigen）ものを読み取るに至った語である……）である。(57)

「出来事」すなわちEreignisは、それ自身に対して現前する瞬間ではなく、共に到着するに際して分割され遠‐退けられる諸々の思惟の応答の瞬間である。これらの思惟は、そのようなものとして、それら自身にとって完全に「固有」なものを何ももっていない。なぜなら、それらは近接する他の諸項に依存しているからであり、完全に自己 - 現前する思惟としてのそれらの成就は、内在的に遅延され、休止の状態に保たれているからである。

(……さらには、近いもの (prope) の、あるいは我有化のプロセスを読みとるにいたった語であり、――ここでは――そこへ向かって、viens の記憶なしの sous-venir [想 - 起] を君が聴き取るようにしたい語である) われわれがこの pas [歩み] によって近づく、近くと遠くの、同一性を欠いたこの共謀においてである。それゆえ、何かが (何が? 他の - ものが) (自らを) 接近させる。われわれは、これが何を意味するか、何よりも明晰に、理解していると信じている――つまり、物が近くなる傾向にある、と。しかし、何に対して近く、いかなる他の物に対してなのか? しばらくこの問いを棚上げしておこう。他のものの、あるいは他のものとしてのそれ自身の近くにあって、物は、近いものであり近接性であるものを先取りするものに対してしか、近くに現われえない。といっても、近接性という一般概念としてではなく、「そこから出発して」そのような概念が形成されうる、近いものの本質であるものを。それでは、「近いもの」あるいは「近い - 遠い」関係とは何か? 近いものの近接性とは何か? 確かに物は近くありうる。しかし、近さや近接性は近くはない。近さの近接性とは近い物と異なるものではないが、それは近くはない(58)。

思惟の近接性や近さの問いは、この一節においては、多段転義的(メタレプシス)に分裂させられ、再分裂させられており、こうしてデリダは、ブランショさえも越えて他者の思惟への「接近」の分割可能性へと進んでゆく。主な論点はもはや pas [歩 = 否] のアポリア――そこでは到着/非到着が、決定不可能になるほどまでに不確定のものにされる――ではなく、むしろ、思惟に「時間を与え」あるいは許容範囲を与える、差異化と同一化の永遠の持続の生産であることを銘記しておかねばならない。物とは何か？ ハイデッガーの物性についての省察を念頭に置きながらデリダは問う。ハイデッガーが既に『講演・論文集』で言ったように、物は、諸物を関係の内に保つこととしてそこにある。それゆえ、「物は物成する」。物のゆえに、言わば、諸物の差異と同一性の指標としての物ゆえに、一般に物はある。デリダのコンテクストでは、物は他の物から遠ざけられた（遠‐退けられた）ものとしてそれ自体をあらわにする限りにおいてのみ、世界の内への物としての到着を告知するという状態にある。それゆえ物は、決して完全には、それ自体に‐おける‐物［物自体］として世界の内に到着しきっていない限りでのみ、存在の内に到来する。物とは何か？ 物とは生起しつつあるもの、物とは途上にあるものだ。しかし、この意味において物を見るとは、ハイデッガー自身が「物」において言っている[59]ように、「退歩する」ことだ。ハイデッガーは書いている、「退歩は、その住居を応‐答の内に定める」。デリダは右の一節を、この近さとしての応答を考えぬくことによって続けている。

近さの本質が近くないのは、赤さの本質が赤色でないのと同じである。少なくとも、この真理の法、そのものとしての本質のこの表明――これは、その傍らに思惟の最も決定的な助けを見出すハイデッガーにいたるまで、最も強力な哲学的伝統を支配している――に従うことにしよう。その結果、接近しつつあるものの近接性に接近しようとすればするほど、近接性にとってのまったくの他者――それゆえ無限に遠ざかったもの――が se creuse［掘り穿たれる］。同じことは遠いものについても言えるのだから、近いものと遠いものの間にはいかなる対立も関与的ではない。いかなる同一性もである。

しかし、contrebande［対抗拘束］の、あるいは二重拘束（double bind）のこの両価性は、すべてに、存在するすべてに影響を及ぼす。すなわち、それ自身を現前化し、現前しているもの、到来し、生起し、到着し、現存するすべてのものに、出来事の本質と本質の出来事になど、近いものと遠いものの領域的ならざるトポスから分離できない数の分だけある意味論的価値に影響を及ぼす。そのとき君は、遠-退けのこの pas［歩＝否］において何が賭っているかを直観する。そして、このような道行きにおいて何が消尽されるのかを。そして、この道行きがわれわれの言説に、言葉の選択に、われわれの句の構築に、pas［歩＝否］という語の特異語法に刷り込む奇妙なリズムを。希少化の、厳格で精密な法——他者が賭かっている。他者は、自ら遠ざかりつつでなければ、他者として、他者という現象において接近することはできず、接近しつつでなければ、その無限の他者性の遠さにおいて現われることはできない。その二重の pas［歩＝否］において、他者は近いものと遠いものとの対立を脱臼させるが、それらを混同することはない。他者は、現象的な現前を、この道行きに従属させるのだ。(60)

デリダとブランショの、あるいはブランショとハイデッガーの間の関係は、近さの関係であり、そのなかで、哲学を書く主体は、ハイデッガーならそう言うだろうが「諸関係を引き留める」物やモニュメントの被制約性を引き受ける。しかし、このことを見るためには、われわれは必然的に、一般の歴史的な意味における書く主体から「退歩」しなくてはならない。われわれは、それ自身に-対して-現前すると見なされたモニュメンタルな意識としての書き手から退歩しなければならないのである。すると、歩み、すなわち pas は、デリダが『ポジシオン』で“marque”［「跡標」］と呼んだものとして理解しうる。それは、ある概念を表現するのではなく、むしろ、シンタクス的な障害——その帰結は馴染み深い概念的エコノミーの崩壊であるが、決してそれらの単純な超越や破壊ではない――の記号である。その上、脱構築が、そこからインスピレーションを受け取った先駆者たちの仕事とどのように関係しているとデリダが思っているかについてpasは、諸々の立場の輪郭を描くはるかにもっと明示的なやり方を開く。"Pas"［「歩＝否」］は、デリダが思想史のどこに収まるのかについての自分の解釈を定式化していると断言することで、もちろん私は、彼の極めて繊細な分析に対して粗雑な形而上学的回収によって暴力を加えることになる。というのも、彼の分析の目的は、人がもはや、私が今ちょうど行なったような仕方で問いを立てることはできないということを示すことだからである。それでもなお、私は、改革されていない歴史的視点からは、系統の問題――『絵葉書』ではさらに多く表明的になる――への転回がなされたということを確証したい。また、私は、「遠ざけ」と「到着」についての極めて入念な分析にもかかわらず、"Pas"［「歩＝否」］は、そのなかでデリダが、おそらくは彼の他のどのテクストよりもハイデッガーとの一致に近づいたように見えるテクストだ、ということを確証したい。この一致においては、ハイデッガーへの応答は、ブランショにオマージュを送ることによって生起するのである。

Retrait［退隠］**と復元**

デリダにおいてpasは、もちろん、re-trait［退‐隠］の範例である。ロドルフ・ガシェは「テクストをつなぐ――ハイデッガーからデリダへ」で次のように書くとき、この語の諸々の意味を、ハイデッガーのコンテクストでうまく要約している。

［特徴］線引き（Zug）という語は、道を辿ること、あるいは中間（Zwischen）として最初の関係

(Bezug) を開く裂目 (Riss) を指示する。線引きは、言語に名づけることを可能にし、それが名づけるものを名付け、関係の内に置くことを可能にする差異的な跡標 (mark) を完成する。[……] 二番目に、線引きは、それがある関係の中間を辿る行為そのものにおいて、引き下がり、退く。[……] 線引きは、ただ抹消されることによってのみ現われる。[……] 三番目に、線引きは、現われとそれに続く消滅という、見たところ交替する運動と単純に同一視されることはできない。というのは、線引きの退きは、線引きが、retrait [退隠] としてのその抹消から現われ出てくることを可能にするものでもあるからである。(61)

フランス語では、ガシェも註記しているように、retrait は「休止」、「撤回」、「辿り直し」、「退却」といった語を想起させる。pas はハイデッガーの『根拠の本質について』における Übersteigen [乗り越え] のコンテクストにおいて解釈されうるが、それはまた、たとえ「pas (否) … pas (歩み)」を関係づける「差異的な跡標 (mark) を完成させる」のだとしても、到来することにおいて決して到来しない re-trait [退 - 隠] として読まれうるだろう。それゆえ retrait としての pas は、たとえ関係を開くものが、pas という一語の特異性のうちに引き下がる時でさえ、ある関係の開けとなるだろう。その上、「pas … pas」は、たとえ主意と媒体の双方が同じ位置に、同音異義の位置にあるのだとしても、それ自身への隠喩的な関係の内にある。ハイデッガーにおける Lesen という語の用法のように、pas は、辿られ、現われ出ることの中で引き下がり、差異の特徴 [線引き] を隠す。それゆえここでも、pas は進み出る (ない) ことだ。"L-Entfernung é-loigne le lointain" 遠退けは、遠いものを遠 - 退ける。pas は、ハイデッガーなら言うように、この間隔あるいは Riss [裂目] の主導語であり、デリダが「隠喩の退隠」で言うように、"n'arrive qu'a s'effacer" 抹消されることにおいてしか生じない。pas とは、ハイデッガー的な退歩、哲学的な前進の歩み出（ない）である。しかし歩み出（ない）ことにおいてハイデッガーは、実際に、哲学的思弁のみならずイデオロギーのレベルにおいてもわれわれが当然のものとみなしてきた形而上学的な閉域や概念的形成物の彼方、あるいは外部を認めたのである。

「隠喩の退隠」においてデリダが retrait という語を使うのは、la différance［差延］の分析を、概念的な関係性のハイデッガー的なコンテクストの内部で、より近い近接性にもたらす効果をもつ隠喩の観念を展開するためである。そしてこの論文はさらに、模倣的言語の戦略に抵抗するものとしての掛詞（パロノマジック）的な言語の戯れを強調している。「白い神話」でと同じように、「退隠」でも隠喩は、名の転移だと見なされている。隠喩が、意味の接近――早められ、進められる時でさえ、それ自体、休止状態に保たれている――をあらわにするとともに隠す効果をもつ、差異の特徴［線引き］との関連で論じられているにもかかわらず、である。ここでは暗黙の内に次のような問いが立てられている。すなわち、いかにして、隠喩によって意味が到着するのか？ 何がメタ・レプスとしての隠喩の歩みを構成するのか？ あるいは、"pas de metaphor"［隠喩の歩み＝隠喩なしに］を？ 確かに、われわれが「白い神話」の分析で先に論じた摩滅と引き裂きの観念は、越えられるよりもむしろ概念化の近接した様態――それらは、たとえ抹消の下のエクリチュールとしての隠喩の観念が念頭に置かれているとしても、ハイデッガーからインスピレーションを得ている――に沿って、再コンテクスト化されているのだ。

思想家としてのハイデッガーの重要性に寄せて、デリダはこう書いている。

私はハイデッガーのテクストについて語る。私がそうするのは、一つの代補的な trait［特徴線］によって次のことを強調するためである。すなわち、私にとって問題は単に、隠喩そのものを主題とする言表された諸々の命題とテーマとテーゼを、修辞学やこの転喩を扱う彼の言説の内容を考察することだけではなく、彼のエクリチュール、言語を扱う彼のやり方である。より厳密には、彼によるtrait、すべての意味方向における trait の扱い方が、さらに厳密には、彼の言語の語としての "trait" が、そして、言語の entame［切り込み］としての trait が問題である。(62)

再び掛詞（パロノマジア）だ。おそらく、それはハイデッガーのエクリチュールへの接近あるいは到着を見越している。そしてもちろん、この接近は、『生ける隠喩』で表明されたポール・リクールによる「白い神話」の註の読解に対してデリダが異義を唱えた後に起こっている。デリダは、彼自身がこの論文では追求しなかった題材のいくつかが、ハイデッガーの「言葉への途」――そのなかで、Geflecht［錯綜、絡み合い］という語が現われる――に属している、と指摘する。この語は、「Sprache（この語を翻訳しないでおきたい。langage、langue と parole の間で選ばなくてもよいように）と道（chemin; Weg, Bewegung, Bewegen など）の間の、特異でユニークな絡み合いを指示している。ここで問題になるのは、われわれが絶えずそこへ立ち戻るよう導かれる、結び‐解く絡み合い（entbindende Band）である」。ハイデッガーの隠喩の思惟はその時、アプローチ、あるいは道のようなものになる。これはメタレプスの、Übertragung の、～へ持ち越すことの道である。「『既にわれわれに先立っている』（uns stets schon voraus）Sprache［言語］と Weg［道］について語ろうとするとき、われわれは前もって巻き込まれ、前もって絡み込まれている」。(63)しかし、この認知は、一九七〇年の「白い神話」は言うまでもなく、一九六〇年代のハイデッガーに触れた諸論考から判断すれば、これらの論考が完成された後になされたブランショ読解によって強力に媒介されているように見える。アラン・ベイス訳の『哲学の余白』中の「白い神話」の脚註29――ここの解釈について、デリダはリクールと論争している――において、デリダは転移としての隠喩のことを、そして、感性的なものから非感性的なものへと生じる転移のことを考えていて、このような隠喩的な転移の観念は、「形而上学の境界の内部でのみ」[64]存在すると註記している。しかし、「隠喩の退隠」では、転移は見直され、既にわれわれに先立っているものの、à venir［到来すべき］ものとの絡み合いを意味することになる。

「人間の目的／終焉」において、近接性というハイデッガーの形而上学的、人間主義的な用語と見なされているものへの攻撃が与えられている以上、「隠喩の退隠」の、「私［デリダ］は、他の多くの可能性のうちから、たった今私に、錯綜という名の下で提示されたものを選ぶこともできただろう」[65]という主張の内には、何か曖昧なものがあると仮定しても不当ではない。というのは、デリダは「私は選ぶこともできただろう」というこの過去時制の使用によって何を意味しているのだろうか？　つまり、いつ彼は選ぶことができたのだろうか？　「白い神話」を書いている時点でか？　確かに、これがリクールが考えている時点である。しかし、これはまさに、デリダが他の可能性の中から、隠喩についてのハイデッガーの絡み合いまたは錯綜という観念を選ぶことができたであろう時点ではあるが、しかし彼はそうするよう動機づけられていいなかったのだろう。そのような道はただ、――少なくとも出版されたものを見る限りでは――最近のブランショ読解の後にのみ到来するのである。出版物から判断すれば、デリダが、この近接性という用語に即してハイデッガーを読もうという気にまったくならなかったのが、まさに一九六〇年代後期であった。そして変化は、"Pas"［「歩＝否」］と、ほぼ同時期の「隠喩の退隠」の発表をまってはじめて起こるのだ。このことは、ハイデッガーへの決定的な接近を記しづけ、これは後のデリダの著作にとって、極めて重要な帰結をもたらすことになる。確かに、リクールとの「論争」は、デリダが――あたかもそれが疑いもなく常にデリダの哲学の一部であったかのように――既にこの新たな方向を、再記入し、あるいはその方向に立ち戻っていることを示唆している。このように局面が一転したことを、リクールがどう思ったか、思いめぐらすことができるだけである。

大幅に"Pas"［「歩＝否」］の軌道上にあるもう一つの論文が、『絵画における真理』所収の「復元」である。多くの意味でこれは、とりわけ遊びに満ちたコミカルなテクストであり、「芸術作品の根源」のハイデッガーと、美術評論家マイアー・シャピロによって論じられたヴァン・ゴッホの有名な靴の絵を考察している。「復元」の観念は、ブランショのエクリチュール（を復元する、と言いたくなる）を思い起こさせる回帰すなわちrevenirと大いに関連して考えられている。そしてこれは、靴自体のpasの内に、たとえ歩みが芸術的表象のプロセスによってなされる時でさえも、靴がすることのできない「歩み」の内に巻き込まれている。このpasは、ハイデッガーにおいて何歩かを進めるがその歩みはシャピロのpasあるいは「否」に従属している。そこでデリダは、ユーモアを欠かずに、靴が耕地の中の農夫に属すると主張したハイデッガーと、靴がヴァン・ゴッホに属すると主張したシャピロの一対を検討する。何という一対だろう！　しかし、この靴は、一体誰に返還されるべきなのだろうか？　デリダは、この靴がそれ自体履き古されて裂け、たぶん捨てられたものであることを知っている。その場合、ハイデッガーの推測もシャピロの推測も、物が現前によって、（le revenant、亡霊（ゴースト）としての）人間主体によって生気づけられることを望むこと以外の何ものでもないということになる。さらに、ハイデッガーもシャピロも、この靴が確かに一対の靴であると信じている。一対という観念の中には、少なからず慰めとなるものがある。しかしデリダが示唆していることだが、この一対は実際には、一足の組みではまったくないかもしれない。このような見落としは、ハイデッガーの場合には許せるものかもしれないが、高名な美術評論家が、二つの右の靴、あるいは二つの左の靴をヴァン・ゴッホがはっきりと描いているのに、そう見て取ることができなかったとしたら、少なくとも当惑させることではあろう。

それゆえ、ここにはデリダによる、常に既に分割された対化についての、非対称によって脅かされた対称性についての研究の端緒がある。他の言い方をすれば、デリダは靴を、ハイデッガーの「芸術作品の根源」における隠喩として見ており、それは、ハイデッガー哲学によって告知された土地あるいは道を横断するという意味で多段転義(メタレプシス)的である。だがこの横断は必然的である。この靴は一対を作り（我有化し）、壊す（脱我有化する）という仕方で反復されるからだ。というのも、もし靴が正確に二重化されるなら、それらは対にならない。もし靴が不正確に二重化されれば対になる。問題はさらに興味深くなるが、デリダは、ヴァン・ゴッホは靴を表象する唯一枚のキャンバスを描いたのではなく、実際には、この絵の八枚のシリーズがあると指摘している。ハイデッガーとシャピロが、この多段転義(メタレプシス)的な靴に「回帰する」ために扱う主題はいかなるものだろうか？　この靴は、美術理論の中で、そしてこれによって、どのように履かれるべきだろうか？

もし、この種の多段転義(メタレプシス)的な運動が人を眩惑させるなら、デリダはハイデッガー／シャピロの一対を張り合わせることによって賭金をつり上げる。これは、彼らの関心が与えられればもちろん完璧に一対であると判明する、非一対である。それに、彼らは、どれだけ想像をたくましくしても、彼らに大きな暴力を加えることとなしには、対になることはない。デリダはもちろん、これらの靴やその我有化をめぐる闘いに極めて敏感である。復元のためのこの戦いが、ある種のユダヤ史に関わっていることを知っているからである。デリダの言うように、「この物語の中には、迫害がある」。この迫害は、ナチ・ドイツから逃れねばならなかった、そしてシャピロに影響を与えたゴルトシュタインという教授を通して引き継がれる。そして要点は、これらのユダヤ人学者たちが、ヴァン・ゴッホの靴が、都市の人々に返されることを望んだということであり、つまり、土地に根付いたVolk［民族］によって迫害された人々、違った意味ではあるが彼自身一種の迫害された人物であるヴァン・ゴッホと同一視されうる人々に返されることを望んだということだ。「この話（レシ）、この同定されるべき靴、我がものとすべき靴の物語りには、なにがしかの迫害がある。そして、どれほど多くの、名指しうる、そして名指しえない身体と名前と無名者から、このお話（コント）ができているかは、あなたがたも知っての通りだ。それには、後で立ち戻ることにしよう。ここで的中するのは、そして私に重要なのは、マイヤー・シャピロとマルティン・ハイデッガーの間のこの呼応関係（コレスポンダンス）である」[66]。実際、重要なことは、ナチとユダヤ人の間の応答であり、強制収容所の倉庫に保管された、何百万足もの収奪された靴の跡を追って起こる応答である。言い換えれば、重要なのは、「復元」、つまりWiedergutmachtungである。それは、ハイデッガーにおいては『杣径』の農民の靴をめぐる一節によって表象される、国民社会主義の血と土の構築を抹消する復元であろう。これらの靴は、どんな亡霊へと回帰するのか？　そして、どんな亡霊が、これらの靴へと回帰するのか？　「復元」の笑いは、このコメディアのブラックなところに満ちている。これらの靴について語りながら、デリダは言う。「いくつかの世界大戦と大量移送を。慌てる必要はない。それらの靴は、待つべくつくられていてそこに現にある。歩かせるためにだ。その忍耐強さのイロニーは無限であって、無と見なすこともできる。こうしてわれわれは、このcorrespondence publique［公開書簡＝公けの応対］に至り着いていたのだった」[67]。この応対が起こるためには、何が相応しくなくてはならないのか。デリダの答えは単純である。主体が靴に相応しくなくてはならない。英語で言えば、靴はフィットしなくてはならない。つまり、ハイデッガーとシャピロは共に、農婦であれヴァン・ゴッホであれ、この靴を適切な（appropriate）主体に我有化（appropriate）するために、靴を一体の対と見なす。極めて明らかなことだが、デリダは、この我有化の企てを、まさに、そこに迫害が記入されている対の分割として見ることになる。というのは、ユダヤ人が、かの Volk［民族］によって迫害されたのとちょうど同じように、シャピロはハイデッガーへの書簡において、――徹底的に「彼の後を追い」、彼に「罠」をかけ、借りを返し（しかし、「借り」――このような何十足もの靴が思い浮かぶ――ははたして返されうるのか？）――このドイツ人哲学者を迫害しているからである。従って復元である。それゆえ、たとえ片方だけの靴ではうまく歩けないとしても、各々の主体は片方だけの靴を得る。しかし、もし対のこの分割が、われわれが迫害と呼ぶ、ある différance［差延］の暴露（ルネ・ジラールの思考がここで適用しうる）であるなら、それは献げ物、すなわち犠牲による復元の différance［差延］である。

デリダは、きわめて独創的に、ヴァン・ゴッホによって描写された一対の靴が、必ずしも、本当に一人の主体によって履き古された可能性のある左右の靴の一足ではなく、同じ側の足向けの二つの靴だという事実に、そうした différance［差延］を認めている。必ずや極めて長い註釈になるようなものを実行しなくとも――確かに「復元」は、デリダの最も繊細で機知に富んだ論文の一つである――慣用的に、合わない一足の靴と呼ばれるものを熟考することによって、ハイデッガー的な我有化（appropriation）が、en retrait［退隠しつつ］脱我有化（expropriation）として自らを告知していると言うべきだろう。シャピロは、我有化と復元を達成しようという欲望の内部から以外には、決してこの脱我有化する地平を見ることはできない。だからこそ彼もまた、この靴を本物の一足として見るのだ。しかし、死の収容所に集められたあの靴の山の中では、対になるものを探すのは別の問題であろうことを、そして、それ自体二度の世界大戦と幾度もの大量追放を生き延びたヴァン・ゴッホの靴のシンメトリーの内に、人類のこの恐るべき、言語に絶する脱我有化が既に告知されていた――ユダヤ人の運命は、à venir／avenir［来たるべき／未来］として受け取られてきた――ことをデリダは知っている。これは、es gibt Sein［それは存在を与える］の内部からの retrait［退隠］であり、我有化の内部からの脱我有化の契機、復元の内部からの剝奪 (destitution) である。その上、重要なことに、このホロコーストは、単にユダヤ人の問題ではなく、――デリダの分析によれば、この点でシャピロは恐ろしい思い違いをしている――ハイデッガーとシャピロによるヴァン・ゴッホの解釈が共に抵抗している存在の撤退 (withdrawal) である。まさにそれゆえに彼らの解釈は、分裂し対立しているにも拘わらず、迫害と対を組むことにおいて一対ではない一対であり続ける。この、靴が対になる／対にならないという冗語法ないし掛詞（パロノマジア）において、デリダは、来たるべき歴史的瞬間の時間的接近――迫害された者たちへのその永遠の警告という形であれ、もちろん既に到着している――を見抜くのだ。復元の時である。

「復元」を念頭に置いて、今度は『精神について』と題された、デリダによるずっと後のハイデッガー研究に向かうことにしよう。そこでは、デリダがある程度くわしく、ハイデッガーの Geist という語の使用における掛詞的（パロノマジック）な横滑りを検討するときにさえ、復元の問題が反響している。ここにおいてデリダは再びハイデッガーに対立することになり、それはとりわけ、ハイデッガーの著作の歴史の中における Geist の（脱）我有化する ((dis) appropriative) 運動の内に置かれたものとしてのユダヤ人の運命に関してである。このようにハイデッガーから距離を取ることによって、『絵画における真理』の刊行後間もなく導入され始めていた、動揺を招く問題が強調されているが、それはここでは、ハイデッガーの思惟における精神の復元と、ヨーロッパのユダヤ人に対する関係のなかでのドイツ近代史へのその関連をめぐってである。『精神について』を考察することによって、われわれはハイデッガーについてのデリダの思惟の新たな段階を先取りする。そこでは、ヨーロッパ哲学との関係におけるユダヤ人の歴史が、主に一九七〇年代に始められた、ハイデッガーの言語の掛詞（パロノマジック）的あるいは多段転義（メタレプシス）的な読解との関係の内に位置づけられるのである。

ハイデッガーの Geist［精神］

一九七〇年代のデリダの論文において、時間性が言語の掛詞（パロノマジック）的な横滑りと密接に結びつけられているとしたら、一九八〇年代の彼の論文は、そのような方向を継続するが、ただし歴史的なものそのものに関してである。既に指摘したように、一九八〇年代にデリダによって書かれた論文のいくつかは、一九六〇年代後期の著作で取った態度を思わせる、ハイデッガーに対するより否定的なアプローチをしている。この点でとりわけ興味深いのは、ハイデッガーに関する最近の書物『精神について』である。そこでは、精神についての掛詞（パロノマジア）が詳細に考察される。Geist, geistig, geistlich である。われわれは既に、存在に関するハイデッガーの前期の著作と、テンポラルな手引きによって西洋存在論の概念装置を「破壊」しようと企てる『存在と時間』の企てを論じた。そして、一九六〇年代にデリダが、この前期ハイデッガーの企てがその目標に達していないと主張していることを思い出す。この章の初めに私は、ソクラテス以前の logos の（諸）観念という視点から西洋存在論の破壊に再び着手すると言いうるようなハイデッガーの企てを紹介した。しかしながら、『精神について』でデリダは、ハイデッガーの作品のなかの、ずっと目立たない一組の並行した形成物に注目する。それは実際、一般にハイデッガー学者たちには気づかれておらず、しかもとくに問題に満ちたものである。それは、どのようにハイデッガーが、彼の経歴における様々な転機にあたって、Geistという用語を分配しているかについての考察であり、その分配は厄介な政治的含意をもっている。

“Je parlerai du revenant, de la flamme et des cendres”（「私は、亡霊と炎と灰についてお話ししようと思う」）。『精神について』は、ドイツ史について語ることになる。それは、『存在と時間』ではハイデッガーがGeistを隔離し、引用符の間に拘禁していることを論じる。次に、ハイデッガーの総長就任演説「ドイツ大学の自己主張」におけるGeistの復権ないし解放へと向かう。この演説の最初の数語は精神の到来を告げる。「総長職への就任は、この大学における精神的統率に義務を負うことである」(68)。次いでデリダは、重要な哲学的帰結を『形而上学入門』の内に認めるが、そこでは総長就任演説の政治が、動物と人間の間の、Geistをもつものともたないものの間の差異の正当化によって反映されている。極めて簡潔に『ニーチェ』研究と、ヘルダーリンについてのハイデッガーの思惟を考察した後、デリダは、「詩の中の言語」というタイトルをもって一九五三年に刊行されたゲオルク・トラークルについてのハイデッガーの思惟へと向かう。そこには、geistigとgeistlichの間の「差異」という形で、Geistのさらにもう一つの表明がある。ここでは、以前のGeistの考察は、まさに形而上学の制度によって回収されるときに、掘り崩されるのだ。この研究は、ファシズムの歴史的な日程表に庇護を与えてきた思惟の制度の告発で終わっている。

ハイデッガーの『ヘラクレイトス』におけるロゴスの分析においてと同様に、Geistという語をデリダは、諸関係の開かれた場として考察している。その場においては、Ver-sammlung［集 - 摂］が、すなわち、お互いからの近さと距離を共に達成した、密接に関係した諸思惟の我有化かつ脱我有化が、――まさにそれらがGeistという語の設定において時代を通じて集められ散乱してきたために――生起する。ある箇所でハイデッガーの『ニーチェ』を考察しながらデリダは、Geistを、“Esprit/âme/vie, Pneuma/

psyche/zoe ou bios, spiritus/anima/vita, Geist/Seele/Leben,"［精神／魂／生］として――言わば、そのなかで意味論的諸関係の安定性が崩壊するグループ化された集合として――回‐想する［＝集め‐直す（re-collect)］ことになる。[69] このVersammlungが、一九世紀ヒューマニズムの遺産と、ハイデッガー哲学によるその破壊との間のテンポラルな相互関係または応答に関わっていることがデリダにとって決定的なことであり、彼にとってハイデッガーにおけるGeistを研究する目的の一つは、脱構築と、それに敵対すると想定されているヒューマニズムの間の、複合的な諸関係の解釈に関わるのだ。デリダが、l'esprit est essentiellement temporalisation［精神とは本質的に時熟である］と認めるとき彼は、Geistという語を取り戻すためには、この語がハイデッガーのテクストで許容されたり差し控えられたりしていることに着目して、この語を歴史的にあるいはテンポラルに回想し［集め直さ］なくてはならないということに十分自覚的である。[70] 従って、われわれが何をGeistと呼ぶべく選ぼうとも、それは現代ドイツの文化史の内部での転移または変換［翻訳］の時間性の関数であり、現代ドイツは一九世紀の伝統を継続すると共にこれと断絶しようとしたのである。『精神について』でデリダは、暗黙のうちに、ハイデッガーによるGeistの考察と時間性の理論にとってのその帰結――後の著作において提出される――が、『存在と時間』――そこでは時間性は主に現存在分析のパースペクティヴから考察されている――の廃棄された計画をどの程度越え出ているかを評価しようとするのである。

『絵葉書』では歴史は、遺贈者と受贈者の系譜学的ダブルバインドと見なされている一方で、『精神について』では、政治的出来事の年代史は触れられぬままになっている。それは、デリダが時間の通俗的観念を受け入れているのではなく、彼が、Geistのハイデッガー的な（脱）我有化に関して、哲学と政治の関係を暴こうとすると同時に、政治的出来事の年代史を承認しているということだ。それこそが、ハイデッガーが、総長就任演説や『形而上学入門』のようなテクストでGeistを再我有化するちょうどその時に、一九世紀のGeisteswissenschaften［精神科学］と関係を断つところである。『精神について』の主な問いの一つは、『存在と時間』でGeistの使用を禁じたハイデッガーが、いかにして、総長就任演説のようなテクストで、ドイツの政治家たちが責任ある指導者になるよう促すために、ヒューマニズムを復権することが可能かというものだ。これはとりわけ厄介である。Geistの諸様態は対立する力を失い、もはや人間的なものを非人間的なものに対して定立することができなくなるからだ。『精神について』での『存在と時間』についてのデリダの考察はこの点を支持している。すなわち、主体のデカルト的観念を掘り崩すことによって、「生物学主義」、「人種」、「自然」のような術語からなる一九世紀の概念的枠組みもまた転覆される。しかし、ハイデッガー哲学には、ナチズムに直面したとき、ファシズムの粗雑なイデオロギー構築を狙止するような形で対応することは困難になるであろう。

ハイデッガーの『形而上学入門』は、『存在と時間』におけるGeistへの攻撃的な脱神秘化が徹回されて、ヒューマニズムの基礎づけが回復されうるようになる限りで、デリダにとってとくに問題に満ちている。もちろんデリダが注目するのは、このようなヒューマニズムの組み込み直しは、ハイデッガーの経歴を通じて再演されるであろうある戦術を印しているということだ。術語を監視または拘禁のもとに置く戦術、――術語の監禁または隔離――それは、それらの術語が復権または再我有化されうるべく、後から解除されるのだ。あたかもGeistを『存在と時間』では引用符で囲み、総長就任演説では監視または拘禁のもとに置きながら、ハイデッガーがこの後者のテクストにおいては、復権された語としてGeistを迎えるために引用符や括弧を除くことができるかのようだ。それればかりでなく、デリダはGeistが拘禁のもとでカタルシスを受けたのだと示唆している。要するに、言語の隔離は語の浄化を見越しているのだ。もちろんここでこそ、Geistは、言語の浄化が係争問題になる場所としてのlogosとの応答のなかであらわになる。この点は、『言葉への途上』における、トラークルについてのハイデッガーの発言の考察において提起されるが、この点は『形而上学入門』に関しても決定的に重要であり、そこでは、ドイツ語は、古代ギリシア思想からの遺贈が、それ自身浄化を受けた場所として認識されている。言い換えれば、ナチの知的腐敗に対抗すべきものとして、復権されたヒューマニズムの諸関係のネットワークを支持するために一度拘禁されたGeistを解放するまさにその時に、ハイデッガー自身は国民社会主義の構想――そこでは、ドイツ語の浄化が、ある種の人種主義に対応する――と極めてよく調和する概念装置のための基礎を準備することになる。そのときGeistは、とりわけ厄介な語だ。それは、術語上の諸関係の、多段転義（メタレプシス）的な場――そのなかで、ナチズムとヒューマニズムの間の歴史的、政治的な差異が、ハイデッガーの懸案であるテンポラリティーまたは歴史性の内部で両義的に演じられる――として働くからである。

　デリダのもっと最近の刊行物の多くと同じように、『精神について』は、講演の筆記――そこでは、分析を述べる状況によって、議論を十分に説明したり証明したりすることが禁じられている――として修辞的に演出されている。それゆえ、デリダによる言及のコンテクストを、その後では、デリダの他の著作におけるこの講演への間テクスト的な言及を検討することは、しばしば有用である。例えばハイデッガーの『形而上学入門』では、ハイデッガーが新たなドイツの政治に加担するときに、『存在と時間』でハイデッガーが対決した形而上学の言語がどの程度復権されているのかに、デリダの議論が気づいていることはすぐにわかる。

　Wir liegen in der Zange.［われわれは万力の中にいる］。Unser Volk erfährt als in der Mitte stehend den schärfsten Zangendruck. [われわれの民族は中心にいる者として、万力の最も厳しい圧力を経験している]。最も隣人の多い民族であり、それゆえ最も危険にさらされた民族であり、そのうえさらに metaphysische Volk [形而上学的な民族] である。われわれはこの天命を確信しているのだが、しかしこの天命からこの民族が一つの運命を成就するのは、ただ、まず自己自身の中に反響を、この天命への反響の可能性を作り出し、その伝承を創造的に把握するときだけであろう。これらすべてのことは、歴史的な民族としてのこの民族が、自己自身および、それと共に Geschichte des Abendlandes [西洋の歴史] を、その künftigen Geschehens [将来の「生起」] (原文では引用符は付けられていない) の中心から、存在の諸力の根源的領域へと取り出して置くことを内に含んでいる。まさにヨーロッパに関する重大な決定が nicht auf dem Wege der Vernichtung fallen soll [破壊への道へと陥ってはならない] としたら、それはただ、新たな歴史的 geistiger Kräfte [精神的な諸力] を中心から展開することによってのみ行なわれうる。(71)

もしハイデッガーが『存在と時間』において、存在論の形而上学的プロトコルを破壊しようとしていたのだとすれば、『形而上学入門』冒頭からとった右一節では、そのプロトコルが復権されているのは明らかである。ドイツは諸国家や民族のうちで最も形而上学的である。それはヨーロッパの中央舞台である。その民族は伝統と運命から、時宜を得た決定をもぎ取らねばならない。そしてドイツは、その形而上学的中心から展開しつつある新たな精神力によってその決定をなさねばならない。とはいえ、歴史についての一節でも、ドイツ民族はカタストロフと破壊を避けねばならないと提案されている。決定は、将来の出来事の中心を越えるようになされねばならないのだ。ハイデッガーが後に展開する、ロゴスについての資料が与えられれば、われわれが検討しているような「形而上学的」な一節においてさえ、ハイデッガーは、精神的な中心として形而上学を再我有化するというまさにその行為のなかで、形而上学の脱中心化を要請しているのだということが示唆されていると思われる。すなわち、『形而上学入門』の後半のページは、『ヘラクレイトス』で大幅に敷衍さるのが分かるのと同じ、logos への方向性――われわれも気づいたように、形而上学的な回収に抵抗する方向性――を多分に伝えている。それゆえ、前のハイデッガーのドイツについての発言は、Geist とロゴスの間の関係に結びつけて読むことができるし、おそらくそう読まれるべきである。その関係においては、ハイデッガーが一見――彼が、ドイツ国民がそこから距離をとるよう望む術語との近接性の内に入り込むことによって――迂回しようとしているドイツの歴史的あるいはテンポラルな中心化と、その歴史的運命の年代史とに対抗する「差異」が働いているのだ。言い換えれば、ハイデッガーは、ファシスト政治の運命を、その目標と概念装置を内側から解体することによって変化させようとしているのである。

『精神について』は、迂回してまでこの解釈を強調してはいない。この研究はむしろ、ハイデッガーのヒューマニズム復権の否定的な代価を査定する。そうするなかで、デリダは、Geist と、ハイデッガーが『形而上学入門』末尾で考察する logos の分析との応答を検証することなく、その代わり、ハイデッガーによるヒューマニズムの復権を混乱の論理として考察することになる。

「私がこの「論理」を、諸々のアポリアや限界を、諸々の前提や公理上の決定を、諸々の逆転と汚染を、とりわけこの「論理」がそこで足をとられるのをわれわれが目撃している汚染を分析するのは、むしろこのプログラムがもっている恐るべきメカニズムの数々を、プログラムを構造化している一切の二重束縛をあらわにし、次いで形式化するためである。このプログラム、それは宿命なのだろうか？　そこから逃れられるのか？　「ハイデッガー派の」言説にも、「反ハイデッガー派の」言説にも、そう思わせる兆候はまったくない。このプログラムを変形させることはできるのか？　私にはわからない。いずれにしろそれを、この上なく縒れた諸々の狡智と最も微細なその手口の数々に至るまで徹底して認めることなしに、一撃でそれを避けることはできない」(72)。

問題になっているのは、ヒューマニズムの問題と、ヒューマニズムを脱構築することとの、あるいは復権することとの危険の点での哲学の歴史と政治との間の関係、あるいは呼応である。デリダは、哲学がどちらの場合も二重に拘束されているのではないかと問うている。その上、暗黙のうちに、脱構築はハイデッガーが失敗した地点で成功を収めうるのかと問うている。というのは、デリダの脱構築もまた、術語を拘禁し、復権するという戦略に極めて大きく依存しており、イデオロギー的な形成物を、公然たる反対や対決によるより、むしろ内側から不安定にするという政治的戦術をも取るからである。

術語を括弧に入れかつ復権することに関しては、デリダの主な論点の一つは、精神が歴史的な多段転義を通して、――その反復の内にあたかも、復元だけではなく復活や精神化までもが認められるかのように――いかにして様々に再出現するのかにある。「一つの価値であることを越えて l'esprit［精神］は、一つの脱構築の彼方で、あらゆる脱構築の源の力そのものを、あらゆる価値評価の可能性を指すように思われるのである」(73)。デリダにとってとくに重要なのは、ハイデッガーが『形而上学入門』のようなテクストで Geist という語に回帰するとき、彼はあたかもそれが、命名を越えた名前であるかのように、あるいは『形而上学入門』から引用した右の一節でそう言われているごとく、中心とは別の座（locus）であるかのように、この語に回帰するということだ。「語 "esprit"［「精神」］が回帰し、それはもはや拒絶されず、避けられることなく、その脱構築された意味において使用されるのである。精神に似た何か他のものを、精神がそれの形而上学的亡霊であるかのような何か他のものを、もう一つ別の esprit［精神］の esprit［亡霊］を指し示すために[74]」。Geist という語の多段転義的な出現は、常に亡霊的である。とりわけ、『存在と時間』で鍵をかけて閉じ込められていた引用符の牢獄からのこの語の回帰は、単なる復権ではなく、抑圧されたものの亡霊的な回帰への奇妙な類似を思わせる。これが、ハイデッガーが認知しているとデリダは思っていない（脱）我有化の一特徴である。Geist のような形而上学的用語の「破壊」においては、精神［＝亡霊（spirit）］の復元や復活が、亡霊の蔓延が後に続くということを。

既に「Fors: ニコラ・アブラハムとマリア・トロックの衝角のある言葉」でデリダは、ハイデッガーの『物とは何か』における精神あるいは亡霊 - 効果の問いを考察していた。ハイデッガー——彼にとって物は、そのなかで物性が確立される諸関係の近接性としてあらわになる——と同様に、心理学的クリプトによって付き纏われる被分析者は、物を分割（脱我有化）してしまっており、同一化の諸関係の（脱）我有化による非決定性のなかに物を包摂している。その上、このようなやり方で被分析者は、手許に現前するがままの物を奪い取りあるいは隠していて、物は、クリプトの中に葬られながら、その亡霊が回帰する死体に似ている。「内に向いた面と外に向いた面のある内壁のシステムを構築しつつ、クリプトという飛び地は、それの場の数々の集合したシステムの中に、その内部において開かれ、それ自体も全体の閉域に限定されている場の建築術の中に、そのフォーラム（forum）の中に全体空間の裂け目を生み出す[75]」。『精神について』でデリダは、この研究に至りつくまでの講義の進行のさなかで彼の主な関心は四つの面をもっていたと述べている。しかし、これは "Fors" のような論文のコンテクストにおいてみれば、以下のようなハイデッガー的な問題設定の間の分割について記述されたクリプト以外の何でありえよう。つまり、動物、問い、テクノロジー、そしてGeistという問題設定である。実際、デリダが、ハイデッガーがGeistを引用符の内に置いたことを重視するとき、それは単に、周縁的なグラマトロジー的装置に焦点を定めることが問題なのか、それともむしろ、われわれを亡霊や精神の住む所から連れ去り、精神を囲い込む、"Fors"における「墓守り」に焦点を定めるのが問題なのか？

この墓守りは「自我」と呼ばれる。「クリプトは自我の内部に封じ込められているが、しかしそれは異質な、禁じられ、排除された場としてである。「自我」は、彼が守っているものの所有者ではないのだ。彼は所有者のように地所を見まわるが、ただ見まわるだけである」。そして「言語に関しては、それは「生きながら埋葬された語」、死亡した、ということは「そのコミュニケーション機能を解除された」語という形でクリプトの内に住まっている」。こうした観察のすぐ後でデリダはこう書いている。「それら［語］は、禁忌という手段を通して欲望を示しはせず、それはちょうどヒステリー的抑圧におけるようで、こうした抑圧はそれらの語がもはやあの禁忌の効果をもたない限りにおいて、それらに脅かされているのである。それらの語は、まさにそれらが生きながら埋葬され、「保存されて」いる場において、欲望がある種の仕方で充足されたこと、快楽が起こった［場をもった］ことをしるしている」[76]。クリプトの中の語は、まったく奇妙なことに、決して主体自身の語ではなく、常に非嫡出の他者に属している。『精神について』でのデリダのハイデッガー分析を全体として考えるとき、Geistがどの程度まで同じようにクリプト化された語なのか問うことになる。『存在と時間』においてハイデッガーは、引用符を用意して、非嫡出の他者——形而上学的哲学者——に属する語を括弧——そのなかにGeistが生きながら埋葬されている——で記されたクリプトないしスクリプトの内に閉じ込める。そのときGeistは、単に自我によってではなく、現存在によって守られた死せる語である。だが、Geist はおそらく、ヒステリー的抑圧にではなく、ある快楽に従属しているために、引用符が総長就任演説であれほど容易に脱落したのである。しかしながら、語 Geist を呼び出すなかで、ハイデッガーは、“Fors”での狼男のような被分析者に似た形で、その語を他者による我有化から保護し、安全に保ったのではないか？　この意味で、総長就任演説と後の『形而上学入門』は、墓守りが「近親者」を間違った墓へと導く策略として読まれうるだろう。ところで、次のように言うニコラ・アブラハムがデリダによって引用されている。「彼はそこにすっくと立って、墓地に——様々な資格で——詣でる権利があると称する近親者の往来を見張る」、そして彼は「間違った指図と偽の墓で」物見高い人々に仕える。それと同時に、「異クリプト的亡霊が……別個発生の法則とでも呼べるものに従って、他者の無意識から回帰する」(77)。とりわけ『精神について』のコンテクストでは、この「別個発生」という句は、極めて混乱を招く響きをもっている。

　その様々な様態すべてにおいて Geist を見張りあるいはクリプト化するとき、それは、異クリプト的な亡霊が別個発生の法則の無意識から回帰するように、回帰してハイデッガーのテクストに付き纏うのではないか？　そして『精神について』は、四つの面がそれぞれ動物、問い、テクノロジー、精神と定義された箱の中に埋葬された Geist のクリプトノミックな分析を遂行する試みではないか？「私は亡霊、炎、灰について語る」とデリダは始めた。そこで既に彼は、審理を、死者の場所から、名づけられぬままに留まっている場所から——いかなる歴史的出来事のことを語っているのか、われわれは十分よく知っているが——始めた。“Fors”のパースペクティヴからは、ハイデッガー哲学は、ハイデッガーによる括弧の中で予期されたあの亡霊、『存在と時間』でクリプト化されたあの精神に関わっているのだ。このような精神がユダヤ的なものだと判明するとは予期しえないかもしれないが、“Fors”の視点からは、この可能性は、精神が常に「別の」発生による精神であるのであれば驚くべきことではない。

『精神について』のこのような読解は、このテクストがホロコーストを示唆する語彙（ある箇所でデリダは、ヘーゲルにおける Geist が le gaz ［ガス］と等価である、と言っている）を組み入れており、無言のうちにナチズムに貢献してきたものについての、いくつかの極めて辛辣で、異例なまでに直接的な言及で終わることを考慮に入れている。そのうえ、デリダは特に種（Geschlecht）という観念を取り上げているが、これはデリダがハイデッガーについて書いた少なくとも二つの他の論文——"Geschlecht I" と "Geschlecht II"——と同調している。後者はハイデッガーの上げた手、あるいはナチズムへの政治的挨拶の怪物性の省察である。そのうえ私の研究の最終章で示すように、一九八〇年代のデリダによるハイデッガーへの審問において特徴的なのは、ハイデッガーをユダヤの歴史、思想と対置していかに読むべきかについての、極めておだやかながら執拗な考察だという点にある。これは例えば『シボレート』において——そこではハイデッガー的な分析論がツェランとホロコーストの考察に応用されている——あるいは否定神学についての講義において——そこでは結末に、ユダヤ哲学にふれると期待されたコーダの場所にハイデッガー批判が置かれている——表明されている。言い換えれば、ハイデッガーにおける Geist の研究は、単にある術語の偏向、排除、そして復権を年代順に辿ることではなく、哲学に蔓延する、侵犯された精神または亡霊、ハイデッガーが彼の著作の中で公然と認めることを拒みながら、それでも分析につきまとっている精神＝亡霊の跡を辿ることである。

この点について、デリダのスクリプトないしクリプトの四つの面に戻ろう。動物、問い、テクノロジー、精神である。そこでユダヤ人に関して、このクリプトを考えてみよう。(1)動物。ユダヤ人は本当に人間なのか否か？ (2)問い。ユダヤ人問題。(3)テクノロジー。人種の絶滅装置。(4)精神。灰と炎の亡霊たち。どの程度まで、デリダが上に挙げた恐ろしいプログラムは、この人種的な転位への指示であり、ドイツ哲学が既に総長就任演説で分離していたユダヤ人の死体への指示なのか、そして、ここでDe l'esprit［幾分かの精神＝亡霊］と呼ばれているのは何なのか？ そして思惟の分割は、『存在と時間』でのGeistの引用符による囲い込みは、右のような「別の」発生の、いわば他の種（Geschlecht）の発生と系譜学の分離を、いかにして先取りしているのか？

デリダは、『形而上学入門』におけるハイデッガーの人種へのアプローチに着目した後、それを引き継ぎ、la bête blonde［金髪の野獣］の現われる『ニーチェ』研究に向かう。デリダは、Rassengedanke［人種思想］についてのハイデッガーの一節は、"sur le mode métaphysique et non biologique" つまり生物学的にではなく形而上学的に解釈されるべきであることを認める。しかし、「こうして規定の方向［意味］を逆転させることによって、ハイデッガーはこの「人種についての思考」を緩和しているのか、それとも悪化させているのか？」(78) 既に『形而上学入門』において準備されている人種の形而上学は、生物学主義と比べて、それほど良いものではないだろう、とデリダは言う。つまり、『ニーチェ』で、国民社会主義者たちの粗雑なダーウィニズムから人種の形而上学的復権へと方向を転じることでハイデッガーはまだ、なお疑わしいレトリックに、「生」の観念への対立を仮構するにすぎない用語法のレトリックに陥る危険を犯しているのだ。この仮構が、ハイデッガーが精神についての哲学的問いを立てるやり方に関わるということが、Rassengedanke［人種思想］が、人間と見なされず根絶に直面した人々のパースペクティヴからは極めて不愉快な形で規定されるということを確実にする。

動物、問い、精神を考察した後、デリダが今や炎に、浄化のテクノロジーに向かうのは偶然ではない。"Maintenant viens, ô feu!" ［今や、来たれ、火よ！］それは一九四二年、ユダヤの歴史にとっては重要な年であり、ハイデッガーはヘルダーリン講義を行なっている。"Jetzt komme, Feuer!" 詩『パンとワイン』において、ハイデッガーは精神を固有性喪失とみなして最後の五行を読んでいる。それも註釈しながら、デリダはこう記している。"la crémation ou l'incinération du Beseeler, de celui qui anime, de celui qui porte l'âme, autrement dit le don de l'esprit"（「魂を吹き込む者の、生気を与える者の、魂を担う者の、言い換えれば精神の贈与を担う者の火葬あるいは焼葬」）。[79] デリダは、ハイデッガーが一八世紀に生まれた詩人に宛てて書いていることを十分承知している。それでもなお、デリダは、いかにしてヘルダーリンが、ハイデッガー哲学における四つの角をもつクリプト――この場所では浄化する者、Beseeler［魂を吹き込む者］の火葬や焼葬を見ることができる――のために使われているかを問い質しているのだ。要するに、デリダは哲学的浄化のカタルシスを、ハイデッガーがそれについては沈黙を守った歴史的背景の内に位置づける。Geist のクリプト的属性への問いかけのなかに反響するカタルシスである。"Der Geist ist Flamme"［精神は炎である］とハイデッガーは言った。そしてデリダが彼自身沈黙したまま見つけだすものが、ハイデッガー的な es gibt Sein［それが存在を与える］に代わる il y a la cendre［灰がある］のような幽霊じみた句だという示唆は強力である。これはもちろん、デリダが二重のコラムをもった論文 "Feu la cendre"［火［＝亡き］灰］において展開したモチーフであり、そこではホロコーストが想起されていて、デリダの著作がこのような屈折した認識によってホロコーストを回想していることが明らかになる。

疑いもなく、『精神について』の最も興味深い部分の一つは、ハイデッガーのトラークル解釈、すなわち『言葉への途上』所収の「詩の中の言語」についての、とりわけハイデッガーによる精神の炎と灰への同一化――ここで悪についての問いが立てられる――についての結論である。

悪とその悪意は、感覚的、物質的な性質のものではない。それは単に「精神の」ものでもない。悪は、盲目の眩惑へと燃え続ける恐怖の反乱であることにおいて亡霊的であり、全てのものを忌まわしい断片化に投げ入れ、優しいものの穏やかな、集められた開花を灰にしようと脅かす。

[Das Böse und seine Bosheit ist nicht das Sinnliche, Stoffliche. Es ist auch nicht bloss "geistiger" Natur. Das Böse ist geistlich als der in die Verblendung weglodernde Aufruhr des Entsetzenden, das in das Ungesammelte des Unheilen versetzt und das gesammelte Erblühen des Sanften zu versengen droht.[80]（悪とその悪しき性質は、感覚的、物質的なものではない。それはまた、単に「精神的な［geistig］」性質をもつのみでもない。悪は、驚愕を眩惑へと燃焼し去る激動として精神的［geistlich 亡霊的］であり、この驚愕は、忌まわしきものの不集合へと移し置かれ、優しきものの集められた開花を焼き焦がそうと脅かす）]。

ピーター・D・ハーツによる英訳は、Geist とその様々な語形に対して、"ghost"［亡霊］、"ghostliness"［亡霊性］といった一貫した訳を試みている。そして右の訳では、ハイデッガーの "zu versengen droht"［焼き焦がそうと脅かす］という控えめな表現を、数センテンス前の "das Weisse der Asche"，灰の白さへの言及に適合するように強めている。ハイデッガーのトラークル論のデリダによる読解は、暗黙のうちにハーツの訳によって確証されており、この訳によってわれわれは、直接には心に浮かばないようなことを考察できるようになる。トラークル論は、敏感な耳ならホロコーストに結びつけうるような、かすかな共鳴や倍音を露わにしているのだ。この「クリプト的」な論文においては、ハイデッガーが明示的には何か違うこと、すなわちトラークルにおける Geist について書いているちょうどそのときに、ドイツ語の響きはそのような「出来事」に向かっている。“Fors”を思い起こせば、このGeistは、それ自体を亡霊性——その墓から、哲学的な見張り人がわれわれを遠くへ導きつつある——として自らを露わにすると言えるだろう。もちろん、このような解釈は、デリダ自身によって示唆された可能性、つまり言語はわれわれが聞こうと期待するものとは別の何かを、「他者の耳」をもってすれば聞くことのできる何かを言うことができるという可能性に依拠している。この点は、ニーチェについてのデリダの思索のなかで詳細に展開されている。(81)『精神について』においては、われわれは、多くの読者には聞こえぬままであったもの、ドイツ語のゲルマン的読解の内部から語る「他者」を承認する言説を聞き取るよう要請されているのを感じとる。デリダの分析が示唆しているのは、ハイデッガーのトラークルに関する理論的言説が、geistig と Geistigkeit の差異を脱構築し、トラークルの詩風を、そこから反ユダヤ主義が生まれてきた形而上学的対立の彼方から、すなわち精神のキリスト教的概念と非キリスト教的概念の間の差異の彼方に位置づけようと試みるなかで、右のような承認を呼び起こしているということだ。デリダがそう呼ぶこのハイデッガーの道は、その政治に劣らず、以前の『形而上学入門』にみられるハイデッガーの形而上学的言説への方向性に対立する働きをする点でとりわけ興味深い。その政治は、「詩の中の言語」のパースペクティヴからは、精神としての存在の問いについての後期ハイデッガーの思惟の浄化する炎の内で焼き尽くされるのである。

だが、デリダは、ハイデッガーによる精神の脱構築を好意的に是認しながらも、同時に、実際には、この脱構築が空虚な身振りであって、そこではキリスト教形而上学が回復されつつあるにすぎないと論じることによってそれに背を向ける。デリダがハイデッガーの経歴における諸々の臨界点について跡づけてきたGeistの掛詞的（パロノマジック）な横滑りの中で、彼はもう一度、脱構築のハイデッガー哲学への関係を、ハイデッガーに面と向かい背を向けるという両面価値の内に位置づける。『精神について』で、諸契機のテンポラルな展開のなかでこれらの向かい方を歴史化、政治化する。その展開においてl'esprit［精神］の問いは、ドイツ人たちの精神性またはGeistに、亡霊、灰、炎についての物語を含む精神性にのしかかるのである。

しかしながら、歴史的崩壊のこの回想は、『グラマトロジーについて』（*De la grammatologie*）――この表題は『精神について』（*De l'esprit*）というフレーズの中にいく分か反映されている――における以前の理論的展開に対応するようになされている。その意味で『精神について』はわれわれにとって、ハイデッガーの企てに対するデリダの以前の評価を再確認する研究として重要なものになる。確かに、その後のデリダの研究は、ハイデッガーがトラークルの内に認める精神性が、retraitやes gibt Seinのesのように、『グラマトロジーについて』がarchitrace［原痕跡］と呼ぶものであることを確証する。つまり、そのなかに「そのものとしての他者の現前化、すなわち、その「そのものとして」の隠蔽」がある「未聞の意味」である。(82) 要するに、『精神について』がハイデッガーのトラークルへの言及の詳細な読解によって証明するのは、『グラマトロジーについて』でなされた理論的な議論であり、そこでは痕跡は、「他者との関係」を際だたせている。そして、「他者がそのものとして告知されるとき、それは、それ自身の隠蔽において現前化される」。その上、ハイデッガーのトラークル読解に関する『精神について』の議論では、デリダは、どのようにして「「神学的」なものが、痕跡の全体的な運動の中の」、つまり言説内の掛詞的な運動の中の「特定の一契機である」かを明らかにしている。その運動の中では、痕跡は、それ自身が存在論的に現前したり、それ自身の内の何かとして回収可能になったりすることなく存在論的関係を開くretraitとしてあらわになる。それでも、存在論そのものからの退隠において、retraitは同時に形而上学の内部と外部から、それ自身を知らしめるのだ。(83) そうしながら、retraitは、形而上学的な回収や取り込みを免れるよう組織されるまさにそのときに、形而上学の内部に（アブラハムの意味で）体内化されるハイデッガーの思惟のクリプトをよく画定する。しかし、"Fors"がわれわれに亡霊の蔓延を認めるよう要求するのに対して、『グラマトロジーについて』はわれわれに痕跡‐作用の方向を指し示す。そして、『精神について』の含意の一つは、ハイデッガーは痕跡のよりラディカルな潜勢力を捉えることに成功しなかったために、亡霊とそのクリプトの効果を保存したままだということである。

『グラマトロジーについて』のある箇所で、デリダはフッサール現象学に関して、ハイデッガーをも強く念頭に置いて、次のように言っている。

「それゆえ、痕跡の思惟は、超越論的現象学と決別することも、これに還元されることもできない。他の場合と同様ここでも、問題を選択項において定立すること、それに然りか否かで答えるよう強いる、あるいはまず自分がそう強いられていると信じること、帰属を忠誠と、あるいは非帰属を率直な物言いと考えること、これらは、きわめて異なった諸々のレベルや道程や様式を混同することである。archie［原］の脱構築においては、人は選択を行なわない[84]」。

『精神について』の、『言葉への途上』におけるGeist についての考察は、選択をすることに対するハイデッガーの賞賛すべき抵抗――デリダが上掲の『グラマトロジーについて』で、まさに原痕跡についての意識が生じる瞬間に記した――の主要な一例である。デリダは、ハイデッガーが既に一九五三年に、まさにデリダが『グラマトロジーについて』でアウトラインを描いた意味で、フッサール現象学と対立したことを認めている。しかし、ハイデッガーはいまだ正しい道でフッサールを越えて進まなかった。最終的には彼も、選択することに陥ったからだ。デリダが強く示唆しているのは、ハイデッガーが、現前としての痕跡についての問いに対して然りか否かで答えるように自らに強いるという選択を拒否しながら、なお、そのなかでGeistとそのキリスト論的な装置が復権され、神学的なものが差異的な「痕跡の運動」――そのなかで差異の時間的な手引きが確立されている――の中に回収されるような言説を選んでいるということだ。[85] それゆえ、『精神について』でデリダは、ハイデッガーの原痕跡と関係する語の選択へと向かう。「この朝早すぎるまでのFrühe［早朝］へと」、「早春を上まわるこの原初へと向かう」、「primum tempus［第一の時］の始原より以前に」来たるもの「へと向かう運動」である。[86] そのうえ、デリダが示唆しているのは、ハイデッガーは痕跡の最もラディカルな含意を把握しなかったために、フッサールから離反するときにそれらの含意を見てとったまさにその時に、哲学のクリプト――そのなかに「他者の」残遺あるいは痕跡が安全に保たれている――を生気づける精神を保存する、ということだ。後で立ち戻るべき問題である。

コンテクストにおいて見れば、『グラマトロジーについて』からの右の引用は、時間性に関してはフッサールに向けられたものであり、同様にハイデッガーのトラークルについての言及も時間に、「時間のアリストテレス的表象、すなわち継起、持続の量的・質的な計算のための次元」[87]に関わっている。Geistという語の様々な様態の脱構築を通してハイデッガーは、時間に関するこのようなアリストテレス的観念に挑戦している。それは、primum tempus［第一の時］の前に来るものの観点から時間の問いを開くRiss［裂目］を認める時間性を、トラークルを通して呼び起こすことによってである。しかし、ラディカルなテンポラリティーという手引きを展開しようとする、この後期ハイデッガーの企てを認めているにもかかわらず、『精神について』は実際には、われわれの探究のコンテクストでは、デリダが、存在と時間の間の関係のハイデッガーの分析のなかにある、なおもう一つの主要な欠陥と見なしているものへの批判を展開している。すなわち、『精神について』は、そこで存在についての確立された形而上学的諸観念に暴力を加えようとする企てが、――『存在と時間』の廃棄されたテンポラルな企図を達成しようとする時間的手引き（この場合には、retrait）の構築に向かって、方向づけられている、そうした後期ハイデッガーのある審級を考察している。確かに、こうしたテーゼが示唆されていることには、二つの主要な兆候がある。第一に、アリストテレスへの言及は、アリストテレス哲学の検討を通して時間性の理論を展開しようとするハイデッガーの試みをわれわれに思い起こさせる。第二に、retrait の観念は、時間が存在／非存在という差異の存在論的選択に従って肯定も否定もされ得ない限りで、時間的である語彙に特有のものである。retrait は、まさにテンポラリティーを différance［差延］として性格づけるものである。しかし、ちょうどハイデッガーが、一九六〇年代後期のデリダの諸論文によって、差異のラディカルな理解をしそこなっていると見なされているのと同じように、ハイデッガーにとっては Ereignis［性起］という語が Geschehen［生起］という語、つまりデリダによれば das Geistliche［精神＝霊火的なもの］という語の多段転義（メタレプシス）的な隠蔽と結びつけられうる後期ハイデッガーを取り上げる今でも『精神について』は同じ評価を下すのである。[88]

デリダが『精神について』で自らの分析を進めるその進め方の主要な差異の一つは、一九六〇年代には、問題が主に哲学的と呼べるような、どちらかと言えば抽象的な一群の概念装置のなかで考察されていたのに対して、『精神について』ではデリダは、ハイデッガーをも、ヨーロッパ文化をも、はるかにもっと政治的な基盤に立って告発しているところにある。この告発は、この研究の最後で極めてはっきりしてくる。

ナチズムは砂漠で誕生したのではない。それはよく知られている。だが常にそのことを思い起こさなくてはならない。そして、たとえナチズムが、いかなる砂漠からも遠く離れた所で、ヨーロッパの一つの森の沈黙のなかで茸のようにどんどん成長したのだとしても、それは何本もの大樹の蔭で、その沈黙や無関心に護られて、しかも同じ地面の内で成長したのかも知れないのだ。ヨーロッパで、広大な［黒い］森に繁殖しているこれら大樹のリストを私は作らない。その種を数え上げたりはしない。本質的な数々の理由から、それらの種の呈示は、図表空間を拒絶するのである。それらの種が叢生する分類表のなかでは、それらは宗教、哲学、政治体制、宗教的あるいはアカデミーの制度の名前をもっていることであろう。要するに、漠然と、le monde de l'esprit［文化あるいは精神世界］と呼ばれているもの(89)。

ここで、キリスト学的な顕示のなかにある形而上学的伝統だけではなく、森の道に関するハイデッガーの抑制されたテクストも、声なきままに立ち続けナチズムに庇護を与えていた日除けの木として立ち現われる。そして、何らかの将来の反ユダヤ主義を助長する番兵として立ち続けるのは、これらの堅固な植物性の傘なのである。

だが、デリダは、クロード・ランズマンの『ショアー』のように、ハイデッガーの森にだけ対応する黒い森に、SSの植林がそれほど以前ではない、今日もガスで殺された人々の墓を覆う暗い森に住む亡霊たちをわれわれが感じ取るような形で、ハイデガーのテクストという森の道を歩いてきた。『精神について』の末尾近くでデリダは、精神についてのハイデッガーの全考察に渡って、ヘブライ的な ruah［気息］の観念の認知がなく、何ものもユダヤ的な文化理解のパースペクティヴからあらわになる ruah raa、すなわち l'esprit malin、邪悪な霊について語っていないことを確認している。すなわち、Geist の詳細な考察は、ユダヤ人のパースペクティヴからすれば、呼び掛けることが許されないような悪を内に匿っているのだ。ただ、デリダの論文が常に仄めかしているように、このユダヤ的な叫びは、かすかではあれ、ドイツ語の内部からも、犠牲者たちの声、「他者」の声を政治的、精神的に抑圧し、沈黙させることを目的の一つとする形而上学的言説の内部からも、なお聞き取ることができる。もちろん、「他者の耳」をもって聞くことは、言語のクリプトまたはスクリプトの内にあるものを聞くことであり、ハイデッガー哲学の場合には、亡霊や歴史の声が囁いているのを聞くことである。それは、ナチ崩壊の「痕跡」のパースペクティヴからはいまだ聞き取れず、聞こえないものを、デリダが es gibt Sein［それが存在を与える］の脱固有化的次元として il y a la cendre［そこに灰がある］、と呼んだものを聞くことである。

『精神について』でわれわれは読む。L'esprit en-flamme deploie son essence［精神——は燃え上がらせる／炎に包まれている——は、その本質を繰り拡げる］(90)。別の箇所でデリダは、黒い森が、不浄な他者を放逐するために燃え上がらんとしているハイデッガー的 Ge-stell［組み‐立て］であるかのように、ecriture du feu［火のエクリチュール］について語っている。それゆえ、ヨーロッパ思想である黒い森は、たとえ静かに、その上息をつめて、森間の空地や木の茂った高地として待機しているとしても、浄化する炎としての潜在力を保っている。もちろんここでこそデリダは、われわれに、ロマンティックにドイツ哲学に結びつけられている森の国の精神の諸々のアイデンティティを再考するよう促すのである。

もちろん、哲学に対するこの態度は、『弔鐘』という、いくつものテクスト的クリプトから成るテクストで仄めかされている。そこでは、『精神について』に対するいくつものきわめて重要な対声部を、長々と展開することができるであろう。しかしながらわれわれは、これらの互いに密接に連関したテクストの考察を、『弔鐘』から引用する次の言葉に限らなくてはならない。

すべてを焼く焼尽は、自らがそうあるものであるためには、戯れの、差異の、蕩尽の純粋性であるためには、その反対物へと移行しなくてはならない。自らを保持し、自らの喪失の運動を保持し、まさにその消失において自らそうあるものとして現われなくてはならない。それが現われ、火が姿を見せるや否や、それは残り、自らを引き留め、火として自らを失う。

そして、

ホロコーストがなければ、弁証法的運動と存在の歴史は、それら自身を開くことも、その年祭の円環に関わり込むことも、東洋から西洋への太陽の軌道を生み出しつつ自らを廃棄することもできなかっただろう。以前に、もしここで時間を計算することができたなら、いかなるものよりも前に、いかなる決定可能な étant［存在者］よりも前に、don［贈与］の突発的な出来事があるし、あったし、あったことになるだろう。もはや一般にこの語で指示されているのとは何の関係もない出来事である。したがって、贈与は、もはや être［存在］から出発して思惟されることはできず、問題になっているものがいまだ論理ではなく論理の根源であるときにも、このような論理的逆転が適切であるとすれば、「その反対」だと言えるであろう。「時間と存在」においては、es gibt の贈与は、es gibt Sein の内の Sein よりも前に思惟されるべく自らを与え、しばしば出来事と訳される語 Ereignis［性起］の名の下で決定される一切のものをずらす。

今やいかにして、年祭の出来事が可能なのか？　年祭において何が自らを与えるのか？[91]

『弔鐘(グラ)』においてデリダは、ヘーゲルの絶対精神を長々と省察している。しかし、右の一節が明らかにしているように、その省察は、ハイデッガーの思惟とヘーゲルの思惟の関係に関する注意深い考察を含んでもいる。とりわけデリダは、あたかもヘーゲルの著作の内にハイデッガーがクリプト化されているかのように、光の崇拝が論じられているヘーゲルの『宗教哲学講義』の中のハイデッガー的な響きに耳を傾けているのだ。「ホロコースト」という語は、もちろん、第一の直示的意味としては原始宗教の犠牲の火のことであるが、第二には、近代ドイツ哲学との関係において、それをこの語のより現代的な用法から分離するのは難しい。『精神について』の中の森の隠喩があるがために、火の retrait［退隠］についての『弔(グ)鐘(ラ)』の一節は、ハイデッガーが森を省察する必要性を、またなぜ森は、ハイデッガー哲学が書かれた場所として重要なのかを示唆するものになる。さらに、『弔鐘(グラ)』の一節が進んで立証しているように、それ自身を何か異なるものとして保存しなくてはならないこの火は、ホロコーストの火である。そして、ハイデッガーの哲学的コンテクストでは、この火は朝早い瞬間と見なされており、早さのあらゆる時間性は、その前で確立されるのだ。『弔鐘(グラ)』によればそれは「［犠牲的］贈与の、突発的出来事」であり、これを通して、存在の歴史が人類に約束され、あるいは下賜される。要するに、ホロコーストは、時間と存在の間の関係――これを通して、es gibt すなわち存在の贈与が思惟可能になる――のために、哲学の内部にクリプト化されなくてはならない。『弔鐘(グラ)』においては、犠牲的贈与は年ごとの出来事であり、それは、まさに遂行されるとき、その循環そのもののなかでそれ自身を廃棄することを意味する。『精神について』でデリダは、ハイデッガーのトラークル論が二十周年にあたることを考察する。それは総長就任演説を廃棄すると共に循環させると言ってよい。だが、もしこの「出来事」が存在の歴史を創設するのだとしたら、どの程度までそれは現前の形而上学の内部で、ホロコースト的、時間的なカタルシスのこのような形而上学を――庇護しながらも、――我有化可能な出来事としては撤退させるのだろうか？　年ごとのものの循環的な廃棄は、円環的で啓示的な時間の強迫観念と訣別する限りにおいて、廃棄しようと望むまさにその形而上学を永続させるために機能する。

『精神について』が示唆しているのは、ハイデッガーのトラークル論をこのような意味で読んでよいということであり、実際、西洋の思想が、この実践から、つまり、ヘーゲルの著作においても同じくらい有効に、同じくらい詳細に分析されうるものから大きく逸脱してはいないということだ。言い換えれば、もしハイデッガーの後期の著作が、いまだにアリストテレスの時間論的な概念系を十分に越え出ることに成功していないとしたら、それはまた、ハイデッガーが『存在と時間』で同様に乗り起えようと試みたヘーゲル的な時間の問題設定をも十分に越え出ることには成功していない。デリダは既に、ハイデッガーのドイツの森への方向性の考察を通して、このことに注目している。この森の中に彼は、ホロコーストの火が、森自体の常なる貯えの内に、クリプト化され、保存され、秘蔵されているのではないかと疑うのである。

しかし私は、“Fors”に立ち戻りたい。“Fors”への説明的な注で、バーバラ・ジョンソンはおそらく、語の言語内的な諸々の意味のなかで、forsは「四」を意味すると付け加えることもできただろう。われわれも注目するように、ハイデッガーは時間を第四の次元という観点から語っている。デリダが「詩の中の言語」の、朝早くの特徴線として同定し、『弔鐘』では西洋存在論の歴史に通じるホロコーストである特徴線として同定するのが、この第四の次元である。fors（四）が、二〇世紀の歴史におけるユダヤ人たちの運命に関わる四つの問題設定の間の関係を示唆しており、forsが、排除されたり除外されたりした者の接近（fors［除外する、省く］）を示唆していることはおそらく、匿された名前（cryptonym）が『精神について』につきまとっている可能性がある、ということの最初の証左であろう。もし、このような匿された名前がありそうなことだとしたら、そのことは、私が掛詞（パロノマジック）的または多段転義（メタレプシス）的なものとして同定してきた用語の分割や分配のあとを辿るための道筋の一つを示唆することになるだろう。その上、fors または「四」は、ハイデッガー的な時間性の第四の次元の特別な再記入として、歴史的な再記入としてはたらくであろう。この再記入のなかでは、Geist についてのハイデッガー的な考察に通じる出来事が、ハイデッガー的なあるいはヒューマニズム的な敬虔さが大抵は口に出すのを拒んできたことを語るのだ。彼らの犠牲が精神という問題設定の外側に存するような、しかし精神という問題設定が思惟されるために彼らの死が要求されるような人々のパースペクティヴからの歴史記述である。この結末に至って、西洋の反ユダヤ主義は、思惟の形而上学的制度の全体による要求として、西洋の哲学が自らをその重荷から解き放そうと闘ってきたちょうどその時に、自らの内部にクリプト化してしまっている要求として考えられるようになる。とりわけ、デリダによるハイデッガーの思惟への評価に関して、fors は、そこにハイデッガー哲学の内で脱構築への抵抗あるいはそこからの除外が内在している――ここでは抵抗は特に苦しいものだが――さらに別の審級を示唆する。というのは、それは不安にさせる哲学的、歴史的なクリプトの保存を指し示すからである。このクリプトは、痕跡についての省察――それはハイデッガーの思考にとってはずいぶん違った帰結をもたらすことになっただろう――から生じるのではなく、むしろ Geist ――その掛詞（パロノマジック）的な分割において歴史的カタストロフの四つの面をもつクリプトが、動物、問い、テクノロジー、精神の束縛の中で構成されるような語――の考察によって生じるのである。デリダが『精神について』で示唆しているように、この四方域は、ハイデッガーによる有名な存在の抹消あるいは削除の重要性が解釈されるためのもう一つの手段なのである。

第四章　黙示録の先取りの数々

一九八〇年代を通じてデリダが、破局的な歴史のコンテクストによって——ハイデッガーなら哲学的な著作では認めるのを嫌がっただろうコンテクストによって——掛詞的（パロノマジック）にテンポラリティーの問いを立てたことをわれわれは指摘してきた。そうする中でデリダは、ハイデッガーが行なったテンポラリティーへの修正的な転回によって歴史を再概念化するちょうどその時に、もう一度ハイデッガーから距離をとる。本章ではさらに、後期ハイデッガーによる言語とテンポラリティーの理解について、デリダが最近行なった捉え直しや修正のあり方を展開する。とりわけ『絵葉書』においてデリダは、ハイデッガーのEreignis［性起］を、「書簡＝呼応」（correspondence）が持つ、文字通りテクノロジーのパースペクティヴから読むだろう。「書簡＝呼応」のテンポラリティーは、デリダが「人間の諸々の目的＝終焉」や「哲学の死」と結びつける破局（カタストロフ）や黙示録（アポカリプス）についての哲学上の直観と合致する。*De l'esprit*［『精神について』］と、『絵葉書』以降に出版された様々な著作——そこには「バベルの塔」『シボレート』『ジョイスへの二つの言葉』“Geschlecht II”そして『黙示録的語調について』が含まれる——のなかでデリダは、ユダヤ人の思考や文化にとって「目的＝終焉」の概念を歴史的に規定してきた「出来事」への問いかけを通してハイデッガーへと向かい、ハイデッガーから離れる。デリダはこの出来事を、黙示録というキリスト教の概念と並べて提示する。それは出来事性ばかりでなく、ユダヤ人と非ユダヤ人との歴史的諸関係を含む諸々の出来事のあいだの差異の歴史主義的な概念化を脱構築するためである。

デリダにとって、ハイデッガーという人物はとりわけ重要である。なぜなら、ハイデッガーは、終末論的に実体化され、その結果アリストテレス的な自己充足的な諸瞬間からなる隔時性のなかに固定されてきた時間性をもった出来事性の概念を解体するために、脱構築が我がものにし変容させうる語彙を授けたからである。デリダが主張し続けてきたことは、こうした実体化が、ユダヤ的文化と非ユダヤ的文化のあいだの絶対的差異の感覚の一因になるということである。両者の境界は、出来事の形而上学的な理解によって歴史的に決定されるが、当の出来事は、ユダヤ的パースペクティヴからすれば形而上学的には理解しえない「他の」伝統に属している。本章は、ハイデッガーの Ereignis［性起］と、デリダによるその脱構築の作業を巡る議論から始める。まずは『エトムント・フッサール「幾何学の起源」序文』を扱い、ついで『言葉への途上』におけるハイデッガー的な書簡＝応答ないし Übereinstimmung の概念の検討に移り、その後に『絵葉書』と、『哲学における最近の黙示録的語調について』での語調と「人間の諸々の目的＝終焉」に関するデリダの見解が議論される。最後にこの章では、『シボレート』"Geschlecht II" の検討がなされる。これらの検討において、デリダがハイデッガーへと向かいかつ離れ転回することが、最近の西洋史上きわめて不穏な歴史的あるいは時間的コンテクストのなかでもう一度明らかになる。デリダはそこで、ハイデッガー／デリダの「関係」をわれわれが思考しうるのかどうかを再び問題化するのである。

存在の授与

「存在の送り届け」や授与というハイデッガーの概念は、後にデリダが『絵葉書』のなかで「書簡＝呼応」や「郵便システム」と名指すものの定式化にとって疑いなく決定的な概念である。こうした存在の送り届けが、ハイデッガーのEreignis［性起］というタームとかくも密接に結びついていることを考慮すれば、このタームは、それが多段転義（メタレプシス）や掛詞（パロノマジア）を超えたはるか遠くにまで運ばれてゆく、もっと最近のデリダの著作の地点から考え直す必要がある。『絵葉書』のようなデリダ後期のテクストについては、多くのことが著されてきた。しかし、Ereignis［性起］のテンポラリティーが、存在の送り届けと存在の語り――ここで存在は運命と連関している――との関係において重要な関心事となる、極めてハイデッガー的なアプローチとの根本的な繋がりについては、ほとんど論じられてこなかった。デリダは、“Pas”［「歩＝否」］のようなテクストにおいて、言語の多段転義（メタレプシス）なテンポラリティーを立証したが、絵葉書――マチュー・パリスの図案が描かれているいつも同じ絵葉書――の送り届けを通じて、さらに行為遂行（パフォーマティヴ）的にハイデッガーのEreignis［性起］に関わってゆく。そうすることで彼は、そこでハイデッガーの「存在の送り届け」がある運命を達成する実践を設立する。デリダはこうした運命を、破局（カタストロフィック）的な脱我有化や黙示録に連関づけて解釈することになる。人間の諸々の目的＝終焉と哲学の死とは、それ自身ハイデッガーの関心事であるが、それらは、社会的装置の機構や技術の枠内で詳細に考察される。そこで存在の運命は取り扱われ、転送されるのである。「いつも郵便の進歩によってこそ、州警察は地歩を得た[1]」。

もちろん実際にハイデッガーが、こうした考えを切り出すことはほとんどない。ジョゼフ・J・コッケルマンズは『存在の真理について』で、「存在の送り届け」あるいは「現前させること」(Anwesen)としてのEreignis［性起］というハイデッガーのタームを、次のように論じている。「贈与される存在とは、送られたものであり、われわれが歴史に見出すその諸変容のそれぞれに、(送られたものとして)とどまっている[2]」。コッケルマンズにとって、この「送り届け」(Schicken)とは、郵便システムのような技術的装置の内部でではなく、その贈与が必然的に時間的で、それゆえ歴史的であるような存在の生起として、はるかにもっと形而上学的に理解されるべきものである。ただし、こうした存在の生起は、終末論的な存在の啓示ではまったくなく、むしろ存在の生起のなかで変化するものである。コッケルマンズは、ハイデッガーの「存在の送り届け」についての解説的できわめて重要な一節で、こう書いている。

それゆえ、存在の歴史は、存在の送り届けを意味する。そして様々な送り届けの仕方において、送り届けそのものが、送り届ける当の神秘的な「それ」と同様に、存在が自身を「示す」様々な顕現のうちで、それ自身退行する。それ自身退行するとは、ギリシア語においては、epochēを意味する。だからこそ、われわれは存在の送り届けの時代（epoch）を語るのである。時代とは、一次的に、存在の真理の生起における、ある時間の区切りを意味するのではない。それは送り届けそのものの根本的性格を、すなわち、贈与の様々な顕現、すなわち諸存在者の暴露に関わる存在の様々な顕現のための、それ自身の退行を意味する。存在の送り届けにおける時代の順序は恣意的なものではないが、必然性をもって予言しうるものでもない。そして固有なるものは、それぞれの送り届けにおいて自身を示すのであり、時代へ共属することにおいて自身を示す。これらの時代は、その順序において重なり合い、かくして現前としての存在の根源的な送り届けは、非覆蔵の様々な諸変容のうちで、さらにいっそう隠匿されることになる。こうした隠匿の解体（破壊）のみが、存在の送り届けにおいて自身を顕現するものに関する暫定的洞察を思惟に授ける。

プラトンが存在をイデアとして表わすとき、そしてアリストテレスがそれをエネルゲイアとして表わし、カントが定立として、ヘーゲルが絶対的概念として、ニーチェが力への意志として表わすとき、それらは単に偶然的に生じた諸学説だというわけではない。それらはむしろ、存在そのものの「言える」において自身を隠してしまう語りかけ（address）に対する返答なのである。[3]

葉」なのである。送り届けのうちで語るが、しかしそこで、すなわちあの神秘的な「それが存在を与

　コッケルマンズは暗に、存在の「言葉」とは多段転義的（メタレプシス）なものであり、また、存在についての諸学説とは、存在の問いがそれを通じて転送され翻訳される「語りかけへの返答」であることを認めている。ちょうどアナクシマンドロスの断片の翻訳が、断片の置き換えや削除の歴史の外では思惟しえないのと同様に、存在の諸学説も、人類に対する存在の語りかけの歴史を形成する、そうした存在の問いの翻訳なのである。コッケルマンズは、この存在問題の翻訳においては、移動や削除、もしくは彼の言い方では隠匿があることを認めている。こうして存在の真理は、書簡＝呼応や「共属」を通じて認知され、「存在の送り届け」において、すなわち存在解釈の歴史を構成する哲学の諸学説の書簡＝呼応において配達されることになる。歴史の時代は、それ自身多段転義（メタレプシス）的に、あるいは掛詞（パロノマジア）によって見てとられ、また「存在の送り届け」は、諸々のepochéとしての時代（エポック）の時間的な展開に他ならず、こうした置き換えの諸契機たる時代の連鎖のなかで「存在の送り届け」は、「暴露の様々な変容のなかで隠蔽される」まさにその時に移送され運ばれてゆくのである。それゆえ、存在の送り届けの「暫定的な洞察」を与えるためには、破壊が必要になる。もちろん、問題は形而上学の解体である。形而上学こそが「暫定的な洞察」を曖昧にしているからである。

　ハイデッガー後期の哲学上の位置づけに関するコッケルマンズの説明は、とりわけ重要である。なぜならそれは暗に、多段転義（メタレプシス）としての、またテンポラリティーの手引きとしてのエクリチュールの問いを発しているからであり、またそれは、W・J・リチャードソンやデイヴィッド・ハリバートンのようなハイデッガー解説者の読解がしばしば見せる、一種の形而上学的な回収に抵抗するからである。その上コッケル

マンズは、存在への問いの移送がいかに、epochēとしての時代において開示される「存在の送り届け」とハイデッガーが呼ぶものに属すのかを理解している。時間的な書簡＝呼応の地平として存在を必然的に構成する多様な関係の一部である時代を包括するようなテンポラリティーの概念は言うまでもない。ハイデッガーはEs gibt Sein［それが存在を与える］と、またEs gibt Zeit［それが時間を与える］と書いたが、それによって彼が示唆しているのは、存在の贈与と時間の贈与とが密接に書簡＝呼応しているということである。実際、かくも馴じみ深い時間の次元――過去、現在、未来――に加えて、ハイデッガーは時間の第四の次元を考察する。「近みへもたらす近接性」である。ここでもまたコッケルマンズは、たいへん有意義である。時間の第四の次元は、「到来と既在と現在を、隔たりを保ちながら互いに近くへともたらす。というのも、それは既在を、現在として到来することを拒むことにより開かれたままにし、同様に、到来（未来）を、この到来に現在を与えず退かせることによって、つまりそれが現在であることを拒むことによって開かれたままにしておくからだ。したがって、近みへもたらす近接性は、拒み、退行させる性格を持つ」[4]。存在の送り届けは、時間の第四の次元の贈与において開示されるだけではない。それはまた諸々の近さの書簡＝呼応であり、その存在の遅延において存在が生起すると言われうるのである。時間への存在の所属と、存在への時間の所属が、コッケルマンズが指摘するように、Ereignis［性起］である。Es gibt Sein［それが存在を与える］やEs gibt Zeit［それが時間を与える］の決定不可能な（unbestimmt）「それ」が贈与する時間と存在に存在論的に先行する出来事／非出来事である。

後期ハイデッガーに関するコッケルマンズの鋭い解釈が示しているのは、「存在の送り届け」と「時間の贈与」と「真理の運命」との関係は、歴史をまさに非目的論的な次元に位置づける出来事／非出来事の構造に、すなわち時間の第四の次元に属すということだ。もし「存在の送り届け」が、暴露も隠蔽も、提示も、それに伴う退行をも構成するならば、それは、諸契機の書簡＝呼応――その Ereignis［性起］は unbestimmt［決定不可能］である――の観点からも考えられなければならない。これは、後期デリダのテクストを理解するためには決定的である。それらのテクストが、もっと文字通りの、にも関わらず、まさに非規定的で非目的論的なものとしての書簡＝呼応としての歴史に関わるかぎり。デリダもまた、ハイデッガーと類似した仕方で、我有化の瞬間に脱我有化が発現する Ereignis［性起］としての「出来事」に焦点を合わせることになる。ジョン・サリスは、「言語の呈示に向けて」で、このようなパースペクティヴをハイデッガー的な視点から考察し、次のように書いている。「言語は本質的に退行する。……思惟することは、この退行に対立することではなく、むしろこの退行において共に引かれてゆくことである」(5)。退行とはそれ自身、Ereignis［性起］である「存在の送り届け」において顕現される書簡＝呼応の我有化と同時に生じる、あの脱我有化のことだ。ハイデッガー自身が言っているように、Das Ereignis ereignet［性起は起こる］。ところがサリスやコッケルマンズのようなハイデッガー主義者にとって、「存在の送り届け」の内部での存在の脱我有化や存在の退行は、Aufhebung［止揚］として定立されるか――そこでは存在の運命は存在として規定される――、想定しうるあらゆる存在の概念の破棄として定立されるかのいずれかである。つまり、名指されえず unbestimmt［決定不可能］にとどまるもの、「それが与える」の「それ」、送り届けの apeiron［非規定的なるもの］、これらに同時に近くも遠くもあるタームでハイデッガーが際だたせたような価値転換である。

第一章でわれわれは、ハイデッガーの「アナクシマンドロスの箴言」についてのデリダの読解のなかにある痕跡の痕跡としての現前が、痕跡の削除の痕跡として知覚されるようになるあの契機を指摘した。デリダが、存在と存在者との差異を超えたところに、différance［差延］の痕跡労働において絶え間なく差異化し遅延し続ける「差異」を見出したのは、ここにおいてであったことを思い出そう。われわれは、デリダの洞察を、アナクシマンドロスのapeiron［非規定的なるもの］に関する議論の内部で検討し、そしてまたハイデッガー自身もapeironを、その翻訳や翻訳可能性である歴史としてどのように解釈したかを検討した。しかしながら、デリダがもっとはっきりとapeironを、ただし出来事とは何かという問いとの関係で考察しているもっと早期のテクストがある。私は、いままでこのテクストを議論しないでおいた。かなり奇妙なことに、デリダの初期の仕事は「ウーシアとグランメー」と“La différance”［「差延」］で展開されるアイディアとかみ合っているものの、後期の仕事、とりわけ『絵葉書』は、『幾何学の起源の序説』（一九六二年）で展開される初期の論点に立ち戻るからである。

皮肉にも、一九六二年にデリダは自分をはるかに超えて先に進んでしまっていて、六〇年代後半や七〇年代における初期著作以前に、八〇年代の後の著作を先取りしていたように見えるのだ。デリダは、フッサールへの序説のなかで、ずっと後に提起される時間の書簡＝呼応の観点から「出来事」の定義に関わる問いを考察していたからである。『エトムント・フッサールの幾何学の起源』で、apeironというタームが現われるコンテクストに連関して、次の問いが立てられている。「歴史的事実性はあるのか、なぜあるのか？」(6) この問いは、『絵葉書』でのハイデッガー的な思弁の理解にとってとくに重要である。デリダは、出来事とは何かという問題ばかりではなく、始まりと終焉の「書簡＝呼応」の観点から、出来事の時間的意義の問題を提起するからだ。『エトムント・フッサールの幾何学の起源』でデリダは、何らかの歴史的事実性はあるのか、なぜあるのかという問いへの接近路がそこを介して与えられる、目的論的意識を仮定する。「それは、われわれが接近してゆく意味は、出来事の存在ではないからだ。それは常に、具現化しないかも知れないからだ」。確かに、「なぜ」は「その重みを、現象学的な確実性に負っており、この重みを通じて『何を目指して』の激しさが取り戻される」[7]。歴史的事実性があるのはなぜかという存在論的問いは、その問いを問う目的論的な意識に依存する。それは、自らを問う時にも、実際にはそれ自身を問わない歴史として、その書簡＝呼応――何を目指して――が目的論的に規定される意識なのである。それゆえデリダは、「目的論とは、意味と存在との脅された統一である」[8]と書いている。

しかし、ハイデッガーのパースペクティヴからすれば、事実とは何か、また出来事とは何かという問いは、はるかにもっと危険である。ハイデッガーにとって事実性とは、デリダが「歴史としての存在の起源の問い」[9]と呼ぶもののなかに、問いの開けのなかにあるからだ。apeiron に着目しながら、デリダは次のように書いている。

> 存在論は問いへの権利しかもっていない。この問いの、永久に開いている裂け目(brèche)において、存在それ自身が、apeiron の現象学的否定性の下に、沈黙しつつ現われ出る。確かに存在そのものは、方法の推定のなかで――それはまた再開でもあるが――、常に既に思惟すべく与えられてしまっているのでなければならない。そして確かに、現象学が言葉への権利(droit à la parole)として始まる時には、存在への接近路と存在の到来は、常に既に引きつけ合ってしまっているのでなければならない。そして、もし存在が徹頭徹尾歴史であってはならないならば、存在表出に対する言説の遅れとは、現象学としての思惟のたんなる誤まった悲惨(fautive misère)でしかないだろう。そうではありえない。歴史性は存在へと予め定められているからだ。そしてこの遅れは、言説としての思考自身の運命であること……[10]。

ハイデッガーの思惟をフッサールの分析から区別するものは、目的論的な意識が十分には近づきえない事実性や出来事を問い質すハイデッガーの能力である。というのは、事実性あるいは出来事とは、存在論的な epochē を被った時代としての存在だからである。この epochē に包摂されるのは、apeiron の否定性の下で示される存在、常にすでに近寄せられ引き寄せられたものとしての存在への接近と存在の到来(保持すること、書簡＝呼応、宛先)、存在が表出した後の言説の遅延もしくは遅さ、つまり思惟の運命(常に「延期され」「差異化」されているものとしての意味)である。

デリダは暗にこう言っている。apeiron とは、存在の遅れのなかで絶対的に遅延させられた起源の「無際限の多様性」もしくは「無限の含意」として理解されるべき、そうした時間の限界や archē[始源]を意味する、と。「絶対的なものは、断えず遅延させられ遅らせられ(différant)続けることにおいてのみ、現前する」。[11] 思惟の運命に関する存在の表出のこの記述は、la différance[差延]の観点から理解されることになる。とはいえフッサールの論文への序説でデリダは、決定不可能な差異という概念は、もっと直接に、存在と存在者との存在論的差異というハイデッガーのコンテクストの内に位置づけるのではあるが。しかしながらデリダはこの差異を、ハイデッガーが『根拠の本質について』で行なったように、現存在の超越として大々的に展開することはない。ブランショの pas au-delà[彼方への歩＝否](ハイデッガーにおける Überstieg)へのほのめかしが、「アプリオリな安全性をもって、純粋かつ具体的な形態を保持し、かつ告げることができるし、また無限にそうあるべき絶対的起源の原初的差異」[12] と同一視されるあの超越として援用されているとはいえ、である。デリダは、こうした原初的差異が、「私の生ける現在において構造的に現われる絶対的起源の他者性」であり、「まさにこの事実は、現象学的な遅延と制限の本来性を意味する」[13] と強調している。こうした指摘は、『絵葉書』のパースペクティヴからは、きわめて重要である。『絵葉書』は大幅に、絶対的起源の、および絶対的終焉の原初的差異である生ける現在の、エクリチュールによる遂行行為(パフォーマンス)だからだ。従って『絵葉書』は、『幾何学の起源』の結論部で概観された理論に対する実践だと考えられるであろう。もちろん私はこのことを、『哲学における最近の黙示録的語調について』と題された、『絵葉書』に対するデリダの重要な間テクスト(intertext)の観点から発展させるつもりである。

しかしながら、私はこの地点で、ハイデッガーの影響と連関を強調したい。明らかに、「ウーシアとグランメー」と同じく、『エトムント・フッサールの幾何学の起源』の結論部でも、デリダは、ハイデッガーにおける差異という徹底的に決定不可能な概念を定式化しようと試みた。ところがこのフッサール研究では、このことを、『根拠の本質について』における超越のハイデッガーによる再定式化を、後期ハイデッガーのテンポラリティーの概念化と結びつけることによって試みた。起源――apeiron――において非規定的に規定される存在と存在者との存在論的差異の観点から思惟への問いを論じるなかでデリダの関心をひくのは、時間的諸契機の差異化や書簡=呼応である。ハイデッガーにおいては、Ereignisを形成する我有化/脱我有化という諸契機の近接性として現われる差異化であり、デリダがla différanceと再定式化することになる差異化である。『幾何学の起源』のまさに終わり近くで、デリダは次のように書いている。

差異は超越論的なものであろう。事実的な無限性を、その意味と価値との無限性へと超え出ることによって、すなわち差異を保持することによって、差異を「還元する」ように働く思惟の、純粋で果てしない不安は、超越論的であろう。際限なく自らを留保する起源の上へ前進することによってしか、既に自らを予告しているテロスに向かって待つことができずに、起源とは常に来たるべきものだとい

うことを決して学んではならなかった一思惟の純粋な確信は超越論的であるだろう。(14)

「超越論的」という語は、ハイデッガーとフッサールとの双方を書簡＝呼応へと導き、フッサールがハイデッガーに埋め込まれ、同じくハイデッガーがフッサールに埋め込まれる時の、決定不可能な契機を記している。このことは、はるか後の『絵葉書』における「送付」(envoi) を想起させる。そこでは学生は、師が学生に命じることを師に命じる。実際「差異は超越論的なものであろう」という文は、きわめてうまく現象学の歴史のことを意味しているのかも知れない。そこでは、諸々の哲学のあいだの書簡＝呼応は、様々な哲学者と様々な哲学とのあいだに設定される同一性の規定可能性を侵犯するのだ。その意味で、哲学史は、超越かつ侵犯だと見なされうる。思惟として現存在は、——そこで存在と存在者との差異への関係が哲学そのものの差異として触発される——あの時間的分割の不確実性ないし決定不可能性において、自らを理解するに違いないのだからだ。このことはもちろん、フッサールの哲学に別の方向づけを与えるだろう。フッサールの超越論主義とは、すでに告げられているテロスを期待しうる確実性の超越論主義である。既に初期のフッサール批判において、デリダはハイデッガーの哲学を、目的論——そこでは、著者とアイデアとの書簡＝呼応は直線的かつ漸進的に画定される——を打ち立てる諸契機の特定の差異を前提にした歴史の概念に挑むために取り込んでいる。事実ハイデッガーの超越あるいは Überstieg の概念を考察しながら、境界の定まった一連の目的論的諸契機が解体されている。とはいえ哲学史の書簡＝呼応のそうした解体ないし脱構築は、われわれが後に指摘するように、ハイデッガーの書簡＝呼応あるいは Entsprechung の吟味の後に、著作『絵葉書』で初めて現われるのである。

ハイデッガーの書簡＝呼応

『言葉への途上』でハイデッガーはこう書いている。

時間が時間化する。時間が時間化するとは、時間が熟し、現われて来ることを意味している。時間的であるとは、現われて来るなかで現われたもののことである。時間が時間化するとは何か？　同時的なもの、すなわち、当の時間とともに現われて来るものである。そして、それは何か？　われわれははるか以前からそれを知ってはいたが、ただそれを時間化と連関づけて考えてはいない。時間は同時的に時間化する。それは、既在であり、現前であり、通常は未来と呼ばれるような、われわれとの出会いを待ち望む現在である。時間は当の時間化において、われわれを時間の三重の同時性へと移し去る。かくしてそれは、同じ時間に存するものの暴露へと、既在－現前－出会いを待ち望む現在との調和的な一性へと、われわれを保持しつつ移動させる。われわれを移し去りながら、あるいはわれわれへともたらしながら、時間は、同時性が産出しわれわれに開示するもの、すなわち時間－空間を、自身の途筋に沿って動かしゆく。しかし時間それ自身は、その本質の総体において、動くことはない。それは、静止のうちにとどまるのである。(15)

時間とは、現われて来るもの、到来するもの、その現われに到達するものである。そして、この到来は、同時的なものの内で生じる。時間が時間化する出来事は、到来することと滞在することとして同時に現われる。既在－現前－待ち望む現在は、三つの明確に分離される契機ではなく、出会いの出来事に他ならない出会いのなかで開示される時間の書簡＝呼応である。ここで、存在者と存在との同一性と差異性とが開示されることとなるだろうし、また時間の時間化は、その差異から当の差異化のなかに退行しつつある、時間における差異として理解されることになるだろう。「時間が時間化する」の différance においてハイデッガーは、画定不可能なもの、すなわち apeiron を画定していると言うことができるかも知れない。しかしハイデッガーは、時間の時間化を与えることが、われわれを言語との関係へ引き渡すという考えを展開することにも関心を寄せている。「言語は、世界 - 運動である語りとして、あらゆる諸関係の関係である。それは世界の諸領域との差し向かいという出会いを語り(関係づけ)、維持し、提供し、豊かにし、そしてそれらを保ち続け、かくして、語ること自らを留保のうちに保ち置くのである」[16] あらゆる諸関係の関係として、言語はまたテンポラルな関係でもあり、「時間の時間化」として構成される。したがって、デリダの論文 "La différance" [「差延」] を、言語に関するハイデッガーの思惟の拡張的洗練として読むことができる。différance とは、そこで時間の言語への関係が哲学的な踏査に役立つようになるあの分割現象だからだ。「待機」(temporization) としての différance。間隔化としての différance。それらはどのように結びつけられるのか? 記号とエクリチュールの問題系から始めよう。われわれはすでにそこにいるのだから[17]」。『言葉への途上』でのハイデッガーの語りから "La différance" でのエクリチュールへの移行は、一九六〇年代後半に、ハイデッガーのテンポラリティーの手引きをさらに遠くまで展開するためにデリダが用いたものである。そして、まさにこの地点でハイデッガーは、構造主義者のコンテクスト——そこでは記号が、différance の決定不可能性が、意味作用の時間のなかでの運動として開示される場所になる——へと翻訳される。ところが後期の著作でデリダは、ハイデッガーが語りと呼ぶものを展開する別のコンテクストとして語調を採用することになる。その上彼は、この語りを書簡 = 呼応のテンポラリティーの観点から理解することになる。再びエクリチュールへの移行が、すなわち音声化された言語の概念(語り）を文字で置き換えることが生じたのだが、しかし、エクリチュールの分割可能性は、記号のレヴェルでよりもむしろ、様々な仕方の語りや言説が位置づけられる語調のレヴェルで起こる。*Parages*［『海域』］で、デリダはこう書いている。「ここには、さらに多くの言説がある。その何れも文芸批判、詩学、説話学、修辞学、言語学、意味論が提起するような定理のかたちで結論を提示することはない[18]」。したがって、*Parages*［『海域』］が書かれた一九八〇年代半ばまでには、エクリチュールは言説の分割可能なレヴェルで考察され、それによってデリダが意味するのは主に、レトリック上の構えを採用する時の語調である。その理由から、デリダの哲学上の計画は、グラマトロジーという作業を超えて行く。それらの計画が、ハイデッガー的な語りの一様態への回帰に関わるからだ。実際、さらに最近のデリダの著作では、語りが生じ、その目的地へ到来する時間的条件を認識することによって、ハイデッガー的な「語り」への接近がなされている。それは、差異化（"La différance"）への問い、言語の掛詞（パロノマジア）（"Pas"）、「書簡＝呼応」のやり取り、そして声の分割可能性と語調の合成（『絵葉書』）を含んでいる。

ハイデッガーは声について、次の一節で論じている。そこでは、聖書でのPentecost［精霊降臨祭］への指示が、言説や語調や話法の分割可能性を暗に認めている。

……glossa, lingua, langue, 言語。言語は言葉＝舌（tongue）である。Pentecostの奇跡を語る『使徒行伝』の第二章、第三連・第四連で、こう語られる。……「そしてそこで、炎のように、人々に言葉＝舌が分かれ現われて人々は……他の言葉＝舌で話し始めた」。しかし、この語りとは、単に口が達者であることを意味するだけでなく、pneuma hagion［聖なる息］に満ちている[19]。

『言葉の本質について』からのこの引用は、言語の音声化を問い質してこう問う。「しかし、言葉の音と音調の独自の性質がその都度、経験され視野のうちに保たれているかどうかは、いぜんとして問題である」[20]。ハイデッガーは、言語の本質的特性とは、語調や音や鳴り響きや振動であり、実際それらはどの点から見ても、意味の概念と同程度に言語にとって決定的だと主張する。そこで、ハイデッガーはヘルダーリンを引用し、はっきりと、この語りにおいては、聴きとられるべき何かが告げられていると述べている。「語(ことば)が口の花かつ華と呼ばれる時、われわれは言語の音声が地上で立ち現われるのを聴くのだろうか。〔……〕音声は、開かれたものに開かれていて、世界を事物において立ち現われさせ、呼びかけつつ結集させることから響いてくる」[21]。こうした一節は、ロマン主義的な色彩の濃い、自然の威力を詠う詩に訴える単なるコメントだと誤解されがちである。とりわけハイデッガーが言語を大地へ結びつけたり、言語が世界を出現させることは、彼がヘルダーリンの詩を、自然現象への愛着にその重要性がある言葉として読んでいることを示唆している。しかしながら、言語が告げているのは、言語音と語調と共鳴の、自然現象との呼応や近接性にすぎない。ハイデッガーの主張によれば、隠喩的に読むことすらも適切ではない。隠喩がいまだ形而上学的で現前化的な媒体――書簡＝呼応を物化された比較へ結びつける媒体――だからである。むしろ書簡＝呼応は、比較ではなく、「あらゆる諸関係の関係」であるあの語りの出自を意味する。そしてこの語りは分割され、差異化され、遅延する。ヘルダーリンの言葉と花々との呼応には、それによって同一性や統一性が成しとげられる比較はなく、あるのは言葉と花とをまさに離れたままに保ち、言葉そのものの音声のなかに存在の他者性と留保とを保持する呼応である。こうしてハイデッガーは、音声と意味とを、意味の統一化を目的とする調和と非調和との相互強化システムとして読解する文学的伝統から明確に離反する。むしろハイデッガーは、諸要素が「対面して」、近接する、「近い」として互いに関わりながら定立される分節や呼応として、音声や語調を問い質すのである。エマニュエル・レヴィナスは「志向性を超えて」において、デリダの哲学上の企てと複雑に議論を絡める形で、ハイデッガーの思惟を捉え直している。レヴィナスは、ハイデッガーの「対面」を、倫理的意識の返答（いわば書簡＝呼応）との関連で考察している。

私は、「私の意識」よりもさらに古い問いに応える。私の意識が知覚できなかったが、それでも私に関与する問いにである。創世記の命令（fiat）に応えることができたはずの被造物においてははっきりしているが、奇妙なシェーマにしたがってであり、世界に属し、世界に内存在したことよりも、聴くことが可能だったことよりも以前にである。関係としての隔時性、関係である非関係。その隔時性における非関係は、決して一緒に数え上げることのできなかった取り集められないものの多様性であるが、他方、ある関係の諸項は、少なくとも共通の時間を分かち持ち、同時的に思惟されうる。[22]

ただ「顔の意味、私を召還する原初的な言いの意味」を通じてのみ、「私の応え、ないし責任」が挑発される。レヴィナスにとって、「私の意識」よりもさらに古い問いとは、ギリシア的ではなく、ヘブライ的パースペクティヴから見た、apeiron の問題系である。「創世記の命令」とは、「私の意識」よりもさらに古い、あの「対面」の顕現であり、隔時性はいまだわれわれが通常理解するような歴史ではない。むしろ、隔時性あるいは時間は、「一緒に数え上げることのできなかった取り集めえないもの」の多様性である。しかし、われわれが通常認知するものとはかくも異なるこの瞬間は、共通の時間の、諸瞬間の同時性の何ものかに関わってきて、そこで顔の（顕現の）意味が私を召還し、返答を、責任を挑発する。この責任は、「対面」において自らを顕現するものへの私の意識の「書簡＝呼応」であり、「私の意識」よりも古い何ものかを認める「書簡＝呼応」である。レヴィナスにおけるこの「召還する」は語調的である。それは、われわれが知っている時間性とはまったく別のあの瞬間から、「私の意識」よりも古いあの瞬間から顕現して来る。それは、創世記の命令（fiat）から、その「場面」が表象、把握、理解に抵抗する「対面」から鳴り響く。場面を表象することへの抵抗は、ロマン主義の詩のなかで開示される責任に関わるとはいえ、ハイデッガーでも起こる。すなわちヘルダーリンの詩においてもまた、「私の意識」よりも古い何かが、言語の「対面」との連関で考察されているのだ。「言語において、大地が天空の花々に向けて開花する」、ハイデッガーは、ヘルダーリンの悲歌『さすらい』を念頭に置きながらこう言っている。ハイデッガーにとって重要なことは、天空のイメージで繰り返されている大地の開花という多段転義（メタレプシス）ないし転移において、大地と天空の「対面」と大地と天空の書簡＝呼応とが見出されることだ（象徴主義者的な伝統がここで喚起されるかもしれない）。その書簡＝呼応は、ヘルダーリンが『ゲルマーニエン』において「友情のしるし」、口の花として考察していた倫理的責任に関わる。ヘルダーリンはこう書いた。「別れ際　私は友情のしるし／口の花を残した　あなたはひとりで口ずさんだ」。ヘルダーリンにおいて花は伝達に従っており、このことが書簡＝呼応を、たんに象徴的な意味においてではなく、「対面」の責任が分節される語りとの連関においてあらわにするのだ。

『言葉への途上』で、ハイデッガーはさらに説明する。「物事相互のこの対面をあるがままに経験するためには、もちろんわれわれは、まず心の計算的な考え方を放逐しなければならない。世界の四つの領域の中心にあり、それらを互いに委ね合わせ、領域の遠さにもかかわらず近さに保持する運動は近さそのものである。この運動は「対面」への道を与える。このことを考慮してわれわれは、近さを、その「近づけ」

の運動と呼ぼう」[23]。ハイデッガーもまた「対面」の近さの概念を時間と連関づけている。この「対面」とは時間の時間化であり、諸々の時間の書簡＝呼応である。その上「時間は熟し、現われて来る。時間的であるとは、現われて来るなかで現われたもののことである」。しかし、この現われて来ることは、未来の地平へと向かうたんなる年代記的で系統的な運動ではなく、それは「同時的なもの」にも関わる。同時性とは、諸々の時間の書簡＝呼応として時間が集められているあの共時的な瞬間である。そして詩人の言語において、現われて来ること（隔時性）と、同時性（共時性）としてのこうした時間の開示は、語りとして開示される。ヘルダーリンにおいては、世界の四つの領域は相互に触れ合っているが、しかし同時的に各々の距離の近さのなかに保持されている。それらは、相互の近さそのものとしての距離の近さ――、近接性、空間の近さ、時間の近さを作り上げる書簡＝呼応としての近さ――のなかに保持されているのだ。この諸瞬間の運動――隔時性で共時性なそれらの書簡＝呼応――は「『対面』への道を与える」[24]。それゆえこの「対面」は語りとして表現されるが、その語りのなかで、われわれの言語への関係は「思惟する価値ある」ものになり、またそこで、語りの運命が、未来性や記憶性として言語が有意味になる「対面」に集中する。このヘルダーリンの詩は、いまだにわれわれに語りかけている。その語りが未来の地平との連関において――それは作品の「近み」の関係において自らを現わすのだが――、記憶可能で有意味なものになる定めをもっているからだ。この意味でハイデッガーは、ヘルダーリンの『パンと葡萄酒』の一節を引用する。

この到来の言葉は長く重し　されど
瞬間は白し（明るし）

この詩における、ヘルダーリンの修辞的かつ語調的な戦略は比喩には還元しえず、それは、大地へと関わる言語的関係の「対面」を開示している。そこから、「対面」が明らかになる「時間が時間化する」はそれゆえ、大地の呼応への問いが明らかになる「空間が空間化する」を含んでいるのだ。ハイデッガーはこう書いている。「言語の音声、すなわちその大地性は、世界構造の諸領域の調律を合わせ、互いに合った調律の中で関わり合わせる」(25)。ハイデッガーは、幾分かは差異の統一や綜合を論じているのだが、しかしこの一節は、おもに散種的な調性化に関わっている。こうした調性化は、「調性」「ハーモニー」「コーラス」という一義的な語に容易には包摂されず、差異性と同一性のような絶対的対立概念には従属しない近接性の「開け」を繰り広げる。調性化するハーモニーとは、近接性も距離も可能にするテンポラリティーの庇護下に生じる「対面」として理解されるべきだが、しかしそれはまた、場所や空間の意味にも依存するのであり、そこではこのハーモニーや呼応の生起そのものが、受容としても、投げ開くこととしても与えられるのである。というのも、「対面」は、時間的な諸々の瞬間に関わるだけではなく、諸々の瞬間が相互関係にもたらされるために不可欠な空間化にも関わるからだ。時間が時間化するのと同じく、空間は空間化するのである。

同じことは空間についても言いうる。それは空間化し、村落と町とを開き、それらを空け、同時にそれらをあらゆるものにとって自由にし、そして空間－時間として時を同じくするものを受け取る。しかし空間そのものは、その本質の全体においては動かない。それは静止したままである。時間が立ち去りつつ、われわれに贈ることと、空間が開放し受け入れ立ち去らせること、それはみな、同じもの、つまり静寂の戯れに共属し、それは、われわれがここではこれ以上思惟することはできない。同一のものとは、空間と時間とを、その本質において凝集させ保つその同じものは、時間‐遊戯‐空間と呼ばれてよいだろう。すなわち、すべてを働かせる時間‐遊戯‐空間である。時熟しつつ空間を開きつつこの同じものは、四つの世界領域、大地と天空・神と人間の出会いを、世界の戯れを動かしているのである。(26)

語りとは、近さと距離をもたらす時間と、受け取り開く空間との間の両者の呼応との言語的な分節である。共時的なものと隔時的なもの――近さと遠さ、閉鎖と開示、同一性と差異性、許容と除去、所属と疎遠――の間の呼応の内においてのみ、世界構造というハーモニーは語りとして、または音声や調性の Stimmung［気分］として開示される。語りは、時間‐空間の分節であるが、それはたんに、今という静的な瞬間が現在の所与性において常に知覚されるものを測定するパラメーターとしての時間‐空間の表明ではなく、「この到来の言葉は長く険しい」分節である。

デリダにとって語りは、手紙の到来や到着である。手紙は必然的に、送付と受け取り双方の時間と場所への手紙の呼応によって理解されなければならない。そして語りと同じように、この手紙や絵葉書は、共時的時間性をも隔時的時間性をも横切り、それらを共に呼応のなかに保つ。そこでは、同一なものに対する受容性や差異への投げ開きが、空間的な閉鎖の内部で何かが起こる静的な構築物や今のなかに凍結されることなく分節されるのだ。この意味で、ハイデッガーがすでに書いていたように、「互いに語り合うことは、互いに何かを言い合い、相互に何かを示し合い、そして、示されたものに相互に信頼を寄せ合うことを意味する」(27)。しかしながらデリダは、このハイデッガーの『言葉への途上』の発言を、絵葉書を示し、書き手と読者、送り手と宛先の間の相互的な信頼の寄せ合いを際立たせる、読者へ絵葉書を送付すること

を介して実践に移す。しかし、ハイデッガーは主張するだろう。こうした語りは、

> 言語の存在の構図に属す。その構図は、言うことと言われたことの全様態によって貫通され、そこでは、現前であれ不在であれすべてが自らを言い知らせ、言い向かい、そして言い拒む。すなわち自らを示したり隠れたりする。こうした、多くの異なった源泉に由来する言うことの多様な形態は、言語の存在という構図に一貫した要素である。言うことの多様な連関において、その全体性における言語の存在を、われわれは「言い」と呼ぶが、そうではあれ、われわれはいまだこれらの連関を統一しているものを視野に入れていないことを告白する(28)。

この言明の少し後に、ハイデッガーはこう書いている。「言語の本質的な存在とは、示すこととしての、語りである」。これは、言語を対面へもたらすこと、言語の書簡＝応答への参入を可能にすることを意味する。それはデリダにおいては、絵葉書の送付であり、宛先へと語りを示すことである。ヘルダーリンの隠喩を考察しているのであれ、『絵葉書』でのマチュー・パリスの絵葉書を考察しているのであれ、それは、何かが対面として、ハイデッガーが右の件りで定義した時間‐空間の諸パラメーターに応じた互いの書簡＝呼応として示される語りの問いである。

デリダは、この書簡＝呼応を、もちろんハイデッガーが“Zeit und Sein”［「時間と存在」］で論じている「存在の送付」の観点から考えている。『絵葉書』所収の“Envois”［「送付」］では、実際にデリダはハイデッガーの語りを、書簡＝呼応だけでなく、こうした書簡＝呼応が開示するEs gibt Sein［それが存在を与える］の観点から論じるために、Schicken［送付］というハイデッガーの言葉を使っている。一九七七

年九月六日の葉書では、デリダは、Schicken［送付］とは、常にGeschick［命運］として理解されるべきだと説明している。「もし私が、存在の目的地と命運（Das Schicken im Geschick des Seins）から「出発する」なら、《poste》という語をイメージの、形象の、比喩のエレメントに、いわば存在の絵葉書のエレメントにするという条件で以外にはひとは、私がその時《poste》について語ることを私に禁じるなどと考えることはできない」[29]。ここでは『絵葉書』は、存在の命運（destinal de l'être）（destinalが、期待される運命（destineé）の代わりに提供されている）と韻を踏むように作られている。このようにデリダは、「すべての転移と呼応に、可能なすべてのレトリックの「現実の」可能性に」関わる場所をもった「郵便システム」の「単なる隠喩」と彼自身が呼ぶものを提供するのだ。しかし、「これがマルティンを満足させるだろうか」。デリダは答える。

［ウイかつノン］。ノン、なぜなら、彼はたぶん、郵便という規定にtechnēの、従って形而上学の時期尚早な（？）強要を見てとるだろうからだ（ここから君にはそれが見えるだろうが、彼は私を、郵便と郵便制度の形而上学を構築するといって告発するであろう）。またとくに、まさに定立（position）の、つまり、存在の送付を定立や態勢、テーゼやテーマ（Setzung, thesis, etc）として規定することの強要である。技術と同じように、形而上学の歴史の内に、その送付（envoi）において存在の隠匿と退隠が思惟すべく自らを与えるであろう歴史の内に彼が位置づけようとする身振りである。物事が最も難しいのはここだ。（送付行に固有の）退隠という発想そのもの、停留という発想、そしてそこで存在が自らを隠匿し、宙吊りにし、退引するという発想、そうした発想はすべて、直接的に郵便の言説と等質なものだからである。郵送するとは、郵便配達人の場所である停留所を、中継地を、

中断による遅延を、紛失と忘却の可能性を「計算に入れて」送ることである。存在の「命運」ないしその「我有化」(Ereignis) を本質的に区切り、あるいはそれにリズムをつける epokhē［時代画定、判断中止］と Ansichhalten［自己に保つこと］とは、郵便的なものの場所であり、存在が到来し、存在が生起し＝場所をもち［avoir lieu］(私は ereignet と言いたい)、存在が場所＝機縁を与え、到来するがままにまかせるのは、まさにそこでなのである。(30)

デリダにとって、たんに郵便システムがあるのではなく "les postes et les envois" ［諸々の郵便局と送付］があるのだ。これが、デリダはハイデッガーに「きわめて近く」かつハイデッガーから「きわめて遠い」と見なしている意味作用の運動である。デリダには、存在の送付について語るために、郵便のような技術的装置を使うことにハイデッガーが反対しただろうことは分っている。もちろんここでも、デリダのこの著作には、声の形而上学に対するグラマトロジー的な批判がまた浮上してくる。というのも、郵便局と、ハイデッガーの送付と語りの概念との関係は、『グラマトロジーについて』におけるエクリチュールと声の関係に等しいからだ。もう一度、どのようにデリダがハイデッガーの言説を、エクリチュールのコンテクスト――絵葉書を実際に送付すること、および郵便でのメッセージ伝達に含まれることすべて――に移植することを好むのかに注目しよう。『グラマトロジーについて』と同様に、ここでもまた手始めは、声についての言説を、厳密にいえば、表現の意味作用と通常考えられるものの代補であるエクリチュールの装置によって再コンテクスト化することにある。書き手にとってこのような代補は、手紙を封印し、郵便を通じて送ること、あるいは原稿を包装し、航空速達便へ委ねることであるだろう。これは、あるテクストが何を意味するのかの綿密な理解に達するために好都合なコンテクストだとはほとんど思えないにも拘わらずデリダは、テクストの意味作用はその送付の条件によって非常に強く規定されるのであり、メッセージを配達の技術や配達から切り離すことは誤りだと指摘している。事実、ハイデッガーの存在論的な語彙をテクストの移送や郵便の配達の装置のコンテクストに移すことによって、ハイデッガーの破壊の企てに伴う存在の形而上学的な回収を脱構築することができるだろう。この脱構築が起こるのはもちろん、デリダがハイデッガーの手紙や信書を受け取る瞬間であるが、それは、メッセージが彼に配達されながら、それが誤った道を通り、間違った宛先に送られ、そのメッセージが誤って読まれ、翻訳され、置き換えられた、ということが判明する瞬間である。すなわち、デリダは、郵便局の言説が、ハイデッガーの存在論的かつ哲学的語彙と対面する形で、ハイデッガーの言葉遣いを「転回」させるのである。デリダは、先に引用した一節のすぐ近くで次のように書いている。

ある（il y a）やいなや差延がある（そして、それは言語活動を、とりわけ人間の言語を、そして存在の言語を待たない。ただマークと分割可能な線だけだ）。そして郵便の配置、中継、遅れ、先取り、目的地、遠隔コミュニケーション装置、紛失の可能性、従ってその宿命的な必然性、等々がある。strophe がある（apostrophe［呼びかけ］と catastrophe［破局］が、宛先を［常に君に、私が愛する人よ＝わが愛よ］曲げる巧妙さ、これらすべての意味での strophe がある。そして私の絵葉書は strophes［詩節］だ）。[31]

絵葉書の到着や存在が断言されるやいなや、決定不可能性もしくは différance［差延］がある。そして、この決定不可能性ないし差異は、ハイデッガーの信書や演習のデリダ自身の受け取り方に関わる。右の引用にも、転回の概念は、détournement, tourner, strophe のような語からなるかなり複雑な言葉の戯れがある。このことは、差出人と宛先人と関係が、メッセージの発送、その送付のプロセスを介して確立される傾きや方向に従うことを示唆している。古代ギリシア語の strophe という言葉は、文字通り「転回する」を意味する。経路が定まったメッセージの傾きを仮定すれば、strophe というこの概念は、アポストロフ的［離れ転回する］あるいはカタストロフ的［反転する］な意味をもつ。したがって、差出人と宛先人とは、このようなさ迷う転回と道行きの効果、途上にあるメッセージの傾きの効果以外のものではない。郵便ネットワークを仔細に論じるデリダの関心の一部は、それによって自己と他者の対話に関する実存論的な前提が疑問視されることにある。その時われわれは、ハイデッガーの哲学の送付の運命に与えられているものとしての思想史のデリダによる脱構築の極限的な意義に気づくのだ。すなわち、デリダが、自分とハイデッガーとの関係を問題視することは、脱構築のハイデッガーの現象学と存在論に対する関係をカモフラージュするための不当なごまかしではなく、ハイデッガーの思惟という「手紙」への、離反（アポストロフ）的で反転（カタストロフ）的な帰結を伴う「手紙」への激しい執着に他ならない。絵葉書のような陳腐な媒介を介して、このハイデッガーの「手紙」は示される。それはデリダのコンテクストでは、手紙や葉書であるが、哲学上的パースペクティヴからすれば――もちろんデリダの著作の観点からすれば――まさにエクリチュールの代補であり周縁の現象以外の何ものでもない。ただし、これらの絵葉書自身は、誤った道、語調の変化、意味の省略的な退却、取り消し、摩滅などに屈する。絵葉書は、アポ‐ストロフ的（離れて転回すること）だけではなく、カタ‐ストロフ的（反転すること）でもある。すなわち、絵葉書は、差出人からも宛先人からも離れて転回するのと同様に、絵葉書が、文書を郵便で送付し、あるいは葉書を見せることに伴う諸々の決定不可能性に関わるかぎり、それはおそらくその彼らを反転させるのだ。「書簡＝呼応」は、文書の送付のテンポラリティーと同時に、送付の方向づけ、そして／あるいは方向づけの誤りが問題になる時に、問題化するのである。

裏面に異なる書き込みをして、いつも同じ葉書を郵便で送るデリダの戦略において明らかなことは、メールの送付がエクリチュールの掛詞(パロノマジア)に関わるということだ。というのも、送られるのはいつも同じ葉書、葉書の同時性、葉書の同一性だからである。ところが、この同じ場所にとどまることの内には、葉書が、常に同じ葉書が間隙化され、分割され、郵送されるがゆえに差異がある。掛詞的(パロノマジック)な葉書のテンポラリティーは、ハイデッガーが『言葉への途上』で示唆しているように、同時的なもの（同じにとどまるもの）の共時的な時間と、（過去－現在－未来にわたって間隔化した）隔時的な時間との間の書簡＝呼応のテンポラリティーである。それだけではない。葉書は、存在に関するメッセージの送付において、文書が理解されるべき新たな空間を切り開き、また、メッセージが位置づけられる場を制限し限界づける。この意味で――ハイデッガー学者は想いつくことすらないだろうが――絵葉書とは、郵便による絵葉書を書き送付する技術の内で、語りの理論が実践へ移される媒体に他ならない。

だから絵葉書は、一見いかに陳腐に見えようと、言語についての後期ハイデッガーの思惟の代補として機能する。絵葉書には、実際そう機能する格好の状況がある。なぜなら、送付とは、それが転送される時間的持続から、すなわち著され、送られ、受け取られ、読まれる等々、そうした時間的持続から解放されえない空間だからだ。しかしデリダが言うように、絵葉書は、ハイデッガーに非常に近くもあれば非常に遠くもある。ハイデッガーの哲学が文書と同様に、デリダのエクリチュールを介して、書簡＝呼応の技術に関する自己意識と、自らの思考を自己意識的に脱構築する能力をも書き取らせるかぎり、絵葉書はハイデッガーの哲学に近い。しかし同時に、文書がやがてはハイデッガー自身に、すでに過ぎ去った宛先に、けっして到達しえない目的地に送り返されつつあるかぎり、絵葉書はハイデッガーから遠く離れている。これは、それなしには哲学の継続が中断されてしまう「宛て」(adress)である。われわれの思惟能力は、そもそも、過ぎ去った人々——プラトン、アリストテレス、デカルト等々——に宛てて書く能力にかかっているからである。この意味で、もう一つ別の書簡＝呼応が成しとげられる。死者との書簡＝呼応である。そしてもちろんデリダは死者に文書を書き取らせるのであり、脱構築は必ずや、死者を経由しなければならないのである。

だがこのコンテクストでは、われわれはハイデッガーは遠く離れるわけだが、その分だけ、ハイデッガーがそこに身を引いてきた距離が、「存在の送付」とその「出来事」について、遺産の贈与者と相続人、父と子、愛する者同士の系譜学的な書簡＝呼応の観点から別のパースペクティヴを与えることになる。『絵葉書』において系譜学のテンポラリティーは、系譜関係自身がそこで設定され、かつ同時に破壊される諸々の瞬間の書簡＝呼応と我有化として構成される。これは、時間から引き離され、事物そのものと見なされる静的な、または現前化された構造を反映していないハイデッガーの思惟の理解を補完する。その構造は、たんに伝統的な歴史的アプローチにしかならないからだ。むしろデリダは、歴史的な近さ——例えば思想史で明らかにされる近接性——をもつものの間の書簡＝呼応に従った時間の行為遂行(パフォーマンス)として、ハイデッガーの思惟の理解を補完する。こうした歴史的な近接性の送付や配達のなかで、存在の歴史(デリダにとっては系譜学)は脱構築される。『絵葉書』においてデリダは、ハイデッガーを我有化しハイデッガーに固執することによってのみ、その固執の歴史性を破壊できるのだ。しかし、それが生じるためには、デリダが宛てる宛先は、維持されるばかりでなく、退隠ないし隠匿に従属し、宛先の者が、いかに存在が同時に開示されかつ退隠するのかという彼自身の問題系のなかに組み入れられるよう退去させられなければばならない。デリダがハイデッガーとの接続をつける時に生じる「退去」を考えると、ハイデッガーに「送られた」手紙や文書や葉書がその宛先を逸失し、したがってハイデッガーの哲学は、取り逃されるなかでその「運命」──脱構築のなかでそれが権利要求する哲学的な死後の生──へと到達し損なうことになる。このような、ハイデッガーとの「接続」を維持する「対面」において、遺産相続人デリダは、遺産を相続する時に相続しないのだ。これが、我有化／脱我有化としての Ereignis が生じる思想史の出来事であり、まさに Ereignis の歴史やテンポラリティーである。その歴史やテンポラリティーの運命は、アカデミックな哲学者たちの期待を裏切る。というのは、彼らにとっては、哲学の歴史は、哲学の内容いかんにかかわらず、概念的な装置において──それはハイデッガー的なパースペクティヴからはすでに破棄されているが──目的論的に予め規定されているように見えるからだ。その意味で、Ereignis をハイデッガーの哲学の運命に戻すデリダの転回は、遺産の贈与者ハイデッガーの立場からは、正当性を欠くどころではない。むしろ、ハイデッガーの遺産が与えられ、常にすでにそれ自身を遺産として脱構築するのであれば、ハイデッガーの哲学は、ハイデッガーが立ち去った地点から引き継ごうと望むものにとって、まさしく問題系として提出される。というのも、後期ハイデッガーの観点からすれば、ある読み集め（lesen）がその Ereignis において掘り崩されるものを相続し、あるいは読み集めることは、形而上学的な罠になるのだからだ。

『絵葉書』においてデリダは、ハイデッガーとフロイトのあいだに、いわば彼らの思想家としての「書簡＝応答」ないし出会いである「対面」のなかに自分自身を位置づけることによって、事態を著しく複雑にしている。ハイデッガーと系譜学に関しては、ハイデッガーの、フロイトと心理主義に対する嫌悪を考えれば、それはまったく道理に反する書簡＝呼応だという妙な結果をもたらす。もちろんこの書簡＝呼応は、二人の同性愛の哲学者が西洋的伝統を定礎しつつあるというポルノグラフィックな光景の精神分析的考察という第三項を経由して起こる。デリダの友人であるシンシア・チェイスとジョナサン・カラーは、デリダがオクスフォードで、マチュー・パリスという中世の芸術家がデザインした絵葉書と出会う瞬間を「演出」した。その図柄にはソクラテスに書き取りをさせるプラトンが描かれている。プラトンがソクラテスの尻の後ろに立つ仕方――ハイデッガー的「対面」の戦略的な変容――は、デリダにとって、プラトンが書き取りを命じることをソクラテスが書いていることばかりでなく、彼ら人物の「体勢」が、二人を同性愛的な愛人だと考えうることも示唆している。デリダは、対話のこのような性的な配置は、一般的に哲学にとって範例的なのかも知れないし、それは、プラトンとソクラテスだけではなく、ハイデッガーとフロイト、そしてハイデッガーとデリダの書簡＝呼応をも特徴づけるのだと示唆している。ハイデッガーとフロイトのカップルについて語りながら、デリダは書いている。

フロイトとハイデッガー、ここで自分のうちで私は、彼らを「偉大な時代」の二つの偉大な幽霊として結びつける。生き延びている偉大な二人の祖父として。彼らは知り合うことはなかったが、私によれば彼らはカップルを、まさにそれゆえに、この特異な反時代性のカップルをなす。彼らは相手を読むことなく、書簡＝呼応せずに互いに結びついているのだ。しばしば私は、この状況について君に話してきたし、『遺贈』のなかで私が描きたいと思っているのは、このイメージなのだ。つまり、視線を交わしたことが一度もないが、もう一方の言葉を一度も受け取らずに同じことを言っている二人の思想家。彼らは、同じ側に回っているのだ。(32)

この奇妙な書簡＝呼応は起こり［＝場所をもつ（take place）］かつ起こらない——、あるいはハイデッガー／フロイトの背後で起こるのだが、それは、郵便の論理もしくは「郵便原則」の論理を辿る。それは、デリダのコンテクストでは、元来「快楽原則」である。この「郵便原則」が、いくぶんか示唆するのは、最も親密な関係は、時間的には「あまりに遅く」起こり、ハイデッガー／フロイトのような人物のカップルに内在する快楽原則は、系譜学的な想像力——思想史であり、われわれの時間の年代記的把握を破壊する脱構築的な系譜学のパースペクティヴからデリダ自身が構築している歴史である——のなかで起こる、ということである。

ネッド・ラカチャーの興味深い観察を考慮すれば、この種のテンポラリティーの系譜学的探究は実際、さらに複雑になる。その観察によれば、デリダは、非意図的にハイデッガーを「アルジェリア出身のある年老いたユダヤ人」に結びつけており、それはおそらく、彼にプラトンの対話篇を教えたリセの教師であるか、より問題が多いが、彼の父親だというのだ。「ハイデッガーが一種の父親だというのは、そしてこの古いハイデッガーの写真［それはデリダがハイデッガーの写真集のなかで見つけた］にデリダが彼の父親の顔を見るというのは、結局は冗談ではないか[33]」。『原光景』でのラカチャーの興味深い仮説によれば、デリダとハイデッガーのあいだの備給を受けた（愛からのではないにせよ）書簡＝呼応において、系譜が暴力を被ることは明らかだ。カップリングがわれわれに空想上の影響しか及ぼさない「郵便」の論理の内部だけであるにせよ、父系的ラインのテンポラリティーにおいて開示される es gibt Sein［それが存在を与える］は、ハイデッガーという人物がデリダの父親と書簡＝呼応するまさにその瞬間に脅かされる。ラカチャーは、『原光景』で、いかにデリダが彼の系譜関係を克服したくとも、父たちは（デリダの本当の父親とハイデッガーだけではなく、「年老いたユダヤ人」として含まれるフロイトも）幽霊の囁きのように、彼のエクリチュールの内部から回帰すると論じている。「デリダのエクリチュールの歴史とハイデッガーの存在の歴史とは、言語のテンポラリティーの徹底性を説明する努力である。それらは、常に予め与えられており、同一性と差異性、主体と客体という対立に先立つテクストのなかの沈黙した、同一化不可能な声を説明し、記し、痕跡、特徴線を、自らを覆い、自へと引退し、自己についてのすべてを忘却するテクストへの retrait［退穏］を説明しようとする試みである[34]」。デリダにあっては、思想的系譜関係の光景は、「存在論的に決定不可能である間テクスト的出来事を――それは、歴史的記憶と想像的構築とのあいだの、古文書的な正当化と解釈的な自由な戯れとのあいだの差異化的空間に位置づけられるのだが――意味するようになる[35]」。間テクストの、この決定不可能な書簡＝呼応の空間で、数々の声がデリダの企てに付きまとい始め、ラカチャーによれば、デリダは、ハムレットがエルシノアの城の胸壁で彼の父親の亡霊に忍び寄ったような形で、ハイデッガーに忍び寄り始めるのである。

ラカチャーが認めているように、哲学的なカップルのあいだの書簡＝呼応は、エクリチュール（手紙）として完全に具現化するよりも、語調や Stimmung［気分］として現われる。それは、付帯現象的であり、反響的であり、脱‐中心化されている。そして、語調の問いが最も強力に浮上するのは、『絵葉書』の補遺をなす『哲学に最近採用された黙示録的語調について』においてである。それは、語調とは、ハイデッガーの語りの様式の内部から思想史が暴力的に切り離された後に残るものだと主張する。ハイデッガーの語りは、その語調が、他者の作品――そこでは語調が必然的に誤解される――において非規定的な運命に到達するまさにその時に、言葉としての自らの卓越性を打ち消す。もちろんラカチャーが着目するのは、こうした語調は、『絵葉書』のフロイトのパースペクティヴからトラウマと呼ばれうるものをも反映しているのであり。デリダ自身『絵葉書』で次のように書く時、それを指示しているのだ。「狼男は五月七日に死んだ。逝ったのは、少しばかりの私である。君に言っていただろうか、私はエルンストでも、ハイネレ、ジークムント、ソフィーでも、HAlberstAdt（……）でもある、と。それは私が自分のために書いた小説だ。fort/da そして4＋1（続く）」。[36] しかし、この「トラウマ」は決して「危機」としてではなく、「カタストロフ」に属するものとして考察されるべきであって。その語調は、そこにおいて存在の送付の破壊という運命が、そこで es gibt Sein［それが存在を与える］所である大詰めの配達を伴う、付帯現象的な書簡＝呼応を作り上げる。この書簡＝呼応の「語調」や「声」は、そこに Ereignis を見て取ることのできるハイデッガーの語りの概念の変容以外の何ものでもない。デリダが "post" によってそのテンポラリティーを再概念化したような Ereignis である。

『絵葉書』のフロイト的読解はわれわれを、デリダは、思想的系譜関係の問題系を徹底的にダブルバインドの状態に置いてしまうので、われわれが知っているような思想史を思惟不可能にするという結論に導くかも知れない。にもかかわらず、ハイデッガーという材料が示唆するのは、「存在の送付」を、父親から規定される系譜のなかではなく、異質な諸契機の出会いのなかで与えられる関係性の我有化かつ脱我有化として解釈しなくてはならないある実存論的企投をわれわれが必然的に考慮しているのだということだ。その出会いにおいて、Ereignis は諸関係の近接性——その諸規定は「ファミリーロマンス」の観点から発見される——としての存在の到来と通過との連関の内で開示されるのだ。デリダがこの送付を、郵便の technē［技術］と家族のコンテクストを介して、言葉や言語の転送へと移植するのだとすれば、それは、哲学上の書簡＝呼応の「郵便」というパースペクティヴから、ハイデッガーの存在の送付の概念がどの程度思考され直されたのかをよりよく示すためである。

『絵葉書』では、転移のテンポラリティーないし系譜学としての思想史に強調点があり、そこでは存在の送付は、真理の非覆蔵としての様々な時代として異質に受け取られるだけではなく、決定的な行為遂行（パフォーマンス）の出来事として把握される。その行為遂行（パフォーマンス）の時間は、脱分節化され再分節化される諸々の瞬間――これをデリダは『エトムント・フッサールの幾何学の起源』で、皮肉にも「私の生ける現在」と呼んでいた――からなる自伝として経験される。それゆえ『絵葉書』は、ある哲学者の自伝的な意識を介して転送された「存在の送付」としての哲学の行為遂行（パフォーマンス）を反映している。その哲学者は、一連の観念論的概念関係としての思惟にではなく、哲学者自身の存在が、グレゴリー・アルマーならば生物的かつ歴史的時間の「ポストエイジ」と呼ぶであろうものへと運命づけられているものとしてそこで生起する、系譜学としての思惟と渡り合う。

この自叙伝的な考察の一つの興味深い帰結は、デリダがハイデッガーの思惟――それによって存在が「送付」された（送られ、破壊に服した）のだが――の遺産を相続し、受容することによって、形而上学の破壊と「テンポラリティー」という導きの糸」の暴露とハイデッガーが見なすものを前進させ、かくして「人間の諸々の終焉」を思惟可能にするあの「出来事」を構成するものの概念に焦点を当てる点にある。それだけではなく彼は、まさに脱構築の行為を西洋的伝統の内部に系譜学的に位置づけうるようにする、思想史の支えをも解体しようとする。この解体作業は、脱構築を思想上の展開の目的論的歴史の内部で明確な一哲学として特徴づける配属かつ脱配属という諸相に被害を与えるのだ。確かにそれは、デリダが経歴のほとんど最初に抱いていた、出来事と超越に関する思惟を結実させることであるだろう。それが、歴史主義的な概念枠のなかに脱構築を押し込もうとする人の企てを挫折させる――ハイデッガーの遺産相続はそれ自体、遺産の贈与者と相続者との、つまりある思惟の身体と他の思惟の身体との書簡＝呼応の脱構築をなすものだからだ――にもかかわらず、である。それでも、この脱構築を特徴づけるものは、ハイデッガーの Ereignis の出来事だけではなく、これから見るように破局としての出来事、あるいはブランショが表現したように、l'écriture du désastre［災禍のエクリチュール］としての出来事への注目でもある。

黙示録の語調

『哲学に最近採用された黙示録的語調について』は『絵葉書』の「代補」、目的地を逸した黙示録的な信書であり、そこでデリダは再び、『言葉への途上』での後期ハイデッガー的パースペクティヴからハイデッガーのテンポラリティーの手引きに取り組んでいる。この論文でも、調律や語調の問いが、ハイデッガーの語りの概念を、対面と Ereignis との連関で洗練し改訂する。とはいえ、『黙示録的語調について』は、グラマトロジー的な身振りへの明確な方向性——その行為遂行のなかで語調や声の問いが伝えられている——から、『絵葉書』がそうするよりもさらに徹底的に転回する限りで、デリダの脱構築的な企てのなかでの重要な転回点、もしくは反-転を記している。事実、『黙示録的語調について』は、最も神託的で形而上学的なものに演出された瞬間においてさえ、そこで語調が人間の諸々の目的＝終焉（les fins de l'homme）を告げる地点でさえ語調や声を拒絶しないという点で、驚くべきものである。あたかも突然、声が、現象学的な意味で括弧を外されるかのようであり、また脱構築的なタブーが解除されるかのようだ。声の禁止を解除する戦略は一方で、デリダの論文が大幅に、脱構築を秘教主義、神秘化、文学性、全般的狂気（「不真面目な哲学」）だと非難する人々に対する弁護論になっている。そこでは中立的、客観的、理性的な「語調」の存在を信じる人々の方が、実際には、直観、構え、スタイルの形而上学的、神学的コンテクストから容易には解き放ちえないテクスト効果を思慮のないままに凝集し集約しているがゆえに神秘化されているのだという、徹底的に破壊的な反撃を受けている。だが、デリダの『黙示録的語調について』の別の面は、ハイデッガーの思惟をユダヤ‐キリスト的なコンテクストに移植する戦略、すなわち現代の哲学を決定的にヘブライの遺産をもった「聖なる歴史」のコンテクストに位置づけることに関わっている。『絵葉書』では、ソクラテスとプラトンのあいだに奇妙な関係があるのとちょうど同じように、『黙示録的語調について』では、ユダヤ教の伝統とキリスト教の伝統とのあいだに同様の関係が存在する。ユダヤ教の伝統が、本来は後にくるキリスト教の伝統によって形成される、あるいは語りかけられる関係である。論文のこの面に密接に結びついているのは、翻訳概念への、つまり［ヘブライ語の］galaと［ギリシア語の］Apokalupsisという言葉の「差異」へのデリダの関心である。ここで必要とされている、「不調和、ギャップ、逸脱、不適合を排除しない」黙示録的な語調の伝達である。最後に、『黙示録的語調について』は、『絵葉書』の語調的な行為遂行（パフォーマンス）として、その「語調的な変容」として意図されており、モーリス・ブランショの著作――そこでデリダが語調を突きとめ模倣する――を装って戯れている。事実、『黙示録的語調について』の終わりでは、ブランショのエクリチュールや語調がはっきり引き合いに出されるだろうし、そのことがこのテクストを、ブランショに関する論文を集めたデリダの近著*Parages*［『海域』］へと結びつけ、それと書簡＝呼応させている。以上が『黙示録的語調について』に向かう私の方針であるため、デリダのカントへの返答括弧に入れておくことが必要になる。それ自体が非常に複雑なテクスト上の歴史をもち、またイレーネ・ハーヴェイが、『デリダと差異のエコノミー』でよく説明している事柄である。

私の焦点はもちろん、時間の問いにあり、語調であるEreignisにおいて、いかにして時間の問いが開示されるのかにある。『黙示録的語調について』のある箇所で、デリダはこう書いている。

非常に不十分かつほんの予備的な形で、私があなたがたの注意を語りの送付へと、口述された、あるいは宛てて送られたエクリチュールのなかにある、諸々の声と送付との絡み合いへと引き付けるとすれば、それは、黙示録的な語調の頑固な脱神秘化という仮説ないしプログラムにおいて、二〇世紀の les Lumières や Aufklärung［啓蒙］のスタイルにおいて、そして、諸々の狡智、罠、仕掛け、誘惑、戦争と快楽の機械装置の仮面を、要するに今日の黙示録的語調の諸利害関心すべての仮面を暴きたいと思えば、おそらく声と語調を、はっきりした計算可能な複数性を超えて分割する声と語調との差異化的な分散に対して、たぶん非常に注意深くあらねばならないからだ。黙示録的な送付が誰に帰着するのか、ひとは知らない（もはやそれは知の次元にはない）。それは一つの発信の場所から他の場所へと跳び移る（そして場所は常に、推定上の発信から出発して規定される）。それは一つの目的地、一つの名前、そして一つの語調から他のそれへと行く。それは常に、そこにいる、だが同様にそこにいた、そしてこれから来るはずの、物語りの現在にはもはやいない、あるいはまだいない他者の名前と語調へと送り返す。そして人間が、これら電話線の中央交換局である、あるいは終わり＝目的(fin) なきこのコンピューターの端末であると保証されてはいない。[37]

黙示録的語調とは、それを通じて何かが送られていた神託的な語調であり、どこからともなく予告なくやってくる語調、より正確にいえば、明確な送り手と受け手からどこかで切れてしまった語調である。それは、時間的な開示、その Ereignis との連関においてやってくる。そこでは何ものかが与えられることになっており「それがくる」未来へと向かう合成され書簡＝呼応しつつある語調の時間である。発送指令と、声の交錯、語調の分割はそれ自体、哲学と呼ばれる言説に寄り添って運ばれてくる、発信先の分からない共鳴からなる、デリダがそう呼ぶような *télé*-pathie［遠隔 ‐ 感得］に属している。それらの共鳴は、意味論的な脱落のように、前未来における破局(カタストロフ)やビック・バンの効果である。「ジョイスへの二つの言葉」で論じられている'He War'というビック・バンであり、バベルの塔の破壊、ホロコーストである破局(カタストロフ)、どんな災禍なのか誰も知らない来るべき核兵器による殺害の脅威である。だからといって、黙示録的語調が社会的破局(カタストロフ)の知覚に還元されるのではなく、そのものとしての破局(カタストロフ)は、「人間の諸々の目的＝終焉」に、les fins de l'homme に関わる語調の一部かつ一片として送付されるのだ。

われわれがそれをどのようなものだと考えようが、この語調がわれわれを、遠くから想起され［＝採り集められる（recollected）］だけで、かろうじて先取りしうるだけの時間と、報いの時間との「対面」にもたらす限り、それは倫理的なものである。アナクシマンドロスの断片の議論から得たことを想い出そう。報いは apeiron の地平の一つであり、デリダはこの報いを、しばしばわれわれが無批判的な信頼を与える言語行為からなる日常のコミュニケーションとは無縁な、暴力的な発信との関連で問い質している。レヴィナスはこう書いていた。「おそらく言語は、存在あるいは歴史の連続性を破断する力としてこそ定義されるべきである(38)」。デリダは、語調の共鳴、その合成が実際、決して均質的でも調和的でもなく、決してすべてが一度に「与えられる」ことのない諸々の語調の包括ないし結束でしかない語調の共鳴という立場から言語を考察することによって、この見解を問い質す。というのは、これらの語調は、互いの近接性においてそれ自身を他者として、他の場所からくるものとしてあらわにする近接性においてのみ存在するのだからだ。黙示録的な語調は常に既にそこにあり、様々な言説の中継や媒介を通じて運ばれるが、しかしその到来は突然で予見不可能である。それは、テレパシーの発信のように、他者が思惟したものの突然の知として、固有の知ではない知としてやってくる。それはもはや知の秩序に属していないのだから、われわれは知らない、とデリダは言う。むしろわれわれは見抜くのだ。われわれは、局所化しえず、識別できず、経験的に与えれられない「出来事」の残余を、共鳴を、倍音を、暗示を、徴候を、余震を、反響を、痕跡をかき集める――誰が知ろう、いかにして?――。すなわち les fins de l'homme の、同じく、哲学の死の。

Stimmung(調律)という言葉を用いて言語と声を思惟するハイデッガーとは反対に、デリダの『黙示録的語調について』は、Verstimmung(調子を外すこと)として語調を取り込む。というのは、黙示録の語調は、単に他の語調と混じり合っているだけではなく、それはまた、不協和音的でノイズ的でもあるからだ。カントが、哲学の死や人間の終焉を告げる「神秘主義を弄する者たち」を、中立的で客観的でメゾ・フォルテの語調をもつ理性の声というモデルをそれに対立させて攻撃する時、彼は、語調を話者の見方へと、雄弁の現前へと、そして雄弁の背後にあって、話者の意志によって明確に表明される動機をもったレトリック戦略へと還元しうると想定している。すなわちカントにとって、語調は常に単声的なのだ。語調は一つの声へ、分割されない配慮をもって話す声の現前へと還元される。要するに、カントは語調の差異を認知できない。しかし「いかにして自己の内に他者の諸々の声を聴き分けるのか?」[39] これはカントが決して問わない問いであり、声の形而上学が立てることを拒否する問いである。カントがそう呼ぶ理性の声とは、耳障りで放浪する語調の増殖を落胆させるために用いられる戦略、単声的な語調を強化するために用いられる戦略なのだ。とはいえ、デリダの『黙示録的語調について』は、黙示録的な語調のレトリックの探究ではなく、語調の差異や分割可能性、そしていかに神託の声(々)のなかにある語調の発見が、理性化された声の形而上学にとっての脅威を引き起こすのかの探究である。

単に対位法(ポリフォニー)や多声談話(ポリローグ)が問題なのであれば、『言葉への途上』における、声に関するハイデッガーの議論を単に引き合いに出すこともできるだろう。しかし、過去の知識や未来の先知識を含む歴史的関係としての世界に関する認識論的な自己把握を超えたところから、語調の束がいかにわれわれに到達するのかという複雑な問題がある。この意味で、人間の諸々の目的＝終焉の発見は、われわれの現存在の存在を超えたところから認知される語調の到来という出来事に関わる。語調の到来の認知は、われわれ自身それを思惟しているちょうどその時でさえ、われわれの外側で彼方で外部で生じるのだ。語調の送付であるEreignisは、われわれの存在の彼方から、「人間諸々の終焉」の彼方から思惟されたメッセージの、突然の到来として現われる。そして、この彼方は、それ自体、ある終焉の時間の近みから合図するテンポラリティーの手引に他ならず、そこから出発して、現存在は必然的に、神学的な立場から、言説的諸関係の語調的な多様性の内で自らを構成するのである。

モーリス・ブランショの *Le dernier homme* ［ニーチェの「オイディプス　最後の哲学者の　おのれ自身と交わす会話」の誤り－訳者］を引用しながら、デリダは書いている。

愛する声よ、一切の人間の幸福の最後の吐息よ、お前ともう一刻のあいだだけ交わらせよ。お前のたすけによって私は孤独を欺いて乗り越え、みずからを偽って多様さと愛の中へと逃れるのだ。なぜかと言えば、私の心は愛が死んでしまったと信じることを力のかぎり拒むのだから。私の心はいや果ての孤独の戦慄に堪えることをえず、あたかも私が二人いるかのように語ることを私に強いるのだから。

この問いにコメントしながら、デリダはつけ加える。

「あたかも私が二人いるかのように」、というのも、彼がこのメッセージを、あたかも依然として自分に宛てることができるかのように振舞いながら自らに送付する瞬間に、この不可能な宛先は、彼の内で、かつ彼の外で最後の人間の死に署名する。かのようにの彼方で、彼はそのことを知っている。(40)

言い換えれば、最後の人間の死の瞬間は、主体や自己としての人間にではなく、まだ起こっていない「目的＝終焉」にその起源が位置づけられる発送や送付としての人間に焦点が当たる瞬間である。だが、この起源、この目的＝終焉とは何か。デリダはそれを、時間的な地平への、終末（eschaton）への黙示録的な接近の観点から論じている。「その時、黙示録的な語調を採用する者に、ひとはこう問うであろう。何を目指して、そしてどんな諸目的＝終焉に向けて？　どこに導くために、直ちに、あるいはすぐ後で？　終焉は始まっている、黙示録的な語調はそう意味する。だが、その語調は、どんな諸目的＝終焉に向けてそれを意味するのか？」(41)。神託の声は、これら人間の目的＝終焉からわれわれに接近する声であり、到着し、発送され、送り届けられる声なのである。

黙示録的な語調が、分割され、束ねられ、unverstimmt［調律が合っていない］ということは、存在がそこで、ハイデッガーなら破壊と呼ぶであろうものを蒙るある目的＝終焉へのその近さに関わる。破壊すなわち、現存在の日常的経験が、カントでは理性の声へ縮小される経験、われわれがより一般的な語彙で常識的と呼ぶものが、そこから出来上がるあの隠蔽の根絶である。相応しいものは、黙示録的な語調の送付において自らを示す。この相応しい何は、歴史における自己性という年代学的概念、諸々の瞬間の分離可能性と、今としての今の経験に強調点を置く概念の脱構築である。むしろ、黙示録的な語調は、生を生きる同じ時に生を経験する者の単声的で中心化された意識の外側で直観される、多様な時間や時代の共属のなかに反映されるEreignisを表明するのだ。むしろ、黙示録的な送付の呼び掛けを聴くことは、虚構的な同一化や感情移入的な構築のかのようにの彼方で、いまだに自己であるだろう自己の二重化の彼方で、時間的な開示の多様性のなかで生きる能力を意味するだろう。

黙示録的な語調は目的＝終焉から到来する。特定されずに、隠蔽され、留保されて。それはテレパシーのように、ひとがあたかも常に目的＝終焉がそこにあることを知っているかのように到着する。それゆえデリダはこう書いている。「もうすぐ終わりだ、それは切迫している、語調はそう意味する。私にはそれが分かっている。それを知っている、私は汝にそれを言う。今やそれを知っている、汝は。来たれ。われわれはみな死なんとしている、われわれは消滅しようとしている。そしてこの死の宣告＝死の停止(arrêt de mort)にできるのはわれわれを裁くことだけである」[42]。デリダは指摘しているが、この終焉は、バベルとして、言語の分散、民の離散（ディアスポラ）として知られている。これは、始まりにおける名前の到着、父なる神が破局（カタストロフ）によって記す到着の効果である。塔の破壊、名前の壊滅、父なる神と神が選んだ民との特定の関係の脱構築である。デリダにとって、あたかも新約聖書の黙示録は常に既に創世記に書き込まれているかのようであり、fin de l'homme［人間の目的＝終焉］とは何かの知に訴えずに始まりは理解されえないかのようである。この終焉はどのように翻訳されるのか？ この始まりはどのように翻訳されるのか？ 哲学の実践者であるわれわれは、どのようにわれわれ自身を聖なる歴史へ、そして聖なる歴史を哲学へと翻訳すべきか？ バベルそのものは、哲学／神学の分割のなかで何を提供するのか？ そして、どの程度までこの分割それ自身は、人間の諸々の目的＝終焉もしくは哲学の諸々の目的＝終焉の観点から知覚される、語調の転換、黙示録的で破局（カタストロフ）的な契機なのか？

哲学は、とりわけハイデッガーの、あるいはハイデッガー以降の哲学は、その意味を、彼方から送られる送付の到来、「私はこれから到来する」「私は到来しつつある」「私はまさに到来するところだ」と言う送付の到着に依存する翻訳可能性の根本問題に向かうことなしには、責任をもって思惟することはできない。これらの言明は、それ自身、イエスによって終焉から、「後ろから、背後から、shofar［ラッパ］のような」声に書き取りを命じられる。この開示は、パトモスのヨハネに、使者や天使という純粋なメッセンジャーの媒介を介て送られる。「ヨハネはしたがって、既に伝達されたメッセージを伝達し、ある証言を、さらに別の証言、イエスの証言になるであろう証言を証言する。その数の分だけの送付があり、その数の分だけの声がある。電話線上にはたくさんの人がいることになるのだ」[43]。終焉からの送付と声明は、あの形而上学的な、あるいは偶像崇拝的な声の、意識を単一論理（モノロジック）なものへと、常に自己へ現前し、時間のなかでの単純な現在であるものとしての自己における自己確信へと還元する声の破壊に属すのではないか？　黙示録的な語調の送付は、送付と語調との共属を明らかにし、中継、移動、送付、運送、返送、流通などを要求するものとしての翻訳の問題系を明らかにするあの送付である。だから、この存在の送付において、こう言うことができる。「それは存在を贈与する」と。コッケルマンズが着目したように、ハイデッガーにおいて時間の問いは、いかなる確固とした意味での現在や現前をも拒絶する近接性の関係としての到来、既在、現在に関わるのだ。es gibt［それが与える］は、コッケルマンズがこう言うのをまえに引用したように、「到来（未来）を、この到来のうちで現在を抑え込むことによって開いたままにしておく」ことを意味する。デリダにとって、この抑え込むことは、不在によって記されるのではない。開けのなかにあり、ないし到来しつつある存在が、語調によって構成されるあの贈与のなかでの Ereignis において直観されうるような、われわれの存在意識の別の方向づけ、あるいは別の外化によって記されるのだ。

諸々の語調と時間との書簡＝呼応との、送られた送付の到来との、自己への現前としての自己の抑え込みとの連関のなかで、われわれは、哲学から神学への、そして再び逆の移行や翻訳をすることができる。理性の声と神託の声とのあいだのカントの絶対的な差異を脱神秘化する翻訳である。

『黙示録的語調について』の終わりの方でデリダは、黙示録的語調は、もともと一種のエクリチュール、あるいは郵便の書き込みであることを示唆することによって、エクリチュールの初期の定式化に戻っている。

そして、諸々の送付が常に、決定的な宛て先なしに他の諸々の送付へと送り回され、宛て先が来るべきものにとどまるのだとすれば、その時このまったき天使的な構造は、ヨハネの黙示録の構造は、あらゆるエクリチュールの場面一般の構造でもあるのではないか？ これが、私があなたがたの議論に委ねたいと思っていた提案の一つである。黙示録的なるものは、あらゆる言説の、あらゆる経験そのものの、あらゆるマークの、あるいはあらゆる痕跡の超越論的条件だということになるのではないか？ とすれば、厳密な意味での「黙示録的な」書き物というジャンルは、この超越論的構造の一例に、範例的な啓示に過ぎなくなるのではないか？(44)

もしそうなら、黙示録は啓示を、言語の黙示録的構造の、そして「現前の経験の」(45)自己呈示を啓示する。しかしこの経験は、「自己呈示も確かな目的地もない分割可能な送付（envoi）」の経験である。たぶん「二重の会」と題された、マラルメについての論文をほのめかしながらデリダは、あたかも語調がそれ自身に折り畳まれうるかのように、そしてその諸々の分割が分離可能性や連続性のマークではないかのように送付を論じている。この分割可能な分割不可能性は、支配的な契約、約定、所属、出自を解体する。それはむしろ、民の離散と教会の分派集団への分裂を保証する送付の分割可能性である。（数々の）目的＝終焉の時間的地平から与えられ送られたメッセージや送付は、啓示されたものとわれわれが結ぶ約定の絆を分割し混ぜ合わせる。「私は到来するであろう。すなわち到来することは、常に到来すべきものである」。常にメッセンジャーによって媒介されたこのメッセージのなかで、受け取る者と送る者とのあいだに樹立される帰属性は、それの啓示の瞬間に脅かされるのである。

この、「私は到来するだろう」の横断と転移のなかで、到来の出来事は、先取りする呼びかけ──その分割可能性において、目的＝終焉である出来事は、思惟される以前に分節を失う──によって定義されるのではなく、それによって先立たれる。「『来たれ』の出来事は、出来事に先立ち出来事を呼ぶ。それは、そこから出発して何らかの出来事があるもの、つまり、出来事の所与のカテゴリーでは思惟不可能な出来事の到来であり、未‐来（à venir）であるだろう」[46]。分割可能でずらされ、規定不可能的に先取りされ、しかし自身に先立つこの呼びかけを考慮してデリダは、黙示録的なものの場所と時間と到来を「もはやたんに哲学に自らを含み込ませることのない」と規定するのであり、それゆえ存在‐終末‐神学の、形而上学の概念構造のなかには保持しえないのだ。神学から哲学への、そしてその逆への翻訳をするなかに、存在の送付の開示がある。語調としてのこうした存在の送付── fins le l'homme［人間の諸々の目的＝終焉］に関わる、先取りし、かつ先立つ諸々の瞬間の共属──において、哲学と神学との関係は、もはや西洋的概念システムの内部と外部にあるものの差異に従っては思惟不可能なものによって超越されている。すなわち、哲学と神学のあいだの翻訳のパースペクティヴから考察される思惟は、こうした差異さえ超える「彼方」にあるものについての思考なのである。

『黙示録的語調について』の終わりでデリダは、ブランショについての、それ自身が語 Viens（「来たれ」）に焦点を当てるテクストである"Pas"［「歩＝否」］を介して濾過された自らの議論がもっているハイデッガー的側面を、今まで以上にはっきりと認めている。デリダは書いている。

存在を超えて来れ、それは存在を超えて来る、そして存在の彼方へと呼び招く。それはおそらく、Ereignis——それはもはや出来事という語によっては翻訳しえなくなっている——と Enteignis とが、我有化の運動を展開する場所で始まる。もし「来たれ」が導こうとせず、それが非‐誘導的(an-agogique)であるとしても、常にそれをひとは、それ自身より高いところへ非誘導的に、誘導的な暴力へ、権威的な導きへ向って導き直すことができる。この危険は避けがたく、それは語調を、その分身として脅かす。(47)

ハイデッガーは、カントのように語調の高揚に抵抗した。よく知られているように、ハイデッガーの作品では、語調はとりわけ静寂である。それでも、このような、耳障りなものへの抵抗はそれ自身、「哲学の目的＝終焉」や fins de l'homme からハイデッガーの作品にすでに定められ「到来しつつ」ある黙示録的な語調に、一つの声から、私である自己から、規定可能な主体から来ることのありえない「到来」に充たされているのではないか？　ハイデッガーの静寂が、ブランショのそれと同じように、目的＝終焉である破局（カタストロフ）を、時間の時間化、空間の空間化としてつねにすでに自己自身と分割されている破局（カタストロフ）を認めるのは、「対面」のある種の開示においてではないか？

「来たれ」は一つの声から、少なくとも「私」や「自己」を意味する一つの語調から、私の「規定」におけるあるしかじかの（男性、女性の）声やしかじかの語調から来ることはありえない。「来たれ」は、予め規定可能な同一性を宛先にすることはない。それは、一つの規定の同一性からは派生させえない漂流（dérive indérivable）である。「来たれ」は、ただただ漂流しうる、絶対的に漂流しうるのであり、だが他者からのみ漂流しうる。つまり、検証しうる、決定可能な、現前させうる、我有化しうる起源や同一性である何ものからも、既に接岸部なしには漂流しえず到着しえない（dérivable et arrivable sans rive）ような何ものからもである。

それは

黙示録なき黙示録、ヴィジョンなき、真理なき、啓示なき黙示録であり、……最後の審判なき、「来たれ」の差異そのものであるそれ自身の語調以外の終末論のない諸々の送付……であり、善悪の彼岸にある黙示録である。(48)

黙示なき黙示録とは、自分自身に外在する黙示録、その呈示や到来において、黙示録的なもの自体が抹消され終わっている黙示録であろう。それは、終焉の終焉、終焉の終焉の終焉、等々であり、折り畳まれた終焉の掛詞（パロノマジア）であり、無限に繰り返され終わりなく転移される「時間の時間化」である。終焉なき終焉は、終焉に代補的な、その外部にある終焉、その終焉において終焉が規定されえなくなった終焉、黙示録的な語調によって、必然的な我有化のなかでまったく我有化しえない人間の目的＝終焉である運命であろう。「なしに (sans) は、黙示録の内的かつ外的な破局を、黙示録的な書物のなかで告示され、描かれている破局とは混同されないが、だからといってそれらの書物に無縁でもない意味の転覆を記している。ここで破局は、おそらく黙示録そのもの、その襞 (pli) とその終焉、終焉なき囲い、終焉なき終焉であるだろう」(49)。終焉がこのようなものであれば、黙示録は、常にここにあり、かつ決して到着せず、到来することなく肯定され、その存在の不在において先取りされている。デリダによれば、破局はここに位置づけられる。時間の矢を逆転させるほどまで反転するのは、この終焉の終焉だからだ。その上、それは終焉の終焉の啓示ないし開示がそこで言葉で言われる破局であり、ジャンルの法の顕現としての黙示録自体が、「ない」の語調――そこで終焉は削除の下で終焉しており終焉しつつある――によって転覆され脱構築される開示なのである。

Venturus Est［到来するであろう者］

デリダの人間の「諸々の目的＝終焉」についての考察は、モーリス・ブランショばかりでなく、はるかに捉えにくいエマニュエル・レヴィナスを介している。レヴィナスについてデリダは、二つの主要な文章「暴力と形而上学」“En ce moment même dans cet ouvrage me voici”［「まさにこの瞬間に この著作の中で私はここに」］を書いている。「暴力と形而上学」の終わりで、デリダはこう書く。

ギリシアの奇跡とはあれかこれか、驚くべきしかじかの成功ではない。それはいかなる思惟も決して、聖ヨハネス・クリュソストモスの言葉によれば、「外側の知恵者」としてその知恵を扱えないという不可能性のことである。……他者性一般をロゴスの真只中に迎え入れることによって、ギリシアの存在の思惟は、絶対的に不意をつくあらゆる呼び出しに対抗して永久に自らを防御したのだ。

われわれはユダヤ人なのか？ われわれはギリシア人なのか？ われわれはユダヤ人とギリシア人との差異のなかで生きている。この差異こそが、おそらく歴史と呼ばれるものの統一である。われわれは差異のなかで、差異によって生きている。(50)

この差異は、『黙示録的語調について』における、［ヘブライ語の］gala と［ギリシア語の］Apokalupsis という二つの言葉を巡る議論を動機づけるものだ。しかし、おそらくさらに重要なことは、デリダがギリシアの伝統の「外側」から再び導入しようとする外部の概念、デリダにとっては幾分か不満の残るものであれ、レヴィナスがその優れた論文で議論している外部の概念である。デリダは一貫して、西洋的思惟のような哲学的伝統の彼方へと単に超えて行ったり、またその外部の位置から伝統を単純に解体することはできないと主張してきているために、「ユダヤギリシア人はギリシアユダヤ人である」（この文はデリダがジョイスの『ユリシーズ』からとったものだ）という差異は、最後の審判、すなわち gala と Apokalupsis の哲学的な相互作用の内部から「諸々の目的＝終焉」の概念がそこで問い質されうる可能な不安定化の場所をもたらす。レヴィナス自身、「他者の痕跡」という主要な論文で書いている。「西洋哲学は、他者（l'Autre）の暴露（dévoilement）と同時に成立する。そこでは他者は、自ら存在として現われることによって、その他者性を失う(51)」。西洋的思惟は、とレヴィナスは言うが、真の他者である他者の恐怖を表している。すなわち西洋的思惟は、自らの概念装置の外部にあるものに対するアレルギーなのだ。実際、外部に対するこうした抵抗は、存在は、本質的に意識にとって手が届き、意識が思惟しうる理性が説明しうる関係性のシステムの内部で理解しうるという西洋的な存在の定式のなかに表現されている。したがってレヴィナスは、西洋的思惟の彼方に移行しながら、その思惟の哲学的出発点(意識)に回帰しえず、同一化の項目(理性、体系、ロゴス中心主義)に回収しえない、存在の彼方への運動を構想するのだ。デリダの、『絵葉書』における手紙や信書への関心は、手紙が、同一化の項目や出発点への回帰の下に回収しうる存在の概念を超えて進む、囲いや目的=終焉の「黙示録的」諸次元を開示する、聖書の使徒書の軌道を想起させる一つの例だという点で、存在に対するレヴィナスの方向性と平行している。それ自体が、そのVerstimmung「調子外れ」において、「他の語調が、他者の語調が、どの瞬間にも馴染みの語調を中断しにくる可能性」としての「哲学の死」を告げるものである「黙示録的語調」なのである。[52]

ヨハネの黙示録はそれ自体、ヨハネが「イエスの偉大な声の指令として」[53]聴いている送付である。そして、この指令の場面はデリダに、マチュー・パリスの手による、ソクラテスとプラトンのあいだの指令場面を想い起こさせる。「書き送れ。ヨハネの背後から、彼方から来る声がshofar[ラッパ]のように命じる」[54]。ここでもまた指令の「時間」が問題化される。指令の場面は、「私は到来するだろう」という文に告げられる自らの「到着」に先だってイエスが「到来する」ことを前提しているとデリダが指摘する点で、である。すなわち、到来の時間は、Ereignisに、そこでは諸々の瞬間が、聖ヨハネによって描かれているものとしての黙示録的なエクリチュールの場面にデリダが位置づけることになる書簡=呼応のなかで、同時に我有化かつ非我有化されるハイデッガーのEreignsに近似的である出来事へと、既に奇妙にも分割されているのだ。数々の声の「伝達」に条件づけられている「書簡=呼応」である。「ヨハネは従って、天使である配達人を、純粋なメッセンジャーを媒介に、数々の郵便物(courrier)をすでに受け取っている人である。そしてヨハネは、すでに伝達されたメッセージを伝達し、ある証言を、さらに別の証言、イエスのものになるであろう証言を証言する。その数の分だけ送付(envois)があり、その数の分だけ声がある。電話線上にはたくさんの人がいることになるのだ」[55]。こうした「書簡＝呼応」ないし「伝達」の観点からは、「対面」は言語的な掛詞（パロノマジア）として、すなわちそこで「時間の時間化」が「対面」として開示されるあの語りとして確立される。シュラキによるヨハネの黙示録の翻訳からの引用はこうだ。

目を覚ましていないならば
私は盗人のように到来するだろう
あなたは私がいつあなたのもとへ到来するか知ることはない

これをコメントしながらデリダは書く。

私は来るであろう。到来は常に来たるべきものである。aleph かつ taw、alpha かつ omega と名づけられた Adôn［全能者］はあった、ある、そして来たる者である。在るであろう者ではなく、来たる者だ。来たるべきもの（à-venir）の現在だ。私は来るは、次のことを言わんとする。「私は来るところだ」、「私は来るところだ」の切迫において私は来るべきだ、「私は来ようとしている」、「私は今にも来ようとしている」を。「来たる者」（o erkhomenos）はここで、ラテン語では venturus est［到来するであろう者］と翻訳されている。[56]

デリダは、「来たれ」（Venez）を巡る掛詞（パロノマジック）的な相互作用によって、ブランショの *L'attente l'oublié*［『期待　忘却』］に、到着や到来のレトリックを「織り込んだ」。この書はそれ自体、ヨハネの envois への

「書簡＝呼応」であり、「時間の時間化」（到着しもの、出来に達するもの）というハイデッガーの定式が、ハイデッガーの存在論的な言説とは無縁な神学的コンテクストで展開されるのを可能にしている。確かに、「私は到来するところだ」には、出会いの「出来事」として開示され、すなわち、「私は来るだろう」の「語り」ないし「詩句」のなかでそれ自体が告げられる数々の送付の分割可能性と同時性のなかで伝達されるものとしての黙示録の受け取り、あるいはEreignisとして開示される数々のテンポラリティーの書簡＝呼応がある。既にヨハネの黙示録の始まりは、この記録を読むものは誰であれ祝福される、「時間はもうすぐある」からであり、第三章で言われているように、「私は直ちに来る」ような時間だからだと言う。だが、「時間はもうすぐある」と言うことは、何を意味するのか？

「来たれ」という言葉によって開示される掛詞（パロノマジア）の観点からは、このような時間は、今についてわれわれが抱いている通常の意味で近くに［＝手許に（at hand）］あるわけではない。そのような時間はむしろ、テンポラリティーの数々の瞬間が「呼応する」、ただしデリダの*Envoi*［「送付」］のように極めて文字通りに「書簡＝呼応する」ハイデッガー的*Ereignis*のなかに在る。端的に言えば、デリダの『黙示録的語調について』は、聖ヨハネを媒介として与えられ送られる黙示録的な送付の多様性や多様化を強調し、この伝達の「目的地」や諸々の「終焉」自体も、複数的で、分割されており、同化不可能であることを示している。「私は来るであろう」は、年代学的なあるいは日常的な言葉で、われわれが精確に予言しうる特定の瞬間に起こると期待される到来として時間的に規定することはできない。「私は到来するだろう」は、ハイデッガーの es gibt Zeit や es gibt Sein と同様に、その退隠においてさえ常に既に手許にある「対面」を前にした現存在への接近に関する存在論的かつ時間的な手引きだからだ。「私は来るであろう」において「対面」は、掛詞（パロノマジック）的な言説のテンポラリティー——「私は来るであろう」「私は来るところだ」等々

――の内部からだけではなく、レヴィナスが定式化する意味での、真の他者である他者、すなわち、自らの出発点に回帰せず、そこで同一化を手に入れるわれわれの能力と断絶する他者との連関において開示されるのである。

レヴィナスが行なうハイデッガーからの主要な逸脱の一つは、倫理学は存在論に先行するという考えに身を投じることにある。実際、ユダヤ教は、神の実在の本性とは何かという、倫理をそうした神学的な探究に従属させるためだけの存在論的な問いを特権化しないがゆえに、ユダヤ教は一般にキリスト教と対照的にこのような姿勢をとる。ユダヤ教はむしろ、聖なるテクストの法に焦点を当てる。それらの法が、ユダヤの共同体の構成員と全能者とのあいだの倫理的な責任を、つまり、大衆向けの一連の宗教的ドグマにおいても、少数者向けの哲学的神学においても神の存在を表象しようとしない倫理的な条件を確立するからだ。とりわけ、レヴィナスのタルムード読解は、このパースペクティヴを指示している。タルムードから選ばれた詩句のなかにわれわれは、レヴィナスが「対面」と呼ぶもののなかで倫理的な責任がいかに開示されるのかの例を見出すからである。この「対面」においては、形而上学や存在論の囲いに、「存在の彼方」へと開いた、はるかにもっと分裂的で暴力的な関係が先立つ。ここでは、自己と他者との「書簡＝呼応」――レヴィナスは、同一性と差異性、彼性と他者性にも言及する――は、それらの暴力的かつ回収不可能な破壊や破棄であるもののなかで確立されるのである。

「他者の痕跡」でレヴィナスは彼/女の顔を示す他者（autrui）との出会いにおいて、他者（l'Autre）の痕跡が、つまりは神聖なるものの痕跡が明らかになるというテーゼを展開する。「対面」において、自己に同一的なものとして表象しうる道徳性の経験として回収しえない、差異への関係が開示される。すなわち「対面」において、関係からなる全体が分断され無限者の言説に道を譲るのだ。レヴィナスは『倫理と無限』のなかで、ブランショを自分に近い思想家として引用し、écriture du désastre［災禍のエクリチュール］についてこう書いている。

ブランショにおいて、それはもはや存在ではなく、「何ものか」でもない。言うことを打ち消すことが常に必要だ――。それは、存在でも無でもない出来事である。最新の作品で、ブランショはこれを「災禍」(désastre) と呼んでいるそれは、死をも事故をも意味せず、存在の不動性、星への参照、あらゆるコスモロジー的実存から分離されるような存在の一片を意味する dis-aster［dés-astres (幸運の星からの分離)］である。彼は、désastre いう名詞に、ほとんど動詞的な意味を与えている。彼にとっては、この気の狂わんばかりの強迫的な状況から逃れることは不可能なのだと思われる。(57)

他者の痕跡というレヴィナスの発想は、「存在の不動性から分離されるような存在の一片」であり、存在でも無でもないものである dis-aster への開けとしての倫理の実存的承認というこの考え方に結びついている。デリダにとって決定的なテクストである「他者の痕跡」でレヴィナスは、この "disaster" を第三項として、彼の言うように、存在と無の排除された中間項として、au-delà de l'Etre［存在の彼方へ］として論じている。もちろん、われわれの研究のコンテクストを考慮すれば、これは明らかにハイデッガーの Überstieg とブランショの le pas au-delà と同類のタームである。すなわち、au-delà de l'Etre とは、超越の脱構築を記しているのだ。ただしそれは、ハイデッガーの『根拠の本質について』とブランショの le pas au-delà では現存在の側からなされるのに対して、レヴィナスではむしろ彼方にあるものの側からなされている。他者の痕跡が、「記号の役割をも演じ、記号と見なしうる」がゆえに「他のいかなる記号にも似ていない記号」たる痕跡が発見されるのは、au-delà de l'Etre［存在の彼方で］である。その上この痕跡は、「記号を構成するあらゆる志向性の外側で、痕跡が見出されるあらゆる企投の外側で意味する」。なぜなら、これは「痕跡-作用」であり、存在の「外」は、自己自身と異なり、常に既に自らに外在的である（掛詞的には、外の外の外の等々）だけではなく、遅延として異なるのだからだ。(58) それゆえau-delà de l'Etreとはそれ自体、デリダが『黙示録的語調について』で取り組んでいるあの「終焉の終焉」である。その上、デリダのコンテクストにおいて痕跡は、倫理的関係のなかに起こる語調に他ならない記号の行為遂行、レヴィナスがブランショにならって"dés-astre"［災禍＝幸運の星からの分離］と見なし、デリダが反-転と呼んでいるものを構成する「私は来るであろう」なのである。

この地点で、『黙示録的語調について』に対するレヴィナスの影響については、それがいかにデリダのハイデッガーへの姿勢を変え、ハイデッガーの伝統から引き継いだテンポラリティーの問いを変状するのかという観点から、さらに明確な輪郭を描くことができる。語調の問いは、ハイデッガーのコンテクストの内部では書簡＝呼応の概念を際だたせていながら、レヴィナスのコンテクストでは、他者の痕跡ないしau-delà de l'Etreの問いを際だたせる。ハイデッガーのパースペクティヴからは、書簡＝呼応は、様々な時間的、空間的近さの多様性のなかで「対面」が開示されるEreignisとしてのテンポラリティーのあの共時的かつ隔時的側面を示唆する。しかし、レヴィナスのパースペクティヴからは、痕跡としての語調のコンテクスト化は、au-delà de l'Etreの地平から書簡＝呼応を破り、「なしに」や「外」の観点から時間性を理解することを示唆する。その理解のなかでは、つねにau-delà de l'Etreにある他者の痕跡は、終焉を差異化し遅延させる機能を果たし、終焉をそのように分割しながら、災禍もしくは破局として直観に現われる。この破局は、「私は来るであろう」という言葉のなかで伝えられる。それはまさにこのフレーズが、

au-lelà de l'Etre から分節されるからだ。というのも、他者の痕跡を辿って、終焉は常に遅延され、分割され、移され、差異化されるが、それにもかかわらず切迫して進行中であり、送付され、送られ、与えられるからである。最も根源的な問いをもった存在論にさえ先だって、「私は来るであろう」のなかに、倫理的関係が到着し、到来する。すなわち、レヴィナスのように、デリダは反-転［=破局］的ないし離-反［呼びかけ］的でさえある形でハイデッガーの哲学に対抗する。レヴィナスと同様に、デリダは存在論より前の（に面した）倫理的責任の根本的な非規定性を主張し、そうしてハイデッガーの思惟の優位を覆すのである。またデリダは、キリスト教の聖書を研究し、ヘブライ的なパースペクティヴに訴えることによって、黙示録である破局が、キリスト教とユダヤ教との歴史的関係に反-転的な帰結をもたらすことを可能にする。レヴィナス的な方向性をもったデリダの分析は、logos の只中に他者性を迎え入れ、「暴力と形而上学」で提起された問い「われわれはユダヤ人なのか？ われわれはギリシア人なのか？」をさらに重大なものにする。「われわれはユダヤ人とギリシア人との差異のなかで生きている。それが、おそらく歴史と呼ばれるものの統一である」。しかしこの「差異」は、われわれが見てきたように、外側から「到来」する差異である。それは、存在論と、存在と存在者をめぐる、そのハイデッガーの問題化に由来する「差異」ではなく、そこで au-delà de l'Etre が開示される、私と他者（autrui）との倫理的関係において自らを構成する「差異」である。こうした、存在することの彼方あるいは存在するとは別様には、それを辿って私と彼（彼女）との関係が直観されうる他者（l'Autre）の痕跡を指し示す。この関係は、デリダのコンテクストでは、単にキリスト教とユダヤ教との反転的な関係に関する責任の確立を含意する以上のものをもつ。この破局=反転は、ユダヤ教がキリスト教と異なるものとしか考えられていない、受け継がれてきた歴史的関係の転覆のみならず、Gala と Apokalupsis との非差異である Ereignis のなかで折り畳まれ分割される終焉の啓示をも含んでいる。désastre［災禍］の痕跡のなかに終焉の無限の遅延が自らを告げる場としての非差異である。このdésastreにおいて、抹殺と多産の両方の地平は、われわれにヘブライそのものという先史へと立ち戻る途を直観させる、現象学的な手引きとして与えられる。レヴィナスは、『存在するとは別様に、あるいは本質存在の彼方へ』で、こう書いている。

しかし、自身に対して措定される自我の「先史」においては責任が語る。自己とは徹底的に人質であり、自我よりも古く、諸原理に先立つ。その存在のなかで、自己にとって問題は、存在することではない。それは、自我主義や愛他主義を超えて、自己の宗教性である。

さらに、

［自我とは］、自己自身を脱ぎすてつつあること、自己自身から存在を空にすること、自己を裏返しにすること、こう言ってよければ、「存在するとは別様に」の顔である。この従属は、無でも、超越論的構想力の産物でもない。この分析においてわれわれは、自我であるような存在者を、その存在者の存在であるだろう身代わり行為に還元しようとしているのではない。身代わりは行為ではない。それは、行為＝能動には転換不可能な受動性であり、行為＝能動－受動性の二者択一の手前であり、それらを主題化する言われたもののなかでを除いては、名詞や動詞という文法カテゴリーには適合しようのない例外である。この再帰は、自己－内として、存在の裏面として、存在するとは別様にとしてのみ語られうる。存在するとは別様に、自己であること、没－利害であること、それは他人の悲惨お

よび破綻を担うことであり、他人が私に対してもつことがありうる責任をも担うことである。自己であること、人質であるという状態は、他者よりも一段高い責任を常に担うこと、つまり他者の責任への責任を担うことである。[59]

他者との書簡＝呼応である「私は来るであろう」において、聴く自我は、「存在するとは別様に」、au-delà de l'Etre から語調に耳を傾ける。そのようなものとして、自己あるいは自我であることが、自己を空にし、あるいは脱ぎすてたものとしてそこで知覚される彼方ないし手前のパースペクティヴから「存在へ聴従する」（これはハイデッガーのフレーズだ）。これが、デリダがレヴィナスのコンテクストの内部で、les fins de l'homme［人間の諸々の目的＝終焉］という句によって含意していることである。すなわちデリダは、存在の彼方、外部、外を、「私は来るであろう」に告げられる黙示録的な終焉と考えることによって、彼自身、人間の「諸々の目的＝終焉」に到着する。そこでは、自己が原初的な倫理的関係に接近するが、その倫理的関係の黙示録や破局＝反転（カタストロフ）は、まさに存在論／倫理学、キリスト教／ユダヤ教という差異の転覆のなかで、デリダが「黙示録の破局＝反転（カタストロフ）」あるいは「黙示録なき黙示録」と呼ぶものである。「目的＝終焉」概念のこの脱構築は、存在の運命が真理の啓示として完成に至るというハイデッガー的終末論の考えに暴力を加えるばかりでなく、時間の終焉とメシアの到来とが、そのまさに到着や送付においてそれ自身無限に分割され遅延されていることを示唆することによって、ヨハネの黙示録の、キリスト教的な終末論的な読解にも暴力を加える。その上それは、新約聖書を作り上げている「よき知らせ」や「書簡＝呼応」が、まさに歴史を終結させることのなかで啓示と黙示と終焉を保留するばかりでなく、それらが、「決定可能な送り手や受け手なしの、最後の審判なしの、「来れ」自体の語調以外の終末論なしの、その差異そのもの、善悪を超えた黙示録[60]」の語調や痕跡そのものだということをも示唆する。こうした言明は、キリスト教徒の読者が疑うであろうところに反して、根深い無神論の表明ではなく、レヴィナスによってユダヤ教のコンテクストで展開された au-delà de l'Etre の観点からの、キリスト教黙示録の解釈なのである。ここでこそ、西洋的伝統の内部からは思惟不可能な「主体」が、根源的な他者としての他者を思惟しえないギリシア的ロゴス中心主義の「外」で起こる先史と直観的に結びつく。自己がそこで、他者の他者性を前にした自己の責任の倫理的理解を妨げるあの存在論を脱ぎすてる「外」である。

ヘブライ的な Ereignis へ

『黙示録的語調について』とは対照的に、「ジョイスへの二つの言葉」でデリダは、旧約聖書のパースペクティヴから語調の書簡＝呼応を問い質している。「ジョイスへの二つの言葉」は、『ポスト構造主義者ジョイス』（一九八四年）にまず発表され、以後、その拡大版が *Ulysse Gramophone*［『ユリシーズ グラモフォン』］（一九八七年）に収めている。「ジョイスへの二つの言葉」でデリダは、ジョイスの『フィネガンズ・ウェイク』に、すなわち 'he war' というフレーズに内在する多段転義（メタレプシス）や掛詞（パロノマジア）としての語調を検討している。この検討の成果の一つは、大幅に翻訳不可能なジョイス的言語の内部での、存在と時間との関係におけるニヒリズムの発見であるだろう。それは、アナクシマンドロス論のような論文におけるハイデッガーのより神学的で、統一化的でさえある方向＝意味――言語において転移される存在の歴史が、「誤読」の歴史にも拘わらず、時間との連関で存在の問いが一様に展開される翻訳の多段転義的（メタレプシス）な流れを経由する意味＝方向――に逆行する。このような翻訳は、その外観においては真理が遅延される隠喩的な構造を介して生じるが、事実上、翻訳や隠喩化の過程として真理が連続的に自らを現わす構造である。こうした隠喩化が、多段転義（メタレプシス）や、ある翻訳から他の翻訳への変換を介して起こるかぎり、retrait［退隠］が、まさにその不在化や撤退の時間においてさえ、言語的な契機の拡張や現前化において確立されるのである。

「ジョイスへの二つの言葉」でデリダは、右の様々な関係の調律を狂わせる存在と時間と言語と翻訳（または多段転義（メタレプシス）的伝達）の関係性に焦点を当てる諸々のテクストを探し出すことができることを示すことになる。というのも、「ジョイスへの二つの言葉」では、言語の境界を横断する語の転移や翻訳の可能性／不可能性によって、ジョイスが意味論的関係にもち込んだ時の離散（ディアスポラ）の語調に注意が向けられているからだ。こうした転移は、音声の書簡＝呼応を媒介にして、つまり、言語的国境を通過し、あるいは通過しない語調の我有化と脱我有化を媒介にして起こる。デリダが『絵葉書』で、tranchfert［断－移］と名指すものと類比的な、もう一つ別の論文で、「シボレート」という表題でさらに接近している現象である。「ジョイスへの二つの言葉」でデリダはこう論じることになる。すなわち、このような調律の狂いについてのジョイスの正当な認知は、既に『黙示録的語調について』でわれわれが指摘したテーマであるが、破局（カタストロフ）＝反転としての歴史に対するあの諸関係のまさに暴力的読解に極まるばかりでなく、この暴力は、創世記において立証される、存在と時間と言語と翻訳の問いのヘブライ的読解に内在しているということだ。我有化／非我有化の様々な契機に関してあまりにも統一の概念に基づいているハイデッガーのEreignis（出来事の到来）概念を批判するための可能な手段をわれわれは、『フィネガンズ・ウェイク』の注意深い読解によって見つけうるということが、「ジョイスへの二つの言葉」が強く示唆することである。

あたかも“Pas”［歩＝否］を想起するかのように、デリダは論文を「ずいぶんと遅れている。ジョイスとはいつでも手遅れなのだ。私はただ、二つの語だけを言うことにする」と始める。これら二つの語は、時間的、実存的な条件についての語であり――“he war”――、時間的な瞬間や多重性の統一の調律を狂わせる効果をもった、言語のなかでの徐々の横滑りへの手引きとして働く。もちろん、デリダが問題にするのは、'he war'という言葉が、この言葉が宛てられる人々にとって何を意味するのかと同様に、距離化、すなわち'he war'という言葉の相互的な近さである。そればかりではない。距離は、翻訳の問いを、語どうしの近さや遠さを触発する。"Pas"〔歩＝否〕からの先の引用を想起すれば、「近いもの近接性は近くはなく、自らに固有のものではない」。確かに、ジョイスにおける問いは、言語の自らに対するこの近接性ないし固有性に関わる。われわれが後に指摘するように、この近さはそれ自体、pas〔歩＝否〕の観点から、超越の retrait〔退隠〕、言い換えれば翻訳の retrait の観点から考えられるべきである。「この二つの英語の語とはどのようなものか? それらは、半分しか英語ではない。お望みなら、それらを聴きたいなら」。問いはここで明らかに、時間と存在の問いばかりではなく、移‐転〔＝翻訳(trans-lation)〕としての言語の問い、半分だけ英語で、半分は何か別のものである英語の問いである。このフレーズ"he war"について語りながら、デリダは書いている。

私は HE WAR と綴る。そして最初の翻訳を素描する。HE WARS ――彼は戦争を行なう、戦争を宣言し、戦争をなす。彼は戦争である。これはまた、少々バベル化することによって――というのは、これらの語が浮上するのは、書物のとりわけバベル的場面においてである――ドイツ語化することによって、アングロサクソン語で発音することもできる。He war. 彼はあった。彼はあったところの彼であった。私はあるところのものであり、私がそうあるものである。こう YAHWE は言ったことになるだろう。それがあったところに彼はあって、戦争を宣言する。そしてそれは真である。事態を少し進め、母音を伸ばし耳を貸す時間をとると、それは真であったことになるだろう。それは真理において保たれ（wahren, bewahren）うるものなのである。

彼、それは《Il》であり、le《lui》、男性形でJe［私は］と言う者である。「彼」、それは宣言された戦争であった。戦争を宣言しつつ、彼はある者であったし、そして彼は真であった。戦争状態にある存在としての真理。戦争を宣言した彼は、宣言された戦争によって、始まりにあった戦争を宣言する行為によって、自らの真理の真理を立証した。宣言することは戦争行為であり、彼は言語において、言語に対する、そして言語によって戦争を宣言した。それが諸言語を与えたのであり、そこにYAHWEがその語を発言する時に、それが名前で［……］あったかどうかを言うのが困難なバベルの真なるものである。

私は暫定的にここでやめる、時間がないためである[61]」。

明らかにこの引用の終わりあたりでは、デリダのジョイス読解は、ほぼ完全に掛詞的（パロノマジック）である。デリダは、時間の展開の遅さを介してのみこうした解釈が引き出され、ジョイスが『ウェイク』で書いたフレーズが引き出されうるのだという事実にとくに敏感である。とりわけ、代名詞の反復に応じて意味が変動してゆく。"he war"は、存在（"he war"/"he was"）と真理の宣言の伝達として意味を帯びる。それは存在の真理の宣言であり、その伝達のなかでこの真理が、それを凝視していると言語そのものが複数化し粉々になるあの存在様態である"war"［戦争＝あった］として立証されるのだ。これが、言語における、言語に対する、言語によって、宣言された戦争（war）（存在の"was"［あった］）であり、諸言語を与える"war"である。'he war'は、言い換えれば、名前を通したこの戦争宣言によってのみ、言語に対するこの戦争宣言によってのみ伝達されうる。だが、後に見るように、この'war'はそれ自体、自らを引き留める

Ereignis である。その宣言は、翻訳不可能であり、宣言不可能だからだ。その意味で宣言は、あり‐かつ‐ない‐歩、pas である。“L'Entfernung é-loignat”［離れを退ける遠ざかり］、デリダは、“Pas”［「歩＝否」］の、バベル化する、あるいはジョイス的な言葉遣いで言っている。ジョイス自身においても、こうした距離の脱‐距離化は、まさしく“he war”という混成的な言葉遣いのなかで与えられている。それはラディカルな意味の横滑りを生み出すフレーズであり、たぶんデリダが数々の彼の論文でこれまでに考察した最もラディカルなものの一つである。

“he war”というフレーズは、『フィネガンズ・ウェイク』第二篇第一部の、最後の全面ページに由来する。そこでは、パントマイムは夕暮れに始まる。『ウェイク』のこの特異な部分を通して、ジョイスは『創世記』での出来事を参照している。例えば、「ドムの唄界（ばいかい）がごもゴモラりって以来、われらはそれをしかと聞いてきた」［ソドムはゴモラであった］（二五一・三六）。またノアの箱船についての一部もある――「優蛾（ゆうが）に運ばれ！　箱船！？　野遊（ノアそ）びじゃない？！」（二四四・二六）――。そして、その章の終わりあたりでは、バベルへの言及がある。これは、この章におけるパントマイムないし劇が、父、H. C. E. の雷とともに終焉を迎えた後に起こる。

天上桟敷の寺山の去り、グンナーりの吹く　の疾風。いつイ（てき）さんは、誰が行手に、いかなる術で、
喝采合切（かっさいがっさい）！

汝の観劇したるプレイ、ゲーム、ここにて終わる。深大な要請により幕が落ちる。

声大喝采（せいだいかっさい）！

落（らく）。

どこの街道を？　輪軌応返（りんきおうへん）、多くの命の失われたり。（二五七・二九－三六）

Byfall.
Upploud!
The play thou shouwburgst, Game, here endeth. The curtain drops by deep request.
Upplouderamain!
Gonn the gawds, Gunnar's gustspells. When the h, who the hu, how the hue, where the huer? Orbiter onswers: lots lives lost.

ここでの "Byfall"［落］はドイツ語の Beifall あるいは喝采のことである。"The Day, Thou Gavest, Lord, Is Ended: 'The darkness falls at thy behest'" は "The play thou...request" に置き換えうるし、"Upplouderamain" は "applaud louder, man!"［もっと大声で喝采せよ、民よ！］、Gunnar はステージ・マネージャー Michael Gunn のことを指しており、"gustspells" は "godspells" もしくは "Gospels"［福音］を指している。"Orbiter onswers" は "arbiter's answer"［裁定者の答え］を意味しうるだろうし "lots lives lost" は "Love's Labors Lost"［愛の失われた仕事］"lost wife of Lot"［運命で失った妻］もしくは "lots of lives lost"［失われた多くの命］を示唆している。掛詞的（パロノマジック）な、"When the h, who the hu, how the hue, where the huer" もある。この文は、幕が下りることと、聖書（bible）の物語の一種のバブバブ語（babble）への溶解を記すばかりでなく、言語の脱‐統合を、神々がいなくなったという認識の下に記している。すると、デリダにおける "he war" の掛詞的戯れは元来、この溶解 "When the h, who the hu, how the hue, where the huer?" に向けられているのではないかと思ってよい。実際テクストは、神学がたんにパントマイム、劇、パフォーマンス――単に自分自身を再演している、自分自身を無言劇している、自分自身を多段転義的(メタレプシス)に展開している言葉――だということを示唆している。そして第二部の章の終わりで、われわれが手にするのは、Götterdämmerung［神々の黄昏］である。ジョイスは"Gwds with gurs are gtrdmmrng"［かみかみのたそかれゆくなり］と書いている（二五八・一－二）。われわれは、それらが遠くでゴロゴロ鳴るのを聞くのだ。しかし、この威嚇するゴロゴロは、契約に訴えもする。

ほい！　ほれ！　ほりゃあ！　そしてネック・ネクロンにマック・マカルを称揚させ、かく言わしめよ。われは母国名にかけて背無(セム)かず［ヘブライ語のわが母、わが国、わが名］。バベルは、褸婆(ルベバ)とともにあらんか？［ヘブライ語：Lebhabah、心臓］して、彼はそうだった。して、彼は口をひらきて答える。われは聞く、おお、イシマエルよ、彼らの聖大(せいだい)なる神はわれの声大なる神のただひとりなるごとくのみなり［創世記　一九・二〇「イシマエルについては、私は君の願いをきき入れた。私は確かに彼を祝福し、彼の子孫を大いに増し加える。彼は十二人の君侯を生み、私は彼を大いなる国民としよう」］（二五八・九－一三）

「かみかみのたそかれゆくなり」によって、契約はアブラハムとなされつつあり、その契約に、イシマエルは（彼は、ジョイスの言葉では明らかにシェム［Shem］である。一方シャウン［Shaun］はイサクである）大いに賛同する。だが、「彼の手はあらゆる人間に敵対し、あらゆる人間の手は彼に敵対する、そうした野生の驢馬」（創世記一六、一二）になるのはイシマエルであり、遊牧民の部族の父――追放された者、ヘブライ語とは別の言葉を話すもの――になるのはイシマエルである。デリダは認めていないが、イシマエルは、ジョイスのテクストの "he war" にとって、極めて適切な主体でもあり、テクストは、シェムとシャウンに関して二人の兄弟殺し的な闘いを表現している。類似的でも異質でもあるこれら二人の兄弟のあいだに "he war" は起こり、そこで、シェムとシャウン、二人の人物は分身になり、掛詞的に反復される。この意味では "he war" は、同じものの分割を、民、イシマエルの部族、イサクの民族のあいだにある差異の限界／非限界を表わしているのである。

しかしながら、デリダの "he war" の読解は、差異化によっては規定しえない神の存在の効果に焦点を当てている。すなわち "he war" での神の名前の宣言において、自らの意味を規定する力を欠いている言語は犠牲にされ、複数化されることになる。デリダはそう主張するが、これは、『ウェイク』自体の言語に対する、その「諸差異」が「差異」には還元されえないテクストに対する、"he war" の効果である。それゆえ、デリダのあの文の読解は、テクストの「分裂」に焦点を当てるのだ。「[ジョイス]は、多義的なものの漸進的な全体を反復し、動員し、バベル化する。彼はそれを、彼のテーマにも作戦にもする」。さらに、「[ジョイスは] エクリチュールの各原子を分裂に服させ、人間のすべての記憶で、つまり神話、宗教、哲学、科学、精神分析、文学で、無意識を過重に負荷する」(62)。にもかかわらず、"he war" もしくは言語に対する戦争のこの探究に暗に含まれていることは、デリダの読解が必然的に、バベルと翻訳だけではなく、父からの必然的な分割に伴う暴力にも手を触れるということだ。この一節では、イスラエルの国が、創設されるべきものとして引き合いに出されるのだとしても、"he war" におけるイシマエルへの言及は、ローマ帝国によるヘブライ人とイスラエルの追放と破壊のアレゴリーであるかのように、例を介してアブラハムの息子の運命を予期する形で見ているのだ。ユダヤ人たちは、イシマエルのように、自分たちがイスラエルから切り離されているばかりでなく、父なる神からも切り離されていることを、そしてすでにバベルの後で、「他者」である言語で話さざるをえないことを知ることになる。だから“he war”においてジョイスは、すでに複数化され、あるいは粉々になった言語の直接的なコンテクストの内部に、レオポルト・ブルームの状況を見てとるのだ。すべての者の手がブルームに敵対するという歴史的コンテクストは言うまでもない。もちろんデリダにとってこのことは、“he war”の意味のあらゆるところに含まれていることであり、われわれが“he war”における神の存在の宣言への、二重化された同一化ないし随伴現象として注目するものである。すなわち、イシマエルという人物像と、より一般的にはイスラエルの歴史の問いにおいて、神からの離別、神格への距離、あるいは神の不在や失墜が強調されてくる。神の“he war”の断定のなかでは、現前の断言は、不在や失墜や距離を断言するイシマエルの“he war”の上に二重焼きされる。その時“he war”は、神の存在の、これらの地平がともに書き込まれる、あるいは声で発せられる句になるのである。

デリダの“he war”の読解は、音素（phoneme）としての現象（phenomenon）、あるいは彼が冗談めかして言うように、“phone-menon”という現われの観点から、神の存在の開示を強調する。“he war”の“war”を、掛詞的（パロノマジック）に、二つの言語——英語とドイツ語——のあいだに再び書き込むことによって、存在の啓示が、常に既に言語戦争の内部で——その存在を言語として含むWahrheit［真理］と過去と暴力——記述される。こうした言語的な重ね合わせによって、神の存在の、そればかりでなく、言語の「出来事」や「現象」の問いが、単なる存在の、すなわちイデア、エネルゲイア、定立、絶対概念、力への意志の断言としては回収しえない反復を構成する言語的横滑りの諸々の語調の内部で問題化される。ジョイスにおいて、この存在のepochēは、“he war”による、すなわち、écritureは言うまでもなく、呼びかけの暴力的な横滑りによる宣言や贈与の出来事や現象の掛詞(パロノマジア)を介して起こるのである。

he war を直接取り巻く光景のなかでわれわれは、もしこうした現在が、この場所が可能ならば、バベルにいる。それは、YAHWE が戦争を宣言し、he war（アナグラムの喉のなかでの最後のRと中央のHとの交換）、そしてセム族を、『創世記』はそう言っているが、自分自身に名をなすために塔を建てる意志を宣言している者たちを罰する時である。いまや、彼らは「名前」という名前（シェム）を担っている。そして主、至高者、彼に祝福あれ（Lord, loud, laud...）、は、塔の建設を妨害することによって、彼らに戦争（war）を宣言する。彼は、それは彼の選択の語音を発し、聴覚には混同によって、実際「混同」を意味する語と混同されうる混同（bavel）という名前を発すことによって脱構築するのだ。この戦争が宣言されると、彼自身が戦争の行為たることによって、彼は戦争（war）なのであった。その行為は、彼がなしたように、彼（Il）はあった（war）ところの者（Lui［彼］）であったと宣言することにあった。火の神はシェムに、彼の名前の翻訳を、それによって彼が、自らの戦争の行為に、自ら署名する語音の必然的で運命的で不可能な翻訳を指令するのである。(63)

名前を与えること、ないし“he war”を断言することは、ハイデッガーの es gibt［それは与える］と同様に、存在の時間に関わる断言である。この聖書の契機に関していえば、時間と存在との関係は、極めて暴力的で脱構築的であるようにみえる。至高者が、自らの存在の時間について行なう断言は、そこでは言語が掛詞(パロノマジア)に服するばかりでなく、混乱をも表現する“war”（Wahrheit［真理］、常に既にあったこと、戦闘）の宣言以外の何ものでもないものに極まるからだ。存在の時間は、このコンテクストでは、言語の多段転義（メタレプシス）の内部から、つまり“war”という語の翻訳ないしÜbersetzungに内在する混同の内部から断言される時間として明らかになる。ハイデッガーによる古代ギリシアのテクスト読解でと同様に、聖書においてもまた、存在と時間は、言語の内で、単声的あるいはロゴス中心的な意味として開示されることはない。むしろ、存在と時間は、神秘的かつ「非規定的な」形で、我有化するばかりなく脱我有化する「出来事」において暴力が開示されるかぎり言語に対する最も根本的な暴力として開示される。これは、ブランショなら、時間を通じて規定されかつ規定されない「古代の恐れの秘密」と見なすであろうものである。われわれが前の章で、*Le pas au-delà*［『彼方への歩＝否』］から、「時間のなかでは実現されず、時間の彼方へと、この彼方が無時間になることなく行き着くであろう彼方への歩＝否」として引用したものである。ジョイスでは、この「彼方」は“war”［戦争＝あった］であり、“he”の“was”［あった］であり、その秘密や翻訳不可能な記号の下で、われわれが古代の「恐れ」、“he war” (he was; he wars) の恐れをもって生きる“was”あるいは“war”である。

とすれば、“he war”の非規定性と秘密性と恐るべき暴力は、デリダにおいては、ハイデッガーのes gibt［それは与える］読解の寓意（アレゴリー）として機能する。ハイデッガーは、聖書で語られているような宗教の歴史に直接向かう神学から離れているが、デリダの方はジョイスの『ウェイク』を通じて、神と言語と選ばれた民との関係に言及することによって、es gibt［それは与える］の読解をあえてカヴァーしようとする。ジョイスのテクストでは、火の神はシェム（セム族もしくは名前）に、名づけえない名前を、いわば一つの名前をもう一つの名前に置き換えることによって与えるのだ。そうすることで神は、翻訳しえず、伝達しえず、転移しえない署名を与える。この転移しえぬ名前によって、時間と存在との関係は、贈与の出来事に属するものとしてだけでなく、同様に退隠の出来事に属するものとしても開示される。ここで、ハイデッガーの es gibt Sein［それが存在を与える］の、より正統派的な読解が必須になる。それは、存在の贈与において、デリダが retrait と呼ぶ引隠や引き込もりを強調するからである。存在と時間が関わり合う「出来事」の内部からの脱我有化をハイデッガーはしばしば単に、収蔵、覆蔵、隠蔽として扱っている。そして、ハイデッガー主義者たちが、例えば破壊について語る時には、このハイデッガー的アプローチはしばしば、そこから存在がより明瞭に現存在へと浮上する「隠蔽」の「破壊」という言葉で展開される。(64)ところが、デリダのジョイス読解にあっては、デリダが『ウェイク』に与えようとする隠されたモチーフの一つは、隠蔽ないし脱我有化である暴力に関わる。このケースで明らかなように、神によるメッセージの送付は、単なる現前の確立と存在の啓示ではまったくない。"he war" においては、あたかも現在の現前が、脱我有化され、撤回され、解体されるかのようなのだ。そして、シェムは、名前は、恐るべき言語的破局（カタストロフ）によって、十分には語られえず、現在にはなりえない物語を経験する。バベルの塔の破壊は、物事がかつてあったとおりに物語る能力の破壊を意味するのだからだ。破壊の後に、言いうるすべては "he war" であり、ハイデッガーのタームでは "es war" である。これが創世記のエポケーであり、それゆえ、始まりに retrait［退隠］がある。明らかに、この retrait は、現前の現在、現前の現前化を否認する時でさえ、何ものかの現前を提示するものとして時間と関わり合うのである。

ハイデッガーとは違ってデリダは、存在と時間と言語の分節を、歴史的かつ神学的な破局（カタストロフ）の観点から、そして民族の同一化を、名前の受容のなかで、言語の混同と制度の破壊が、"he war" が生じる名前との関係によって論じる。「一度この戦争が宣言されると、彼自身が戦争の行為たることによって、彼は戦争(war) なのであった。その行為は、彼がなしたように、彼はあった (war) ところのものであったと宣言することにあった」。この「私はあるところのものである」の掛詞（パロノマジア）において、存在と時間と言語は、差異性と同一性との論理と断絶するものとして開示され、それゆえ“war”は、差異の時間的契機のを脱分節することにあり、存在と時間と言語の肯定にあり、あるいはハイデッガーならEreignisと呼んだであろうものに、そこでは存在と時間との関係が複数的で開かれており、意味の形而上学的了解とは暴力的に分断したものとして開示される諸契機の我有化的かつ脱我有的なあの多様性にあるのだ。「回文（'And shall not Babel be with Lebab? And he war...'）は塔を倒すが、意味と文字とで、存在の意味と存在の文字で、「在る」(be, eb, baBEL, lEBab) の意味と文字で戯れもする。神の名EL, LEの意味と文字で戯れるように」(65)。ここで、言葉は明らかに、存在と時間とを近みにもたらす出来事の暴力がそこを通ってジョイスのテクストに反映する導管である。例えば、BE, EBやbaBEl/lEBabという多段転義（メタレプシス）があり、そこではlebabはbabelの回文であるばかりでなく、「心」を意味するヘブライ語の言葉であり、また、「ベッド」を意味するleabaと「本」を意味するleabharいう二つのアイルランド語からの派生語でもある。回文として後ろ向きに反復されたバベルは、本を、ベッドを、セム族の心を意味し、それらは、すでに言語に起こった暴力の内部で、“war”［あった］至高者の存在を宣言する出来事のの内部で開示される。なるほど、言語の内での戦争の観点からは、“he war”の「出来事」は、言語的な衝突として、言語内的な共謀として反映されている。にもかかわらずジョイスが古代ヘブライの歴史とケルト人の歴史とを結びつけるのは、塔とベッド、心臓と本とのあいだの横滑りのなかである。というのも、アイルランドでもまた、民は、塔の破壊という破局（カタストロフ）を経験したことがあり（例えばW・B・イェイツの『黒い塔』を見よ）、征服者による原初の言語の破壊という、ジョイスが諷刺的に『ウェイク』のマットとジュートのエピソードで言及することを経験したことがあるからだ。『ウェイク』のあらゆるところでと同様に、ここでも言語的な破壊の「出来事」は位置づけ局所化できず、たとえその効果が遺憾ながらあまりに強く感じられる時でさえ、それ自体は我有化することができない。

ここではデリダでさえ、バベルの出来事の支流を聖書的な源泉に限定している。彼が言うように、彼の時間そのものは限られており、そして彼は "he war" との関係で時間の問いをさらに追求するからだ。「というのは、he war は、これがそうである出来事の代置不可能性も言い表わすからである。それは自らがそれであるものであり、既にあったがゆえに、存在し現前する以前にあったある決定的な過去であるがゆえに交換不可能でもある。それが宣言された戦争である。存在する前に、つまり現在である以前に、それはあった。あった (fut)、彼は、去った (fuit)、故 [(feu le)] 火の神は。そして、翻訳への呼びかけはあなたを拒絶する。汝、我を翻訳するなかれ[66]」。存在を名ざす出来事はブランショの le pas au-delà に、彼方への歩＝否に近い。それは、存在する何ものかを、自らがそれであるものであり、かつ既にあったがゆえに変わることがありえない何ものかを語る瞬間であり、しかし、既にあったということと正確には同時的でない瞬間である。言い換えれば、名前とは、was と is の間で交渉する痕跡構造である。現前と不在との分割がそこで設立されうるような種類の差異には、過去、現在、未来という時間契機の有限的変化に根づいていながらも、人間存在や現存在を模倣する存在の概念がそこで生起するような種類の差異には還元しえない諸契機の différance [差延] である。"he war" は、まったく異なり、翻訳不可能である。それは、言語上の具体化に、その時間的な地平とともに挑戦し、従ってその言語を混同させ、まさにその伝達において、送付において言語を分断するのである。différance は確かに、「送付され」えない「送付」という、この奇妙な袋小路に関わる。「始めに差異ありき。それこそが起こることであり、それこそが既に、そこで、場所をもったこと、言葉が行為あった時にあったものであり、エクリチュール舌(ラング)＝言語である。そうであったところに、彼はあった[67]」。もし「送付」の「出来事」が国家の歴史と重ね合わされることによって散種されるのならば、その出来事は、現前や現前化の哲学には接近しえないがゆえに限定されたものでもある。それは存在する以前にあった決定的な過去である。表象不可能でありながら書き込まれており、つねにすでに存在する以前でありながら、名前“I am”を与え、局所化しえぬ出来事でありながら代置不可能な瞬間である“he war”は、西洋形而上学への暴力的な挑戦なのである。

確かに“he war”の非規定性は、アナクシマンドロスのapeiron概念にわれわれが認めた非規定性に接近する。この概念もまた、ハイデッガーの見解では伝達や翻訳の問いに関わる。ハイデッガーによるアナクシマンドロスの断片の読解では、その存在や真理への関係は、歴史を通じたテクストの翻-訳や超-転義（メタ-レプシス）を経由し、存在は、かくも多くの哲学者の手を介したアナクシマンドロスのテクストのあの横滑りのなかで開示されたのだということを想起しよう。しかしながら、デリダのジョイス読解では、ヘブライ的なパースペクティヴから語られるものとしての、言語を介した存在のそうした伝達の歴史、“and he war”はむしろ、哲学的もしくは預言的な伝達の袋小路と、存在の問いの翻訳不可能性と、それが切り出す言語的な暴力の方を強調する。イシマエルの読解は言うまでもなく、ジョイスのバベルの塔の読解が与えられれば、われわれはハイデッガーの存在の説明を、受信人が理-解する［=下に立つ（under-stand）］ことも翻-訳する［=転-移する（trans-late）］こともできない送付や宣言を送ることのダブルバインドによって人類に戦争を宣言する天の署名との連関で、脱構築的ではなくとも、はるかにもっとニヒリスティックな形で、歴史を通じてテクスト的に開示されるものとして読むことができる。“He war”、あるいはwar［戦争する=あった］彼の存在は、存在のあのニヒリスティックな契機を、民族の選別に伴う破局（カタストロフ）として際だたせる。“He war”は、存在と時間と言語の関係の問題を、了解構造に綜合や統一しえない関係として際だたせるだけではなく、選ばれた民が服するであろう暴力――彼ら民の確立と追放――をも際だたせる。

バベルの塔の破壊と諸言語の混同とは、ヘブライ人の時間と、ユダヤ人の歴史と切り離しえないこの破局(カタストロフ)にすでに深く関わっている。ここでは至高者としての存在の時間性は、神に選ばれた民の歴史、人類の歴史、聖なる存在の時間性に近みに達する。その時間性はあらゆるところで暴力的な分断によって記されており、その分断が存在と時間と意味の手引きがそこで明るみに出る多段転義(メタレプシス)的な運動に言語そのものが従う時でさえ、諸関係からなる一貫した多様性に諸々の意味が統合されることを禁じるのである。ハイデッガーは、「「線」について」において、存在の忘却は、われわれが言語を介して存在の本質を問い質す道に影響を与えるのと同様、存在の本質に影響を与えると書いていた。デリダのジョイス読解は、この存在忘却の問い——それは"he war"に極まる——ばかりでなく、いかにこの忘却がセム族としての現存在を巻き込むのかという問いにも関わっている。バベルの塔の只中でこの忘却が伝達された結果、ヘブライ人の本は、神の存在の本性についての言葉の離散のなかで破壊され、そこに散種される。ハイデッガーは、『「線」について』のなかで、存在と無のあいだの線を理解することによって形而上学の復興を論じることができたが、それに対してデリダは、ジョイスがこの線を、翻訳と転移と了解が完全にダブルバインドに追い込まれる袋小路として開示すると主張する。

しかし、バベルの神は、*既に*彼自身の署名を歪曲して［=拷問にかけて（torturer）］いる。彼がこの歪曲［=拷問］だったのだ。可能なあらゆる翻訳者に関わるアプリオリな悔恨である。我は汝に、我を翻訳し、わが名前に手をつけ、その有声化にエクリチュールの身体を与えることを命じ、かつ禁止する。そして、こうした二重の命令に*よって*彼は署名する。署名は法の後に来るのではない。それは、法の分割された行為なのである。署名としての復讐、ルサンチマン、報復、犯行声明。しかし、贈与として、諸言語の贈与としてもである。そして神は、彼らに祈られるに任せ、彼はへり下り身をかがめる（Loud/low）。祈りと笑いは、おそらくは署名の痛みを、それによってすべてが始まってしまったことになる戦争行為を放免する。これは芸術、ジョイスの芸術であり、作品化された彼の署名に与えられた空間である。he war、それは連署であり、それは確証しかつ反論し、署名することによって抹消する。(68)

アナクシマンドロスにとって存在の問いが、「時間の定め」に応じた正義と不正義によって考えられるべきものであったとすれば、デリダにとってはその「定め」は、著者によって歪曲［＝拷問］された署名の転移によって伝えられる定めである。それは、永遠なるものの名前の転移と密接に結びついていた聖なる存在と人類の歴史との時間であるがゆえに、時間を通じて起こる「定め」である。この「定め」とは、"he war"であり、暴力、歪曲［＝拷問（torture）］であり、祈りが部分的に緩和し部分的に扇動する名前の贈与のなかで起こる報復である。「定め」――それは、両者の差異と同一性が不安定で、了解不可能で、統合不可能で、伝達しえぬままにとどまる存在と存在者との破局（カタストロフ）ではないか？　これが、現存在がその下で書く死霊であり、より正確にはジョイスの『ウェイク』の条件であり、そこでは言語が、ブランショが écriture du désastre［災禍のエクリチュール］と呼ぶものになる戦争のなかで、ジョイスのテクストに押し寄せる古代の恐れの兆（サイン）しなのである。(69)

『ウェイク』は、その浮かれ騒ぎぶりにもかかわらず死者の本であり、おそらくは一つならぬ意味で本の終焉についての本、エクリチュールの終焉についてのエクリチュール、les fins de l'homme［人間の諸々の目的＝終焉］についてのテクストである。『ウェイク』に対するこうした裁定はかなり凡庸なものに響くかも知れないが、デリダは、ジョイスの多段転義的(メタレプシス)なエクリチュールに関して、どの程度まで彼の死者の本が、ハイデッガーの es gibt Sein［それは存在を与える］という考え方の内でニヒリズムをさらけ出すのかを証明してきたのだ。それは、ハイデッガーの哲学を、哲学的な諸関係の多様性から同時に立ち去ることなく、その構造を動揺させ崩落させることによって脱構築するように働く。ジョイスの言語という「(複数の) 出来事」のなかで、われわれが時間の横滑りに出会うことは、この研究におけるわれわれのパースペクティヴからして極めて妥当なことである。それはさらに別の仕方で、デリダの哲学が、ハイデッガーが着手した時間論の企てにどの程度まで憑き纏うのかを示すからだ。デリダの最近の著作の多くが、単に時と場合に応じた作品になってきているとみなしうる一方で、ジョイスについてのもののような論文では、それは、ハイデッガーの哲学が依拠している多様で包括的な諸関係の分節を外すように働くテクスト的な場の内部から、ハイデッガーの時間扱いに対する進行中の批判の前進がはっきりと存在することにも着目すべきである。確かに、ジョイスについての論文で、デリダは注目すべき動きをしている。es gibt［それは与える］を、ヘブライ神学や聖書の物語の視点から考察することによって、彼は、ハイデッガー自身の反省のなかに常に既に暗に孕まれている暴力を解放するのである。

ジョージ・スタイナーが『マルティン・ハイデッガー』で、ハイデッガーが、ホロコーストという近代の破局(カタストロフ)について一度も直かに発言しなかったのはなぜかを考察したとすれば、『ジョイスへの二つの言葉』でのデリダは、ハイデッガーの es gibt Sein とジョイスの "he war" とを関係づけるラディカルな超‐記［＝転写 (trans-scription)］、翻訳、ないし tranchfert［断移］によって、近代の文学と哲学のなかにあるホロコーストの共鳴に耳を澄ませている。この動きの結果は、ハイデッガーの道徳性を非難することにはなく――スタイナーでは問題になっているように思われる――、哲学と、哲学の文学への関わりの観点から、ハイデッガーの著作が実際、近代のユダヤ人の歴史に向けられており、ホロコーストがハイデッガーとジョイスとを書簡＝呼応に、あるいは、時間的な調律にもたらすことによって生み出される語調の内から聴きとりうるということを証明しているのだ。実際デリダがこうした論点を証明するために自らのテクストを自覚的に書いているということは、『ジョイスへの二つの言葉』に続く一九八〇年代の著作で、とくにハイデガーにおける語“Geschlecht”についての論文と、パウル・ツェランの詩作における日付の問いにおいて、さらに明らかになるのである。

破局（カタストロフ）に日付を打つ

さらに、『哲学において最近採用された黙示録的語調について』と同じく、『ジョイスへの二つの言葉』は『絵葉書』の、そして同様に、「ノー・アポカリプス　ノット・ナウ（フルスピードで前へ、七つのミサイル、七つの信書）」“Des tours de Babel”［「様々なバベルの塔」］「テレパシー」*Feu la cendre*［『今は亡き灰』］『シボレート』のような他の多くの著作を位置づけることをも助けてくれる。「ノー・アポカリプス　ノット・ナウ」は、核批判のシンポジウムで行なわれた講演だが、そこでデリダは、ミサイルや武器を黙示録的な送付のコンテクストで展開し、こうした送付の時間性がそれ自体核である――すなわち小単位に量子化されている――ことだけでなく、ここにおいてすら黙示録は、たとえ実現されるかも知れない時でさえ、一時的な停止状態に保たれるのだということを指摘している。“Des tours de Babel”ではデリダは再び、名前の retrait［退隠］に極まる神の名前の、名前の出現が破局（カタストロフ）――バベルの塔の崩壊と離散（ディアスポラ）――を伴なう神の名前の転移を論じている。これは、「私は来るであろう」と読まれる新約聖書の送付と比較すべき旧約聖書の送付の場面である。ほとんど確かなことだが、『黙示録的語調について』「ジョイスへの二つの言葉」“Des tours de Babel”そして『シボレート』は、言語と転移、送付と時間性をわれわれがどう解釈し直すかにだけではなく、聖なる歴史がもつポストハイデッガー的思惟に対する意味をいかに理解すべきかに深い関わりをもつ一連の論文の一部だと考えるべきである。[70]「テレパシー」は、「送付」の初版からは抜け落ちているものの、『絵葉書』に属している。この論文も黙示の概念に触れ、大胆にも哲学とは、アイディアが著者によって、あたかも著者たる彼／女が媒質であるかのようにピック・アップされるテレパシー過程であると認めている。この考え方は、アナクシマンドロスの断片の数多くの翻訳の例にあるようなハイデッガーの歴史的転移の概念を強化し、それを、送付、投函、中継、宛先という、『絵葉書』に生起する諸概念についての仕事と混ぜ合わせている。デリダの論文 *Feu la cendre*、『シボレート』、またハイデッガーにおける Geschlecht（ジェンダー、人種）論文は、破局（カタストロフ）と歴史的なるものとに、黙示録の語調についてのわれわれの考察とはかなり違うパースペクティヴから触れている。とはいえこれらの作品も、諸々の目的＝終焉の問いがそこで提起される倫理学を組み込んでいるのだ。今一度、テンポラリティーと、ユダヤ文化と非ユダヤ的変化との関係は、こうしたテクストにおけるデリダの哲学的展開を理解する上での決定的な中継点をなす。

De l'esprit［『精神について』］を別にすれば、ハイデッガーに触れている最近の二つの重要な論考は、『シボレート』と「Geschlecht II　ハイデッガーの手」である。そこでは、破局＝反転（カタストロフ）のテンポラリティーは、デリダがハイデッガーの思惟から離反する時でさえ、もう一度彼に接近する形で提起されている。『シボレート』においてパウル・ツェランの詩の日付を、そこで破局（カタストロフ）の出来事が、己れから疎外するその時に、再び集められ＝想起される（re-collected）ような時間の「書簡＝呼応」として考える時、デリダはハイデッガーの方へと向かうのだ。詩は「自らの日付を、ただそれが、いわばそうした日付の負債から

——この日付から解放されるかぎりで語る」[71]。詩の日付の贈与において日付は退隠を経験する。それゆえ、この記憶を保持しながらツェランは日付の時間を、自己に現前する出来事として現前するにすぎない特異性の彼方に運び出すのである。

ツェランの詩の日付はハイデッガーの Ereignis に呼応する。そこでテンポラティーは数々の出来事の関係として結集されている。それら出来事の出会いは、「一度、所与の時刻に、所与の日に、所与の月に、所与の地域で、一つ、あるいは一つ以上の出来事を封印する運、チャンス、偶然、重なり合いを示唆する。「次には他者との出会いである。詩がそこから語り、それを目指して語る不可避の特異性である。自らの他者性のなかで、そして自らの孤独のなかで（それは「唯一の」「孤独の」詩のそれでもある）、出会い（ハプニング）は同じ一つの日付けの重なり合いのなかに住まいうる。それが起こることである」[72]。時間性は、この生起において、出来事の特異性と多数性との差異が解任され再肯定される différance における出来事のこの絡みにおいて与えられる。最も不安にさせることは、ツェランが「この多数性を、「集中＝収容」(concentration) という、極めて強く、極めて負荷に満ちた名前で呼んでいることだ」。すなわち、ハイデッガー的な時間の我有化において、脱我有化ないし非我有化の想起は、Konzentration という語の用法を介して起こるのだ。

その語は、記憶にとって恐るべき言葉となりうる。しかしひとは一度に、例えば祈りの経験でのように、魂の心の結果と精神集中を語る意味でも［……］、concentration が想起の同じ中心のまわりに、ただ一度、ただ一つの場所に結合し、あるいは星座をつくりにくる多様な日付を、「われわれのすべての日付」を結集させるという、あの別の意味でも聴き取りうる[73]。

決してハイデッガーが直接言及されてはいないにもかかわらず、しかしツェランの日付の考察が位置づけられている言説は、極めて重く後期ハイデッガーの語彙に依拠しているため、時間概念の展開と日付に対するこの暗示構造を見過ごすことはできない。その例外的恐怖が、誰でも距離と免除を求めたくなる悲劇的な括弧や欠落部分として現代史のなかにたたずんでいる単一の出来事だと多くの人々が見なしたがるものの縁を、ホロコーストの破局(カタストロフ)が溢れ出るものとして想起されうる日付であるにもかかわらずわれわれは、ハイデッガーの Ereignis を考察することを介して、近代ドイツ哲学そのものの内部から、その記念日がわれわれのものであり、かつわれわれのものではない、その日付を与えることのなかでわれわれの存在も与えられ、かつ引き留められる破局的出来事の概念を完成するのだ。ハイデッガーを経由することによって、ツェランにおけるホロコーストの日付は、その出来事を単数のものとしてではなく、それがたとえ年代記の中では回帰することのありえない再出現だとしても、繰り返し起こってきた、繰り返し起こり続けるであろうものとして、われわれが把握し想 - 起する [= 採り集める (re-collect)] 可能性を際立たせるのだ。「日付は亡霊である」とデリダは書いている。亡霊として日付は記憶にとり憑くが、しかし永遠に過ぎ去ったにもかかわらず回帰してくる亡霊的な憑き纒いとして記憶を構成しもするのである。このことが考えうるものであるのは、

日付は在るのではない。それは現われるために退隠するからだ。[……] おそらく幾分かの日付がある (il ya [es gibt])。[……] 私はさしあたり、予備的に、順不同に、贈与と固有名詞――日付は固有名のように機能するからだ――のこの価値に、他の三つの本質的な価値を結びつけようと思う。(1)厳密に書簡のコードの範囲内での送付 (envoi) の価値。(2)今、ここの尖端における場所と時間の再 -

刻印。⑶署名、というのは、日付が冒頭の文字だとすれば、署名は手紙の最後に来うるからだ。どんな場合にも、最初であれ終わりであれ、署名された契約の、義務の、約束の、誓い（sacramentum）の力をもちうる。本質的に、署名は常に日付を打たれ、それゆえにのみ価値を持つ。署名は日付を記し、署名は日付をもつ。(74)

日付の時間性は、ハイデッガーと同様に、書簡＝呼応と送付に結びつけられる。しかしここでは、デリダは、『絵葉書』と同様に、日付を送付と署名との関係において、すなわち、そこで受信者が、彼／女の時間がなくなり終わりが来たことをそこで知る、送付あるいは署名された約束との関係で考えている。「シボレート」という言葉はそれ自体、様々な言葉の「集中＝収容」（concentration）であり、そこで多様な日付や終焉が、配達と非配達の間の、破局（カタストロフ）から時の経過を得る者と得ない者の間の différance によって与えられる。だが、ツェランではこの語は、そこで破局（カタストロフ）の時間性が、ツェランの詩の語や想起に痕跡や記しを残した時にさえ、記念日になることに抵抗する経過の決定不可能性を集中させる。「私は、ツェランが暗号化したすべての涙と灰と指環を引用するつもりはない」とデリダは書いている。それでも、

ここまで、われわれはずっとコード化された日付、単に暗号化＝数字化されているばかりでなく、カレンダーという慣習的な格子に従ってコード化された日付について語ってきた。［……］指環運行（révolution）ゆえに、記念される日付と記念する日付とは、ある秘密の記念日に合流し結合することへ向かう。詩とは、それが歌い祝福するこの記念日であり、この贈与された指環であり、婚姻と約束の封印である。詩は、それが祝福する日付と同じ日付をもち、その同じ日付に属し、その日付に、お、い、い、

て在り、それが全く同時に属しかつ定めとする日付を与え、再び与え返す[75]。

日付の「共属」や「書簡＝呼応」とはそれ自体、出来事のあいだの通過を許しかつ禁じる時間的円環運動であり、年代記的な諸々の瞬間を統一化する媒体としての時間を通じた諸々の出来事どうしの同一化を禁じる時にさえ、特異な瞬間としての出来事を脱構成する。それゆえデリダは書いている。「私がここでホロコーストを［……］、それについて次のように言うためにだけ名指すとしても許していただきたい。確かに今日、われわれが知っているあのホロコーストの日付、われわれの記憶の地獄がある。しかし、あらゆる日付にも、世界のどこかで、毎時刻にホロコーストがある[76]」。すなわち、ホロコーストである出来事は、そこで「出来事」が我有化的かつ脱我有的な諸々の瞬間において与えられるハイデッガーの時間的な諸次元の相互作用の観点から以外には包摂されようがないのだ。確かに、ハイデッガー自身は一度もホロコーストに言及しなかったとしても、デリダは、こうした省略や欠落の代わりに、ハイデッガーがパスワード「シボレート」を、ある種のゲルマン文化との書簡＝呼応ないし交流から外に出る通路を彼にもたらす語として口にすることを許す話し方を提供する。従って、ハイデッガーの Ereignis がわれわれに、ナチズム自体が素朴な形で結びついていた歴史主義的パースペクティヴの外でホロコーストを思惟することを可能にするかぎりで、『シボレート』はハイデッガーの思惟の弁護論として読みうるのである。

しかし、ハイデッガーへのアプローチが、その哲学的省察の様式が、どこである種のゲルマン文化との関係性から距離をとるのかを開示すべくなされているとすれば、『シボレート』と比較的近い時期に書かれたデリダのもう一つのハイデッガー読解がある。それはハイデッガーの「注視」についての思惟を評価している。“Geschlecht II” の中でデリダは、写真に撮られた、手を挙げる書き手ハイデッガーのポーズを検討している。

(それ以来、私はハイデッガーの出版された写真すべてを、とりわけ、フライブルグで、私が一九七九年にハイデッガーについて講演した際に購入したアルバムを研究した。そこでの、手の演技と芝居は、一セミナー全部を使うに値するであろう。もし私がそれを断念しなければ、私は、そこで露出されている意図的に職人的な手の演出、顕示＝怪物化(monstration)やデモンストレーション(dém-onstration)の演出にこだわるだろう。そうした手の動きが、ペンの持ち方であれ、身体を支えるよりは指し示す杖の扱い方であれ、泉のそばでのバケツであれ。手のデモンストレーションは、演説に伴って手を握りしめることでもある。カタログのカバー上で、窓の枠でも写真の枠でもある枠をはみ出している唯一のものはハイデッガーの手である。)

手とは顕示性＝怪物性(monstrosité)であり、顕示(monstration)の存在としての、人間の固有性なのだ。これが人間を、他のあらゆるGeschlecht…… から区別する。[77]

別のところでも、「monstrer［怪物化する］」とは、montrer(示す、あるいは証示する)であり、un monstreとは、une montre［顕示］(a watch［見守り］)である[78]」とある。われわれは、どのような「破局＝反転(カタ・ストロフ)」を、手を挙げるハイデッガーの証示＝怪物化(dé-mostration)において、とりわけGe-schlechtの観点から「見守る」のか? そして、ハイデッガーが敬虔にペンを持ち上げるのを見る時、われわれの「見守り」は、何をわれわれに語るのか? どのような「時間」や時代に、この挙手は配置されるのか? この挙手は、誰の利害関心のためだったのか? 誰のGeschlechtの利害関心のためか? 誰の歴史的かつ黙示録的な怪物性の利害関心のためだったのか？　もちろん、われわれが『弔鐘』をもう一度読むべきはここであろう。しかし、弔いの鐘の身振りは“Geschlecht II”のなかにも声高に響いている。「人間の手が指したり示したりするだけではない。人間とは、彼自身が記号、怪物的な記号（un monstre）なのだ。」そして「話す人間、そして手で書く人間は、そう言われるように、一つ手の怪物ではないのか？」(79)　ハイデッガーの手は、まさに拡げられた唯一の手は、何かを（贈り物を）与える。しかしそれは何かを取り去りもするのであって、拡げられた手の身振りのこの retrait［退隠］のなかで、怪物的なもの自体が、ハイデッガーが es gibt Sein と呼ぶもののなかで与えられる。デリダは、“Geschlecht II”で、手と民族との関係に焦点を合わせ（「われわれは、ナショナリズムの物と、Geschlecht と名づけられた物の周りを彷徨する」(80)）、デリダの“Geschlecht I”（この論文はセクシュアリティとしての Geschlecht に焦点を当てる）が掲載された Herne 誌のハイデッガー特集号の表紙にある写真で、ハイデッガーが挙げている手の発端の問題の多い視覚的なもじりに焦点を当て、そして、この哲学者のナチの敬礼のような挙手に焦点を当てている。デリダが、贈り物を差し出すような手を見せることの顕示性＝怪物性によって、この挙手を、怪物的なもののこの敬礼を語るとき、ひとはここに「プレゼント」や「進物」を意味する英語の gift と、「毒」を意味するドイツ語の Gift との不幸な語呂合わせが見出されるのではないかと思う。「むしろこの手の思惟は、gift の本質に属す」。すなわち毒殺の、絶滅の本質に、ということになるだろう。

だが、われわれの焦点の主要な点に戻るなら、われわれは、それが『シボレート』における「集中」としての書簡＝呼応の概念に関わる時、“Geschlecht II”における手の敬礼に関わる時、恐怖の証示＝怪物化のなかでハイデッガーへと向かい、そして離れるデリダの転回をどのように考えるべきなのか？　初期の読解でと同じように、ここでもデリダのハイデッガー読解は、デリダとハイデッガーとの歴史的関係がそこで開示される様々な契機を示唆するかぎり、相手のテクストに対するデリダ自身のアプローチを句切り、それを時間化するのだということも明らかだ。『黙示録的語調について』"Des tours de Babel"『ユリシーズ グラモフォン――ジョイスへの二つの言葉』でのように、ハイデッガーへのアプローチは、ユダヤ教との出会いと、それ自体はハイデッガーの思惟に極めて疎遠な破局（カタストロフ）の問いの探究によってなされている。それでも、ハイデッガーを、これらの疎遠な事柄と極めて近いところに連れて行くなかでデリダが証明するのは、われわれがハイデッガーの思考と呼んでよい「出来事」は、対立する構造の言葉で弁証法的には統一しえず、むしろ極めて異質な諸々の構成体からなるということだ。それら構成体の諸契機は、ひとが容易にその「何れかの側（サイド）につく」ことができるような一定の境界に沿って和解することなく、互いに書簡＝呼応する。これらの「構成体」は、歴史的意義をもった一定の時期に、特定の複数の思惟が収斂することの指標である。だが、こうした意義が単一の解釈やパラダイムの下に簡単に集められず、多くの人たちが想定してきた以上にハイデッガーの哲学について「何れかの側につく」のははるかに容易ではないということを示したことがデリダの天才なのである。

とても類似したことが、ツェランの詩"Engfürung"［「ストレッタ」］にも反映している。この詩もまたハイデッガーの思考を引き合いに出していて、そのタイトルは、歴史的な破局（カタストロフ）がそれを背景にして境界確定されうるサイドを規定しうるような歴史的時間性を破壊している。というのも"Engführung"は、ホロコーストの犠牲者のための選択肢の囲い込みや閉鎖に言及するだけでなく、社会秩序に筋を通す、あるいは社会秩序を共に建設するものとしてのナチズムの側（サイド）からも読めるからだ。ホロコーストについての――広島をも想起させる――この詩のいたるところでツェランは、この詩の英訳が考慮していない、犠牲者と犠牲を強いた者との両方のパースペクティヴから読むことができる多くの句を書いている。だからツェランも、そこでは出来事が、倫理的にどちらの味方になるかをわれわれが容易に想定しうるような統一された時間諸関係の設定としては脱構築される、破局（カタストロフ）の証示（デーモンストレーション）＝（脱）怪物化（非-怪物化）に取りくんできたのだ。ツェランは、ユダヤ人の世界性の――世界内存在の――経験の破壊にだけではなく、より一般的にある場所を想起する［＝再結集する（re-member）］する、あるいはある場所を再構築する可能性のなかで自らを定立する時間的で多様な諸関係としての世界性の破壊に焦点を当てることによって、倫理-歴史的説明を証示＝怪物化し、あるいはそれを転覆する。世界性の非世界化を引き起こす破壊や破局（カタストロフ）は、そこで両陣営の差異が、同じマークを使いながら多様なラインに沿って陣営の差異が切り分けられる対立する力の空間として開示されている。ここには、破局（カタストロフ）から出て行く安全な通路を保証するどんな「シボレート」やパスワードもない。出来事の破局（カタストロフ）の後でも物事や風景は未だ残っているにせよ、世界性は全面的に絶滅させられてしまっているため、この破局（カタストロフ）は一般に、時間から救出されうる出来事ではないからだ。しかし、単なる場所が世界性に代わることはできない。世界性が、人々のあいだの共属や書簡＝呼応の倫理に依拠するのだからだ。Engtühmung では、対立する陣営あいだにさえあるこれらの書簡＝呼応の接合部があまりにも外れてきたために、世界の破壊は、われわれがそれによって世界の破壊が起こったのだと断言しうるまさにその暴力に先立っていたのである。ツェランが、例えば Etwas/lag zwischen ihnen［何かが／かれらのあいだに横たわっていた］」と描く時は、この何ものかがあいだに存するのであり、「確かな痕跡」（unträgliche Spur）の領域――そこで破局（カタストロク）は、もはや何も書簡＝呼応しない死者の牧草地へ退隠し、口を噤む――を占める。

歳月。
歳月、歳月、一本の指が
まさぐりながら下る、上る、まさぐり
まわす——
縫合箇所……

Jahre.
Jahre, Jahre, ein Finger
tastet hinab und hinan, tastet
umher:
Nahtstellen….

デリダによる手への言及を先取りするかのようにツェランは、どのようにして指が、顕示＝怪物化(monstration)の縫合部を感じ、そのまわりをさまようことができるのかに着目する。しかし、これは誰の指なのか？　犠牲者に関係する者の指なのか、それとも傷を再び開こうとする者の指なのか？　顕示＝怪物的なものを指さすことの倫理的本質とは何なのか？　これはEngführungのどちらの側から出現するのか？　もちろん比喩的には、この触れる指とは時間であり歴史的なものそれ自身である。しかし、この触れることは、誰の歴史や時間の側のものなのか？　あたかも、こうした思惟を展開するかのようにツェランは書いている。

どうやって
ぼくたちは互いに
摑み合ったのだろう——
この
手で？

Wie
fassten wir uns
an—an mit
diesen
Händen ?(81)

われわれは、どのようにこれらの手で摑み合うのか？　一方の手がある瞬間に向かって差し出されるとき、どのようにその手は他の手を摑むのか？　出来事が与えられることのどちらの側からそれは行為するのか？　いや、手は、時間の要求が与えられると、何を与え、提供し、差しだすのか？「そしてそれは来た」(Und es kam)。それは起こった、それは生じた、それは満期になった。もしくは、デリダが言うように「灰がそこにある。」(Il y a là Cendre)

“Geschlecht II”と『シボレート』では、ハイデッガー哲学に対する政治的立場の決定は、ツェランが歴史的な破局（カタストロフ）の対立的な境界と定義とを画定する境界線を痛々しくも両価的（アンビヴァレント）な形で横切るのと似た仕方で起こっている。ハイデッガーは、一方の論文では束の間、挙げた手を持つ怪物のように見られているが、もう一方の論文ではホロコーストについて、表面上はこの問題に共感をもっていなかったかに思える思想家に可能だと思われていたより、はるかに深い理解への接近路を与えると見なされている。この「差異」においてハイデッガーの哲学は、自らの「シボレート」としての自分自身に出会う。すなわち、レヴィナスが言うように、そこで時間が存在するとは別様に評価されうる、非ユダヤ人とユダヤ人とのあいだの歴史的な問題系の書簡＝呼応を許容しかつ許容しないあのパスワードとしてである。

もちろんデリダにとって重要なことは、両方の立場が肯定し直されうるように見のがすことではなく、存在を超えた彼方への道と考えられうる通路や通過の道が存在するという考え方そのものの障壁やアポリアを認識することである。このアポリアはおもに、最も的確に、ユダヤ人と非ユダヤ人とのあいだの「差異」の形而上学に基づく一種の反ユダヤ主義へのバリケードとして規定されうるものである。これは、ハイデッガーに対してとりわけ重要である。このドイツ人思想家を熟考するなかでこそ、ユダヤ人デリダは二律背反を、すなわち、デリダが他のところでアパルトヘイトと呼んだ差異の法が、それによってポグロムやホロコーストとして破局的に制度化されうる二律背反を脱構築するからだ。この差異の制度化は、徹底的に脱構築されなければ、それが一九八〇年代の、とりわけヨーロッパのユダヤ人にとって痛ましくも自明なことになったように破局（カタストロフ）として回帰するであろう。しかしデリダは、ハイデッガーを我有化しながら、それによって反ユダヤ主義が思考しうるものになる歴史的な差異の概念を脱‐我有化し、神学的差異の形而上学によって流される破局的送付を脱臼させ、ユダヤ人と非ユダヤ人との「対面」を脱臼させるのである。

意見を述べることはやや時期尚早であるかもしれないが、ハイデッガーに関するデリダの最近の思惟の目的の一つが、反ユダヤ主義を思惟可能にする歴史的、概念的な条件を脱構築することにあったということは、全くありえないことではない。この戦術は、レヴィナスが、形而上学的な「対面」の、そこでは自己と他者との関係が、単に現前化や定立という水準で形而上学的に回収される「対面」の au-delà［彼方］として思惟するであろうものである。というより「対面」の au-delà とは、自己と他者との合致の彼方、相当性の彼方である。レヴィナスは書いているが、「ここで顔の意味は、存在から逃れるのはここである」[82]。さらに、「倫理学は、世界観の帰結としては、存在や知識や、範疇や実存範疇に基づくものとしては理解しえない」[83]。時間性に関してレヴィナスは言っていた。

私が示そうとしているのは、他者への倫理的関係は、自分自身への存在論的関係（自我論）や、われわれが世界と呼ぶ事物の総体（宇宙論）に究極的には先立つということである。他者との関係は時間である。それは全体化されえない隔時性であり、そこである瞬間は他の瞬間を、それを回収したり、それに追いついたり一致したりすることなく追って行く。非‐同時性と非現在は、時間における私の他者との第一の関係である。時間は、他者が永遠に私を超えており、同じものの共時性には還元しえないことを意味する。[84]

デリダのハイデッガーとの関係は実際、この時間的な意味で非同時的である。とりわけ『シボレート』や“Geschlecht II”のようなテクストでは、「対面」の形而上学の彼方への時間的通過のなかでデリダは倫理学を打ち立てる。そこには道徳性が予め与えられている価値のアプリオリな相関関係が不在であることにおいて、責任＝応答性が開示されるような倫理学である。というよりデリダは、ハイデッガーを熟考しながら、予め所与だと考えられているユダヤ的文化と非ユダヤ的文化が敵対的関係に置かれる歴史ないし共時化された時間性という関係性の全体を脱構成するのだ。こうした時間的契機の全体性や共時化の脱構築は、他者へのわれわれの関係が、そこでは存在‐歴史的な共時性の圧力の下に倫理学が退いてしまう存在論的関係性に先立つことが明らかになるかぎり、それ自体が倫理的である。要するに、脱構築の系譜学を脱構築することによってデリダは、哲学を、レヴィナスに非常に共感しながら倫理的な諸原則の上に据えるのだ。レヴィナスにとってこのような思惟は「主題化可能な相関関係を超えた思惟」であり、「等式なき、さらには自己への回帰なき無限性の思惟の様態は、他者によって思惟を審門するのである(85)」。

反省によって開かれた他者との関係の不均衡（disproportion du rapport）は、それ自身 le *dehors* plus extérieur que tout extériorité ou la transcendance ou la durée infinie n'arrivant pas ni n'allant à terme［あらゆる外部よりさらに外部的なる外、あるいは超越であり、終わりに到達せず、そこへと進むこともない無限の持続である］。西洋の存在論的手順のこの「外部」を思考することは、デリダも最近の講義で述べているが、否定神学とは無縁である。レヴィナスはこう書いている。「無限なるものの超越は、どれほど否定的であろうと命題には回収できない(86)」。存在の彼方を思考することとは、存在を否定することではないし、また無神論に対して有神論の位置を定めることでもない。それはむしろ、そこでは倫理学が存在論に従属し、存在への信仰が倫理的姿勢を表わすような差異の対称性の彼方で働く。キリスト教の反ユダヤ主義は、有神論／無神論（信仰／非信仰）という形而上学的差異に基礎づけられた信仰の基礎教育に密接に関わってきたのだし、この差異によって破局（カタストロフ）は神学的に規定され、政治的には、無信仰な民族との戦争として、異教徒たちの焼尽として、ユダヤ人の迫害として行なわれてきたのである。もちろんここでこそ、形而上学的差異の「倫理」的な次元は最も疑わしいものになる。

デリダはハイデッガーにアプローチしつつ、これらの自然的帰結の解体によって［キリスト教的な］倫理学の基礎教育を脱構築するのであり、かくして形而上学的・倫理的な差異は思考不可能となり、それゆえ、もはや反ユダヤ主義的行動の基盤としては機能しえなくなる。またこの解体は時間についてのわれわれの知覚を再び方向づける。それが、時間は関係性が退行しゆく関係において、また脱時的なものそれ自身――時間の矢を拒絶する諸瞬間の非一致――が出会われる近さにおいて与えられるというレヴィナスの考えを充たすものであるかぎり。ここであらゆるものが無‐限なるものに関して立場を同じくする。存在と存在者との存在論的差異という相関とは無縁の書簡＝呼応をなす、そうした関係の全体性として自らを開いておく無‐限なるものに関して。そしてこれこそが、レヴィナスとデリダによって、西洋形而上学において暴露されたシボレートなのであり、その取り集めにおいてユダヤ人の運命が西洋人の眼差しの許で決定されてきた差異性と同一性とのシボレートなのである。

第五章　テーゼの時間としての時間のテーゼ

デリダの“The Time of a Thesis: Punctuation”［テーゼ（博士論文・措定）の時間――区切り］においては、哲学的エクリチュールと文学的エクリチュール相互の関係がまったく提起されていないとは決して言えないし、このコンテクストでこそデリダはこう問うことになる、「テーゼ［博士論文・措定］の時代を語るべきなのか？［……］テーゼの年齢を、テーゼのための年齢を語るべきなのか？」[1] 実際これらの問いが、ある程度われわれに想い起こさせることは、テーゼ［博士論文］を書くことが自然言語を形式体系として、あるいはデリダの語彙でいえば、ロゴス中心的な構築物として取り扱うべきだと仮定することに等しいということである。そうしたテーゼのための年齢［＝時代］は過ぎ去ったのか？ 哲学と、いわば文学との差異に対する哲学的態度がついに終焉する時間というものがあるのだろうか？ それともカントが言ったように、想像力の侵犯は束縛のない無法性だと言いうるのか？

テーゼ［博士論文・命題定立］の時間を語りながらデリダは、自分の年齢（彼の実存的な時間経験）に言い及んでいる。ソルボンヌで自らのテーゼの口頭試問に臨むには少し時期を逸している、すなわち、幾度となく主要な哲学者としての地位を自ら固めてきた後のことだという事実に、である。「一つの吐露から始めるのをお許しいただきたい。それを悪用することはしないが。私は、自分が若すぎるとも、同時に歳をとり過ぎているとも決して感じていない」。私の関心は、その自伝的な意義と、両価性ないし分割性の一般的条件との両方にある。実存的には、この指摘が強力に示唆するのは、デリダが何らかの特定の時間において、われわれがある年齢と呼びうるようなものにおいて、自己に十全に現前すると主張する経験を拒んでいるということだ。そして、時間経験のこの分割可能性は、テーゼの完成に対するデリダの抵抗につながる。それは哲学それ自体への抵抗である。

年齢の若さと老いとの間で、一方でありかつ他方であり、また一方でも他方でもなく、年齢の非決定は任命時の当惑のような不安定である。私は、大学教員の多少とも規則正しい生活における安定の、地位の、持ち場の、テーゼ［措定］の、姿勢の乱れと言うつもりはない。むしろ休止と言おう。終わりと始まり、それは一致することはないし、恐らく、そこには再び大きな喜びと多産性との間の二者択一からなるある種の切れ目がある。[2]

この両価性（アンビヴァレンス）や二価性（bivalence）はまた、それが何かより年老いたものとより若いものとの結合であり、デリダの試論では「就任時の当惑のように不安定性」だと感じられるものである限りにおいて、脱構築とハイデッガー哲学との関係をも性格づけている。この種の二価性は事実、「テーゼの時間——区切り」の他の多くの地点でも指摘することができる。そして、ある地点ではハイデッガー自体への言及によってその二価性が生起しているのだ。デリダの特別の関心をひいてきた著作家たちのことを話すところで、われわれは次のような件りを読むことになる。

私に最も考えるべきものを与えた、あるいは私を熟考することへと挑発した、そして今でもそうあり続けている存命中の思想家たちは、孤独を破ってくれた人々のなかにはおらず、単に自分が近いと感じうる人々のなかにも、集団や学派を形成する人々のなかにもいないということも同様に正しい。そうした私が名指さない他の人々のなかで、ハイデッガー、レヴィナス、ブランショの名前だけは挙げておく。彼らのような思想家は、非常に奇妙なことに、自分が最も近いと考えることができる思想家であるが、しかし、他の人々にもまして彼らは他者である。さらに彼らは孤独でもある(3)。

こうした見解は気分以上のものを反映している。それはまた、こうした思想家たちに対して、あるテーゼ［博士論文・命題定立］が結果として出てくるような形で自らの位置を定めることはできないという、デリダの確信をも反映している。というのは、テーゼ［博士論文・命題定立］がとるであろうようなポジション［位置・定立］は元来、様々な近接性の二価性によって、つまりハイデッガーのような形象へのアプローチは多様で相矛盾するものだということを知ってる二価性によって脅かされているからだ。暗黙のうちにデリダが問うているのは、いかにしてテーゼは、他の諸形象との関係がもつ不安定さのなかで生起しうるのかである。その上、この不安定性が与えられていながら、いかにしてひとは言説がテーゼの観念によって規制されているアカデミズムの枠内でものを書くことができるのか、である。「私の研究が見せていた歩みぶりがもはや、テーゼという古典的な規範に服すことがありえないということは私には既に明らかであった」し、デリダは付け加えているが、自分の仕事が学校的な言説を規制する法の数々には合わないと考えていた。「テーゼ形の提示という、定立的ないし対立的論理という考え方そのもの［……］が、脱構築的な問いかけの下にあるシステムの本質的な部分の一つなのである(4)」。

もちろん、哲学者たちが理性の闘技場(アゴーン)について、あるいは真なる命題について話すとき、彼らは真と偽とを区別しうる分析の形式的方法の枠内で決定可能性を保証するような、一定の措定や「テーゼ形の提示」をもったテーゼの観念を引き合いに出している。それゆえ、ルドルフ・カルナップのような哲学者が理論の定義を論じるとき、われわれは次のような定義を期待することができる。「ある理論が公理化されるのは、その理論のすべての命題が、公理をベースにして形成された演繹体系の形に整序されたとき、そしてその理論のすべての概念が、基礎的概念をベースにして形成された構築的体系の形に整序された時である」。しかしながら、『世界の論理構造』ではカルナップは、基礎的概念によりも、関係性の構築的体系としての理論構造の方に関心を示している。「科学はただ、対象の構造的特性の記述のみを扱うというテーゼをわれわれは主張し、確立しようと試みる」[5]。

「テーゼの時間」でデリダは、初めてテーゼを書こうと思ったときに「文学的対象の理念性」という論題を選んだと述べている。それは、フッサールのパースペクティヴから、ある一定の対象の、それについての意識のうちで構成されるものとしての諸々の構造的特性を記述するはずであった。しかし『声と現象』でわれわれは、なぜそのようなテーゼを書くことができないのか、その深い理由を垣間見ることになる。というのは、フッサールにおいては、いかなる言語的対象の理念性も、語が「同じものにとどまらねばならず、理念性としてのみそうでありうる」ような音声言語の理念性に根拠をおいているからだ。ところが、「いくつかのケースでは、対象そのものの理念性がある。その理念性が今度は、言語の理念的な透明性と完璧な一義性とを保証する（それは厳密な科学において起こることである）[6]」。このような理念性からくる困難は、その理念性が語と「対象」との、同じものに留まり、物理学の実験室での実験のように「科学的に」反復しうる（最も広い意味での）「対象」との対応や関係性を前提にしているところにある。デリダが指摘するところによれば、そうした関係性の「存在」は――ルドルフ・カルナップの諸関係の

「構築的」体系のような形式体系のことを考えている——「全面的に反復行為の可能性に依拠している。［……］その「存在」は反復の能力に見合ったものである。絶対的な理念性は際限ない反復の可能性の相関者なのである」(7)。定立(テーゼ)の観念とはしたがって、まさに、反復や反復可能性がその地位を保証するある体系の内部で同じものにとどまるある措定の観念だということになる。とすれば伝統とは、これらの反復がその内部で、根本的な諸々の措定を、あるいはデリダが言うように、諸々の起源を伝達し再活性化させる時間性だと定義させることができるであろう。「フッサールによれば、歴史的進歩は常に、その反復が、したがってその伝統が、その後も無限に保証されることになる諸々の理念性の構成をその本質的な形式とする。反復と伝統、すなわち起源の伝達と再活性化である」。フッサールにおけるこの理念性は既に、「プラトン的形態における哲学の根源的な決定を目覚めさせる倫理 - 理論的な行為」(8)としてプラトンによって前提されている、そうデリダは指摘している。言い換えれば、無限に反復可能な、そして証明可能な真理、公理、そしてテーゼは元来、理念性と同時に、『国家』のなかで長々と練り上げられた価値評価（倫理）に基づいているのである。

カルナップが関係の体系と呼ぶものは、それらの関係が真だと認めうるならば、それは反復可能であり、恒常的であり、あるいは現前すると証明されなくてはならない限りで、プラトン的な理念性以外の何ものでもない。そしてこのことが『声と現象』におけるデリダ自身の「テーゼ」とは何なのかへの導入になる。すなわち、哲学的な思弁にとって一「対象」としての音声言語の理念性は、「現前」としてのその「存在」という観念に依拠しているというものだ。ここにはもちろん、デリダへのハイデッガーの影響を見ることができる。というのは、『声と現象』は、フッサール現象学がもっている観念論的な諸前提（あるいは形而上学的な基盤）をハイデッガー哲学が、なぜ、いかに解体するのかを証明するための、デリダの成功した試みとして読むことができるからだ。それら前提の際たるものは、定立(テーゼ)は現在の時点を超えて存続しうるというものである。「超越論的な生の普遍的形式として現前を思惟することは、私の不在においても、私の経験的な存在を超えても、私の誕生以前にも、私の死以後にも、現在的なるものは存在する (le présent est) という知に私を開くことである。[……] 現前、理念性としての、反復の絶対的可能性としてのこの存在規定に潜んでいるのは従って、私の死への（私の消滅一般への）関係である(9)」。

テーゼの寿命、あるいはいかなるものであれ理論の力を規定するあれらの関係性や対応関係の寿命は、ひとの抱く思想があたかも、常に既に自己に現前する時間性のなかで生起していたかのように生き続け、ないし持続するという実在性の仮定に依存している。言い換えれば、不可視の理論的関係としての対象の理念性を支える主観の理念性があるのだ。論理、構造、関係、そしてテーゼは、主観が現在の時点に常に「そこに」ある存在者としての、自らの時間性を超越するその能力についての実存的な仮定の現われ以外の何ものでもない。それゆえわれわれは、あたかもテクストと、そこにある措定が、ある永遠の現在の時点において呼び起こされ、あるいは復活されうるかのように、「シェイクスピアは……と考える」や「ルソーは……を忘れている」や「ハイデッガーは……を理解していない」のようなフレーズを書くことができるのだ。『声と現象』ではしかしながら、われわれは、この見方を手放すようにと、そして元来、自分自身から分け隔てられ、ないし自分自身とは異なり、かつ自分自身から遅れているテーゼの時間を考えるように求められる。この分割可能性は既に、一元的な構造としての論理の解体へと導かれているのである。

われわれは、意味の、理念性の、客観性の、真理の、直感の、知覚の、表現の概念の体系的な連携を経験してきた。それらの共通の母胎は現前としての存在である。自己への現前の絶対的な近さ、反復に供しうる対象の前に在ること、時間的現在の維持である。この維持の理念的形式は、超越論的な生の自己への現前であり、この生の理念的同一性が、無限の反復を理念化するのを可能にするのである。[10]

最も興味深いことは、デリダがフッサールについての研究をそう締め括っているように、われわれがハイデッガーではなく、ヘーゲル主義の方を考察するようにと求められることだ。ヘーゲル主義は「よりラディカルであるように思われる。とりわけそれが、差延の無際限性がそのものとして現われるためには、ポジティヴな無限が思惟されなくてはならない（それは、その無限が自ら自身を思惟する場合にのみ可能である）ということを顕わにするところで、である」。その上、そして実際これがデリダのヘーゲル読解のラディカルなところだが、「無限の差延としての〈理想〉の顕現は、死一般への関係のなかでしか」、すなわちわれわれが通常、現前するものと不在のものとの間に設ける絶対的な区別と手を切る、生と死との関係によってしか「生起しえないのである」[11]。この観点からわれわれは、この研究において、あるフェイントを、それに出会ったときに突き止めることができるであろうし、『声と現象』の末尾でのヘーゲルへの転回はまったく明白に、ハイデッガーからの離反である。ただしハイデッガーの作品は、それ自体において、かつそれ自体からして現前の批判を提案してきたのだし、それによってフッサール現象学は失敗に終わることになる。だが、ハイデッガーへのこの「関係」はヘーゲルの思惟についての議論を支えにして分割され、ないし区分されている。現前のテーゼや批判をこのようにハイデッガーとヘーゲルとの間に分割することとそれ自体はテーゼを、そのものとしてそれ自身に現前する定立としては決して回収しえないものとして維持することである。というより、ハイデッガーからの転回とヘーゲルへの転回は、テーゼの反復であるが、しかし他における反復であり、そこではテーゼは崩されていると同時に提起されてもいる。そしてこのことがデリダを、テーゼの保持者というよりは、フッサールとハイデッガーとヘーゲルの間でテーゼを分割し、あるいは区分することにおいて廃位された（de-positioned）［＝脱‐定立された］主体にしておくのである。

もちろんヘーゲルへの言及は、差異化の戦術によって、単にテーゼの観念を切り崩すことを意図したある種のレトリック上の策術だと見るべきではない。というのもヘーゲルへの言及においてデリダは、「絶対知」の超越論的な囲いがそれ自身の内に陥没する瞬間に、「この無限の絶対者が自らに、それ自身の死として現われる」[12]その瞬間に、思惟が「絶対知」を超え出る点で弁証法的な転倒を援用するのだからだ。ヘーゲルの作品はここで、ハイデッガーの解体を徹底するために呼び求められている。そして、それが正しいと思われるのは、ヘーゲルへのこれらの言及の直後にはハイデッガーが呼び起こされるパラグラフが続いており、しかもそれは、現前や理念性という発想が確立する以前の時期、前ソクラテス期における表象の歴史をいかに読み取るべきかという観点からなされているからである。

『絵画における真理』のなかの論文「カルトゥーシュ」（Cartouches）においてデリダは、ジェラール・ティテュス＝カルメルのポケットサイズのトリンギット族の棺（The Pocket Size Tlingit Coffin）へと考察を重ね、その作品の「テーゼ」がいかに定立されるのか、あるいはそもそも定立されるのかと問うている。テーゼとその例との間の関係とはいかなるものなのか？　何が真だと定立されるのか、いかにしてそうした真理が再現［＝表象］される（represented）のか？　その大部分を割いて「カルトゥーシュ」は、一つの最も文字通りの例である「トリンギット族の棺」に起こるものとしてテーゼの死を跡づけている。その限りで、ティテュス＝カルメルは「死記画家」（thanatographer）である。

「「死記画家」」まさに範例（paradigme）に関しての、である。彼は墓、死者、遺骸を扱うことに、そしてその目的のために、その範例を接合することに満足しない。否、彼が害し、死へともたらすのは範例なのである。彼の範例は棺を示すのではない。それは自らの棺のなかに現われるのだ。ついには土に埋められる範例なるものの最後の住居である。

ティテュス＝カルメルは範例を屍化する。その肖像を執拗に攻撃し、模造した複製の列のなかでそれを装うように装いながら、彼はそれを列の中の列の外にある［＝並み外れた（hors série）］、それゆえ使用されなくなった微小の屑へと還元し、それへと変形する。

彼はそれなしで済ます（さらなる範例［＝もはや範例なし（plus de paradigme）、さらなる棺［＝もはや棺なし］」、もう一つ多くあるいは少なく）、彼はそれを終焉させる(13)。

デリダにとって重要なのは、ティテュス＝カルメルが、彫造した**モデル**とその箱を代補する一二七枚の小箱のスケッチに対して、基盤を成すような**モデル**やテーゼ「なしで済ますことを学ぶ」ことである。棺は、テーゼが戦利品のように内在的に分割されるちょうどその時に、テーゼが排除される場所である。テーゼとは、発話や表現の分割可能性、例の増殖、反復、しかもある特定の内容への固着が可能になる余地を与える反復以外の何ものでもない。彫造した**モデル**はデッサンのための基礎でも、その代補でもない。それはむしろ模造（シミュラクル）であり、それをテーゼに措定する条件や、それを再現［＝表象］するための基礎は、刻印の散種にもしくは再現された具体像に従属していて、それを棺の形で充足しようとしても、その試みは、客体、物、作品としてそれが生起することの真理性を掘り崩すことにしかならないのである。

「復元」では、再現［＝表象（représentation）］の系列と、芸術上のテーゼの分割可能性との探求が、ファン・ゴッホの靴の絵の読解に関してさらに遠くまで進められている。その読解はここでもまた一対の、あるいは数対の靴の光の下でのテーゼの無限の分割可能性に関わっており、靴は、どんなものであれ一つのテーゼが措定され、一テーゼから前に進む可能性を複雑にしてゆく。「カルトゥーシュ」と「復元」の双方がその時示唆しているのは、テーゼを定立することは、デリダが「同一化する無邪気さ」と呼ぶものに参画してゆくことに等しいということだ。とはいえそれでも、それらの靴の再現［＝表象］においては何かが「与えられている」。だが作品は知性において何をわれわれの前に定立するのか？ その作品は何を現前させる［＝贈る（present）］のか？「復元」においては、現前化は「絡み合い」として構成されると同時に解体される。すなわちメイヤー・シャピロとマルティン・ハイデッガーの間のファン・ゴッホ解釈をめぐる葛藤は、定立［＝立場（position）］の絡み合いに関わっており、その絡み合いのなかでは再現［＝表象］の真理として回復できない何ものかが与えられるのである。というよりその葛藤は、再現［＝表象］上の呼応関係の絡み合いとして開示され、そこではテーゼという観念が定立されては廃棄もされる地平として真理の観念が浮かび上がるのだ。「私は遅れて着いた。ちょうど「深淵」（abîme）、「贈呈」（offrande）、あるいは「贈与」（don）といった言葉を聴いたところだ。深淵のなかでそれは与える（ça donne）、それは与える――深淵。深淵がある、es gibt。ところで私には、『［芸術作品の］起源』は贈与（Schenkung）についての、贈呈についての試論としても読みうると思われる。それは真理が自らの設定に、創設に、授与に（Stiftung）いたる三つの意味の一つである」(14)。

重要な点は、論じられるべきテーゼなどないということではなく、ただゴッホの作品には、あるテーゼをわれわれに与える可能性がありすぎるために、ハイデッガーやシャピロの著作においては、テーゼが中継され、送付されているということだ。あるテーゼは作品の考察を通じて生起し、その作品においてテーゼが対化と二重化と増殖の深淵へと退隠するちょうどその時に自らを構成するのである。ここにテーゼがあるとすれば、それはデリダが「概念的機構」または Begriffsmechanik と呼ぶものである。しかし、この機構はまさに、ハイデッガーとシャピロの例のなかで、範例的である靴の再‐現前化のなかで贈与を通して働いている。では靴は何の例または範例なのか？ デリダの議論は、その靴が「物に重ねて加えられた規定の三つの対」の間にある関係を開示するというものだ(15)。これは靴の再現［＝表象］に付き従うべくハイデッガーが用いる「図式」であり、棺の死記を絡み合わせるためにティテュス＝カルメルが描く一二七枚のデッサンとそれほど違いのない図式である。

それ［図式］がなければ、ゴッホのしかじかの作品についての一節も、その一節の差異的な働きも、その還元不可能な多義性についても何も理解できないであろう。私は図式と言った。結局のところ、そして僅かにずらしたカント的な意味で、ある混成、ある媒介、そしてある二重の帰属ないし二重の分節が問題である。道具［＝制作物 (produit)］(Zeug) は、物と芸術作品 (作品はこのコンテクストでは常に技術の作品である—— Werk) との間に身を置いているように思われる。作品が道具［＝制作物］より以上に「単純な物」に似ている (gleicht) にもかかわらず、道具［＝制作物］は両方の性質を帯びている。靴の例はこの図式性 (schematisme) の分析を、それが初めて配置される時に導いている(16)。

靴は範例を例示し、そうすることによって伝統的な再現［＝表象］の枠組みと袂を分かつ諸関係の骨組みを打ち立てる。そうした骨組みこそデリダが図式性と呼ぶものである。これは、カントの『純粋理性批判』からハイデッガーの鍵へと変換された術語であり、そこでは絵画の観念が単なる物と作品との間にある中間地帯を占めている。絵画のこの「中間にあること」は、物（靴）と作品（再現［＝表象］）との安易な翻訳を禁じるのだ。

　媒介の様式は、広げるのが難しい包み込みの構造に従って、自らのうちに採り集め分割する他の二つのものの中間にある。以下がまず道具［＝制作物］の図式性である。例えば靴一般。私はいくつかの語を引抜き、また強調することにする。「道具［＝制作物］（Zeug）は、例えば靴という道具［＝制作物］（Schuhzeug）は仕上がった（fertig、完成した）ものでありながら、純然たる物のようにやはりそれ自身の内に安らう。しかしそれは花崗岩のように、かのEigenwüchsige［独自に湧き出たもの］［……］を有するわけではない。他方、道具［＝制作物］は人間の手によって産み出された（hervorgebracht）ものである限り、芸術作品との親近性（Verwandschaft）を示す。しかしながら芸術作品は、自足的に現前することによって（in seinem selbstgenügsamen Anwesen）、独自に湧き出た（eigenwüchsige）すなわち何ものにも急き立てられることのない（zu nichts gedrängten）純然たる物に再び類似する。［……］そこで道具［＝制作物］は物的性格によって規定されているがゆえに、半ば物ではあるが、それ以上のものでもある。すなわち、同時に半ば芸術作品ではあるが、それ以下のものでもある。[17]

デリダの議論はこうだ。作品の「図式性」ないし枠組みを構築するハイデッガーの呼応関係は、ある外部の臨界辺のように作品を取り巻いているのではなく、ある絡み合いを含んでいる。カントにとっては「図式」とは「第三のもの」であり、「一方ではカテゴリーと、他方では現象と同種のものであって、カテゴリーを現象に適用することを可能にする」[18]のだということを想い出そう。デリダにとっては、この図式は意識の対象としての絵画作品がもっている様々な様態間の対応や絡み合いとして理解すべきものである。「締め付けられた紐の絡み合い、だがつねに分析し、つまりある地点までは解くことができる絡み合いである」。「物」はそれ自体、内部侵入する対応関係の絡み合いのネットワーク――道具［＝制作物］、芸術作品、物――である。というのは、それらは意識に、単に三つの異なる「物」として許容されるのではないからだ。「カルトゥーシュ」でと同じくデリダは、再現［＝表象］された対象の文字通りの形象――ここでは靴――を用いて、模倣的拘束についてのハイデッガーのあの理解を反映させている。

われわれは紐のあの詩節を分節させることにしよう。物の通し穴を、外から内へと、内から外へと、外部表面の上へと内部表面の下へと（そして、この表面が左の靴の上部のように裏返っているときにはその逆）通り、通り直す紐の撚れにおいて紐は両側で、右と左の間で「同じ」ままであり、通し穴の規則的な通過のうちに現われ消え（fort/da）、上へと結ばれた上へと、外へと締められた内へと、緊束（stricture）の法に従って物が自ら集約することを保証する。[19]

緊束（stricture）の法それ自体はテーゼである。われわれを拘束するもの、かつ、それによってわれわれが拘束されるものである。だがこのテーゼは縫い合わせを介して働く。それは物を、その物があたかも、労働者や靴修理人によって作られ、縫い合わされた靴のような道具［＝制作物］や物以外の何ものでもないかのように縛り上げ、結び合わせるのだ。しかしながら労働によるそうした拘束や縫合は、物の物性がそこで非‐物化される絡み合いそのものの過程を通して贈られる物へのパースペクティヴであるに過ぎない。物と非‐物化との非決定性は、「復元」においては、フェティッシュというフロイトの概念に結びつけられている。それは、デリダが以前『弔鐘』で示したように、自律した客体ないし、一定の分割しえぬ物でもあり、かつ同時に、無限に分割可能で、それが内部と外部との差異を決定しえないとしたら、空間的な規定を欠いたものとして現われる。ここでもまた、いかにありのままのイメージが拘束の役割をすることに注目されたい。

『物の問い』でハイデッガーは、「真理とは物との合致、物との一致（Übereinstimmung）である」という議論を示して、この一致の概念を、物の真性についての断定としての真理の構造の点から問い質している。[20] 真理がわれわれの物の知覚に合致するという考え方は、とハイデッガーは論じているが、自明のものではないし、それ自体が古代ギリシアの時代に作られた文化的な憶測である。では真理の本質と、それが結びつけられる物の本質との関係の一貫性とはいかなるものなのか？　ある断定の真理は物によって開示される真理へと緊束の法によって結ばれているが、その法とは何なのか？「命題、陳述はどのようにして、物がその物性においてどのように規定されてあるべきなのかということに対する基準や模範に、なるのだろうか？」その上「真理は、述語が主語に帰属し、帰属するものとして、命題において定立され述べられている」。[21] 言説のこの命題的本性は、われわれの物の知覚に合致する真理の構造に従って、物はいかに在り、物はいかに帰属するのかに関する一定の定立としてテーゼの観念を打ち立てる。カントの図式の観念は、そうした真理の構造を仕上げる可能性を保証する認識論的な枠組みである。またカントが言うように、「[可能性の]図式は、何らかの時点における物の表象の規定である」。それは事実、「種々な表象の綜合と、時間一般の諸条件との合致」なのである。[22]

テーゼはもちろん、時間の年代的系列の、ある特定の時点に与えられる綜合のこの合致に従う。実際、「図式はいずれも、規則に従うア・プリオリな時間規定に他ならない。そしてこの時間規定は、カテゴリー表の順序に従い、一切の可能的対象に関して時間系列、時間内容、時間秩序および時間総括に関係する」[23]。物の真理は従って、時間の、他のすべての瞬間がそこから更新されうる瞬間、つまり現在の瞬間と呼ばれてよいものへの圧縮あるいは合致に依拠している。「復元」においてデリダは、ハイデッガーの次のような考えをさらに遠くまで進めるべく、彼に共感をもって接近している。それは、カントの図式のような諸観念は、物としての物の所与性と、物と思惟との分岐とについての数多くの想定に依存しており、図式論は、テーゼないし命題の古典的観念が具現されるための座標系という古典的な観念を作り上げる、というものである。「拘束する」や「絡み合う」という語を強調することによってデリダは、物としての物を脱‐構築し、物の哲学的かつ心理的な縫い目を明らかにする。そうした縫い目の送付によって、テーゼの時間への進路を開くためにカントのような人が定立するのを必要とした時間感覚の綜合を脱構築するのである。

『絵葉書』のなかでデリダは、生/死の対によって例示される絡み合う時間的差異の観点からテーゼに取り組んでおり、そして、フロイトの『快楽原則の彼岸』を“athèse”［脱テーゼ］と呼ぶ章で考察している。「問題はむしろ、結び直す（relier）こと、しかしまさに拘束の諸価値の、nexum［貸付契約］、desmos［絆・拘束］、あるいはstricture［拘束・緊束］の分析によって、生死の問いを定立（Setzung）の問いに、定立性一般の、定立的（対立的ないし並立的）論理の、テーマの、ないしテーゼの問いに結び直すことである」[24]。強調は従って、「定立の論理の縁を溢れ出ること」と「静止の不可能性」に置かれることになる。脱‐テーゼ（a-thèse）は「仮定されたある起源から、ここでもまたある岸から、分割できない輪郭をもったある縁から」[25] 還流し、移動し、旅をする。脱‐テーゼのこれらの岸は *Parages*［『海域』］でも認められている。そこでデリダは大西洋の二つの対岸を論じていて、その二つの岸の間でいくつかのセミナーが分割され、テーゼが分配されてきた。そこでは岸々が視野に入り、かつ視野から去るのである。

これらの脱‐テーゼの思惟を考慮すれば、次のことが明らかになるであろう。デリダとハイデッガーとの関係についてのわれわれの考察は必然的に、思想家の間の関係を、何らかの知られるべき〈物〉として定立され、物それ自体として把握されうる関係として再構成しようとするような、いかなる歴史主義的な試みをも解体するテクストの絡み合いを、ないしテクストの陥入する回帰を考慮するものでなくてはならないということである。定立を回避すること、それはデリダをテーゼについてのイデオロギーから引き離すが、それを、知的な出自のダイナミクス（『絵葉書』の「"S"と"P"」）とまったく同じであるが、単に年代記的な理解の道に決定不可能な路上障害物を据え付けることによって、脱構築とハイデッガー哲学との間の関係をダブル・バインドに追い込むずる賢い試みだと考えるべきではない。むしろわれわれのアプローチは、無害なままに諸テーゼの「差異」には還元しえない、知識の複合的な形成物の間を走る諸関係の多様性を認めなくてはならない。各々の思想家を、先人たちおよび後輩たちの思想から帰結する、また逆にそれとは意を異にするテーゼないし基礎的な諸原理の一式に還元しうるとする偉大な精神の伝統、この歴史的‐哲学的な枠組みに位置づけられることのできない複合的な形成物の間を走る関係の多様性を、である。すなわち、デリダは、哲学史のなかの最終章になることに抵抗するのだ。その章の次には、別の誰かの思惟がくるのは不可避だからだ。哲学のこうした伝統から距離を置くことは単に、ある距離を画定して自分を伝統の聖列に加えるという意味で批判的なのではない。この離脱はむしろ、哲学を系列的に捉えるべき数多くの事柄へと還元するような、目的論的な構造としての伝統の支柱を折ろうとする試みなのである。言い換えれば脱構築の脱‐テーゼはそれ自体、諸契機の時間的な綜合を通って達成される思惟の合致の内部に、脱‐綜合的なものをあらわにすることを狙った一連の戦略的な送付の一部だといってよい。脱‐テーゼは、より正確には、カントが表明しているような時間的綜合を想定している限りでの綜合的合致と、歴史主義的な定立との縁を超え出る呼応を明らかにするのである。

呼応をこのように開示することは逆説的にも脱構築を、それがハイデッガーの作品の命運を歴史的に全うするまさにその時に、ハイデッガー哲学から隔てる。それは、『ハイデッガーと思惟の経験』においてアンリ・ビローが、初期ハイデッガーの時間性の扱いについて割いている実に見事な一章に注目する時には明らかである。「この努力において、ハイデッガーの思惟は肯定的でも否定的でもなく、肯定にも否定にも無関係でさえある。むしろそれは留保的である。それは存在の留保の思惟であり、われわれを大地と天、死と神々との間に留保しておく[26]」。この留保それ自体が時間的な開けであり、そこでは歴史の命運は、時間が潜在的なものにするものの開けのなかで生起するものとして思惟可能になる。肯定的なものと否定的なもの、肯定と否定の間の留保は諸契機の定立や綜合であるよりはむしろ、それは諸契機の呼応を記すのであり、そこでは、常に既に配‐置され［＝脱‐定立され（dis-positioned）］ていながら、決して関係性から派生するのではない多様な諸関係の収蔵あるいは適宜性へと、命運が移行することになるのだ。このことは同様に、時間についてのハイデッガーの問題系を次のように解釈し直すエマニュエル・レヴィナスの洞察をも反映しているのである。それは「非‐合致のこの「常に」を、だがまた関係のこの「常に」をも意味する――憧憬の、そして待期の。理念的な線よりももっと細く、隔時性が切断することのない糸である[27]」。

結論

『近代の哲学的ディスクルス』でユルゲン・ハーバーマスは、デリダの哲学は「時間化された「根源性哲学」（*Ursprungsphilosophie*）の「軌道」にとどまる「正統派の」ハイデッガー的企投だというテーゼを提出した。「ハイデッガーは *Ursprungsphilosophie* をテンポラリテートとしての時間性を介して考察しようとしている。その場合に、真理概念は歴史のダイナミズムと結びつけられるが、その代償として確実な根拠づけを欠くことになる」。そこでハーバーマスは付け加えている。「ハイデッガーは時代状況から刺激を受けているものの、それにもかかわらず本質概念の次元にあたかも重力で引きずり込まれるように一層深く入り込んでしまっている。彼の真理性要求は、預言者のような態度へと硬直化してしまう[28]」。「転倒した根本主義」という言い方でハーバーマスは、無時間的な固定した静的な起源に、ハイデッガーが発生という時間化された動的な概念を置き換えることを指している。ハーバーマスは、根本主義のこのより動的な概念を「存在の自己‐時間化する体制」と呼び、ハイデッガーもデリダもそれを使って主体の哲学の無時間的で空間的な根本主義を脱構築するのだという。しかしながら、「自己‐時間化する」以上、この転倒した根本主義は弁証法を許容できず、したがって聖なるものの「絶対的に無媒介の」概念をなす。その概念が実際に意味するのは、信仰においてのみ受け入れなければならない、脱構築された存在の時間化された理解である。

フランクフルト学派の思想に親しんでいる人なら、マルクーゼがハイデッガーの実存哲学に対して行なった警告を直ちに聴き取ることになろう。一九三四年に「全体主義における自由主義に対する闘争」のなかでマルクーゼが公表した警告である。概念的自然主義を語りながらマルクーゼは、その様々な定式化が「ヒロイックな民族的リアリズムに特徴的な傾向を告げている。すなわち歴史を剝脱して単なる時間的な生起に変えることであり、そこではあらゆる構造が時間に従属し、それゆえ時間より「下級」である」と書いている。[29] ハイデッガーの実存主義は、マルクーゼが論じているように、存在を評価し、そうすることで哲学を「それを超えた、合理的ないかなる基準や規範からも免れた」ままにしておく。「哲学はそれ自体が絶対的な規範であり、どのような合理的な批判と正当化への通路ももっていないのである」。[30] マルクーゼの研究はハイデッガーの実存主義を民族の右翼イデオロギーと結びつけるが、このことは、初期の洞察力に富んだこのハイデッガー読解において既に、マルクーゼが、転倒した根本主義とハーバーマスの呼ぶものを提出していたことを示唆している。これは、マルクーゼの言葉でも既に存在の時間化された概念を通した歴史の頽廃を表わしており、それは歴史的な「出来事」それ自体の意義に反して働く。もちろんマルクーゼは、そうした時間化が静的ないし空間的な根本主義に行き着き、ハイデッガーの存在の祈願は物象化と、ここでもまた、非歴史化へと行き着くと考えている。ハーバーマスの用語「転倒した根本主義」は、これと正確に類比的なものを提案している。すなわち、存在の時間化は結局のところ、そこでは民衆が社会変化の担い手として知的な権限を付与されている、歴史の弁証法的かつ動的な概念に対立するというのだ。ハーバーマスの分析はいたるところで、マルクーゼが論じたような一九三〇年代の右翼政治を、ハーバーマスの見方では、デリダが延長したにすぎないのだと示唆している。「かつてシェリングは、過去、現在、未来という世界時代が没‐時間的に時熟しあう形で相互に入れ子になっていることについて、いろいろ思弁を弄したが、デリダも同じように、決して一度たりとも現在とはならなかった過去があるという、めまいを誘うような思想に執着している」。[31] 言い換えれば、ハイデッガーと同様デリダも、ドイツ・ロマン主義の源泉から発想を汲み出しており、それは歴史意識を頽廃させ社会的主体を無力化すべく時間性を利用するためなのである。

ハーバーマスのテーゼは、存在の語彙を、徹底化したソシュール言語学の語彙へと移行させることによって、デリダはハイデッガーの分析を刷新しようとしているというものである。このようにして、時間化された*Ursprungsphilosophie*が言語のうちで明らかになり、そのとき言語は、根本主義的な基礎をもつと言われている言説を脱構築するために取り上げられるのである。ハーバーマスの見方では、時間化された*Ursprungsphilosophie*は弁証法的ではない——われわれはヘーゲル弁証法を掘り崩すと試みる数多くのデリダの論文のことを思い起こしてよい——がゆえに、それは検証可能であったり妥当であったりする真理性要求を表明することはできない。弁証法なくしては、このいわゆる転倒した根本主義は自分以外の何ものも概念的に巻き込むことはできないし、その結果、変状されたり変形されたりすることはありえないからだ。どのような根本カテゴリーとも同じように、それは常に自己同一のままであると同時に、だが徹底して他であるか立入禁止状態のままであるほかはない。この転倒した根本主義はそのルーツを宗教にもっていると想定するハーバーマスは、デリダにおいては、「唯一その根拠となるのは、宗教的な意味内容であるが、それさえも存在‐神学の遺物としてすぐさま否定されてしまう」[32]。言い換えれば、デリダの脱構築は、ハーバーマスの見方によれば矛盾しているのだ。なぜならそれは、形而上学的言語の脱構築的純化によって、自らが盛んに抹消しようとするまさにその形而上学に依存しているからだ。それは、自己の内部にあると同時に外部にあるのだ。デリダがハイデッガーより今日的であるとすれば、それはデリダが、ハーバーマスの見方では、存在の時間化に基礎をもつ根拠薄弱な根本主義を覆い隠す手段として言語に方向を定めるからだ。ハーバーマスは従ってデリダに、ハイデッガーの単なる後継者あるいは従者しか見ていない。「デリダの脱構築は、ハイデッガーの思惟の動きをそっくりそのままたどっている」[33]のである。

私はハーバーマスの、もちろんマルクーゼに暗黙の賛辞を向けた主要な反論点を要約してきた。それは、ハイデッガーにもデリダにも認められる様々な契機に対するわれわれのより豊かな評価からすれば、ハーバーマスが行なうような時間性についての唯一のテーゼへの還元は、どちらかといえば粗雑なものだということを指摘せんがためである。それは、彼の反論が必然的に、われわれが論じてきた微細な複合性と相互作用の多くを見逃すという点においてである。ところが脱構築は、あたかも二人が共通の土台を共有しているかのようにハーバーマスが、デリダをハイデッガーへと結びつけるタイプのテーゼには少しも当て嵌まらないのである。実際、私が提案しているのはハーバーマス自身が非弁証法的な礎石を導入するその人であり、その非弁証法的な礎石によってこそ彼はハイデッガーとデリダを、自らが解体するつもりの形而上学そのものを裏で回復しているのだと告発しているということである。われわれの章分けに注目するだけでも、ハーバーマスが軽蔑的に時間化された *Ursprungsphilosophie* と呼ぶものが実は、非弁証法的、非歴史的、非合理的、また単に神秘主義的であることから程遠いということが、まったく明らかになるであろう。事実われわれが、ハイデッガーについてのデリダの著作の歴史に内在しているような、ハイデッガーへと向かう、そしてハイデッガーから離れるデリダの転回の時間化のなかに見るものはまさに、脱‐テーゼのきわめて批判的な設定である。それはデリダとハイデッガーの思惟の間にある数々の弁証法的な諸関係に力を与えているが、その一方では同時に、ハイデッガーとデリダの形象の間に単一の弁証法的対立を置くことにも抵抗する。そうした対立によってひとは、あたかもデリダとハイデッガーの差異と同一性とが容易に、静的で根本主義的な視点という、しかもそこからは、この対立関係の外にいる誰かが、いわば一石で二羽の鳥を殺そうと狙う批判に取りかかりうる視点を形成しうるかのように、ハーバーマスが作り上げようとするまさにその種の根本主義的テーゼに、彼らの哲学的な参与を解消しようとするのである。

とくに重要なことは、脱-テーゼは「無-テーゼ」ではなく、弁証法的な諸契機の多段転義的(メタレプシス)ないし時間化された交錯であって、デリダはそこでハイデッガーの転回を、ハイデッガーに向かい、かつハイデッガーから離れる転回によって激化させるのだ。ここでは影響の配慮や、それと同じようなものからなる粗野な弁証法に従ってはカヴァーできない思想史をもった他者への関係に内在する哲学的な転回によってハイデッガーの解釈学的円環という考え方が遂行されている。というより、この歴史は諸々の対立と同一化の複合的な解釈学的動員なのであって、そうした対立と同一化は解釈学的円環の、または転回のおかげで、多段転義的(メタレプシス)かつ時間化された関係に入り込む多様な概念的形成物をもたらす。その関係においては、存在への問いが聖化されたり根底にされたりすることなく、その代わりに歴史的・批判的な上演過程のなかに位置づけられ、その過程のなかで、概念的な陣営が決定され、テーゼの時間と呼ばれるものを通して諸々の立場が動員されるのである。デリダをハーバーマスから分かつものは、デリダがいとわずにテーゼに、諸々の議論の展開である時間、すなわち現実の時間のなかで、かつ現実の時間として、つまり歴史として生起する漸進的な展開である時間をとるがままにしておくのに対して、ハーバーマスにおいてはテーゼが、単に文字通りの今、あるいは単純な現在において現われ出るところにあり、その現在において批評はヒット・エンド・ランの形で実施され、その結果は過去になされた何か決定的なものとして記録される。そして、ハーバーマスの見解ではハイデッガーをデリダに結びつける根本主義的真理を彼の弟子たちが理解しようと思えば、そこに戻ればよいことになるのである。

脱-テーゼがラディカルなものとして現われるとすれば、それはデリダが、トリックも巧妙にわれわれから弁証法を騙し取り、弁証法の代わりに時間化された *Ursprungsphilosophie* を提供するからではない。それはむしろ、脱-テーゼがデリダの知的経歴である現実の時間の内にある思想史のなかで起こるからである。その時間の観点からは弁証法的な諸関係は、消耗に時間を要する諸々の立場の摩滅のなかで掛詞的（パロノマジック）に尽きてゆく。われわれは一体、デリダのような思想家をハイデッガーの影響から解放しうるような、いかなる主要な一テーゼや接点にも還元できない知的な諸関係の時間のなかで、そのような細心の展開を哲学的に演じてみせる時間を、われわれのポスト－モダンの文化においてもっているのか否か、それは十分問うてみてよい問いである。そして確かに、一九三〇年代のマルクーゼなら、われわれには文字通り何十年にも及ぶ哲学的反省の時間という贅沢が許されていないと感じたことであろう。また、一部のフランクフルト学派の思想家たちが抱いていた危機というこの政治的センスにまさに従って、彼らは必然的に、時間に対して、より正確には、歴史に対して時間をかける思想家たちに対する、ある種の不和に導かれるのである。

　事実これが思想家としてハイデッガー自身が行なったことであり、われわれが注目してきた多段転義（メタレプシス）の諸審級は、このように時間に対して時間をかけることの証左である。だからこそハイデッガーの思索の座標を、ハーバーマス(34)がそうしているように、『フライブルク大学学生新聞』に書かれたヒトラーへの共感を表明する記事のなかで思想家としてのハイデッガーが十分に明らかになるかのごとく、例えば一九三三年の時点に固定するのはひどく還元主義的なのである。私の主張はもちろん、そうした文書を見逃し、一九三〇年代の間のハイデッガーの思惟の政治的兆候としての意義、それら文書そのものにおける、それら文書自体からくる意義を切り下げるべきだというものではない。そうしたテクストはまた、ハイデッガーの作品全体というもっと遥かに広い歴史的な射程の内部でも理解されなくてはならず、そこでは、国家社会主義に向かう転回と、そこから離れる転回とは、フランクフルト学派の思想家が産出するがごとき根本主義的な弁証法に従って安易にカヴァーできるようなものではないということだ。すなわち、ハイデッガーの思惟の時熟そのものが、政治的な転回を含んだ様々な転回を通じて進行するのだ。それらの転回は、*De l'esprit*〔『精神について』〕でデリダが示しているように、形而上学の語彙を反復することに時間を費やし、そうすることで広範囲にわたる諸々の対立と同一化を開示する。そこでは、哲学の政治への近接性は、ハーバーマスの目指すような種類の単純なイデオロギー的囲いを打ち破るのである。

ハイデッガーが上演する類の哲学的な時熟が、侮辱や賞讃が静的に固定されるべき現在に常に、かつ永遠に根を下ろしているものとしての行為からその重点を奪うのだとすれば、それはまたマルクーゼが、出来事を現在に固定された、点在しかつ局所化された契機に、そして歴史的‐政治的な帰結の長期的な意識を奪われた契機に還元する観点から見ていたものとは異なる何ものかとして、われわれが歴史を理解する強度を高める。すなわち、ハイデッガーの思惟の時熟は出来事を呼応の複合体に導き、その複合体がもたらす諸効果は、直接的な具体性を欠いているにしてもやはり長期的な性質をもち、そうしたものとして直接的な歴史的出来事の政治には欠けていて、つまりハーバーマスが Führer についてのハイデッガーの文書は KZ〔強制収容〕施設の歴史的影のなかで形をもつとコメントする時に彼が呼び出す政治には欠けている、時間を通じた諸関係の持続や固執を明らかにするのだ。デリダその人はハイデッガーに彼が見出すものの多くに明らかに不満を感じているのだが、ハイデッガーの省察の時間は認めて評価しており、いぶかることなく、われわれがデリダの論文と本のなかに年代の記録を見出す知的な諸関係の重要な歴史的展開のなかで、その時間自体が漸進的に働ききるがままにさせている。もちろん、いかにして、あるいはどのような仕方で、この時間性がハイデッガー哲学の「意味」に関係しているのかは、時間についてのテーゼのなかにではなく、テーゼの時間のなかに与えられているのであり、この意味においてこそ、どのようなものであれ、ハイデッガーとデリダについての省察は必然的に時間と言語の関係についての省察でなくてはならないのである。

訳者あとがき

本書 Herman Rapaport, *Heidegger and Derrida: Reflections on Time and Language.* University of Nebraska Press, 1989 は、デリダとハイデッガーの関係を「時間」と「言語」に焦点を当てながら解明しようとした野心作である。それが単純な影響関係などではないことは言うまでもない。とはいえ、西洋形而上学の「破壊」を試みたハイデッガーなくして脱構築がなかったのも事実だ。ラパポートは、一方でハイデッガーの思惟の変遷を辿りつつ、その一方でデリダのハイデッガーに対する時々の評価をそれにぶつけ、その妥当性を検証するばかりでなく、直接ハイデッガーに言及していないデリダの仕事の意義をも、両者の関係を地に浮かび上がらせようとする。その際、彼が注目するのはハイデッガーの「転回」(turn)であり、「転回」を含めてデリダがハイデッガーのどこから離反し(turn away from)、どの地点でハイデッガーの方へと向かって行く(turn toward)のかである。ハイデッガーと、一九八〇年代までのデリダの作品を丹念に読みつつ彼は、両者ともに、自ら多段転義(メタレプシス)や掛詞(パロノマジア)と呼ぶ言語遂行に行き着く必然性を示しつつ、デリダがハイデッガーを相続しながら別の境位を開いて行く様を描き出す。込み入った行論の一つ一つを紹介することは避けるが、ハイデッガーとの関係を考える上でのモーリス・ブランショの重要性を強調したのは卓見である。また、ハイデッガーにおける「存在の送付」あるいは「遺贈」とそれに対する「呼応」が、デリダにおいてどのように新たな問題系として相続されて行くのかの解明は充分に頷ける。全巻を通じて展開されている一つ一つの分析にも概ね妥当性があると思われるが、個々のテクストの読み方にはしかし、疑問の残る箇所もある。例えば、第一章でラパポートは、ニーチェの「永劫回帰」と「力への意志」、そして「超人」に言及し、ハイデッガーの「ニーチェのツァラトゥストラとは誰か?」を参照しながら、あたかもニーチェの思惟が、ハイデッガーとデリダの試みに連動するかのように論じている。だが、ハイデッガーのニーチェに対するアンビヴァレントな関係だけに注目しても、その否定面を考慮することを避けるわけには行かない。第二章では、『存在と時間』以来のハイデッガーの変化を論じる上で一九二八年の講義『論理学の形而上学的根拠』と二九年の『根拠の本質について』を重視しているが、その評価も疑問である。また、デリダが当初ハイデッガーに批判的であったにもかかわらず、とりわけブランショを介して再びハイデッガーに接近し、八〇年代には再び背を向け始めるといった年代記は決して確実ではない。私の知る限り、デリダのハイデッガーに対する構えが大きく変わったことはない。ラパポートも言うように、デリダには全否定も全肯定も無縁だ。ニュアンスの違いはむしろ問題系に由来するのであって、時期的な問題ではないだろう。

総体的に見て、不思議な本である。ラパポートが「思想史」を志していること、ここからすべての曖昧さが生じている。確かに、彼の言うように、年代記的な時系列を追う「思想史」はハイデッガーにおいても、デリダにおいても「脱構築」される。それ自体は小さなことではない。なぜなら、時系列を追う「物語」としての「哲学史」なるものは、ヘーゲルによって初めて実現された発想だからだ。それ自体が西洋形而上学に属しているのである。その意味でヘーゲル的な「思想史」を、「脱構築」に適用して再構築しようとするのなら理解は早い。だが、「脱構築」に敏感なラパポートには、それが不可能であることは明白である。彼は、「脱構築」以後の「思想史」なるものの可能性に賭けている。議論をややこしくしているのはここだ。

ラパポートは、オリジナルが伝わっていない「アナクシマンドロスの断章」から、to apeiron［非規定的なもの］の決定不可能性を、ハイデッガーがそのテクストを扱った講義と論文「アナクシマンドロスの箴言」という事実から出発し、さらにデリダの論文「差延」と、遡って『フッサール「幾何学の起源」序説』へと辿り、さらにはアナクシマンドロス研究を参照しながら、to apeiron という言葉を二人が不十分な形でしか継承していないと言明する。不十分な継承はむしろ意識レヴェルのことであり、実際に彼ら二人が行っていること、「翻訳」「転移」「遂行行為」（パフォーマンス、パフォーマティヴ）は、無意識にアナクシマンドロスの断片に呼応していると言う。この設定が、成功しているか否かはともかく、彼の試みに「思想史」たる由縁を与えている。その点で、ロドルフ・ガシェが長年やってきたハイデッガーとデリダとの形式主義的比較と一線を画しているのは確かだ。それでも疑問は残る。形而上学の「破壊」を宣言したハイデッガーの「思想史」も、「存在の思惟」に基づいた「存在史」なるものも、ヘーゲルの哲学史と無縁であるかどうかは自明ではない。さらに、デリダを介して「思想史」なるものが脱構築されているのだとしたら、脱構築以後の「思想史」なるものそのものがなぜ必要なのか？　その欲望はどこにあるのか？　ハイデッガーとデリダとを「思想史」を脱構築するものとして登場させつつ、なぜもう一度「思想史」なるもののなかに位置づけようとするのか？　しかも新たな「思想史」の時間性を、ハイデッガーからデリダにいたる思想が切り出してくる時間性によって正当化しようとするとすれば、困難はさらに深まるであろう。しかも例えば、マルクスを介してデリダが取り上げているエピクロスの「クリナーメン」の概念に注目したら、まったく別の「思想史」になるのか？　ハイデッガーにおける、右のマルクスばかりでなく、スピノザの不在をどう「思想史」に反映させるのか？　第四章にいたってラパポートは、デリダがハイデッガー的ギリシアから、レヴィナスを介してユダヤ的なものへと旋回するという筋道を描いているが、それは安易に過ぎよう。

今村仁司氏を経由して本書の翻訳を引き受けてから一〇年以上の時が経過してしまった。法政大学出版局にも読者にも、ひたすらお詫びをするしかない。ただ、困難の一端はラパポートの言葉遣いにもあった。英語のものとしては珍しく文体が難渋で、文の構造も複雑、一つの表現を使い出すと際限なく繰り返し、自らの考えを証明なしに断定的に綴り続けるなど、読んでいて気持ちのいいテクストではない。作業の遅れは、そうしたテクストに翻訳者が十分に対処できなかったことにも由来する。一つだけ例を挙げよう。次の一文を翻訳することを考えてほしい。

> Although Heidegger is never directly mentioned, the discourse in which Celan's consideration of the date is situated draws so heavily on the vocabulary of the late Heidegger that one cannot ignore this allusive structure in relation to the development of a notion of time or the date wherein the catastrophe of the holocaust can be remembered as that which overflows the borders of what many would prefer to view as a single event whose exceptional horror stands in modern history like a tragic parenthesis or ellipsis from which all people would like to claim distance and immunity...
>
> （テキスト二三七ページ、本訳書三〇六ページ）

八重の複文構造である。さすがにこれは極端な例ではあるが。

ハーマン・ラパポートは現在、サウサンプトン大学芸術学部英語学科の教授である。彼のホームページには比較文学とカルチュラル・スタディーズを専攻する批評理論家とある。オランダに生まれ、一九五〇年代、家族とともにアメリカに移住。一九七八年カリフォルニア大学アーヴィン校で英語のPh.D.を取得し、シカゴのロヨラ大学、アイオワ大学などで教員をつとめた。著書に *Milton and the Postmodern*, Nebraska University Press, 1983、本書、その後も *Between the Sign and the Gaze*, Cornell University Press, 1994 ; *Is There Truth in Art ?*, Cornell University Press, 1996 ; *The Theory Mess : Deconstruction in Eclipse*, Columbia University Press, 2001 ; *Later Derrida : Reading the Recent Work*, Routledge, 2003 がある。

翻訳にあたっては、檜垣が序章と第四章、後藤が第一章と第二章、加藤が第三章、港道が第五章をそれぞれ担当して訳稿を作り、最終的に港道が手を入れて統一した。最終的な責任は私、港道にある。本当に長い間われわれの仕事を辛抱づよく見守って下さった法政大学出版局の藤田信行さんに心からお礼を申し上げたい。

二〇〇三年五月

訳者を代表して　港道　隆

No.	書名	著者／訳者	(頁)
749	王の肖像	L.マラン／渡辺香根夫訳	454
750	ヘルマン・ブロッホの生涯	P.M.リュツェラー／入野田真右訳	572
751	ラブレーの宗教	L.フェーヴル／高橋薫訳	942
752	有限責任会社	J.デリダ／高橋, 増田, 宮崎訳	352
753	ハイデッガーとデリダ	H.ラパポート／港道隆, 他訳	388
754	未完の菜園	T.トドロフ／内藤雅文訳	414
755	小説の黄金時代	G.スカルペッタ／本多文彦訳	392
756	トリックスター	L.ハイド／伊藤誓訳	
757	ヨーロッパの形成	R.バルトレット／伊藤, 磯山訳	720
758	幾何学の起源	M.セール／豊田彰訳	
759	犠牲と羨望	J.-P.デュピュイ／米山, 泉谷訳	
760	歴史と精神分析	M.セルトー／内藤雅文訳	252
761 762 763	コペルニクス的宇宙の生成〔全三冊〕	H.ブルーメンベルク／後藤, 小熊, 座小田訳	I・412 II・ III・
764	自然・人間・科学	E.シャルガフ／山本, 伊藤訳	230
765	歴史の天使	S.モーゼス／合田正人訳	306
766	近代の観察	N.ルーマン／馬場靖雄訳	234
767 768	社会の法（I・II）	N.ルーマン／上村, 馬場, 江口訳	I・ II・
769	場所を消費する	J.アーリ／吉原直樹, 大澤善信監訳	450
770	承認をめぐる闘争	A.ホネット／山本, 直江訳	
771 772	哲学の余白（上・下）	J.デリダ／高橋, 藤本訳	上・ 下・
773	空虚の時代	G.リポヴェツキー／大谷尚文訳	
774	人間はどこまでグローバル化に耐えられるか	R.ザフランスキー／山本尤訳	134
775	人間の美的教育について	F.v.シラー／小栗孝則訳	196
776	政治的検閲〈19世紀ヨーロッパにおける〉	R.J.ゴールドスティーン／城戸, 村山訳	356
777	シェイクスピアとカーニヴァル	R.ノウルズ／岩崎, 加藤, 小西訳	
778	文化の場所	H.K.バーバ／本橋哲也, 他訳	

			(頁)
700	マリア〈処女・母親・女主人〉	K.シュライナー／内藤道雄訳	678
701	マルセル・デュシャン〈絵画唯名論〉	T.ド・デューヴ／鎌田博夫訳	350
702	サハラ〈ジル・ドゥルーズの美学〉	M.ビュイダン／阿部宏慈訳	260
703	ギュスターヴ・フロベール	A.チボーデ／戸田吉信訳	470
704	報酬主義をこえて	A.コーン／田中英史訳	604
705	ファシズム時代のシオニズム	L.ブレンナー／芝健介訳	480
706	方　法　4．観念	E.モラン／大津真作訳	446
707	われわれと他者	T.トドロフ／小野,江口訳	658
708	モラルと超モラル	A.ゲーレン／秋澤雅男訳	
709	肉食タブーの世界史	F.J.シムーンズ／山内昶監訳	682
710	三つの文化〈仏・英・独の比較文化学〉	W.レペニース／松家,吉村,森訳	548
711	他性と超越	E.レヴィナス／合田,松丸訳	200
712	詩と対話	H.-G.ガダマー／巻田悦郎訳	302
713	共産主義から資本主義へ	M.アンリ／野村直正訳	242
714	ミハイル・バフチン　対話の原理	T.トドロフ／大谷尚文訳	408
715	肖像と回想	P.ガスカール／佐藤和生訳	232
716	恥〈社会関係の精神分析〉	S.ティスロン／大谷,津島訳	286
717	庭園の牧神	P.バルロスキー／尾崎彰宏訳	270
718	パンドラの匣	D.&E.パノフスキー／尾崎彰宏,他訳	294
719	言説の諸ジャンル	T.トドロフ／小林文生訳	466
720	文学との離別	R.バウムガルト／清水健次・威能子訳	406
721	フレーゲの哲学	A.ケニー／野本和幸,他訳	308
722	ビバ リベルタ！〈オペラの中の政治〉	A.アーブラスター／田中,西崎訳	478
723	ユリシーズ グラモフォン	J.デリダ／合田,中 訳	210
724	ニーチェ〈その思考の伝記〉	R.ザフランスキー／山本尤訳	440
725	古代悪魔学〈サタンと闘争神話〉	N.フォーサイス／野呂有子監訳	844
726	力に満ちた言葉	N.フライ／山形和美訳	466
727	産業資本主義の法と政治	I.マウス／河上倫逸監訳	496
728	ヴァーグナーとインドの精神世界	C.スネソン／吉水千鶴子訳	270
729	民間伝承と創作文学	M.リューティ／高木昌史訳	430
730	マキアヴェッリ〈転換期の危機分析〉	R.ケーニヒ／小川,片岡訳	382
731	近代とは何か〈その隠されたアジェンダ〉	S.トゥールミン／藤村,新井訳	398
732	深い謎〈ヘーゲル,ニーチェとユダヤ人〉	Y.ヨベル／青木隆嘉訳	360
733	挑発する肉体	H.P.デュル／藤代,津山訳	702
734	フーコーと狂気	F.グロ／菊地昌実訳	164
735	生命の認識	G.カンギレム／杉山吉弘訳	330
736	転倒させる快楽〈バフチン,文化批評,映画〉	R.スタム／浅野敏夫訳	494
737	カール・シュミットとユダヤ人	R.グロス／山本尤訳	486
738	個人の時代	A.ルノー／水野浩二訳	438
739	導入としての現象学	H.F.フルダ／久保,高山訳	470
740	認識の分析	E.マッハ／廣松渉編訳	182
741	脱構築とプラグマティズム	C.ムフ編／青木隆嘉訳	186
742	人類学の挑戦	R.フォックス／南塚隆夫訳	698
743	宗教の社会学	B.ウィルソン／中野,栗原訳	270
744	非人間的なもの	J.-F.リオタール／篠原,上村,平芳訳	286
745	異端者シオラン	P.ボロン／金井裕訳	334
746	歴史と日常〈ポール・ヴェーヌ自伝〉	P.ヴェーヌ／鎌田博夫訳	268
747	天使の伝説	M.セール／及川馥訳	262
748	近代政治哲学入門	A.バルッツィ／池上,岩倉訳	348

叢書・ウニベルシタス

			（頁）
650	知の全体史	C.V.ドーレン／石塚浩司訳	766
651	法の力	J.デリダ／堅田研一訳	220
652 653	男たちの妄想 （I・II）	K.テーヴェライト／田村和彦訳	I・816 II
654	十七世紀イギリスの文書と革命	C.ヒル／小野，圓月，箭川訳	592
655	パウル・ツェラーンの場所	H.ベッティガー／鈴木美紀訳	176
656	絵画を破壊する	L.マラン／尾形，梶野訳	272
657	グーテンベルク銀河系の終焉	N.ボルツ／識名，足立訳	330
658	批評の地勢図	J.ヒリス・ミラー／森田孟訳	550
659	政治的なものの変貌	M.マフェゾリ／古田幸男訳	290
660	神話の真理	K.ヒュプナー／神野，中才，他訳	736
661	廃墟のなかの大学	B.リーディングズ／青木，斎藤訳	354
662	後期ギリシア科学	G.E.R.ロイド／山野，山口，金山訳	320
663	ベンヤミンの現在	N.ボルツ，W.レイイェン／岡部仁訳	180
664	異教入門 〈中心なき周辺を求めて〉	J.-F.リオタール／山縣，小野，他訳	242
665	ル・ゴフ自伝 〈歴史家の生活〉	J.ル・ゴフ／鎌田博夫訳	290
666	方　法　3. 認識の認識	E.モラン／大津真作訳	398
667	遊びとしての読書	M.ピカール／及川，内藤訳	478
668	身体の哲学と現象学	M.アンリ／中敬夫訳	404
669	ホモ・エステティクス	L.フェリー／小野康男，他訳	496
670	イスラームにおける女性とジェンダー	L.アハメド／林正雄，他訳	422
671	ロマン派の手紙	K.H.ボーラー／髙木葉子訳	382
672	精霊と芸術	M.マール／津山拓也訳	474
673	言葉への情熱	G.スタイナー／伊藤誓訳	612
674	贈与の謎	M.ゴドリエ／山内昶訳	362
675	諸個人の社会	N.エリアス／宇京早苗訳	308
676	労働社会の終焉	D.メーダ／若森章孝，他訳	394
677	概念・時間・言説	A.コジェーヴ／三宅，根田，安川訳	448
678	史的唯物論の再構成	U.ハーバーマス／清水多吉訳	438
679	カオスとシミュレーション	N.ボルツ／山本尤訳	218
680	実質的現象学	M.アンリ／中，野村，吉永訳	268
681	生殖と世代継承	R.フォックス／平野秀秋訳	408
682	反抗する文学	M.エドマンドソン／浅野敏夫訳	406
683	哲学を讃えて	M.セール／米山親能，他訳	312
684	人間・文化・社会	H.シャピロ編／塚本利明，他訳	400
685	遍歴時代 〈精神の自伝〉	J.アメリー／富重純子訳	206
686	ノーを言う難しさ 〈宗教哲学的エッセイ〉	K.ハインリッヒ／小林敏明訳	200
687	シンボルのメッセージ	M.ルルカー／林捷，林田鶴子訳	590
688	神は狂信的か	J.ダニエル／菊地昌実訳	218
689	セルバンテス	J.カナヴァジオ／円子千代訳	502
690	マイスター・エックハルト	B.ヴェルテ／大津留直訳	320
691	マックス・プランクの生涯	J.L.ハイルブロン／村岡晋一訳	300
692	68年－86年　個人の道程	L.フェリー，A.ルノー／小野潮訳	168
693	イダルゴとサムライ	J.ヒル／平山篤子訳	704
694	〈教育〉の社会学理論	B.バーンスティン／久冨善之，他訳	420
695	ベルリンの文化戦争	W.シヴェルブシュ／福本義憲訳	380
696	知識と権力 〈クーン，ハイデガー，フーコー〉	J.ラウズ／成定，網谷，阿曽沼訳	410
697	読むことの倫理	J.ヒリス・ミラー／伊藤，大島訳	230
698	ロンドン・スパイ	N.ウォード／渡辺孔二監訳	506
699	イタリア史 〈1700－1860〉	S.ウールフ／鈴木邦夫訳	1000

			(頁)
601	ギリシア文学概説	J.ド・ロミイ／細井, 秋山訳	486
602	パロールの奪取	M.セルトー／佐藤和生訳	200
603	68年の思想	L.フェリー他／小野潮訳	348
604	ロマン主義のレトリック	P.ド・マン／山形, 岩坪訳	470
605	探偵小説あるいはモデルニテ	J.デュボア／鈴木智之訳	380
606 607 608	近代の正統性〔全三冊〕	H.ブルーメンベルク／斎藤, 忽那 佐藤, 村井訳	I・328 II・390 III・318
609	危険社会〈新しい近代への道〉	U.ベック／東, 伊藤訳	502
610	エコロジーの道	E.ゴールドスミス／大熊昭信訳	654
611	人間の領域〈迷宮の岐路II〉	C.カストリアディス／米山親能訳	626
612	戸外で朝食を	H.P.デュル／藤代幸一訳	190
613	世界なき人間	G.アンダース／青木隆嘉訳	366
614	唯物論シェイクスピア	F.ジェイムソン／川口喬一訳	402
615	核時代のヘーゲル哲学	H.クロンバッハ／植木哲也訳	380
616	詩におけるルネ・シャール	P.ヴェーヌ／西永良成訳	832
617	近世の形而上学	H.ハイムゼート／北岡武司訳	506
618	フロベールのエジプト	G.フロベール／斎藤昌三訳	344
619	シンボル・技術・言語	E.カッシーラー／篠木, 高野訳	352
620	十七世紀イギリスの民衆と思想	C.ヒル／小野, 圓月, 箭川訳	520
621	ドイツ政治哲学史	H.リュッベ／今井道夫訳	312
622	最終解決〈民族移動とヨーロッパのユダヤ人殺害〉	G.アリー／山本, 三島訳	470
623	中世の人間	J.ル・ゴフ他／鎌田博夫訳	478
624	食べられる言葉	L.マラン／梶野吉郎訳	284
625	ヘーゲル伝〈哲学の英雄時代〉	H.アルトハウス／山本尤訳	690
626	E.モラン自伝	E.モラン／菊地, 高砂訳	368
627	見えないものを見る	M.アンリ／青木研二訳	248
628	マーラー〈音楽観相学〉	Th.W.アドルノ／龍村あや子訳	286
629	共同生活	T.トドロフ／大谷尚文訳	236
630	エロイーズとアベラール	M.F.B.ブロッチェリ／白崎容子訳	
631	意味を見失った時代〈迷宮の岐路IV〉	C.カストリアディス／江口幹訳	338
632	火と文明化	J.ハウツブロム／大平章訳	356
633	ダーウィン, マルクス, ヴァーグナー	J.バーザン／野島秀勝訳	526
634	地位と羞恥	S.ネッケル／岡原正幸訳	434
635	無垢の誘惑	P.ブリュックネール／小倉, 下澤訳	350
636	ラカンの思想	M.ボルク=ヤコブセン／池田清訳	500
637	羨望の炎〈シェイクスピアと欲望の劇場〉	R.ジラール／小林, 田口訳	698
638	暁のフクロウ〈続・精神の現象学〉	A.カトロッフェロ／寿福真美訳	354
639	アーレント=マッカーシー往復書簡	C.ブライトマン編／佐藤佐智子訳	710
640	崇高とは何か	M.ドゥギー他／梅木達郎訳	416
641	世界という実験〈問い, 取り出しの諸カテゴリー, 実践〉	E.ブロッホ／小田智敏訳	400
642	悪　あるいは自由のドラマ	R.ザフランスキー／山本尤訳	322
643	世俗の聖典〈ロマンスの構造〉	N.フライ／中村, 真野訳	252
644	歴史と記憶	J.ル・ゴフ／立川孝一訳	400
645	自我の記号論	N.ワイリー／船倉正憲訳	468
646	ニュー・ミメーシス〈シェイクスピアと現実描写〉	A.D.ナトール／山形, 山下訳	430
647	歴史家の歩み〈アリエス　1943-1983〉	Ph.アリエス／成瀬, 伊藤訳	428
648	啓蒙の民主制理論〈カントとのつながりで〉	I.マウス／浜田, 牧野監訳	400
649	仮象小史〈古代からコンピューター時代まで〉	N.ボルツ／山本尤訳	200

			(頁)
550	ハイデガーと実践哲学	O.ペゲラー他,編／竹市,下村監訳	584
551	彫　像	M.セール／米山親能訳	366
552	人間的なるものの庭	C.F.v.ヴァイツゼカー／山辺建訳	852
553	思考の図像学	A.フレッチャー／伊藤誓訳	472
554	反動のレトリック	A.O.ハーシュマン／岩崎稔訳	250
555	暴力と差異	A.J.マッケナ／夏目博明訳	354
556	ルイス・キャロル	J.ガッテニョ／鈴木晶訳	462
557	タオスのロレンゾー〈D.H.ロレンス回想〉	M.D.ルーハン／野島秀勝訳	490
558	エル・シッド〈中世スペインの英雄〉	R.フレッチャー／林邦夫訳	414
559	ロゴスとことば	S.プリケット／小野功生訳	486
560 561	盗まれた稲妻〈呪術の社会学〉(上・下)	D.L.オキーフ／谷林眞理子,他訳	上・490 下・656
562	リビドー経済	J.-F.リオタール／杉山,吉谷訳	458
563	ポスト・モダニティの社会学	S.ラッシュ／田中義久監訳	462
564	狂暴なる霊長類	J.A.リヴィングストン／大平章訳	310
565	世紀末社会主義	M.ジェイ／今村,大谷訳	334
566	両性平等論	F.P.de ラ・バール／佐藤和夫,他訳	330
567	暴虐と忘却	R.ボイヤーズ／田部井孝次・世志子訳	524
568	異端の思想	G.アンダース／青木隆嘉訳	518
569	秘密と公開	S.ボク／大沢正道訳	470
570 571	大航海時代の東南アジア(I・II)	A.リード／平野,田中訳	I・430 II・598
572	批判理論の系譜学	N.ボルツ／山本,大貫訳	332
573	メルヘンへの誘い	M.リューティ／高木昌史訳	200
574	性と暴力の文化史	H.P.デュル／藤代,津山訳	768
575	歴史の不測	E.レヴィナス／合田,谷口訳	316
576	理論の意味作用	T.イーグルトン／山形和美訳	196
577	小集団の時代〈大衆社会における個人主義の衰退〉	M.マフェゾリ／古田幸男訳	334
578 579	愛の文化史(上・下)	S.カーン／青木,斎藤訳	上・334 下・384
580	文化の擁護〈1935年パリ国際作家大会〉	ジッド他／相磯,五十嵐,石黒,高橋編訳	752
581	生きられる哲学〈生活世界の現象学と批判理論の思考形式〉	F.フェルマン／堀栄造訳	282
582	十七世紀イギリスの急進主義と文学	C.ヒル／小野,圓月訳	444
583	このようなことが起こり始めたら…	R.ジラール／小池,住谷訳	226
584	記号学の基礎理論	J.ディーリー／大熊昭信訳	286
585	真理と美	S.チャンドラセカール／豊田彰訳	328
586	シオラン対談集	E.M.シオラン／金井裕訳	336
587	時間と社会理論	B.アダム／伊藤,磯山訳	338
588	懐疑的省察ABC〈続・重大な疑問〉	E.シャルガフ／山本,伊藤訳	244
589	第三の知恵	M.セール／及川馥訳	250
590 591	絵画における真理(上・下)	J.デリダ／高橋,阿部訳	上・322 下・390
592	ウィトゲンシュタインと宗教	N.マルカム／黒崎宏訳	256
593	シオラン〈あるいは最後の人間〉	S.ジョドー／金井裕訳	212
594	フランスの悲劇	T.トドロフ／大谷尚文訳	304
595	人間の生の遺産	E.シャルガフ／清水健次,他訳	392
596	聖なる快楽〈性,神話,身体の政治〉	R.アイスラー／浅野敏夫訳	876
597	原子と爆弾とエスキモーキス	C.G.セグレー／野島秀勝訳	408
598	海からの花嫁〈ギリシア神話研究の手引き〉	J.シャーウッドスミス／吉田,佐藤訳	234
599	神に代わる人間	L.フェリー／菊地,白井訳	220
600	パンと競技場〈ギリシア・ローマ時代の政治と都市の社会学的歴史〉	P.ヴェーヌ／鎌田博夫訳	1032

			(頁)
501	音楽のはじめ	C.シュトゥンプ／結城錦一訳	208
502	反ニーチェ	L.フェリー他／遠藤文彦訳	348
503	マルクスの哲学	E.バリバール／杉山吉弘訳	222
504	サルトル，最後の哲学者	A.ルノー／水野浩二訳	296
505	新不平等起源論	A.テスタール／山内昶訳	298
506	敗者の祈禱書	シオラン／金井裕訳	184
507	エリアス・カネッティ	Y.イシャグプール／川俣晃自訳	318
508	第三帝国下の科学	J.オルフ＝ナータン／宇京賴三訳	424
509	正も否も縦横に	H.アトラン／寺田光徳訳	644
510	ユダヤ人とドイツ	E.トラヴェルソ／宇京賴三訳	322
511	政治的風景	M.ヴァルンケ／福本義憲訳	202
512	聖句の彼方	E.レヴィナス／合田正人訳	350
513	古代憧憬と機械信仰	H.ブレーデカンプ／藤代，津山訳	230
514	旅のはじめに	D.トリリング／野島秀勝訳	602
515	ドゥルーズの哲学	M.ハート／田代，井上，浅野，暮沢訳	294
516	民族主義・植民地主義と文学	T.イーグルトン他／増渕，安藤，大友訳	198
517	個人について	P.ヴェーヌ他／大谷尚文訳	194
518	大衆の装飾	S.クラカウアー／船戸，野村訳	350
519 520	シベリアと流刑制度（I・II）	G.ケナン／左近毅訳	I・632 II・642
521	中国とキリスト教	J.ジェルネ／鎌田博夫訳	396
522	実存の発見	E.レヴィナス／佐藤真理人，他訳	480
523	哲学的認識のために	G.-G.グランジェ／植木哲也訳	342
524	ゲーテ時代の生活と日常	P.ラーンシュタイン／上西川原章訳	832
525	ノッツ nOts	M.C.テイラー／浅野敏夫訳	480
526	法の現象学	A.コジェーヴ／今村，堅田訳	768
527	始まりの喪失	B.シュトラウス／青木隆嘉訳	196
528	重　合	ベーネ，ドゥルーズ／江口修訳	170
529	イングランド18世紀の社会	R.ポーター／目羅公和訳	630
530	他者のような自己自身	P.リクール／久米博訳	558
531	鷲と蛇〈シンボルとしての動物〉	M.ルルカー／林捷訳	270
532	マルクス主義と人類学	M.ブロック／山内昶，山内彰訳	256
533	両性具有	M.セール／及川馥訳	218
534	ハイデガー〈ドイツの生んだ巨匠とその時代〉	R.ザフランスキー／山本尤訳	696
535	啓蒙思想の背任	J.-C.ギユボー／菊地，白井訳	218
536	解明　M.セールの世界	M.セール／梶野，竹中訳	334
537	語りは罠	L.マラン／鎌田博夫訳	176
538	歴史のエクリチュール	M.セルトー／佐藤和生訳	542
539	大学とは何か	J.ペリカン／田口孝夫訳	374
540	ローマ　定礎の書	M.セール／高尾謙史訳	472
541	啓示とは何か〈あらゆる啓示批判の試み〉	J.G.フィヒテ／北岡武司訳	252
542	力の場〈思想史と文化批判のあいだ〉	M.ジェイ／今井道夫，他訳	382
543	イメージの哲学	F.ダゴニェ／水野浩二訳	410
544	精神と記号	F.ガタリ／杉村昌昭訳	180
545	時間について	N.エリアス／井本，青木訳	238
546	ルクレティウスのテキストにおける物理学の誕生	M.セール／豊田彰訳	320
547	異端カタリ派の哲学	R.ネッリ／柴田和雄訳	290
548	ドイツ人論	N.エリアス／青木隆嘉訳	576
549	俳　優	J.デュヴィニョー／渡辺淳訳	346

叢書・ウニベルシタス

			（頁）
451	エコロジーの新秩序	L.フェリ／加藤宏幸訳	274
452	想念が社会を創る	C.カストリアディス／江口幹訳	392
453	ウィトゲンシュタイン評伝	B.マクギネス／藤本，今井，宇都宮，髙橋訳	612
454	読みの快楽	R.オールター／山形，中田，田中訳	346
455	理性・真理・歴史〈内在的実在論の展開〉	H.パトナム／野本和幸，他訳	360
456	自然の諸時期	ビュフォン／菅谷暁訳	440
457	クロポトキン伝	ピルーモヴァ／左近毅訳	384
458	征服の修辞学	P.ヒューム／岩尾，正木，本橋訳	492
459	初期ギリシア科学	G.E.R.ロイド／山野，山口訳	246
460	政治と精神分析	G.ドゥルーズ，F.ガタリ／杉村昌昭訳	124
461	自然契約	M.セール／及川，米山訳	230
462	細分化された世界〈迷宮の岐路III〉	C.カストリアディス／宇京頼三訳	332
463	ユートピア的なもの	L.マラン／梶野吉郎訳	420
464	恋愛礼讃	M.ヴァレンシー／沓掛，川端訳	496
465	転換期〈ドイツ人とドイツ〉	H.マイヤー／宇京早苗訳	466
466	テクストのぶどう畑で	I.イリイチ／岡部佳世訳	258
467	フロイトを読む	P.ゲイ／坂口，大島訳	304
468	神々を作る機械	S.モスコヴィッシ／古田幸男訳	750
469	ロマン主義と表現主義	A.K.ウィードマン／大森淳史訳	378
470	宗教論	N.ルーマン／土方昭，土方透訳	138
471	人格の成層論	E.ロータッカー／北村監訳・大久保，他訳	278
472	神　罰	C.v.リンネ／小川さくえ訳	432
473	エデンの園の言語	M.オランデール／浜﨑設夫訳	338
474	フランスの自伝〈自伝文学の主題と構造〉	P.ルジュンヌ／小倉孝誠訳	342
475	ハイデガーとヘブライの遺産	M.ザラデル／合田正人訳	390
476	真の存在	G.スタイナー／工藤政司訳	266
477	言語芸術・言語記号・言語の時間	R.ヤコブソン／浅川順子訳	388
478	エクリール	C.ルフォール／宇京頼三訳	420
479	シェイクスピアにおける交渉	S.J.グリーンブラット／酒井正志訳	334
480	世界・テキスト・批評家	E.W.サイード／山形和美訳	584
481	絵画を見るディドロ	J.スタロバンスキー／小西嘉幸訳	148
482	ギボン〈歴史を創る〉	R.ポーター／中野，海保，松原訳	272
483	欺瞞の書	E.M.シオラン／金井裕訳	252
484	マルティン・ハイデガー	H.エーベリング／青木隆嘉訳	252
485	カフカとカバラ	K.E.グレーツィンガー／清水健次訳	390
486	近代哲学の精神	H.ハイムゼート／座小田豊，他訳	448
487	ベアトリーチェの身体	R.P.ハリスン／船倉正憲訳	304
488	技術〈クリティカル・セオリー〉	A.フィーンバーグ／藤本正文訳	510
489	認識論のメタクリティーク	Th.W.アドルノ／古賀，細見訳	370
490	地獄の歴史	A.K.ターナー／野﨑嘉信訳	456
491	昔話と伝説〈物語文学の二つの基本形式〉	M.リューティ／高木昌史，万里子訳	品切 362
492	スポーツと文明化〈興奮の探究〉	N.エリアス，E.ダニング／大平章訳	490
493 494	地獄のマキアヴェッリ（I・II）	S.de.グラツィア／田中治男訳	I・352 II・306
495	古代ローマの恋愛詩	P.ヴェーヌ／鎌田博夫訳	352
496	証人〈言葉と科学についての省察〉	E.シャルガフ／山本，内藤訳	252
497	自由とはなにか	P.ショーニュ／西川，小田桐訳	472
498	現代世界を読む	M.マフェゾリ／菊地昌実訳	186
499	時間を読む	M.ピカール／寺田光徳訳	266
500	大いなる体系	N.フライ／伊藤誓訳	478

				(頁)
402	歴史のモラル	T.トドロフ／大谷尚文訳		386
403	不可解な秘密	E.シャルガフ／山本, 内藤訳		260
404	ルソーの世界〈あるいは近代の誕生〉	J.-L.ルセルクル／小林浩訳	品切	378
405	死者の贈り物	D.サルナーヴ／菊地, 白井訳		186
406	神もなく韻律もなく	H.P.デュル／青木隆嘉訳		292
407	外部の消失	A.コドレスク／利沢行夫訳		276
408	狂気の社会史〈狂人たちの物語〉	R.ポーター／目羅公和訳		428
409	続・蜂の寓話	B.マンデヴィル／泉谷治訳		436
410	悪口を習う〈近代初期の文化論集〉	S.グリーンブラット／磯山甚一訳		354
411	危険を冒して書く〈異色作家たちのパリ・インタヴュー〉	J.ワイス／浅野敏夫訳		300
412	理論を讃えて	H.-G.ガダマー／本間, 須田訳		194
413	歴史の島々	M.サーリンズ／山本真鳥訳		306
414	ディルタイ〈精神科学の哲学者〉	R.A.マックリール／大野, 田中, 他訳		578
415	われわれのあいだで	E.レヴィナス／合田, 谷口訳		368
416	ヨーロッパ人とアメリカ人	S.ミラー／池田栄一訳		358
417	シンボルとしての樹木	M.ルルカー／林 捷 訳		276
418	秘めごとの文化史	H.P.デュル／藤代, 津山訳		662
419	眼の中の死〈古代ギリシアにおける他者の像〉	J.-P.ヴェルナン／及川, 吉岡訳		144
420	旅の思想史	E.リード／伊藤誓訳		490
421	病のうちなる治療薬	J.スタロバンスキー／小池, 川那部訳		356
422	祖国地球	E.モラン／菊地昌実訳		234
423	寓意と表象・再現	S.J.グリーンブラット編／船倉正憲訳		384
424	イギリスの大学	V.H.H.グリーン／安原, 成定訳		516
425	未来批判 あるいは世界史に対する嫌悪	E.シャルガフ／山本, 伊藤訳		276
426	見えるものと見えざるもの	メルロ=ポンティ／中島盛夫監訳		618
427	女性と戦争	J.B.エルシュテイン／小林, 廣川訳		486
428	カント入門講義	H.バウムガルトナー／有福孝岳監訳		204
429	ソクラテス裁判	I.F.ストーン／永田康昭訳		470
430	忘我の告白	M.ブーバー／田口義弘訳		348
431 432	時代おくれの人間 (上・下)	G.アンダース／青木隆嘉訳		上・432 下・546
433	現象学と形而上学	J.-L.マリオン他編／三上, 重永, 檜垣訳		388
434	祝福から暴力へ	M.ブロック／田辺, 秋津訳		426
435	精神分析と横断性	F.ガタリ／杉村, 毬藻訳		462
436	競争社会をこえて	A.コーン／山本, 真水訳		530
437	ダイアローグの思想	M.ホルクウィスト／伊藤誓訳		370
438	社会学とは何か	N.エリアス／徳安彰訳		250
439	E.T.A.ホフマン	R.ザフランスキー／識名章喜訳		636
440	所有の歴史	J.アタリ／山内昶訳		580
441	男性同盟と母権制神話	N.ゾンバルト／田村和彦訳		516
442	ヘーゲル以後の歴史哲学	H.シュネーデルバッハ／古東哲明訳		282
443	同時代人ベンヤミン	H.マイヤー／岡部仁訳		140
444	アステカ帝国滅亡記	G.ボド, T.トドロフ編／大谷, 菊地訳		662
445	迷宮の岐路	C.カストリアディス／宇京頼三訳		404
446	意識と自然	K.K.チョウ／志水, 山本監訳		422
447	政治的正義	O.ヘッフェ／北尾, 平石, 望月訳		598
448	象徴と社会	K.バーク著, ガスフィールド編／森常治訳		580
449	神・死・時間	E.レヴィナス／合田正人訳		360
450	ローマの祭	G.デュメジル／大橋寿美子訳		446

No.	書名	著者／訳者		(頁)
352	倫理・政治的ディスクール	O.ヘッフェ／青木隆嘉訳		312
353	モーツァルト	N.エリアス／青木隆嘉訳		198
354	参加と距離化	N.エリアス／波田, 道籏訳		276
355	二十世紀からの脱出	E.モラン／秋枝茂夫訳		384
356	無限の二重化	W.メニングハウス／伊藤秀一訳		350
357	フッサール現象学の直観理論	E.レヴィナス／佐藤, 桑野訳		506
358	始まりの現象	E.W.サイード／山形, 小林訳		684
359	サテュリコン	H.P.デュル／原研二訳		258
360	芸術と疎外	H.リード／増渕正史訳	品切	262
361	科学的理性批判	K.ヒュプナー／神野, 中才, 熊谷訳		476
362	科学と懐疑論	J.ワトキンス／中才敏郎訳		354
363	生きものの迷路	A.モール, E.ロメル／古田幸男訳		240
364	意味と力	G.バランディエ／小関藤一郎訳		406
365	十八世紀の文人科学者たち	W.レペニース／小川さくえ訳		182
366	結晶と煙のあいだ	H.アトラン／阪上脩訳		376
367	生への闘争〈闘争本能・性・意識〉	W.J.オング／高柳, 橋爪訳		326
368	レンブラントとイタリア・ルネサンス	K.クラーク／尾崎, 芳野訳		334
369	権力の批判	A.ホネット／河上倫逸監訳		476
370	失われた美学〈マルクスとアヴァンギャルド〉	M.A.ローズ／長田, 池田, 長野, 長田訳		332
371	ディオニュソス	M.ドゥティエンヌ／及川, 吉岡訳		164
372	メディアの理論	F.イングリス／伊藤, 磯山訳		380
373	生き残ること	B.ベテルハイム／高尾利数訳		646
374	バイオエシックス	F.ダゴニェ／金森, 松浦訳		316
375 376	エディプスの謎（上・下）	N.ビショッフ／藤代, 井本, 他訳		上・450 下・464
377	重大な疑問〈懐疑的省察録〉	E.シャルガフ／山形, 小野, 他訳		404
378	中世の食生活〈断食と宴〉	B.A.ヘニッシュ／藤原保明訳	品切	538
379	ポストモダン・シーン	A.クローカー, D.クック／大熊昭信訳		534
380	夢の時〈野生と文明の境界〉	H.P.デュル／岡部, 原, 須永, 荻野訳		674
381	理性よ，さらば	P.ファイヤアーベント／植木哲也訳		454
382	極限に面して	T.トドロフ／宇京頼三訳		376
383	自然の社会化	K.エーダー／寿福真美監訳		474
384	ある反時代的考察	K.レーヴィット／中村啓, 永沼更始郎訳		526
385	図書館炎上	W.シヴェルブシュ／福本義憲訳		274
386	騎士の時代	F.v.ラウマー／柳井尚子訳		506
387	モンテスキュー〈その生涯と思想〉	J.スタロバンスキー／古賀英三郎, 高橋誠訳		312
388	理解の鋳型〈東西の思想経験〉	J.ニーダム／井上英明訳		510
389	風景画家レンブラント	E.ラルセン／大谷, 尾崎訳		208
390	精神分析の系譜	M.アンリ／山形頼洋, 他訳		546
391	金（かね）と魔術	H.C.ビンスヴァンガー／清水健次訳		218
392	自然誌の終焉	W.レペニース／山村直資訳		346
393	批判的解釈学	J.B.トンプソン／山本, 小川訳		376
394	人間にはいくつの真理が必要か	R.ザフランスキー／山本, 藤井訳		232
395	現代芸術の出発	Y.イシャグプール／川俣晃自訳		170
396	青春　ジュール・ヴェルヌ論	M.セール／豊田彰訳		398
397	偉大な世紀のモラル	P.ベニシュー／朝倉, 羽賀訳		428
398	諸国民の時に	E.レヴィナス／合田正人訳		348
399 400	バベルの後に（上・下）	G.スタイナー／亀山健吉訳		上・482 下・
401	チュービンゲン哲学入門	E.ブロッホ／花田監修・菅谷, 今井, 三国訳		422

				(頁)
303	平等原理と社会主義	L.シュタイン／石川, 石塚, 柴田訳		676
304	死にゆく者の孤独	N.エリアス／中居実訳		150
305	知識人の黄昏	W.シヴェルブシュ／初見基訳		240
306	トマス・ペイン〈社会思想家の生涯〉	A.J.エイヤー／大熊昭信訳		378
307	われらのヨーロッパ	F.ヘール／杉浦健之訳		614
308	機械状無意識〈スキゾ-分析〉	F.ガタリ／高岡幸一訳		426
309	聖なる真理の破壊	H.ブルーム／山形和美訳		400
310	諸科学の機能と人間の意義	E.パーチ／上村忠男監訳		552
311	翻　訳〈ヘルメスIII〉	M.セール／豊田, 輪田訳		404
312	分　布〈ヘルメスIV〉	M.セール／豊田彰訳		440
313	外国人	J.クリステヴァ／池田和子訳		284
314	マルクス	M.アンリ／杉山, 水野訳	品切	612
315	過去からの警告	E.シャルガフ／山本, 内藤訳		308
316	面・表面・界面〈一般表層論〉	F.ダゴニェ／金森, 今野訳		338
317	アメリカのサムライ	F.G.ノートヘルファー／飛鳥井雅道訳		512
318	社会主義か野蛮か	C.カストリアディス／江口幹訳		490
319	遍　歴〈法, 形式, 出来事〉	J.-F.リオタール／小野康男訳		200
320	世界としての夢	D.ウスラー／谷　徹訳		566
321	スピノザと表現の問題	G.ドゥルーズ／工藤, 小柴, 小谷訳		460
322	裸体とはじらいの文化史	H.P.デュル／藤代, 三谷訳		572
323	五　感〈混合体の哲学〉	M.セール／米山親能訳		582
324	惑星軌道論	G.W.F.ヘーゲル／村上恭一訳		250
325	ナチズムと私の生活〈仙台からの告発〉	K.レーヴィット／秋間実訳		334
326	ベンヤミン-ショーレム往復書簡	G.ショーレム編／山本尤訳		440
327	イマヌエル・カント	O.ヘッフェ／薮木栄夫訳		374
328	北西航路〈ヘルメスV〉	M.セール／青木研二訳		260
329	聖杯と剣	R.アイスラー／野島秀勝訳		486
330	ユダヤ人国家	Th.ヘルツル／佐藤康彦訳		206
331	十七世紀イギリスの宗教と政治	C.ヒル／小野功生訳		586
332	方　法　2. 生命の生命	E.モラン／大津真作訳		838
333	ヴォルテール	A.J.エイヤー／中川, 吉岡訳		268
334	哲学の自食症候群	J.ブーヴレス／大平具彦訳		266
335	人間学批判	レペニース, ノルテ／小竹澄栄訳		214
336	自伝のかたち	W.C.スペンジマン／船倉正憲訳		384
337	ポストモダニズムの政治学	L.ハッチオン／川口喬一訳		332
338	アインシュタインと科学革命	L.S.フォイヤー／村上, 成定, 大谷訳		474
339	ニーチェ	G.ピヒト／青木隆嘉訳		562
340	科学史・科学哲学研究	G.カンギレム／金森修監訳		674
341	貨幣の暴力	アグリエッタ, オルレアン／井上, 斉藤訳		506
342	象徴としての円	M.ルルカー／竹内章訳		186
343	ベルリンからエルサレムへ	G.ショーレム／岡部仁訳		226
344	批評の批評	T.トドロフ／及川, 小林訳		298
345	ソシュール講義録注解	F.de　ソシュール／前田英樹・訳注		204
346	歴史とデカダンス	P.ショーニュー／大谷尚文訳		552
347	続・いま, ここで	G.ピヒト／斎藤, 大野, 福島, 浅野訳		580
348	バフチン以後	D.ロッジ／伊藤誓訳		410
349	再生の女神セドナ	H.P.デュル／原研二訳		622
350	宗教と魔術の衰退	K.トマス／荒木正純訳		1412
351	神の思想と人間の自由	W.パネンベルク／座小田, 諸岡訳		186

				（頁）
253	言語の牢獄	F.ジェームソン／川口喬一訳		292
254	失望と参画の現象学	A.O.ハーシュマン／佐々木,杉田訳		204
255	はかない幸福—ルソー	T.トドロフ／及川馥訳		162
256	大学制度の社会史	H.W.プラール／山本尤訳		408
257 258	ドイツ文学の社会史（上・下）	J.ベルク,他／山本,三島,保坂,鈴木訳		上・766 下・648
259	アランとルソー〈教育哲学試論〉	A.カルネック／安斎,並木訳		304
260	都市・階級・権力	M.カステル／石川淳志監訳		296
261	古代ギリシア人	M.I.フィンレー／山形和美訳	品切	296
262	象徴表現と解釈	T.トドロフ／小林,及川訳		244
263	声の回復〈回想の試み〉	L.マラン／梶野吉郎訳		246
264	反射概念の形成	G.カンギレム／金森修訳		304
265	芸術の手相	G.ピコン／末永照和訳		294
266	エチュード〈初期認識論集〉	G.バシュラール／及川馥訳		166
267	邪な人々の昔の道	R.ジラール／小池健男訳		270
268	〈誠実〉と〈ほんもの〉	L.トリリング／野島秀勝訳		264
269	文の抗争	J.-F.リオタール／陸井四郎,他訳		410
270	フランス革命と芸術	J.スタロバンスキー／井上尭裕訳		286
271	野生人とコンピューター	J.-M.ドムナック／古田幸男訳		228
272	人間と自然界	K.トマス／山内昶,他訳		618
273	資本論をどう読むか	J.ビデ／今村仁司,他訳		450
274	中世の旅	N.オーラー／藤代幸一訳		488
275	変化の言語〈治療コミュニケーションの原理〉	P.ワツラウィック／築島謙三訳		212
276	精神の売春としての政治	T.クンナス／木戸,佐々木訳		258
277	スウィフト政治・宗教論集	J.スウィフト／中野,海保訳		490
278	現実とその分身	C.ロセ／金井裕訳		168
279	中世の高利貸	J.ル・ゴッフ／渡辺香根夫訳		170
280	カルデロンの芸術	M.コメレル／岡部仁訳		270
281	他者の言語〈デリダの日本講演〉	J.デリダ／高橋允昭編訳		406
282	ショーペンハウアー	R.ザフランスキー／山本尤訳		646
283	フロイトと人間の魂	B.ベテルハイム／藤瀬恭子訳		174
284	熱　狂〈カントの歴史批判〉	J.-F.リオタール／中島盛夫訳		210
285	カール・カウツキー 1854-1938	G.P.スティーンソン／時永,河野訳		496
286	形而上学と神の思想	W.パネンベルク／座小田,諸岡訳		186
287	ドイツ零年	E.モラン／古田幸男訳		364
288	物の地獄〈ルネ・ジラールと経済の論理〉	デュムシェル，デュピュイ／織田,富永訳		320
289	ヴィーコ自叙伝	G.ヴィーコ／福鎌忠恕訳	品切	448
290	写真論〈その社会的効用〉	P.ブルデュー／山縣熙,山縣直子訳		438
291	戦争と平和	S.ボク／大沢正道訳		224
292	意味と意味の発展	R.A.ウォルドロン／築島謙三訳		294
293	生態平和とアナーキー	U.リンゼ／内田,杉村訳		270
294	小説の精神	M.クンデラ／金井,浅野訳		208
295	フィヒテ-シェリング往復書簡	W.シュルツ解説／座小田,後藤訳		220
296	出来事と危機の社会学	E.モラン／浜名,福井訳		622
297	宮廷風恋愛の技術	A.カペルラヌス／野島秀勝訳		334
298	野蛮〈科学主義の独裁と文化の危機〉	M.アンリ／山形,望月訳		292
299	宿命の戦略	J.ボードリヤール／竹原あき子訳		260
300	ヨーロッパの日記	G.R.ホッケ／石丸,柴田,信岡訳		1330
301	記号と夢想〈演劇と祝祭についての考察〉	A.シモン／岩瀬孝監修．佐藤,伊藤,他訳		388
302	手と精神	J.ブラン／中村文郎訳		284

				（頁）
203	秩序と無秩序	J.-P.デュピュイ／古田幸男訳		324
204	象徴の理論	T.トドロフ／及川馥，他訳		536
205	資本とその分身	M.ギヨーム／斉藤日出治訳		240
206	干　渉〈ヘルメスII〉	M.セール／豊田彰訳		276
207	自らに手をくだし〈自死について〉	J.アメリー／大河内了義訳		222
208	フランス人とイギリス人	R.フェイバー／北條，大島訳	品切	304
209	カーニバル〈その歴史的・文化的考察〉	J.カロ・バロッハ／佐々木孝訳	品切	622
210	フッサール現象学	A.F.アグィーレ／川島，工藤，林訳		232
211	文明の試練	J.M.カディヒィ／塚本，秋山，寺西，島訳		538
212	内なる光景	J.ポミエ／角山，池部訳		526
213	人間の原型と現代の文化	A.ゲーレン／池井望訳		422
214	ギリシアの光と神々	K.ケレーニイ／円子修平訳		178
215	初めに愛があった〈精神分析と信仰〉	J.クリステヴァ／枝川昌雄訳		146
216	バロックとロココ	W.v.ニーベルシュッツ／竹内章訳		164
217	誰がモーセを殺したか	S.A.ハンデルマン／山形和美訳		514
218	メランコリーと社会	W.レペニース／岩田，小竹訳		380
219	意味の論理学	G.ドゥルーズ／岡田，宇波訳		460
220	新しい文化のために	P.ニザン／木内孝訳		352
221	現代心理論集	P.ブールジェ／平岡，伊藤訳		362
222	パラジット〈寄食者の論理〉	M.セール／及川，米山訳		466
223	虐殺された鳩〈暴力と国家〉	H.ラボリ／川中子弘訳		240
224	具象空間の認識論〈反・解釈学〉	F.ダゴニェ／金森修訳		300
225	正常と病理	G.カンギレム／滝沢武久訳		320
226	フランス革命論	J.G.フィヒテ／桝田啓三郎訳		396
227	クロード・レヴィ＝ストロース	O.パス／鼓，木村訳		160
228	バロックの生活	P.ラーンシュタイン／波田節夫訳		520
229	うわさ〈もっとも古いメディア〉増補版	J.-N.カプフェレ／古田幸男訳		394
230	後期資本制社会システム	C.オッフェ／寿福真美編訳		358
231	ガリレオ研究	A.コイレ／菅谷暁訳		482
232	アメリカ	J.ボードリヤール／田中正人訳		220
233	意識ある科学	E.モラン／村上光彦訳		400
234	分子革命〈欲望社会のミクロ分析〉	F.ガタリ／杉村昌昭訳		340
235	火，そして霧の中の信号—ゾラ	M.セール／寺田光徳訳		568
236	煉獄の誕生	J.ル・ゴッフ／渡辺，内田訳		698
237	サハラの夏	E.フロマンタン／川端康夫訳		336
238	パリの悪魔	P.ガスカール／佐藤和夫訳		256
239 240	自然の人間的歴史（上・下）	S.モスコヴィッシ／大津真作訳		上・494 下・390
241	ドン・キホーテ頌	P.アザール／円子千代訳	品切	348
242	ユートピアへの勇気	G.ピヒト／河井徳治訳		202
243	現代社会とストレス〔原書改訂版〕	H.セリエ／杉，田多井，藤井，竹宮訳		482
244	知識人の終焉	J.-F.リオタール／原田佳彦，他訳		140
245	オマージュの試み	E.M.シオラン／金井裕訳		154
246	科学の時代における理性	H.-G.ガダマー／本間，座小田訳		158
247	イタリア人の太古の知恵	G.ヴィーコ／上村忠男訳		190
248	ヨーロッパを考える	E.モラン／林　勝一訳		238
249	労働の現象学	J.-L.プチ／今村，松島訳		388
250	ポール・ニザン	Y.イシャグプール／川俣晃自訳		356
251	政治的判断力	R.ベイナー／浜田義文監訳		310
252	知覚の本性〈初期論文集〉	メルロ＝ポンティ／加賀野井秀一訳		158

				(頁)
153	エクスタシーの人類学	I.M.ルイス／平沼孝之訳		352
154	ヘンリー・ムア	J.ラッセル／福田真一訳		340
155	誘惑の戦略	J.ボードリヤール／宇波彰訳		260
156	ユダヤ神秘主義	G.ショーレム／山下, 石丸, 他訳		644
157	蜂の寓話〈私悪すなわち公益〉	B.マンデヴィル／泉谷治訳		412
158	アーリア神話	L.ポリアコフ／アーリア主義研究会訳		544
159	ロベスピエールの影	P.ガスカール／佐藤和生訳		440
160	元型の空間	E.ゾラ／丸小哲雄訳		336
161	神秘主義の探究〈方法論的考察〉	E.スタール／宮元啓一, 他訳		362
162	放浪のユダヤ人〈ロート・エッセイ集〉	J.ロート／平田, 吉田訳		344
163	ルフー，あるいは取壊し	J.アメリー／神崎巌訳		250
164	大世界劇場〈宮廷祝宴の時代〉	R.アレヴィン, K.ゼルツレ／円子修平訳	品切	200
165	情念の政治経済学	A.ハーシュマン／佐々木, 旦訳		192
166	メモワール〈1940-44〉	レミ／築島謙三訳		520
167	ギリシア人は神話を信じたか	P.ヴェーヌ／大津真作訳	品切	340
168	ミメーシスの文学と人類学	R.ジラール／浅野敏夫訳		410
169	カバラとその象徴的表現	G.ショーレム／岡部, 小岸訳		340
170	身代りの山羊	R.ジラール／織田, 富永訳	品切	384
171	人間〈その本性および世界における位置〉	A.ゲーレン／平野具男訳		608
172	コミュニケーション〈ヘルメスⅠ〉	M.セール／豊田, 青木訳		358
173	道　化〈つまずきの現象学〉	G.v.バルレーヴェン／片岡啓治訳	品切	260
174	いま, ここで〈アウシュヴィッツとヒロシマ以後の哲学的考察〉	G.ピヒト／斎藤, 浅野, 大野, 河井訳		600
175 176 177	真理と方法〔全三冊〕	H.-G.ガダマー／轡田, 麻生, 三島, 他訳	Ⅰ・ Ⅱ・ Ⅲ・	350
178	時間と他者	E.レヴィナス／原田佳彦訳		140
179	構成の詩学	B.ウスペンスキイ／川崎, 大石訳	品切	282
180	サン=シモン主義の歴史	S.シャルレティ／沢崎, 小杉訳		528
181	歴史と文芸批評	G.デルフォ, A.ロッシュ／川中子弘訳		472
182	ミケランジェロ	H.ヒバード／中山, 小野訳	品切	578
183	観念と物質〈思考・経済・社会〉	M.ゴドリエ／山内昶訳		340
184	四つ裂きの刑	E.M.シオラン／金井裕訳		234
185	キッチュの心理学	A.モル／万沢正美訳		344
186	領野の漂流	J.ヴィヤール／山下俊一訳		226
187	イデオロギーと想像力	G.C.カバト／小箕俊介訳		300
188	国家の起源と伝承〈古代インド社会史論〉	R.=ターパル／山崎, 成澤訳		322
189	ベルナール師匠の秘密	P.ガスカール／佐藤和生訳		374
190	神の存在論的証明	D.ヘンリッヒ／本間, 須田, 座小田, 他訳		456
191	アンチ・エコノミクス	J.アタリ, M.ギヨーム／斎藤, 安孫子訳		322
192	クローチェ政治哲学論集	B.クローチェ／上村忠男編訳		188
193	フィヒテの根源的洞察	D.ヘンリッヒ／座小田, 小松訳		184
194	哲学の起源	オルテガ・イ・ガセット／佐々木孝訳	品切	224
195	ニュートン力学の形成	ベー・エム・ゲッセン／秋間実, 他訳		312
196	遊びの遊び	J.デュビニョー／渡辺淳訳	品切	160
197	技術時代の魂の危機	A.ゲーレン／平野具男訳	品切	222
198	儀礼としての相互行為	E.ゴッフマン／浅野敏夫訳		376
199	他者の記号学〈アメリカ大陸の征服〉	T.トドロフ／及川, 大谷, 菊地訳		370
200	カント政治哲学の講義	H.アーレント著, R.ベイナー編／浜田監訳		302
201	人類学と文化記号論	M.サーリンズ／山内昶訳		354
202	ロンドン散策	F.トリスタン／小杉, 浜本訳		484

				(頁)
104	言語芸術作品〔第2版〕	W.カイザー／柴田斎訳	品切	688
105	同時代人の肖像	F.ブライ／池内紀訳		212
106	レオナルド・ダ・ヴィンチ〔第2版〕	K.クラーク／丸山, 大河内訳		344
107	宮廷社会	N.エリアス／波田, 中埜, 吉田訳		480
108	生産の鏡	J.ボードリヤール／宇波, 今村訳		184
109	祭祀からロマンスへ	J.L.ウェストン／丸小哲雄訳		296
110	マルクスの欲求理論	A.ヘラー／良知, 小箕訳		198
111	大革命前夜のフランス	A.ソブール／山崎耕一訳	品切	422
112	知覚の現象学	メルロ=ポンティ／中島盛夫訳		904
113	旅路の果てに〈アルペイオスの流れ〉	R.カイヨワ／金井裕訳		222
114	孤独の迷宮〈メキシコの文化と歴史〉	O.パス／高山, 熊谷訳		320
115	暴力と聖なるもの	R.ジラール／古田幸男訳		618
116	歴史をどう書くか	P.ヴェーヌ／大津真作訳		604
117	記号の経済学批判	J.ボードリヤール／今村, 宇波, 桜井訳	品切	304
118	フランス紀行〈1787, 1788&1789〉	A.ヤング／宮崎洋訳		432
119	供　犠	M.モース, H.ユベール／小関藤一郎訳		296
120	差異の目録〈歴史を変えるフーコー〉	P.ヴェーヌ／大津真作訳	品切	198
121	宗教とは何か	G.メンシング／田中, 下宮訳		442
122	ドストエフスキー	R.ジラール／鈴木晶訳		200
123	さまざまな場所〈死の影の都市をめぐる〉	J.アメリー／池内紀訳		210
124	生　成〈概念をこえる試み〉	M.セール／及川馥訳		272
125	アルバン・ベルク	Th.W.アドルノ／平野嘉彦訳		320
126	映画　あるいは想像上の人間	E.モラン／渡辺淳訳		320
127	人間論〈時間・責任・価値〉	R.インガルデン／武井, 赤松訳		294
128	カント〈その生涯と思想〉	A.グリガ／西牟田, 浜田訳		464
129	同一性の寓話〈詩的神話学の研究〉	N.フライ／駒沢大学フライ研究会訳		496
130	空間の心理学	A.モル, E.ロメル／渡辺淳訳		326
131	飼いならされた人間と野性的人間	S.モスコヴィッシ／古田幸男訳		336
132	方　法　1. 自然の自然	E.モラン／大津真作訳	品切	658
133	石器時代の経済学	M.サーリンズ／山内昶訳		464
134	世の初めから隠されていること	R.ジラール／小池健男訳		760
135	群衆の時代	S.モスコヴィッシ／古田幸男訳	品切	664
136	シミュラークルとシミュレーション	J.ボードリヤール／竹原あき子訳		234
137	恐怖の権力〈アブジェクシオン〉試論	J.クリステヴァ／枝川昌雄訳		420
138	ボードレールとフロイト	L.ベルサーニ／山縣直子訳		240
139	悪しき造物主	E.M.シオラン／金井裕訳		228
140	終末論と弁証法〈マルクスの社会・政治思想〉	S.アヴィネリ／中村恒矩訳	品切	392
141	経済人類学の現在	F.プイヨン編／山内昶訳		236
142	視覚の瞬間	K.クラーク／北條文緒訳		304
143	罪と罰の彼岸	J.アメリー／池内紀訳		210
144	時間・空間・物質	B.K.ライドレー／中島龍三訳	品切	226
145	離脱の試み〈日常生活への抵抗〉	S.コーエン, N.テイラー／石黒毅訳		321
146	人間怪物論〈人間脱走の哲学の素描〉	U.ホルストマン／加藤二郎訳		206
147	カントの批判哲学	G.ドゥルーズ／中島盛夫訳		160
148	自然と社会のエコロジー	S.モスコヴィッシ／久米, 原訳		440
149	壮大への渇仰	L.クローネンバーガー／岸, 倉田訳		368
150	奇蹟論・迷信論・自殺論	D.ヒューム／福鎌, 斎藤訳		200
151	クルティウス－ジッド往復書簡	ディークマン編／円子千代訳		376
152	離脱の寓話	M.セール／及川馥訳		178

				(頁)
52 53	社会学的思考の流れ（I・II）	R.アロン／北川, 平野, 他訳		I・350 II・392
54	ベルクソンの哲学	G.ドゥルーズ／宇波彰訳		142
55	第三帝国の言語LTI〈ある言語学者のノート〉	V.クレムペラー／羽田, 藤平, 赤井, 中村訳		442
56	古代の芸術と祭祀	J.E.ハリスン／星野徹訳		222
57	ブルジョワ精神の起源	B.グレトゥイゼン／野沢協訳		394
58	カントと物自体	E.アディッケス／赤松常弘訳		300
59	哲学的素描	S.K.ランガー／塚本, 星野訳		250
60	レーモン・ルーセル	M.フーコー／豊崎光一訳		268
61	宗教とエロス	W.シューバルト／石川, 平田, 山本訳	品切	398
62	ドイツ悲劇の根源	W.ベンヤミン／川村, 三城訳		316
63	鍛えられた心〈強制収容所における心理と行動〉	B.ベテルハイム／丸山修吉訳		340
64	失われた範列〈人間の自然性〉	E.モラン／古田幸男訳		308
65	キリスト教の起源	K.カウツキー／栗原佑訳		534
66	ブーバーとの対話	W.クラフト／板倉敏之訳		206
67	プロデメの変貌〈フランスのコミューン〉	E.モラン／宇波彰訳		450
68	モンテスキューとルソー	E.デュルケーム／小関, 川喜多訳	品切	312
69	芸術と文明	K.クラーク／河野徹訳		680
70	自然宗教に関する対話	D.ヒューム／福鎌, 斎藤訳		196
上・71 下・72	キリスト教の中の無神論（上・下）	E.ブロッホ／竹内, 高尾訳		上・234 下・304
73	ルカーチとハイデガー	L.ゴルドマン／川俣晃自訳		308
74	断　想　1942—1948	E.カネッティ／岩田行一訳		286
75 76	文明化の過程（上・下）	N.エリアス／吉田, 中村, 波田, 他訳		上・466 下・504
77	ロマンスとリアリズム	C.コードウェル／玉井, 深井, 山本訳		238
78	歴史と構造	A.シュミット／花崎皋平訳		192
79 80	エクリチュールと差異（上・下）	J.デリダ／若桑, 野村, 阪上, 三好, 他訳		上・378 下・296
81	時間と空間	E.マッハ／野家啓一編訳		258
82	マルクス主義と人格の理論	L.セーヴ／大津真作訳		708
83	ジャン=ジャック・ルソー	B.グレトゥイゼン／小池健男訳		394
84	ヨーロッパ精神の危機	P.アザール／野沢協訳		772
85	カフカ〈マイナー文学のために〉	G.ドゥルーズ, F.ガタリ／宇波, 岩田訳		210
86	群衆の心理	H.ブロッホ／入野田, 小崎, 小岸訳		580
87	ミニマ・モラリア	Th.W.アドルノ／三光長治訳		430
88 89	夢と人間社会（上・下）	R.カイヨワ, 他／三好郁郎, 他訳		上・374 下・340
90	自由の構造	C.ベイ／横越英一訳		744
91	1848年〈二月革命の精神史〉	J.カスー／野沢協, 他訳		326
92	自然の統一	C.F.ヴァイツゼカー／斎藤, 河井訳	品切	560
93	現代戯曲の理論	P.ションディ／市村, 丸山訳	品切	250
94	百科全書の起源	F.ヴェントゥーリ／大津真作訳	品切	324
95	推測と反駁〈科学的知識の発展〉	K.R.ポパー／藤本, 石垣, 森訳		816
96	中世の共産主義	K.カウツキー／栗原佑訳		400
97	批評の解剖	N.フライ／海老根, 中村, 出淵, 山内訳		580
98	あるユダヤ人の肖像	A.メンミ／菊地, 白井訳		396
99	分類の未開形態	E.デュルケーム／小関藤一郎訳	品切	232
100	永遠に女性的なるもの	H.ド・リュバック／山崎庸一郎訳		360
101	ギリシア神話の本質	G.S.カーク／吉田, 辻村, 松田訳	品切	390
102	精神分析における象徴界	G.ロゾラート／佐々木孝次訳		508
103	物の体系〈記号の消費〉	J.ボードリヤール／宇波彰訳		280

				(頁)
1	芸術はなぜ必要か	E.フィッシャー／河野徹訳	品切	302
2	空と夢〈運動の想像力にかんする試論〉	G.バシュラール／宇佐見英治訳		442
3	グロテスクなもの	W.カイザー／竹内豊治訳		312
4	塹壕の思想	T.E.ヒューム／長谷川鉱平訳		316
5	言葉の秘密	E.ユンガー／菅谷規矩雄訳		176
6	論理哲学論考	L.ヴィトゲンシュタイン／藤本,坂井訳		350
7	アナキズムの哲学	H.リード／大沢正道訳		318
8	ソクラテスの死	R.グアルディーニ／山村直資訳		366
9	詩学の根本概念	E.シュタイガー／高橋英夫訳		334
10	科学の科学〈科学技術時代の社会〉	M.ゴールドスミス,A.マカイ編／是永純弘訳		346
11	科学の射程	C.F.ヴァイツゼカー／野田,金子訳		274
12	ガリレオをめぐって	オルテガ・イ・ガセット／マタイス,佐々木訳		290
13	幻影と現実〈詩の源泉の研究〉	C.コードウェル／長谷川鉱平訳		410
14	聖と俗〈宗教的なるものの本質について〉	M.エリアーデ／風間敏夫訳		286
15	美と弁証法	G.ルカッチ／良知,池田,小箕訳		372
16	モラルと犯罪	K.クラウス／小松太郎訳		218
17	ハーバート・リード自伝	北條文緒訳		468
18	マルクスとヘーゲル	J.イッポリット／宇津木,田口訳	品切	258
19	プリズム〈文化批判と社会〉	Th.W.アドルノ／竹内,山村,板倉訳		246
20	メランコリア	R.カスナー／塚越敏訳		388
21	キリスト教の苦悶	M.de ウナムーノ／神吉,佐々木訳		202
22	アインシュタイン／ゾンマーフェルト往復書簡	A.ヘルマン編／小林,坂口訳	品切	194
23 24	群衆と権力(上・下)	E.カネッティ／岩田行一訳		440 356
25	問いと反問〈芸術論集〉	W.ヴォリンガー／土肥美夫訳		272
26	感覚の分析	E.マッハ／須藤,廣松訳		386
27 28	批判的モデル集(I・II)	Th.W.アドルノ／大久保健治訳	〈品切 品切〉	I 232 II 272
29	欲望の現象学	R.ジラール／古田幸男訳		370
30	芸術の内面への旅	E.ヘラー／河原,杉浦,渡辺訳	品切	284
31	言語起源論	ヘルダー／大阪大学ドイツ近代文学研究会訳		270
32	宗教の自然史	D.ヒューム／福鎌,斎藤訳		144
33	プロメテウス〈ギリシア人の解した人間存在〉	K.ケレーニイ／辻村誠三訳	品切	268
34	人格とアナーキー	E.ムーニエ／山崎,佐藤訳		292
35	哲学の根本問題	E.ブロッホ／竹内豊治訳		194
36	自然と美学〈形体・美・芸術〉	R.カイヨワ／山口三夫訳		112
37 38	歴史論(I・II)	G.マン／加藤,宮野訳	I・品切 II・品切	274 202
39	マルクスの自然概念	A.シュミット／元浜清海訳		316
40	書物の本〈西欧の書物と文化の歴史,書物の美学〉	H.プレッサー／轡田収訳		448
41 42	現代への序説(上・下)	H.ルフェーヴル／宗,古田監訳		220 296
43	約束の地を見つめて	E.フォール／古田幸男訳		320
44	スペクタクルと社会	J.デュビニョー／渡辺淳訳	品切	188
45	芸術と神話	E.グラッシ／榎本久彦訳		266
46	古きものと新しきもの	M.ロベール／城山,島,円子訳		318
47	国家の起源	R.H.ローウィ／古賀英三郎訳		204
48	人間と死	E.モラン／古田幸男訳		448
49	プルーストとシーニュ(増補版)	G.ドゥルーズ／宇波彰訳		252
50	文明の滴定〈科学技術と中国の社会〉	J.ニーダム／橋本敬造訳	品切	452
51	プスタの民	I.ジュラ／加藤二郎訳		382

著者

ハーマン・ラパポート（Herman Rapaport）
オランダに生まれ，1950年代に家族とともにアメリカに移住．1978年カリフォルニア大学アーヴィン校で英語のPh. D. を取得．シカゴのロヨラ大学，アイオワ大学などで教員をつとめた．現在，ニューヨーク州サウサンプトン大学芸術学部英語学科教授．比較文学とカルチュラル・スタディーズを専攻する批評理論家として活動している．本書の他に，『ミルトンとポストモダン』(83)，『芸術に真理はあるか』(96)，『後期デリダを読む』(2003) などがある（以上は未邦訳）．

訳者

港道　隆（みなとみち たかし）
1953年生まれ．パリ第一大学哲学科博士課程修了．哲学専攻．甲南大学教授．著書：『レヴィナス──外部の思想』（講談社「現代思想の冒険者たち」）．訳書：S. コフマン『人はなぜ笑うのか？──フロイトと機知』（共訳），J. デリダ『精神について──ハイデッガーとの問い』，同『アポリア』（以上の訳書は人文書院刊），ほか．

檜垣立哉（ひがき たつや）
1964年生まれ．東京大学大学院人文科学研究科博士課程中退（哲学専攻）．大阪大学大学院人間科学研究科助教授．著書：『ドゥルーズ　解けない問いを生きる』（ＮＨＫ出版），『ベルクソンの哲学　生成する実在の肯定』（勁草書房）ほか．訳書：J. L. マリオン他『現象学と形而上学』（共訳，法政大学出版局）

後藤博和（ごとう ひろかず）
1962年生まれ．関西大学大学院文学研究科博士課程中退（哲学専攻）．関西大学，京都教育大学，近畿大学他非常勤講師．訳書（共訳）：K. ヘルト『地中海哲学紀行・上下』（晃洋書房），O. ペゲラー『ハイデガーと解釈学的哲学』（共訳，法政大学出版局）

加藤恵介（かとう けいすけ）
1958年生まれ．京都大学大学院文学研究科博士後期課程単位取得（哲学専攻）．神戸山手大学助教授．著書（共著）：『戦争責任と「われわれ」』（ナカニシヤ出版）．訳書：J.-L. ナンシー『声の分割』（松籟社），O. ペゲラー『ハイデガーと解釈学的哲学』（共訳，法政大学出版局）

《叢書・ウニベルシタス　753》
ハイデッガーとデリダ
――時間と脱構築についての考察

2003年 6 月30日　初版第 1 刷発行

ハーマン・ラパポート
港道　隆／檜垣立哉
後藤博和／加藤恵介　訳
発行所　財団法人　法政大学出版局
〒102-0073 東京都千代田区九段北3-2-7
電話03(5214)5540／振替00160-6-95814
製版，印刷　三和印刷／鈴木製本所

Printed in Japan

ISBN4-588-00753-X

原　注

（［　］内は訳者の補足.）

序

1．Heidegger, *Being and Time,* p. 63［*Sein und Zeit,* S.37. 原佑，渡邊二郎訳『存在と時間』中央公論社「世界の名著」74，117頁］.

2．Heidegger, *Basic Problems of Phenomenology,* p. xvi.（傍点は私のもの）［*Die Grundprobleme der Phänomenologie*］.

3．Heidegger, *Basic Problems of Phenomenology,* p. 332.［*Die Grundprobleme der Phänomenologie*］.

4．Heidegger, *Basic Problems of Phenomenology,* pp. 22-23.［*Die Grundprobleme der Phänomenologie.* p. 31. 溝口兢一，松本長彦訳『現象学の根本諸問題』創文社全集第24巻］.

5．Gasché, *The Tain of the Mirror,* p. 113

6．Gasché, *The Tain of the Mirror,* p. 119

7．Gasché, *The Tain of the Mirror,* pp. 119,120.

8．Derrida, *The Post Card.* p. 267［*La carte postale,* p. 285］.

9．Derrida, *The Post Card.* p. 267［*La carte postale,* p. 285］.

10. "Deconstruction in America : An Interview with Jacques Derrida," *Society for Critical Exchange,* no.17（Winter 1985）, p. 23.

11. Derrida, *De l'esprit,* p. 35.［港道隆訳『精神について』人文書院，1990年，28頁］

12. Richardson, *Heidegger : Through Phenomenology to Thought.*

13. Heidegger, *The Question concerning Technology and Other Essays,* p. 41［*Die Technik und die Kehre*］.

14. Marx, *Heidegger and the Tradition,* pp. 173-175.

15. Blanchot, *L'entretien infini,* p. 390. 確かにブランショにとって，「転回」の概念は，ニーチェの Wiederkehr，すなわち「自己自身の迂路を生み出す反復（回帰）」(p. 410）という文脈でこそ，その重要性を際だたせるものだろう．間違いなく，ハイデッガーにおける「言語的転回」についてのブランショの理解は，ニーチェの永劫回帰を読むことを介して生じている．またジャック・デリダは，『エプロン』において，ハイデッガーを経由しつつニーチェのスタイルを論じる時に，こうした読みを再現するだろう．デリダの『エプロン』を参照.

16. Derrida, *Of Grammatology,* p. 23［*De la grammatologie,* p. 37. 足立和浩訳『根源の彼方に　グラマトロジーについて（上）』現代思潮社，1972年，53頁］.

17. Ricoeur, *The Conflict of Interpretations,* p. 224. [*Le conflit de l'interprētation,* p. 223.]

18. Gadamar, *Philosophical Hermeneutics,* pp. 235-236を参照．ガダマーは，われわれが考慮しているコンテクストで，ハイデッガーによる本質概念の問いかけに焦点を当てている．そしてガダマーは，言語への問いが『根拠の本質について』において既に明らかにされていた問題系を目的論的に展開するものであるかぎり，『ヒューマニズム書簡』等の論文は，大部分は注釈であると論じている．ガダマーの読解は，ハイデッガーに関するドイツ的な学的研究の主要な傾向を反映している．つまり，初期の著作に革新的な優先性を与え，また，『存在と時間』や『根拠の本質について』といった著作で素描されたこれらの位置づけを，ハイデッガーが術語的な翻訳や副次的問題を発生させることにより，どのように変容したかを研究するというものである．ここでハイデッガー解釈の一つの有機的モデルが提示される．

19. Kockelmans, *On Heidegger and Language,* p. xi.

20. Heidegger, *The Essence of Reasons,* pp. 38-39 [*Vom Wesen des Grundes, Wegmarken,* S. 138. 辻村公一，H.ブフナー訳『道標』創文社全集第9巻，1985年，171頁].

21. Heidegger, An Introduction to Metaphysics, p. 51 [*Einführung in die Metaphysik,* S. 66. 岩田靖夫，H.ブフナー訳『形而上学入門』創文社全集第40巻].

22. Thomas Sheehan "Heidegger's Philosophy of Mind", p. 313. シーハンは転回を，「我有化を形而上学が忘却することに打ち勝ち……乗り越えること」と見なしている．この定義は，Ereignisという後期ハイデッガーの概念を特徴づけるものだろう．シーハンが，転回の生じる場所としてはっきりと引用しているライプニッツ研究のコンテクストでは，これは不適切であると言いたい．ハイデッガーの文章は *The Metaphysical Foundations of Logic,* p. 158 [*Metaphysische Anfangsgründe der Logik* S.201. 酒井潔，W.クルンカー訳『論理学の形而上学的な始元諸根拠』創文社全集第26巻] に引用されている．

23. Heidegger, "Letters on Humanism", p. 205. [Brief über den Humanismus, in *Wegmarken,* S.325.『道標』411頁].

24. Lēvinas, *Otherwise Than Being or Beyond Essence.* [*Autrement qu'ērte, ou-au delā de l'essence.* 合田正人訳『存在するとは別の仕方で』国文社].

第一章

1．Derrida, *Dissemination,* p. xv.

2．Derrida, *Of Grammatology,* p. 158. [*De la grammatologie,* p. 227. 足立和浩訳『根源の彼方に　グラマトロジーについて（下)』，35頁].

3. Derrida, *Of Grammatology,* p. 158 [*De la grammatologie,* p. 227. 同, 35頁].

4. Heidegger, *Early Greek Thinking,* p. 51 [*Holzwege,* 6. Aufl., Frankfurt a.M., 1980, S.360,「アナクシマンドロスの箴言」, 茅野良男, H.ブロッカルト訳『杣径』所収, 創文社全集第5巻, 1988年, 410-411頁].

5. Heidegger, *Early Greek Thinking,* p. 51 [*Holzwege,* S.360,『杣径』410頁].

6. Derrida, *Margins of Philosophy,* p. 66 [*Marges de la philosophie,* Paris, 1972, pp. 76-77.

7. Derrida, *Margins of Philosophy,* p. 67 [*Marges de la philosophie,* pp. 77-78.

8. Heidegger, "The Origin of Work of Art" [Der Ursprung des Kunstwerkes, in *Holzwege,*「芸術作品の根源」,『杣径』所収].

9. Heidegger, *Early Greek Thinking,* pp. 16-17 [*Holzwege,* S.321f,『杣径』362頁].

10. Heidegger, "The Anaximander Fragment", p. 89 [*Holzwege,* S.321, 322, 同, 362-363頁].

11. Hermann Diels, *Die Fragmente der Vorsokratiker,* 4.Aufl., Berlin, 1951, S.89.

12. Heidegger, *Early Greek Thinking,* p. 57. [*Holzwege,* S.367.『杣径』419頁].

13. Heidegger, *Early Greek Thinking,* p. 26. [*Holzwege,* S.333. 同, 375頁].

14. Heidegger, *Early Greek Thinking,* p. 57. [*Holzwege,* S.338. 同, 381頁].

15. Heidegger, *The Question of Being,* pp. 50-51. [*Zur Seinsfrage,* 4. Aufl., Frankfurt a.M., 1977, S.14.「有の問いへ」,『道標』, 493頁].

16. この点を指摘してくれたスタヴロス・デリギオルギスに特に感謝したい.

17. Heidegger, *What Is Philosophy?* pp. 69-71. [*Was ist das—die Philosophie?,* 9.Aufl., Pfullingen, 1980, S.21f. 原佑訳『哲学とは何か』理想社, 1960年, 27-28頁].

18. Derrida, *Positions,* pp. 49-50. [*Positions,* p. 67. 高橋允昭訳『ポジシオン』青土社, 1988年, 73頁].

19. Derrida, *Of Grammatology,* p. 6. [*De la grammatologie,* p. 15. 足立和浩訳『根源の彼方に　グラマトロジーについて（上）』21-22頁].

20. Rodolphe Gasché, *The Tain of the Mirror,* p. 116.

21. Rodolphe Gasché, *The Tain of the Mirror,* p. 118.

22. Derrida, *Margins of Philosophy,* p. 227. [*Marges de la philosophie,*

p. 271.「白い神話」,『世界の文学38　現代評論集』(集英社，1978年) 所収，豊崎光一訳，440頁].

23. Heidegger, "Logos," p. 73. [*Vorträge und Aufsätze,* 5.Aufl., Pfullingen, 1985, S.215. 宇都宮芳明訳『ロゴス・モイラ・アレーテイア』理想社，1983年，32-33頁].

24. Derrida, "The White Mythology," p. 228. [*Marges de la philosophie,* p. 272.『世界の文学38　現代評論集』441-442頁].

25. Heidegger, "Who Is Nietzsche's Zarathustra?" p. 67. [*Vorträge und Aufsätze,* S.103].

26. Heidegger, "Who Is Nietzsche's Zarathustra?" p. 69. [*Vorträge und Aufsätze,* S.105].

27. Derrida, *Margins of Philosophy,* pp. 233, 241, 243. [*Marges de la philosophie,* pp. 277, 287, 288, 290.『世界の文学38　現代評論集』446, 457-459頁].

28. Frederick A. Olafson, *Heidegger and the Philosophy of Mind,* New Haven, 1987, p. 78.

29. Frederick A. Olafson, *Heidegger and the Philosophy of Mind,* p. 82.

30. Heidegger, "The Anaximander Fragment," p. 22. [*Holzwege,* S.328.『杣径』370頁].

31. Heidegger, "Who Is Nietzsche's Zarathustra," pp. 72-73. [*Vorträge und Aufsätze,* S.111, 113].

32. Derrida, "The White Mythology," p. 268. [*Marges de la philosophie,* p. 320.『世界の文学38　現代評論集』490頁].

33. Friedrich W. Nietzsche, "Rhḗtorique et langage : Textes traduits, presentes et annotes par Philippe Lacoue-Labarthe et Jean-Luc Nancy," in Poetique 5, 1971.

34. Jean-Michel Rey, *L'enjeu des signes : Lecture de Nietzsche,* Paris, 1971, pp. 25, 90.

35. Derrida, "The White Mythology," p. 271. [*Marges de la philosophie,* pp. 323-324.『世界の文学38　現代評論集』494頁].

36. Heidegger, "The Anaximander Fragment," p. 26. [*Holzwege,* S.332.『杣径』, 375頁].

37. Heidegger, *Grundbegriffe* (Gesamtausgabe Bd.51.), Frankfurt a.M., 1981, S.94-123 [角忍，E. ヴァインマイアー訳『根本諸概念』創文社全集第51巻，1987年，99-130頁].「アナクシマンドロスの箴言」を解釈した六十年代後半，デリダにはこの講義の原稿を見る機会がなかったようである．本書を通して私は，公刊以前にはこの講義の資料はまったく入手できなかったと考えることにする．したがって，デリダがこの講義の要点をいくらか知っていて，そこ

から自分の思想を引き出したのではないかとか，彼はそれに影響を受けたのではないか，とかいった類の思弁には首を突っ込まない．

38. G. S. Kirk and J. E. Raven, *The Presocratic Philosophers,* London, 1957, p. 117.

39. G. S. Kirk and J. E. Raven, *The Presocratic Philosophers,* p. 111.

40. Leo Sweeney, *Infinity in the Presocratics,* The Hague, 1972, p. 6. に引用されている．アナクシマンドロスの断片の研究に関するはるかに充実した解説としては，スウィーニーの著作を参照せよ．主にスウィーニーの作品から私は，彼が記録している歴史の，われわれの関心にとって妥当なそれらの局面を選び出して引いている．

41. Leo Sweeney, *Infinity in the Presocratics,* p. 7.

42. Leo Sweeney, *Infinity in the Presocratics,* p. 9.

43. Heidegger, "The Anaximander Fragment," p. 57. [*Holzwege,* S.367.『杣径』419頁].

44. Heidegger, *Grundbegriffe,* p. 96. [『根本諸概念』101頁].

45. Heidegger, *Grundbegriffe,* p. 99. [同，104頁].

46. Heidegger, *Grundbegriffe,* p. 116. [同，122頁].

47. David Halliburton, *Poetic Thinking,* Chicago, 1981, p. 164.

48. Heidegger, *The Question of Being,* p. 91. [*Zur Seinsfrage,* S.36f.『道標』518-519頁].

49. Derrida, *Margins of Philosophy,* p. 23. [*Marges de la philosophie,* p. 24. 高橋允昭訳「ラ・ディフェランス」，『理想』1984年11月号所収，93頁].

50. Derrida, *Margins of Philosophy,* p. 23. [*Marges de la philosophie,* p. 24. 同，93頁].

51. Derrida, *Margins of Philosophy,* pp. 23-24. [*Marges de la philosophie,* pp. 24-25. 同，94頁].

52. Derrida, *Margins of Philosophy,* p. 24. [*Marges de la philosophie,* p. 25. 同，94-95頁].

53. Derrida, *Margins of Philosophy,* p. 24. [*Marges de la philosophie,* p. 25. 同，95頁].

54. Derrida, *Margins of Philosophy,* p. 25. [*Marges de la philosophie,* p. 26. 同，96頁].

55. Derrida, *Margins of Philosophy,* p. 25. [*Marges de la philosophie,* p. 26. 同，95-96頁].

56. Derrida, *Margins of Philosophy,* p. 25. [*Marges de la philosophie,* pp. 26-27. 同，96頁].

57. Derrida, *Margins of Philosophy,* pp. 25-26. [*Marges de la philosophie,* p. 27. 同，94-95頁].

58. Derrida, *Margins of Philosophy,* p. 26. [*Marges de la philosophie,* p. 28. 同，97頁].

59. Derrida, *Margins of Philosophy,* p. 26. [*Marges de la philosophie,* p. 28. 同，98頁].

60. Derrida, *Margins of Philosophy,* p. 13. [*Marges de la philosophie,* p. 13. 同，80-81頁].

61. Derrida, *Margins of Philosophy,* p. 13. [*Marges de la philosophie,* pp. 13-14. 同，81頁].

62. Derrida, *Margins of Philosophy,* p. 13. [*Marges de la philosophie,* p. 14. 同，81頁].

63. Derrida, *Of Grammatology,* p. 22. [*De la grammatologie,* p. 36.『根源の彼方に　グラマトロジーについて（上）』，35頁].

64. Derrida, *Of Grammatology,* p. 22. [*De la grammatologie,* p. 35. 同，51-52頁].

65. Derrida, *Of Grammatology,* p. 23. [*De la grammatologie,* p. 37. 同，53頁].

66. Derrida, *Of Grammatology,* p. 23. [*De la grammatologie,* p. 38. 同，54-55頁].

第二章

1. Derrida, *Margins of Philosophy,* p. 38. [*Marges de la philosophie,* p. 41].

2. Derrida, *Margins of Philosophy,* p. 41. [*Marges de la philosophie,* p. 45].

3. Derrida, *Margins of Philosophy,* p. 42. [*Marges de la philosophie,* p. 46].

4. Derrida, *Margins of Philosophy,* p. 43. [*Marges de la philosophie,* p. 47. なおハイデッガーにおける出典は *Sein und Zeit,* S.430,『存在と時間』，486頁].

5. Derrida, *Margins of Philosophy,* p. 44. [*Marges de la philosophie,* p. 48. なおヘーゲルにおける出典は *Enzyklopädie der philosophischen Wissenschaften im Grundrisse,* §258. 樫山，川原，塩屋訳『エンチュクロペディー』河出書房新社，1987年，208頁].

6. Derrida, *Margins of Philosophy,* pp. 45-46. [*Marges de la philosophie,* p. 51].

7. Aristotle, *Physics,* tr. H. G. Apostole, Bloomington, 1969, p. 78 [Physica, 217b-218a.,『アリストテレス全集 3　自然学』，出隆，岩崎允胤訳，岩波書店，1968年，164-165頁].

8. Aristotle, *Physics,* p. 79. [Physica, 218a.,『アリストテレス全集3　自然学』, 166頁].

9. Aristotle, *Metaphysics,* tr. Richard Hope, Ann Arbor, 1968, p. 87 [Metaphysica, 1012b-1013a, 1013a. 出隆訳『形而上学（上）』岩波文庫, 1959年, 153-154頁]. これらは第五巻からの引用である. ハイデッガー, デリダの両人が考察する形而上学的範疇の多くを, アリストテレスはこの巻で定義している. したがってこの巻は, われわれにとって重要な形而上学用語辞典として機能しうる.

10. St. Thomas Aquinas, *Commentary on Aristotle's Physics,* [In octo libros physicorum expositio] tr. R. J. Blackwell, R. J. Spath, and W. E. Thirkel, New Haven, 1963, p. 263.

11. Derrida, *Margins of Philosophy,* p. 56. [*Marges de la philosophie,* pp. 64-65].

12. Derrida, *Margins of Philosophy,* pp. 66-67. [*Marges de la philosophie,* pp. 76-77, 77-78].

13. Thomas Sheehan, "'Time and Being,' 1925-1927," in *Thinking about Being,* ed. R. W. Shahan and J. N. Mohanty, Norman, 1984, p. 183.

14. Thomas Sheehan, "'Time and Being,' 1925-1927," p. 185.

15. Heidegger, *Basic Problems of Phenomenology,* p. 249. [*Die Grundprobleme der Phänomenologie,* S.352f. 溝口, 松本, 杉野, S. ミュラー訳『現象学の根本諸問題』創文社全集第24巻, 2001年, 360-361頁].

16. Derrida, *Positions,* p. 45. [*Positions,* p. 62.『ポジシオン』, 67頁]. このテクストを引用するにあたって一つだけ指摘しておきたいのは, 数の脱構築がデリダの企て全体の中で占めるようになる位置の重要さである.

17. Derrida, *La dissemination,* Paris, 1972, p. 326, 329.

18. Edward Said, "Abecedarium Culturae," in *Modern French Criticism,* Chicago, 1972, p. 381.

19. Heidegger, *Die Grundprobleme der Phänomenologie,* S.406f. [『現象学の根本諸問題』, 415頁].

20. Gilles Delleuze, *Différence et Répétition,* Paris, 1968 [財津理訳『差異と反復』河出書房新社, 1992年]. ドゥルーズの時間論に関してはこの本の第二章を, 数論に関しては第五章を参照せよ. 特に有益なのは以下のようなドゥルーズの確信である.「反復はもはや, 諸要素の, あるいは継起する外的な諸部分の反復ではなく, さまざまな水準や段階で共存する諸々の全体的なものの反復である」(p. 367 [425頁]). 相互に安定性と関連性を達成するときでさえ綜合に抵抗するという仕方で反復のこれらの諸段階が差異化されることは, 科学的認識主観という概念を脱構築するドゥルーズの方法にとって決定的なのである.

21. Heidegger, *The Metaphysical Foundations of Logic,* pp. 196-197. [*Metaphysische Anfangsgründe der Logik im Ausgang von Leibniz,* S.253f. 酒井潔，W.クルンカー訳『論理学の形而上学的な始元諸根拠』創文社全集第26巻，2002年，268頁].

22. Heidegger, *The Metaphysical Foundations of Logic,* p. 204. [*Metaphysische Anfangsgründe der Logik im Ausgang von Leibniz,* S.264. 同，279頁].

23. Heidegger, *The Metaphysical Foundations of Logic,* p. 205. [*Metaphysische Anfangsgründe der Logik im Ausgang von Leibniz,* S.265. 同，280頁].

24. Heidegger, *The Metaphysical Foundations of Logic,* p. 205. [*Metaphysische Anfangsgründe der Logik im Ausgang von Leibniz,* S.264. 同，279頁].

25. Heidegger, *The Metaphysical Foundations of Logic,* p. 206. [*Metaphysische Anfangsgründe der Logik im Ausgang von Leibniz,* S.265, 266. 同，281頁].

26. Heidegger, *The Metaphysical Foundations of Logic,* p. 208. [*Metaphysische Anfangsgründe der Logik im Ausgang von Leibniz,* S.266. 同，281頁].

27. Heidegger, *The Essence of Reasons,* pp. 36-39. [*Vom Wesen des Grundes,* S.18, 19.『道標』，170-171，171頁].

28. Heidegger, *The Essence of Reasons,* p. 127. [*Vom Wesen des Grundes,* S.53. 同，212-213頁].

29. Heidegger, *The Essence of Reasons,* pp. 128-129. [*Vom Wesen des Grundes,* S.54 [同，213頁].

30. Heidegger, “Letter on Humanism,” p. 208. [*Über den Humanisumus,* S.19. 同，415頁].

31. Heidegger, “Letter on Humanism,” p. 207. [*Über den Humanisumus,* S.19. 同，415頁].

32. David Krell, *Intimations of Mortality : Time, Truth, and Finitude in Heidegger's Thinking of Being,* University Park, 1986, p. 35 [なおハイデガーにおける出典は *Die Grundprobleme der Phanomenologie,* S.388].

33. Derrida, *Margins of Philosophy,* p. 128. [*Marges de la philosophie,* p. 153.「人間の目的＝終末」，『現代思想』（青土社）1979年 9 月臨時増刊号所収，高橋允昭訳，310頁].

34. Derrida, *Margins of Philosophy,* p. 130. [*Marges de la philosophie,* p. 156. 同，312頁].

35. Derrida, *Margins of Philosophy,* p. 127. [*Marges de la philosophie,*

p. 151. 同，309頁].

36. Derrida, *Margins of Philosophy,* p. 133. [*Marges de la philosophie,* pp. 160-161. 同，315頁].

37. Derrida, *Margins of Philosophy,* p. 134. [*Marges de la philosophie,* p. 161. 同，315頁].

38. Derrida, *Margins of Philosophy,* p. 135. [*Marges de la philosophie,* p. 162. 同，316頁].

39. Derrida, *Margins of Philosophy,* p. 136. [*Marges de la philosophie,* p. 163-164. 同，318-319頁].

第三章

1. Heidegger, *Heraklit,* S.223 [『ヘラクレイトス』255頁].

2. Heidegger, *Heraklit,* S.266 [同，300頁].

3. Heidegger "Letter on Humanism," p. 193 ("Brief über den 'Humanismus,'" S.145) [『道標』397頁].

4. Ricoeur, "Heidegger and the Subject," in *Conflict of Interpretations,* p. 224.

5. Erasmus Schöfer in Kockelmans, *On Heidegger and Language,* p. 298. シェーファーは，ハイデッガーが解釈学的循環を破るのはパロノマジアに依っていること，メタレプシスが鍵であることを認める間際まできている.

6. 1941年にハイデッガーによって行なわれたアナクシマンドロス・ゼミナールについての，第一章の分析に注意せよ．そこでは，aletheia, apeiron, arché のパロノマジア的な横滑りが時間性の理論にとって特に重要性をもっている．さらに，このゼミナールが，われわれがここで考察してきたヘラクレイトス・ゼミナールで提起された「人間」の問いに，どのようにアプローチしているか，に注意せよ.

7. Heidegger, *Being and Time,* p. 226. [*Sein und Zeit,* S.181.『存在と時間』317頁].

8. Heidegger, *Heraklit,* S.276 [『ヘラクレイトス』310頁].

9. Roudinesco, *Histoire de la psychanalyse en France,* vol. 2, p. 309.

10. Blanchot, *Le livre à venir* [『来たるべき書物』].

11. Blanchot, *La part du feu,* p. 115 [重信常喜，橋口守人訳『焰の文学』紀伊国屋書店，1997年，141頁].

12. Blanchot, *La part du feu,* p. 116 [同，141頁].

13. Blanchot, *La part du feu,* p. 116 [同，141頁].

14. Blanchot, *La part du feu,* p. 117 [同，142頁].

15. Blanchot, *La part du feu,* p. 119 [同，146頁].

16. Blanchot, *La part du feu,* pp. 117-118 [同，142-143頁].

17. "Pourquoi le poète pressent-il, pourquoi peut-il exister sur ce mode du pressentiment?"「どうして詩人は予感し，どうしてこの予感という様態で実存することができるのか？」(Blanchot, *La part du feu,* p. 122 ［同，150頁］).

18. Blanchot, *La part du feu,* p. 122 ［同，150頁］.

19. Blanchot, *La part du feu,* p. 123 ［同，152頁］.

20. Blanchot, *Au moment voulu.*

21. Blanchot, *La folie du jour,* p. 12 ［『白日の狂気』21頁］.

22. Blanchot, *La part du feu,* p. 125 ［『焰の文学』154-155頁］.

23. Blanchot, *La part du feu,* p. 126 ［同，157頁］.

24. Blanchot, *La part du feu,* p. 127 ［同，158頁］.

25. Blanchot, *La part du feu,* p. 129 ［同，161頁］.

26. De Man, *Blindness and Insight,* 2nd ed., p. 265. この改訂版は，1950年代からの初期の作品を多く収めている．

27. Heidegger, "Logos," in *Early Greek Thinking,* p. 72. ［*Vorträge und Aufsätze,* Teil 3, S. 18.『ロゴス・モイラ・アレーテイア』30頁］.

28. Blanchot, *Le livre à venir,* p. 335 ［『来たるべき書物』328頁］.

29. Blanchot, *Le livre à venir,* p. 346 ［同，336-337頁］.

30. Derrida, "Mes chances," p. 17.

31. Blanchot, *Le livre à venir,* p. 330 ［『来たるべき書物』323頁］.

32. Derrida, "Mes chances," p. 18.

33. Blanchot, *Le pas au-delà,* p. 58.

34. Blanchot, *Le pas au-delà,* p. 64.

35. Nancy, *Le partage des voix.*

36. Heidegger, *The Essence of Reasons,* pp. 37-39. ［*GA, Wegmarken,* S. 138.『道標』170頁］.

37. Blanchot, *Le pas au-delà,* pp. 48-49.

38. Blanchot, *Le pas au-delà,* p. 49.

39. Blanchot, *Le pas au-delà,* p. 8.「時間，時間．時間の内では成し遂げられない彼方への一歩が，時間の外へと導くだろう．この外部が非時間的だというわけではない．しかし，この「時間の中で時間の外に」――それに向かって書くことがわれわれを引き付ける――に従って時間が落ちる所に――不確かな墜落――もし私たちの許から消え失せて，古い恐怖の秘密の下で書くことがわれわれに許されるなら」．

40. Blanchot, *Le pas au-delà,* p. 70. 強調は著書による．

41. Heidegger, *On Time and Being,* p. 15 ［*Zeit und Sein,* (in *Zur Sache des Denkens*) S. 16.『思索の事柄へ』30頁］.

42. Heidegger, *On Time and Being,* pp. 21-22 ［*Zeit und Sein,* S. 22f.「と

いうのは，われわれが存在それ自身を追思し，その固有のものに従うことにより，それは自らを時間の手渡しによってもたらされた現前性の命運の贈与として証示する．現前の贈与は，性起することの固有性である．存在は性起の内に消失する．「性起としての存在」という言い回しの内で，この「として」は今や，性起することの内で送り届けられた存在，現前させることを，性起することの内で手渡された時間を意味する．時間と存在は性起の内で性起する．ではこの性起自体は？　性起について，これ以上のことが言えるだろうか？」『思索の事柄へ』43頁]．

43. Heidegger, *The End of Philosophy,* p. 12.

44. Blanchot, *Le pas au-delà,* p. 13.

45. Blanchot, *When the Time Comes,* pp. 59-60. [*Au moment voulu*]

46. Heidegger, *Identity and Difference,* pp. 72-73. [*Identität und Differenz,* S. 65.『同一性と差異』76頁].

47. Heidegger, *Identity and Difference,* p. 73. [*Identität und Differenz,* S. 66.『同一性と差異』76-77頁].

48. Vattimo, *Les aventures de la différence,* p. 138.

49. Derrida, *Parages,* p. 27.

50. Derrida, *Parages,* p. 21.

51. Derrida, *Parages,* p. 23.

52. Derrida, *Parages,* p. 25.

53. Derrida, *Parages,* pp. 27-28.

54. デリダ『ニーチェの耳伝』参照．ニーチェの耳について検証しながら，デリダはこの耳がすべての物を一緒に聞くと同時に別々または引き離して聞くことに気づくだろう．『独立宣言』における接続詞 “and” の扱いも，“Pas” で行なわれた小詞の分析のやり方を思い起こさせる．

55. 「「アメリカにおける脱構築」を余す所ない定義のテーマあるいは対象にするとしたら，……それは，脱構築の敵［ウェレック，ベイツなど］を定義することになる――脱構築を使い尽くし，汲み尽くし，ページをめくろうとする……者を」(Derrida, *Memoires for Paul de Man,* p. 17)．

56. Derrida, *Parages,* p. 30.「[遅さは] 時間の，諸々の時間の，連続した歩みの，――ある不可視で現前を欠いた軸の周りに巻きつき，絶え間なく一方から他方へ，ある時から他の時へと移行する――連続的な歩みと運動の奇妙な転位を，同時に無限に成し遂げ，加速し，遅くする．諸契機の無限の距離を保ちながら．この転位は，『期待　忘却』を貫いて，その網目の錯綜全体の内を，それ自身転位する．物語は常に，まずこれらの転位の転位を物語る．物語はそれらを，互いに遠-退ける」．

57. Derrida, *Parages,* pp. 36-37.

58. Ibid.

59. Heidegger, *Poetry, Language, Thought,* p. 182. [*Vorträge und Aufsätze 2,* S. 54].

60. Derrida, *Parages,* pp. 36-37.

61. Gasché, "Joining the Text," p. 157.

62. Derrida, "The Retrait of Metaphor," p. 10. ["Le retrait de la métaphore" in *Psyché,* p. 67.『現代思想』87年5月号，37-38頁].

63. Derrida, "The Retrait of Metaphor," p. 17. [*Psyche,* p. 75.『現代思想』87年5月号47頁].

64. Derrida, *Margins of Philosophy,* p. 226. ["La mythologie blanche" in *Marges de la philosophie,* p. 270.『世界の文学38　現代評論集』439頁，ただし原注19].

65. Derrida, "The Retrait of Metaphor," p. 16. [*Psyche,* p. 75.『現代思想』87年5月号，46頁].

66. "Restitutions of Truth to Size," in *Research in Phenomenology,* vol. 8, 1978, p. 13. ジョン・P. リーヴィ Jr. による翻訳は，『絵画における真理』(パリ，フラマリオン，1978年) 所収のもとの論文の一部しか訳していない．しかし私はこの章でこのテクストを使っている．それは，この訳は，ジェフ・ベニントンとイアン・マクレオンによる最近の訳『絵画における真理』よりも，ずっとよく，デリダが生み出したテクスト的基調音のいくらかを捉えているからである．

67. "Restitution of Truth to Size," p. 17.

68. Heidegger, "The Self-Assertion of the German University," p. 470. [*Die Selbstbehauptung der deutschen Universität,* 1983, Klostermann, S. 9.『現代思想』89年7月号，57頁].

69. Derrida, *De l'esprit,* p. 119 [『精神について』118頁].

70. Derrida, *De l'esprit,* p. 50 [原注 p. 53は誤り．同，47頁].

71. Heidegger, *Introduction to Metaphysics,* pp. 31-32. [*Einführung in die Metaphsik,* 4. Aufl., 1976, Niemeyer, S. 29.『形而上学入門』理想社，53-54頁] ドイツ語版『形而上学入門』の刊行年 (1953) は，デリダがこのテクストと『言葉への途上』所収の「詩の中の言葉」——これも1953年にはじめて公刊された——の間の時間的近接性を考察しようとするだけに重要である．これらのテクストの刊行時が一致したこと——『入門』はもちろん，1930年代に執筆された——はそれ自体メタレプシス的である．

72. Derrida, *De l'esprit,* pp. 89-90. [『精神について』89-90頁，訳は仏文に従う].

73. Derrida, *De l'esprit,* p. 32 [同，25頁].

74. Derrida, *De l'esprit,* p. 45 [原注 p. 47は誤り．同，40頁].

75. Derrida, "Fors: The Anglish Words of Nicolas Abraham and Maria

Torok," p. 14. [『現代思想82年2月臨時増刊／デリダ読本』116頁].

76. Derrida, "Fors," p. 36 [同，138頁].

77. Derrida, "Fors," pp. 35, 31 [同，138, 134頁].

78. Derrida, *De l'esprit,* pp. 118-119 [『精神について』117-118頁].

79. Derrida, *De l'esprit,* p. 129 [同，131頁].

80. Heidegger, *On the Way to Language,* p. 179. [*Unterwegs zur Sprache,* S. 60.『詩と言葉』理想社，45頁] 英訳ではトラークル論が，訳者たちにとってハイデッガーの言語についての最も先に進んだ思考を表わしているかのように，最後に置かれているのは，興味深い.

81. デリダ『他者の耳』参照. このテクストでデリダは，ニーチェの著作に「他者の耳」で署名することについて語る.「私の署名が行なわれる［場をもつ］ことになるのは，他者が，ずっと後になって，十分繊細な耳でもって，私が彼に差し向けていたものを感じ取ったときにほかなりません」. そして，「政治的にそして歴史的に……遺産としてわれわれに残されている他者のテクストに対する署名の責任は，まさにわれわれにこそ委託されているのです」(p. 51)［『他者の耳』87-88頁］. われわれのコンテクストからすれば，より重要なものとして，次の箇所に注目しておく.「したがってもし，人はたんに来るべき生者たちのためのみならず，死者たちのため，あるいはわれわれよりも前から存在している生き延びる者たちのためにも書いているのだとすれば，そのときにはこの場面はきわめて複雑なものになります. とにかく私としては――まあ，ここで急いで切りをつけておきますが――人は死者たちのためにも書いている，と思うのです.［……］そこでもし今，私の代わりに署名を行なうのが他者であり，また他者とは私の代わりに署名を行なう一人の死者だとすれば，ここからはいくつかの帰結が出てくるはずです」(p. 53)［『他者の耳』91-92頁］. この箇所の『精神について』のようなテクストに対する含意とは，デリダは他者の耳をもって聞いているだけではなく，これらの耳はハイデッガーに合図を送っていること，そして，これらの耳はデリダに属しているだけではなく死者にも属していること，この聞くことが，生き延びた者とそうではない者との間の差異を解体すること，である. ニーチェの言説をこのように聞くことの意義は，この言説のファシスト的運命に関して算定される. そして，『精神について』においてはハイデッガーについて類似した読解がなされていると言えるだろう. もちろん，この類似［アナロジー］は私の研究の視野を越える. それでもこれを認めることは避けられない.

82. Derrida, *Of Grammatology,* pp. 23, 47. [*De la grammatologie,* pp. 38, 69.『根源の彼方に（上）』54, 98-99頁].

83. Derrida, *Of Grammatology,* p. 47. [*De la grammatologie,* p. 69. 同，98頁].

84. Derrida, *Of Grammatology,* p. 62. [*De la grammatologie,* p. 91. 同，

124頁].

85. Derrida, *Of Grammatology,* p. 47. [*De la grammatologie,* p. 69. 同, 98頁].

86. Derrida, *De l'esprit,* p. 144 [『精神について』149頁].

87. Derrida, *De l'esprit,* p. 143 [同, 148頁].

88. Derrida, *De l'esprit,* p. 150 [同, 153頁].

89. Derrida, *De l'esprit,* p. 179 [同, 179-180頁].

90. Derrida, *De l'esprit,* p. 167 [同, 166頁].

91. Derrida, *Glas,* pp. 240a-242a.

第四章

1. Derrida, *La carte postale,* p. 43.

2. Kockelmans, *On the Truth of Being,* p. 67.

3. Kockelmans, *On the Truth of Being,* pp. 67-68.

4. Kockelmans, *On the Truth of Being,* p. 70.

5. Sallis, "Towards the Showing of Language," p. 82.

6. Derrida, *Edmund Husserl's Origin of Geometry,* p. 150. [*L'origine de la geometrie,* p. 167. 田島節夫他訳『幾何学の起源』, 青土社, 1980年, 247頁].

7. Derrida, *Edmund Husserl's Origin of Geometry,* p. 151. [*L'origine de la geometrie,* p. 168. 同, 247-248頁].

8. Derrida, *Edmund Husserl's Origin of Geometry,* p. 151. [*L'origine de la geometrie,* p. 168. 同, 248頁].

9. Derrida, *Edmund Husserl's Origin of Geometry,* p. 151. [*L'origine de la geometrie,* p. 169. 同頁].

10. Derrida, *Edmund Husserl's Origin of Geometry,* p. 151-152. [*L'origine de la geometrie,* pp. 169-170. 同, 248-249頁].

11. Derrida, *Edmund Husserl's Origin of Geometry,* p. 153. [*L'origine de la geometrie,* p. 171. 同, 250頁].

12. Derrida, *Edmund Husserl's Origin of Geometry,* p. 153. [*L'origine de la geometrie,* p. 171. 同, 250頁].

13. Derrida, *Edmund Husserl's Origin of Geometry,* p. 153. [*L'origine de la geometrie,* p. 170. 同, 250頁].

14. Derrida, *Edmund Husserl's Origin of Geometry,* p. 153. [*L'origine de la geometrie,* p. 171. 同, 250-251頁].

15. Heidegger, *On the Way to Language,* p. 106. [*Unterwegs zur Sprache,* S. 201. 亀山健吉訳『言葉への途上』, 創文社全集第12巻, 259頁].

16. Heidegger, *On the Way to Language,* p. 106. [*Unterwegs zur Sprache,*

S. 203].

17. Derrida, "La différance," in *Marge de la philosophie,* p. 9

18. Derrida, *Parage,* p. 12

19. Heidegger, *On the Way to Language,* pp. 96-97. [*Unterwegs zur Sprache,* S. 191-192.『言葉への途上』245-246頁].

20. Heidegger, *On the Way to Language,* p. 98. [*Unterwegs zur Sprache,* p. 193. 同，248頁].

21. Heidegger, *On the Way to Language,* p. 101. [*Unterwegs zur Sprache,* p. 196. 同，253頁].

22. Lévinas, "Beyond Intentionality," pp. 110-111.

23. Heidegger, *On the Way to Language,* p. 104. [*Unterwegs zur Sprache,* pp. 199-200.『言葉への途上』257頁].

24. Heidegger, *On the Way to Language,* p. 104. [*Unterwegs zur Sprache,* p. 199. 同頁].

25. Heidegger, *On the Way to Language,* p. 101. [*Unterwegs zur Sprache,* p. 196. 同，253頁].

26. Heidegger, *On the Way to Language,* p. 106. [*Unterwegs zur Sprache,* p. 202. 同，260頁].

27. Heidegger, *On the Way to Language,* p. 122. [*Unterwegs zur Sprache,* p. 241. 同，312頁].

28. Heidegger, *On the Way to Language,* pp. 122-123. [*Unterwegs zur Sprache,* p. 242. 同，312-313頁].

29. Derrida, *The Post Card,* p. 65. [*La carte postale,* p. 72].

30. Derrida, *The Post Card,* p. 65. [*La carte postale,* p. 73].

31. Derrida, *The Post Card,* p. 66. [*La carte postale,* p. 74].

32. Derrida, *The Post Card,* p. 191. [*La carte postale,* p. 206].

33. Lukacher, *Primal Scenes,* p. 113.

34. Lukacher, *Primal Scenes,* p. 62.

35. Lukacher, *Primal Scenes,* p. 24.

36. Derrida, *The Post Card,* p. 194. [*La carte postale,* p. 209].

37. Derrida, "Of an Apocalyptic Tone," p. 87. [*D'un ton apocalyptique,* pp. 76-77].

38. Lévinas, *Totality and Infinity,* p. 195. [*Totalité et infini,* p. 212. 合田正人訳『全体性と無限』国文社，293頁].

39. Derrida, "Of an Apocalyptic Tone," p. 70. [*D'un ton apocalyptique,* p. 30].

40. Derrida, "Of an Apocalyptic Tone," p. 81. [*D'un ton apocalyptique,* p. 62].

41. Derrida, "Of an Apocalyptic Tone," p. 84. [*D'un ton apocalyptique,* pp. 69-70].

42. Derrida, "Of an Apocalyptic Tone," p. 84. [*D'un ton apocalyptique,* p. 70].

43. Derrida, "Of an Apocalyptic Tone," p. 86. [*D'un ton apocalyptique,* p. 75].

44. Derrida, "Of an Apocalyptic Tone," p. 87. [*D'un ton apocalyptique,* pp. 77-78].

45. Derrida, "Of an Apocalyptic Tone," p. 87. [*D'un ton apocalyptique,* p. 78].

46. Derrida, "Of an Apocalyptic Tone," p. 93. [*D'un ton apocalyptique,* p. 91].

47. Derrida, "Of an Apocalyptic Tone," p. 94. [*D'un ton apocalyptique,* p. 94].

48. Derrida, "Of an Apocalyptic Tone," p. 94. [*D'un ton apocalyptique,* pp. 94-95].

49. Derrida, "Of an Apocalyptic Tone," p. 95. [*D'un ton apocalyptique,* pp. 96-97].

50. Derrida, *Writing and Difference,* p. 153. [*L'écriture et la différence,* p. 227. 若桑毅，野村英夫他訳『エクリチュールと差異（上）』法政大学出版局，1977年，297-298頁].

51. Lévinas, *En découvrant l'existence avec Husserl et Heidegger,* p. 188 [佐藤真理人他訳『実存の発見：フッサールとハイデッガーと共に』法政大学出版局，1996年，272頁].

52. Derrida, "Of an Apocalyptic Tone," p. 83. [*D'un ton apocalyptique,* pp. 67-68].

53. Derrida, "Of an Apocalyptic Tone," p. 85. [*D'un ton apocalyptique,* p. 73].

54. Derrida, "Of an Apocalyptic Tone," p. 86. [*D'un ton apocalyptique,* p. 73].

55. Derrida, "Of an Apocalyptic Tone," p. 86. [*D'un ton apocalyptique,* p. 75].

56. Derrida, "Of an Apocalyptic Tone," p. 85. [*D'un ton apocalyptique,* pp. 71-72].

57. Lévinas, *Ethics and Infinity,* p. 50. [*Éthique et infini,* pp. 48-49. 原田佳彦訳『倫理と無限』朝日出版社].

58. Lévinas, "La trace de l'autre," *En découvrant l'existence avec Husserl et Heidegger,* pp. 198-210 [『実存の発見』291頁].

59. Lévinas, *Otherwise Than Being or Beyond Essence,* p. 117. [*Autrement qu'êrte, ou-au delà de l'essence,* p. 185-186. 合田正人訳『存在するとは別の仕方で』朝日出版社，216-217頁].

60. Derrida, "Of an Apocalyptic Tone," p. 94. [*D'un ton apocalyptique,* p. 95].

61. Derrida, "Two Words for Joyce," pp. 145-146. [*Ulysse gramophone,* pp. 16-17. 合田正人，中真生訳『ユリシーズ　グラモフォン――ジョイスに寄せるふたこと』法政大学出版局，2001年，11-12頁].

62. Derrida, "Two Words for Joyce," p. 149. [*Ulysse gramophone,* p. 28. 同，25頁].

63. Derrida, "Two Words for Joyce," pp. 153-154. [*Ulysse gramophone,* pp. 38-39. 同，40頁].

64. たとえば，Kockelmans, *On the Truth of Being,* p. 68参照.

65. Derrida, "Two Words for Joyce," p. 154. [*Ulysse gramophone,* p. 39. 『ユリシーズ　グラモフォン』40-41頁].

66. Derrida, "Two Words for Joyce," p. 154. [*Ulysse gramophone,* p. 40. 同，42頁].

67. Derrida, "Two Words for Joyce," p. 155. [*Ulysse gramophone,* p. 44. 同，46-47頁].

68. Derrida, "Two Words for Joyce," p. 158. [*Ulysse gramophone,* p. 52. 同，57-58頁].

69. Blanchot, *L'écriture du désastre,* を参照.

70. このような一連の著作を補完する他の重要な論考とは，デリダの否定神学に関する講演『いかに語らずに：否認』である．この講演の終わりでは，ハイデッガーと偽ディオニシスの形而上学――これは神の概念を，存在の彼方より思考するものだが――との類縁性が論じられる．ある意味で，デリダは次のように問うているのである．すなわち現存在の存在経験の内部から神が告知されているのだから，ハイデッガーは既に神学的な考察をなしているのではないか，あるいは『存在への問い』における，存在を消す（抹消する）×印の記号は，本当は十字架という周知の神学的象徴なのではないか，と．ハイデッガーに関するデリダの言及は，次の点で一貫している．すなわち，極めて形而上学的な復活を，つまりは神学的な企てをハイデッガーに見てとり，ハイデッガーから離れてゆくという点で，である．『プシュシェー』(*Psyché*) pp. 589-594を参照のこと．

71. Derrida, *Shibboleth,* p. 22 [飯吉，小林，守中訳『シボレート』岩波書店，22頁].

72. Derrida, *Shibboleth,* p. 23 [同，24頁].

73. Derrida, *Shibboleth,* p. 24-25 [同，25-26頁].

74. Derrida, *Shibboleth,* p. 33［同，40頁］.
75. Derrida, *Shibboleth,* p. 79-80［同，137-138頁］.
76. Derrida, *Shibboleth,* p. 83［同，143頁］.
77. Derrida, "Geschlecht II" *Psyché,* p. 423-424.
78. Derrida, "Geschlecht II" *Psyché,* p. 421.
79. Derrida, "Geschlecht II" *Psyché,* p. 430,438.
80. Derrida, "Geschlecht II" *Psyché,* p. 421.
81. Celan, "Engführung"［飯吉光夫訳編『パウル・ツェラン詩集』思潮社，88-103頁］.
82. Lévinas, *Ethics and Infinity, p.* 87.［*Éthique et infini,* p. 91.『倫理と無限』18頁］.
83. Lévinas, *De dieu qui vient à l'idée,* p. 187［内田樹訳『観念に到来する神について』国文社，229頁］.
84. Lévinas, *Face to face with Levinas,* p. 21.
85. Lévinas, *De dieu qui vient à l'idée,* p. 185［『観念に到来する神について』227頁］.
86. Lévinas, *De dieu qui vient à l'idée,* p. 186［同，228頁］.

第五章

1. Derrida, "The Time of Thesis", p. 34, 《Ponctuations : le temps de la thèse》, in *Du Droit à la philosophie,* Galilée, 1990, p. 439.
2. Derrida, "The Time of Thesis," pp. 34-35［《Porctuations...》, p. 440］.
3. Derrida, "The Time of Thesis," p. 41［ibid., p. 448］.
4. Derrida, "The Time of Thesis," p. 42［ibid., p. 449］.
5. Carnap, *The Logical Structure of the World,* p. 19.
6. Derrida, *Speech and Phenomena,* p. 52.［*La voix et le phénomène,* PUF, 1967, p. 58. 高橋允昭訳『声と現象』理想社，101-102頁］.
7. Derrida, *Speech and Phenomena,* p. 52.［*La voix et le phénomène,* p. 58. 同，102頁］.
8. Derrida, *Speech and Phenomena,* pp. 52-53.［*La voix et le phénomène,* p. 59. 同，102頁］.
9. Derrida, *Speech and Phenomena,* p. 54.［*La voix et le phénomène,* p. 59. 同，104頁］.
10. Derrida, *Speech and Phenomena,* p. 99.［*La voix et le phénomène,* p. 111. 同，189頁］.
11. Derrida, *Speech and Phenomena,* pp. 101-102.［*La voix et le phénomène,* p. 114. 同，193-194頁］.
12. Derrida, *Speech and Phenomena,* p. 102.［*La voix et le phénomène,*

p. 115. 同，195頁].

13. Derrida, *Truth in Painting,* p. 198. [*La vérité en peinture,* col. Champs, Flammarion, 1978. p. 229. 阿部宏慈訳『絵画における真理（下)』，法政大学出版局，1998年，28頁].

14. Derrida, *Truth in Painting,* pp. 291-292. [*La vérité en peinture,* p. 333. 同，185頁].

15. Derrida, *Truth in Painting,* p. 296. [*La vérité en peinture,* p. 337. 同，192頁].

16. Derrida, *Truth in Painting,* p. 297. [*La vérité en peinture,* p. 339. 同，194頁].

17. Derrida, *Truth in Painting,* p. 298. [*La vérité en peinture,* p. 340. 同，195頁].——ハイデッガー「芸術作品の起源」茅野良男，H.ブロッカルト訳『杣径』所収，創文社全集第5巻，22頁].

18. Kant, *Critique of Pure Reason,* p. 181. [*Kritik der reinen Vernunft.*篠田英雄訳 『純粋理性批判』岩波文庫（上)，215頁].

19. Derrida, *Truth in Painting,* p. 299. [*La vérité en peinture,* p. 341.『絵画における真理』(下)，197-198頁].

20. Heidegger, *What is a Thing?* p. 36 [*Die Frage nach dem Ding,* S. 34-35. 高山守，K.オピリーク訳『物への問い』，創文社全集第41巻，41頁].

21. Heidegger, *What is a Thing?* p. 46, 36 [*Die Frage nach dem Ding,* S. 45, S. 36, 同，51，42頁].

22. Kant, *Critique of Pure Reason,* p. 185. [*Kritik der reinen Vernunft,* S. 184.『純粋理性批判』岩波文庫（上)，220頁].

23. Kant, *Critique of Pure Reason,* p. 185. [*Kritik der reinen Vernunft,* S. 184. 同，221頁].

24. Derrida, *The Post Card,* p. 259. [*La carte postale : de Socrate à Freud et au-delà,* Flammarion, 1980, pp. 277-278].

25. Derrida, *The Post Card,* pp. 260-261. [*La carte postale : de Socrate à Freud et au-delà,* p. 279].

26. Birault, *Heidegger et l'exprérience de la pensée,* Gallimard, 1978, p. 553.

27. Lévinas, *Le temps et l'autre,* Fata Morgana, 1979/PUF, 1983, p. 10. このテクストは最初，1946-1947年の間になされた講演として提出された.

28. Habermas, *Philosophical Discourse,* p. 162 [三島憲一他訳『近代の哲学的ディスクルス』I，岩波書店，1990年，319頁].

29. Marcuse, *Negations,* p. 24.

30. Marcuse, *Negations,* p. 35.

31. Habermas, *Philosophical Discourse,* p. 179 [『近代の哲学的ディスクル

ス』Ⅰ，315頁].

32. Habermas, *Philosophical Discourse,* p. 163 [同, 289頁].

33. Habermas, *Philosophical Discourse,* p. 181 [同, 319頁].

34. Habermas, *Philosophical Discourse,* p. 157 [同, 274-275頁].

参考文献

Aquinas, St. Thomas. *Commentary on Aristotle's "Physics."* Trans. R. J. Blackwell, R. J. Spath, and W. E. Thirkel. New Haven: Yale University Press, 1963.

Aristotle. *The Metaphysics*. Trans. Richard Hope. Ann Arbor: University of Michigan Press, 1968.

———. *The Physics*. Trans. H. G. Apostole. Bloomington: Indiana University Press, 1969.

Beaufret, Jean. *Dialogue avec Heidegger*. 3 vols. Paris: Minuit, 1973–1974.

Birault, Henri. *Heidegger et l'expérience de la pensée*. Paris: Gallimard, 1978.

Blanchot, Maurice. *Au moment voulu*. Paris: Gallimard, 1951.

———. *L'écriture du désastre*. Paris: Gallimard, 1980.

———. *L'entretien infini*. Paris: Gallimard, 1969.

———. *La folie du jour*. Bilingual ed. Trans. Lydia Davis. Barrytown, N.Y.: Station Hill Press, 1981. Published in French under same title (Paris: Fata Morgana, 1973).

———. *Le livre à venir*. Paris: Gallimard, 1959.

———. *La part du feu*. Paris: Gallimard, 1949.

———. *Le pas au-délà*. Paris: Gallimard, 1973.

———. *When the Time Comes*. Trans. Lydia Davis. Barrytown, N.Y.: Station Hill Press, 1985. Published in French as *Au moment voulu*.

Boeckaert, Luk. "Ontology and Ethics: Reflections on Levinas' Critique of Heidegger." *International Philosophical Quarterly* 10 (1970).

Carnap, Rudolf. *The Logical Structure of the World*. Trans. R. A. George. Berkeley: University of California Press, 1967.

Celan, Paul. "Engführung" in *Sprachgitter*. Frankfurt Am Main: S. Fischer, 1959.

Chalier, Catherine. *Judaisme et alterité*. Paris: Verdier, 1982.

Clark, Timothy. "Being in Mime: Heidegger and Derrida on the Ontology of Literary Language." *Modern Language Notes* 101, no. 5 (1986).

Deleuze, Gilles. *Différence et répétition*. Paris: P.U.F., 1968.

de Man, Paul. *Blindness and Insight*, 2nd edition. Minneapolis: University of Minnesota Press, 1983.

Derrida, Jacques. "Comment ne pas parler: *Dénégations*." In *Psyché*. Paris: Galilée, 1987.

———. "Deconstruction in America: An Interview with Jacques Derrida." *Society for Critical Exchange*, no. 17 (Winter 1985).

———. *De l'esprit: Heidegger et la question*. Paris: Galilée, 1987.

———. "Différance." In *Margins of Philosophy*. Trans. Alan Bass. Chicago: University of Chicago Press, 1982. Published in French as "La différance," in *Marges de la philosophie* (Paris: Minuit, 1972).

———. *Dissemination*. Trans. Barbara Johnson. Chicago: University of Chicago Press, 1981. Published in French as *La dissémination* (Paris: Seuil, 1972).

———. *The Ear of the Other: Otobiography, Transference, Translation*. Ed. C. Lévesque and C.V. McDonald. Trans. Peggy Kamuf. New York: Schocken, 1975. Published in French as *L'Oreille de l'autre: Textes et débats avec Jacques Derrida* (Montreal: Vlb, 1982).

———. *Edmund Husserl's Origin of Geometry: An Introduction*. Trans. John P. Leavey, Jr. Ed. David B. Allison. Stony Brook, N.Y.: Nicolas Hays, 1978. Published in French as *L'origine de la géométrie*, translation of and introduction to Edmund Husserl's "Origin of Geometry" (Paris: Presses Universitaires de France, 1962).

———. "En ce moment même me voici." In *Psyché*. Paris: Galilée, 1987. Original version published in *Textes pour Emmanuel Levinas* (Paris: J.M. Place, 1980).

———. "The Ends of Man." In *Margins of Philosophy*. Trans. Alan Bass. Chicago: University of Chicago Press, 1982. Published in French as "Les fins de l'homme," in *Marges de la philosophie* (Paris: Minuit, 1972).

———. *Eperons*. Paris: Flammarion, 1976.

———. *Feu la cendre*. Paris: Des Femmes, 1987.

———. "*Fors*: The Anglish Words of Nicolas Abraham and Maria Torok." Trans. Barbara Johnson. In *The Wolf Man's Magic Word*. Minneapolis: University of Minnesota Press, 1986. Published in French as "Fors," preface to *Le verbier de l'homme aux loups*, by Nicolas Abraham and M. Torok (Paris: Flammarion, 1976).

———. "*Geschlecht*: différence sexuelle, différence ontologique." In *Psyché*. Paris: Galilée, 1987.

———. "Geschlecht II: Heidegger's Hand." In *Deconstruction and Philosophy*, ed. J. Sallis. Chicago: University of Chicago Press, 1986. Published in French as "La main de Heidegger (*Geschlecht II*)," in *Psyché* (Paris: Galilée, 1987).

———. *Glas*. Trans. John P. Leavey, Jr., and Richard Rand. Lincoln: University of Nebraska Press, 1986. Published in French as *Glas* (Paris: Galilée, 1974).

———. "How To Avoid Speaking: Denials." Lecture, Cornell University, 1986.
———. *Margins of Philosophy*. Trans. Alan Bass. Chicago: University of Chicago Press, 1982. Published in French as *Marges de la philosophie* (Paris: Minuit, 1972).
———. *Memoires for Paul de Man*. New York: Columbia University Press, 1986.
———. "Mes chances." In *Taking Chances*, ed. J. Smith and W. Kerrigan. Baltimore: Johns Hopkins University Press, 1984.
———. "Of an Apocalyptic Tone Recently Adopted in Philosophy." Trans. John P. Leavey, Jr. *Semeia* 23 (1982). Published in French as *D'un ton apocalyptique adopté naguère en philosophie* (Paris: Galilée, 1983).
———. *Of Grammatology*. Trans. G. C. Spivak. Baltimore: Johns Hopkins University Press, 1976. Published in French as *De la grammatologie* (Paris: Minuit, 1967).
———. *Otobiographies: L'enseignement de Nietzsche et la politique du nom propre*. Paris: Galilée, 1984.
———. "Ousia and Gramme." In *Margins of Philosophy*, trans. Alan Bass. Chicago: University of Chicago Press, 1982. Published in French as "Ousia et grammè: Note sur une note de Sein und Zeit," in *Marges de la philosophie* (Paris: Minuit, 1972).
———. *Parages*. Paris: Galilée, 1986.
———. "Pas." In *Parages*. Paris: Galilée, 1986.
———. *Positions*. Trans. Alan Bass. Chicago: University of Chicago Press, 1981. Published in French as *Positions* (Paris: Minuit, 1972).
———. *The Post Card*. Trans. Alan Bass. Chicago: University of Chicago Press, 1987. Published in French as *La carte postale: De Socrate à Freud et au-delà* (Paris: Flammarion, 1980).
———. "The Retrait of Metaphor." *Enclitic* 2, no. 2 (1978). Published in French as "Le retrait de la métaphore," in *Psyché* (Paris: Galilée, 1987). Originally published in *Poesie* 7 (1978).
———. "Shibboleth." In *Midrash and Literature*. New Haven: Yale University Press, 1986. Published in French as *Shibboleth* (Paris: Galilée, 1986).
———. *Signéponge*. Trans. Richard Rand. New York: Columbia University Press, 1984.
———. *Speech and Phenomena and Other Essays on Husserl's Theory of Signs*. Trans. D.B. Allison. Evanston, Ill.: Northwestern University Press, 1973. Published in French as *La voix et le phénomeme* (Paris: Presses Universitaires de France, 1967).
———. "The Time of the Thesis: Punctuations." In *Philosophy in France Today*. London: Cambridge University Press, 1983.

———. *The Truth in Painting*. Trans. G. Bennington and I. McLeod. Chicago: University of Chicago Press, 1987. Published in French as *La vérité en peinture* (Paris: Flammarion, 1978).
———. "Two Words for Joyce." In *Post-Structuralist Joyce*. London: Cambridge University Press, 1984. Published in French in *Ulysse gramophone: Deux mots pour Joyce*. Paris: Galilée, 1987.
———. "The White Mythology." In *Margins of Philosophy*. Trans. Alan Bass. Chicago: University of Chicago Press, 1982. Published in French as "La mythologie blanche: La métaphore dans le texte philosophique," in *Marges de la philosophie* (Paris: Minuit, 1972).
———. *Writing and Difference*. Trans. Alan Bass. Chicago: University of Chicago Press, 1978. Published in French as *L'écriture et la différence* (Paris: Seuil, 1967).
Diels, Hermann. *Die Fragmente der Vorsokratiker*. Berlin: Weidmannsche Verlagsbuchhandlung, 1951.
Donato, Eugenio. "Ending/Closure: On Derrida's Edging of Heidegger." *Yale French Studies* 67 (1984).
Faye, J.-P. "Attaques nazis contre Heidegger." *Critique* 234 (1962).
Fynsk, Christopher. *Heidegger: Thought and Historicity*. Ithaca: Cornell, 1986.
Gadamer, Hans Georg. *Philosophical Hermeneutics*. Ed. David E. Linge. Berkeley: University of California, 1976.
Gasché, Rodolphe. "Joining the Text: From Heidegger to Derrida." In *The Yale Critics: Deconstruction in America*, ed. J. Arac, W. Godzich, W. Martin. Minneapolis: University of Minnesota Press, 1983.
———. *The Tain of the Mirror: Derrida and the Philosophy of Reflection*. Cambridge: Harvard University Press, 1986.
Habermas, Jürgen. *The Philosophical Discourse of Modernity*. Trans. F. Lawrence. Cambridge: MIT Press, 1987.
Halliburton, David. *Poetic Thinking*. Chicago: University of Chicago Press, 1981.
Hartman, Geoffrey. *Saving the Text*. Baltimore: Johns Hopkins University Press, 1980.
Heidegger, Martin. "Aletheia (Heraklit, Fragment 16)." In *Vorträge und Aufsätze*. Pfullingen: Günter Neske, 1961.
———. "The Anaximander Fragment." In *Early Greek Thinking*. New York: Harper and Row, 1975. Published in German as "Der Spruch des Anaximander," in *Holzwege* (Frankfurt am Main: Vittorio Klostermann, 1950).
———. *Basic Problems of Phenomenology*. Trans. Albert Hofstadter. Bloomington: Indiana University Press, 1982. Published in Ger-

man as *Die Grundprobleme der Phänomenologie* (Frankfurt am Main: Vittorio Klostermann, 1975).

———. *Being and Time*. Trans. J. Macquarrie and E. Robinson. New York: Harper and Row, 1962.

———. "Das Ding." In *Vorträge und Aufsätze*. Pfullingen: Günter Neske, 1961.

———. *Early Greek Thinking*. New York: Harper and Row, 1975.

———. *The End of Philosophy*. Trans. J. Stambaugh. New York: Harper and Row, 1973.

———. *The Essence of Reasons*. Evanston, Ill.: Northwestern University Press, 1969. Published in German as *Vom Wesen des Grundes* (Frankfurt am Main: Vittorio Klostermann, 1928).

———. *Gelassenheit*. Pfullingen: Günter Neske, 1959.

———. *Grundbegriffe*. Ed. Petra Jaeger. Frankfurt am Main: Vittorio Klostermann, 1981.

———. *Heraklit*. In *Gesamtausgabe*, vol. 55. Frankfurt am Main: Vittorio Klostermann, 1979.

———. *History of the Concept of Time*. Trans. Theodore Kiseil. Bloomington: Indiana University Press, 1985.

———. *Holzwege*. Frankfurt am Main: Vittorio Klostermann, 1950.

———. *Identity and Difference*. Bilingual ed. Trans. Joan Stambaugh. New York: Doubleday, 1961. Published in German as *Identität und Differenz* (Pfullingen: Günter Neske, 1957).

———. *An Introduction to Metaphysics*. Trans. Ralph Mannheim. New York: Doubleday, 1962. Published in German as *Einführung in die Metaphysik* (Tübingen: Max Niemeyer, 1953).

———. "Language in the Poem." Trans. Peter Hertz in *On the Way to Language*. New York: Harper and Row, 1971. Published in German as "Die Sprache im Gedicht: Eine Erörterung von Georg Trakls Gedicht," in *Unterwegs zur Sprache* (Pfullingen: Günter Neske, 1959).

———. "The Letter on Humanism." In *Martin Heidegger: Basic Writings*, ed. D. Krell, trans. F. Capuzzi, G. Gray, and D. Krell. New York: Harper and Row, 1977. Published in German as "Brief Über den 'Humanismus,'" in *Wegmarken* (Frankfurt am Main: Vittorio Klostermann, 1967).

———. "Logos (Heraklit, Fragment 50)." In *Vorträge und Aufsätze*. Pfullingen: Günter Neske, 1961.

———. *The Metaphysical Foundations of Logic*. Trans. Michael Heim. Bloomington: Indiana University Press, 1984. Published in German as *Die Metaphysische Anfangsgrände der Logik im Ausgang von Leibniz* (Frankfurt am Main: Vittorio Klostermann, 1978).

———. *Nietzsche*. 2 vols. Pfullingen: Günter Neske, 1961.
———. *On the Way to Language*. Trans. Peter Hertz and Joan Stambaugh. New York: Harper and Row, 1971. Published in German as *Unterwegs zur Sprache* (Pfullingen: Günter Neske, 1959).
———. *On Time and Being*. Trans. J. Stambaugh. New York: Harper and Row, 1972. Published in German as "Zeit und Sein," in *Zur Sache des Denkens* (Tübingen: Max Niemeyer, 1969).
———. "The Origin of the Work of Art." In *Poetry, Language, Thought*. New York: Harper and Row, 1971. Published in German as "Der Ursprung des Kunstwerkes," in *Holzwege* (Frankfurt am Main: Vittorio Klostermann, 1950).
———. *Prolegomena Zur Geschichte Des Zeitbegriffs*. Frankfurt am Main: Vittorio Klostermann, 1979.
———. *The Question concerning Technology and Other Essays*. Trans. W. Lovitt. New York: Harper and Row, 1977. Published in German as *Die Technik und die Kehre* (Pfullingen: Günter Neske, 1962).
———. *The Question of Being*. Trans. J. Wilde and W. Kluback. New Haven: College and University Press, 1958. Published in German as *Zur Seinsfrage* (Frankfurt am Main: Vittorio Klostermann, 1956).
———. *Sein und Zeit*. 15th ed. Tübingen: Max Niemeyer, 1979. Originally published in *Jahrbuch für Philosophie und phänomenologische Forschung*, vol. 8, 1927.
———. "The Self-Assertion of the German University." Trans. Karsten Harries in *Review of Metaphysics* 38, no. 3 (March 1985). Published in German as *Die Selbstbehauptung der deutschen Universität* (Breslau: Korn, 1933).
———. "Uberwindung der Metaphysik." In *Vorträge und Aufsätze*. Pfullingen: Günter Neske, 1961.
———. *Vorträge und Aufsätze*. Pfullingen: Günter Neske, 1961.
———. "Das Wesen der Sprache." In *Unterwegs zur Sprache*. Pfullingen: Günter Neske, 1959.
———. "Der Weg zur Sprache." In *Unterwegs zur Sprache*. Pfullingen: Günter Neske, 1959.
———. *What Is a Thing?* Trans. W. B. Barton and V. Deutsch. New York: Regnery, 1967. Published in German as *Die Frage Nach Dem Ding* (Pfullingen: Günter Neske, 1962).
———. *What Is Philosophy?* Trans. W. Kluback and J. T. Wilde. New York: Twayne, 1958. Published in German as "Was ist das—die Philosophie?" (Pfullingen: Günter Neske, 1956).
———. "Who Is Nietzsche's Zarathustra?" Trans. Bernd Magnus. In *The New Nietzsche*, ed. D. B. Allison. New York: Dell, 1977. Pub-

lished in German as "Wer ist Nietzsches Zarathustra," in *Vorträge und Aufsätze*. (Pfullingen: Günter Neske, 1961).
———. "Das Wort." In *Unterwegs zur Sprache*. Pfullingen: Günter Neske, 1959.
———. "Zeit und Sein." In *Zur Sache des Denkens*. Tübingen, Max Niemeyer, 1969.
Holland, Nancy J. "Heidegger and Derrida Redux." In *Hermeneutics and Deconstruction*, ed. H. J. Silverman and D. Ihde. Albany: State University of New York Press, 1985.
Kant, Immanuel. *Critique of Pure Reason*. Trans. N. K. Smith. New York: St. Martin's Press, 1965.
Kettering, Emil. *Nähe: Das Denken Martin Heideggers*. Pfullingen: Neske, 1987.
Kirk, G. S. and Raven, J. E. *The Presocratic Philosophers*. London: Cambridge University Press, 1957.
Kockelmans, Joseph J. *On the Truth of Being*. Bloomington: Indiana University Press, 1984.
———, ed. *On Heidegger and Language*. Evanston, Ill.: Northwestern University Press, 1972.
Kofman, Sarah. *Lectures de Derrida*. Paris: Galilée, 1984.
Kolb, David. *The Critique of Pure Modernity: Hegel, Heidegger, and After*. Chicago: University of Chicago Press, 1986.
Krell, David. *Intimations of Mortality: Time, Truth, and Finitude in Heidegger's Thinking of Being*. University Park: Pennsylvania State University Press, 1986.
———. "The Perfect Future: A Note on Heidegger and Derrida." In *Desconstruction and Philosophy*, ed. J. Sallis. Chicago: University of Chicago Press, 1987.
Krüger, Lorenz. "Why Do We Study the History of Philosophy?" In *Philosophy in History*, ed. R. Rorty, J. B. Schneewind, and Q. Skinner. London: Cambridge University Press, 1984.
Lacoue-Labarthe, P., and Nancy. J.-L, eds. *Les fins de l'homme: A partir du travail de Jacques Derrida*. Paris: Galilée, 1981.
———. *Le suject de la philosophie: Typographies I*. Paris: Flammarion, 1979.
Leavey, J. P. "Destinerrance: The Apotropocalyptics of Translation." In *Deconstruction and Philosophy*, ed. J. Sallis. Chicago: University of Chicago Press, 1987.
Levesque, Claude. *L'étrangeté du texte: Essai sur Nietzsche, Freud, Blanchot, et Derrida*. Paris: U.G.E. 1978.
Levinas, Emmanuel. *L'au-delà du verset*. Paris: Minuit, 1982.
———. "Beyond Intentionality." In *Philosophy in France Today*. London: Cambridge University Press, 1983.

———. *De dieu qui vient à l'idée*. Paris: Vrin, 1982.

———. *En découvrant l'existence avec Husserl et Heidegger*. Paris: Vrin, 1982.

———. *Ethics and Infinity*. Trans. R. Cohen. Pittsburgh: Duquesne University Press, 1985.

———. *Face to Face with Levinas*. Ed. R. A. Cohen. Albany: State University of New York Press, 1986.

———. *Humanisme de l'autre homme*. Paris: Fata Morgana, 1972.

———. *Otherwise Than Being or Beyond Essence*. Trans. A. Lingis. The Hague: Martinus Nijhoff, 1981. Published in French as *Autrement qu'etre ou au-delà de l'essence* (The Hague, Martinus Nijhoff, 1978).

———. *Le temps et l'autre*. Paris: P.U.F., 1985.

———. *Totality and Infinity*. Pittsburgh: Duquesne University Press, 1969.

Lukacher, Ned. *Primal Scenes*. Ithaca: Cornell University Press, 1986.

Marcuse, Herbert. *Negations*. Trans. J. J. Shapiro. Boston: Beacon Press, 1968.

Marx, Werner. *Heidegger and the Tradition*. Trans. T. Kisiel and M. Greene. Evanston, Ill.: Northwestern University Press, 1971.

Megill, Allan. *Prophets of Extremity: Nietzsche, Heidegger, Foucault, Derrida*. Berkeley: University of California Press, 1986.

Nancy, Jean-Luc. *Le partage des voix*. Paris: Galilée, 1982.

Nietzsche, Friedrich. "Rhétorique et langage: Texts traduits, présentés et annotés par Philippe Lacoue-Labarthe et Jean-Luc Nancy." *Poétique* 5 (1971).

Olafson, Frederick A. *Heidegger and the Philosophy of Mind*. New Haven: Yale University Press, 1987.

Olkowski, Dorothea. "If the Shoe Fits—Derrida and the Orientation of Thought." In *Hermeneutics and Deconstruction*, ed. H. J. Silverman and D. Ihde, Albany: State University of New York Press, 1985.

Pöggler, Otto. *Der Denkweg Martin Heideggers*. Pfullingen: Neske, 1963.

———. *Heidegger und die Hermeneutische Philosophie*. Fribourg: Alber, 1983.

———. "Sein als Ereignis." In *Zeitschrift für philosophische Forschung* 13 (1959).

Rey, Jean-Michel. *L'enjeu des signes: Lecture de Nietzsche*. Paris: Seuil, 1971.

Richardson, W. J. *Heidegger: Through Phenomenology to Thought*. The Hague: Martinus Nijhoff, 1963.

Ricoeur, Paul. *The Conflict of Interpretations*. Evanston, Ill.: Northwestern University Press, 1974.

———. *Temps et récit*. 3 vols. Paris: Seuil, 1983–1985.

Rosales, Alberto. *Transzendenz und Differenz. Ein Beitrag zum Problem der ontologischen Differenz beim frühen Heidegger*. The Hague: Martinus Nijhoff, 1970.

Rose, Gillian. *Dialectic of Nihilism: Post-Structuralism and Law*. London: Blackwell, 1984.

Rosenzweig, Franz. *The Star of Redemption*. Trans. W. W. Hallo. Boston: Beacon Press, 1972.

Roudinesco, Elizabeth. *Histoire de la psychanalyse en France*. 2 vols. Paris: Editions du Seuil, 1986.

Said, Edward. "Abecedarium Culturae." In *Modern French Criticism*. Chicago: University of Chicago Press, 1972.

Sallis, John. *Delimitations: Phenomenology and the End of Metaphysics*. Bloomington: Indiana University Press, 1986.

———, ed. *Heidegger and the Path of Thinking*. Pittsburgh: Duquesne University Press, 1970.

———. "Towards the Showing of Language." In *Thinking about Being*, ed. R. W. Shahan and J. N. Mohanty. Norman: University of Oklahoma Press, 1984.

Schneeberger, Guido. *Nachlese Zu Heidegger*. Bern: Suhr, 1962.

Schöfer, Erasmus. "Heidegger's Language: Metalogical Forms of Thought and Grammatical Specialities." In *On Heidegger and Language*, ed. J. Kockelmans. Evanston, Ill.: Northwestern University Press, 1974.

———. *Die Sprache Heideggers*. Pfullingen: Neske, 1962.

Schweppenhäuser, Hermann. "Studien über die Heideggersche Sprachtheorie." *Archiv für Philosophie* 7 (1957) and 8 (1958).

Serres, Michel. *The Parasite*. Trans. L. R. Schehr. Baltimore: Johns Hopkins University Press, 1982. Published in French as *Le parasite* (Paris: Grasset, 1980).

Sheehan, Thomas. "Derrida and Heidegger." In *Hermeneutics and Deconstruction*, ed. H. J. Silverman and D. Idhe, Albany: State University of New York Press, 1985.

———. "Heidegger's Philosophy of Mind." In *Contemporary Philosophy*, ed. G. Floistad. The Hague: Martinus Nijhoff, 1983.

———. "'Time and Being,' 1925–27." In *Thinking about Being*, ed. R. W. Shahan and J. N. Mohanty. Norman: University of Oklahoma Press, 1984.

Shürmann, Reiner. *Le principe d'anarchie: Heidegger et la question de l'agir*. Paris: Seuil, 1982.

Steiner, George. *Martin Heidegger*. New York: Viking, 1979.

Sweeney, Leo. *Infinity in the Presocratics*. The Hague: Martinus Nijhoff, 1972.

Ulmer, Gregory. *Applied Grammatology*. Baltimore: Johns Hopkins University Press, 1986.
Vattimo, Gianni. *Les aventures de la différence*. Paris: Minuit, 1985.
Warminski, Andrzej. *Readings in Interpretation: Hölderlin, Hegel, Heidegger*. Minneapolis: University of Minnesota Press, 1987.